LE NOUVEAU GUIDE DE LA CONVERSATION

EN FRANÇAIS ET EN TURC.

فرانسزجه وتركجه يكى تكلّم رسالهسى

LE

NOUVEAU GUIDE DE LA CONVERSATION

EN FRANÇAIS ET EN TURC,

A L'USAGE DES VOYAGEURS FRANÇAIS DANS LE LEVANT ET DES TURCS QUI VIENNENT EN FRANCE;

Suivi de la Collection complète des Capitulations ou Traités de paix entre la France et la Porte Ottomane, depuis 1535 jusques et compris la dernière Convention de Constantinople du 25 novembre 1838, et du Khaththi cherif ou Acte constitutif de Gulkhanè, du 3 novembre 1839, accompagné de notes, commentaires, etc.

Par T.-X. Bianchi,

ANCIEN SECRÉTAIRE - INTERPRÈTE DU ROI POUR LES LANGUES ORIENTALES, OFFICIER DE LA LÉGION D'HONNEUR, DÉCORÉ DE L'ORDRE OTTOMAN DU NICHANI IFTIKHAR, MEMBRE DE L'ACADÉMIE IMPÉRIALE DES SCIENCES DE CONSTANTINOPLE, MEMBRE DE LA SOCIÉTÉ ASIATIQUE DE PARIS ET DE LA SOCIÉTÉ ROYALE ASIATIQUE DE LA GRANDE-BRETAGNE ET DE L'IRLANDE.

SECONDE ÉDITION.

PARIS.

IMPRIMERIE ORIENTALE DE Mme Ve DONDEY-DUPRÉ, RUE SAINT-LOUIS, 46, AU MARAIS.

1852

PRÉFACE.

Faciliter à nos compatriotes qui se rendent dans le Levant ainsi qu'aux Ottomans qui viennent en France la pratique des langues turque et française, tel était le but que se proposait l'auteur en publiant, il y a quelques années, le premier essai de ce *Guide de la Conversation*. Telles sont encore aujourd'hui les vues qui le déterminent en offrant au public une seconde édition de cet ouvrage convenablement corrigée, modifiée et enrichie d'augmentations et de documents dont l'importance ne peut qu'ajouter à son utilité.

Si, depuis plus de trois siècles, la langue turque n'a pas cessé d'être celle dont la connaissance importe le plus aux besoins de notre politique et de notre commerce dans le Levant, jamais elle n'a été plus nécessaire qu'à une époque où les communications deviennent de jour en jour plus faciles, plus promptes et plus multipliées, et où la consolidation et le progrès des réformes de la Turquie ouvrent désormais au commerce et aux rapports des deux nations un avenir certain d'avantage et de prospérité.

Autant le turc nous est nécessaire, autant et plus encore, au point de vue de la civilisation surtout, la connaissance du français est indispensable aux Ottomans, s'ils continuent de marcher d'un pas rapide et constant dans la voie de progrès et d'amélioration sociale où ils sont définitivement entrés. On ne saurait donc trop multiplier les ouvrages qui peuvent faciliter l'enseignement simultané des deux langues.

a

Tous mes efforts, depuis vingt ans, n'ont pas cessé de tendre vers ce but, soit par la publication de deux éditions successives de mes Dictionnaires, celles du *Guide de la Conversation*, et la composition d'autres ouvrages, les uns déjà publiés, et d'autres inédits encore que je me propose de livrer à l'impression.

La seconde édition du *Guide de la Conversation* que j'offre dans ce moment aux lecteurs étant essentiellement et uniquement destinée à l'enseignement pratique du langage, j'ai cru devoir dès le commencement en écarter tout ce qui serait trop grammatical, me bornant à une simple indication des seuls temps des verbes primitifs, négatifs et interrogatifs, et renvoyant pour le surplus des règles à un Traité abrégé de grammaire que je me propose de publier prochainement.

Cette Grammaire, que j'avais d'abord l'intention de joindre à cette deuxième édition du *Guide*, n'a pu cette fois y trouver place par suite de l'abondance des matières dont se compose déjà ce volume, et de la nécessité de ne pas en différer plus longtemps la publication.

Pour l'instruction des Turcs auxquels ce *Guide* est également destiné, j'ai accompagné les petits vocabulaires, qui sont au commencement de l'ouvrage, d'une indication du genre en français, tant des substantifs que des adjectifs, et d'un modèle des quatre conjugaisons régulières de notre langue.

Ces conjugaisons, et les phrases élémentaires qui les suivent, forment le premier chapitre de l'ouvrage, qui se divise lui-même en trois parties. Une explication mot à mot et interlinéaire d'une partie du texte donnera dans ce chapitre aux lecteurs français une première idée de la construction et des inversions de la langue turque.

La seconde partie se compose d'une suite de trente-huit dialogues, sur des sujets analogues à ceux qu'on trouve ordinairement dans les collections de ce genre. Enfin, la troisième et dernière partie comprend quatre sujets assez étendus de conversation, qui traitent : 1° de l'origine des Ottomans, de leur langue et de leur littérature ; 2° de la géographie de l'Empire ottoman en Europe, dans l'Asie-Mineure, l'Arabie, l'Égypte et la Barbarie ; 3° d'un voyage dans la Méditerranée, de Marseille à Constantinople par le paquebot à vapeur ; et 4° d'un aperçu géographique et statistique de la France.

Une table des matières, dans les deux langues, placée en tête de l'ouvrage, en fait connaître en détail toutes les sub-divisions, et met le lecteur à même de trouver de suite le sujet de conversation dont il peut avoir besoin.

En mathématiques, en géographie et en histoire même, les Turcs possèdent depuis longtemps des ouvrages qui se recommandent sous le double rapport d'un savoir et d'un mérite de rédaction relatifs (1). J'ai cru devoir emprunter à quelques-uns de ces derniers, en y faisant toutefois les changements que comporte l'état présent des choses, quelques passages qui ont pris place dans le chapitre des conversations. Ces fragments, d'origine purement turque, et par ce motif même d'autant plus utiles à l'enseignement de la langue, forment un texte plus étendu que celui des dialogues et sur lequel les lecteurs plus avancés pourront s'exercer en attendant la publication d'une chrestomathie de la langue turque, ouvrage dont le besoin se fait sentir chaque jour davantage dans nos écoles des langues orientales.

Ces mêmes motifs m'ont également déterminé à publier à la fin de cet ouvrage la traduction et le texte turc des capi-tulations ou traités de paix, de commerce et d'amitié, entre la France et la Porte ottomane, depuis l'origine des relations entre les deux États, sous le règne de François Ier, jusques et compris la convention de Constantinople conclue en novembre 1838. Jusqu'à ce jour, le public ne pouvait connaître ces traités que par les fragments épars et incomplets qui ont été imprimés à diverses époques et qui ne se retrouvent que très-difficilement aujourd'hui.

Tels furent entre autres : 1° le texte turc de l'introduction et des quarante-deux premiers articles des capitulations avec la traduction en regard, imprimés par Étienne Paulin au collége des Lombards, en 1615, un vol. petit in-4°; volume devenu fort rare aujourd'hui et dans lequel on retrouve des caractères arabes d'une perfection à laquelle on ne saurait comparer tout ce que la typographie orientale a produit de mieux dans ces derniers temps; 2° le texte turc des quatre-vingts articles ou des renouvellements jusqu'en 1740, lithographié par moi d'ordre et pour compte du ministère des affaires

---

(1) Le *Djihān numā* نـمـا جـهـان, Géographie turque de l'Asie, par Hadji Khalfa; l'Histoire des guerres maritimes, du même; l'Exposé géographique placé en tête du grand Atlas turc imprimé par ordre de Selim III, en 1804, traduit par Yacovaki Arguiropoulo; l'Introduction à la géographie, الجغرافية مدخل *medkhel el-djoghrāfia*, 1 vol. in-4°, imprimé à Constantinople en 1832.

étrangères, en un in-4° de l'imprimerie lithographique de Lasteyrie, Paris 1816 ; 3° le texte turc de la convention de Constantinople, en dix articles in-folio, lithographié à l'imprimerie royale en 1842.

Les seules traductions partielles imprimées de ces traités étaient : 1° celle que fit Deval en 1761, des quatre-vingt-cinq articles déjà mentionnés, et qui se trouve dans le volume des *Règlements consulaires des Échelles du Levant et de la Barbarie*, publié par l'imprimerie impériale en 1812 ; 2° celle de la convention de Constantinople mise en regard du texte turc, à la suite de la première édition de notre *Guide de la Conversation*, imprimé en 1839.

Pour donner à cette collection des capitulations (la plus complète qui ait encore paru) le plus d'utilité possible, nous en avons accompagné la traduction de notes explicatives et d'un commentaire même dont nous devons en partie la substance à M. Du Caurroy, ancien secrétaire interprète du roi, notre honorable confrère, aujourd'hui le savant et vénérable doyen du drogmanat français. Voyez page 250 de ce volume.

Bien que, comme ami sincère et constant de la Turquie, nous nous associions pleinement à la pensée exprimée dans deux écrits publiés en 1850 et 1851, sur la nécessité d'une révision des capitulations (1), nous n'admettons pas cependant que cette révision de quelques articles seulement, qui entravent en effet l'administration et le commerce intérieur de la Turquie, doive nécessiter une réforme complète, totale et immédiate, de ces mêmes traités. En supposant même que, dans un avenir plus ou moins prochain, les représentants des puissances intéressées parviennent à s'entendre sur cette importante et difficile question, on peut penser que les nouveaux traités qui suivront cette révision ne seront et ne pourront être en réalité qu'une reproduction plus ou moins modifiée ou réduite des cent cinq articles dont se compose aujourd'hui l'ensemble des capitulations.

Longtemps encore donc avant et même après la révision, cette collection de nos capitulations n'aura pas cessé d'être, indépendamment de son importance diplomatique et commerciale, et comme étude surtout du style de la chancellerie

(1) *Réformes de l'Empire ottoman*, etc. par M. de Valmy, ancien député (extrait du *Correspondant*), in-8°, Paris, 1850 ; l'*Indépendance de la Turquie, ses traités avec les puissances*, etc. par M. F. Noguès, rédacteur en chef du *Journal de Constantinople*, in-8°, 1851.

ottomane et du langage général des affaires, le document le plus instructif qu'on pût mettre à la disposition de nos agents diplomatiques et commerciaux en particulier, et du public en général. C'est en considérant essentiellement cette précieuse collection sous ce double point de vue, que nous avons cru devoir l'insérer (texte et traduction) dans cette deuxième édition de notre *Guide de la Conversation*.

Le Khaththi cherif ou l'acte constitutif de Gulkhanè, dont le texte et la traduction suivent immédiatement la collection des capitulations, offrira également aux lecteurs un utile et instructif spécimen du style et de la rédaction moderne des actes politiques turcs, style qui, sous le double rapport de l'orthographe et de la phraséologie, a éprouvé des changements notables et dont on ne trouve l'indication dans aucune des grammaires existantes.

Pour que cette seconde édition du *Guide* fût autant que possible plus digne encore de l'accueil favorable que le public a daigné faire à la première, j'ai cru devoir en soumettre le manuscrit au jugement et au contrôle même de quelques Ottomans instruits qui se trouvaient à Paris lors de l'impression ; sous ce rapport, je témoigne toute ma reconnaissance à Chinaci efendi, employé supérieur de l'administration ottomane, littérateur et poëte de talent même, auquel je suis redevable d'indications et de rectifications utiles sur la prononciation actuelle et souvent toute exceptionnelle du turc usuel. Je dois également des remerciments à Nousret efendi, lieutenant-colonel de la garde impériale de S. M. le Sultan, pour les renseignements que cet officier fort instruit a bien voulu me donner relativement à quelques passages de la fin de l'ouvrage. Au nombre des personnes enfin qui ont bien voulu me prêter leur obligeant concours, je dois également citer M. Dauprat, interprète de la légation française à Constantinople, pour l'envoi qu'il m'a fait, il y a déjà quelques années, de notes critiques et d'indications de plusieurs variantes de mots et de locutions, fruits des observations d'un savant khodja de Constantinople, relatives au chapitre des phrases élémentaires que contenait la première édition de ce *Guide*.

Un ouvrage (1), publié l'année dernière en Égypte et imité en partie de la première édition de mon *Guide de la*

(1) قلائـد الجمان فى فوائـد الترجمان *qalāïd el-djumān fi fevāïd et-terdjumān*, Instructions aux drogmans, par Khalifa efendi, 1 vol in-fol., imprimerie du gouvernement, à Boulak.

Conversation, m'a fourni également quelques phrases et locutions turques qui ont pris place dans cette seconde édition.

Je crois aussi devoir faire observer que, dans les dialogues, j'ai tâché autant que possible d'éviter les longueurs, et que je me suis efforcé de traduire la phrase française par la phrase turque correspondante, tout en conservant, autant que j'ai pu, à cette dernière le caractère qui lui est propre. Dans les conversations dont le texte est en partie emprunté à des auteurs turcs, je me suis conformé autant que possible au style de ces derniers pour l'arrangement et la composition des phrases de ma composition. Les Orientalistes, ceux surtout qui, ayant fait une étude théorique et pratique de la langue turque, connaissent toutes les complications de sa construction, comprendront les difficultés de cette partie de mon travail et seront par ce motif portés à excuser celles que mes efforts et mes soins n'auraient pu entièrement surmonter.

Quant au système que j'ai suivi dans cette seconde édition pour la prononciation et la transcription des mots turcs en lettres françaises, ce système est basé presque entièrement sur l'euphonie dont les règles s'appliquent plus généralement au langage usuel que celles du turc littéral.

Cette prononciation euphonique, différant très-souvent sous le rapport de la transcription et de l'orthographe même, de celle purement littérale des dictionnaires, j'ai dû, pour en faciliter l'intelligence aux lecteurs de ce *Guide*, devoir ajouter au tableau alphabétique et harmonique suivant quelques indications sommaires sur la prononciation purement usuelle des lettres et sur l'euphonie en général.

TABLEAU HARMONIQUE

DES LETTRES ET CHIFFRES ARABES-TURCS-PERSANS, ET DES LETTRES ET CHIFFRES EUROPÉENS.

ORDRE DES LETTRES en chiffres		PRONONCIATION	LETTRES arabes-turques-persanes	NOMS DES LETTRES.	VALEUR DES LETTRES en caractères européens.	VALEUR numérique des lettres.
europ.	turcs					
1	١	bir	ا	Élif.	A, é, i, o, u, eu, ou.	1
2	٢	iki	ب	Bé.	B.	2
3	٣	utch	پ	Pé.	P.	»
4	٤	deurt	ت	Té.	T doux (1).	400
5	٥	bech	ث	Sé.	S et Ç.	500
6	٦	alty	ج	Djim.	Dj.	3
7	٧	iedi	چ	Tchim.	Tch.	»
8	٨	sekiz	ح	Ha.	H dur.	8
9	٩	dhoqouz	خ	Khy.	Kh t.-dur (2)	600
10	١٠	on	د	Dal.	D.	4
11	١١	on bir	ذ	Zal ou Zel.	Z.	700
12	١٢	on iki	ر	Ré.	R.	200
13	١٣	on utch	ز	Zé ou Zeïn.	Z doux.	7
14	١٤	on deurt	ژ	Jé.	J.	»
15	١٥	on bech	س	Sin.	S.	60
16	١٦	on alty	ش	Chin.	Ch doux.	300
17	١٧	on iedi	ص	Sad.	Ç dur.	90
18	١٨	on sekiz	ض	Zad.	Z dur.	800

(1) Nous devons faire remarquer que les lettres qui, dans ce tableau, ne seraient pas suivies des mots indicatifs *doux* ou *dur*, sont celles qui participent de ces deux qualités, et qu'on pourrait en quelque façon appeler *neutres*.

(2) S'adoucit dans beaucoup de mots du langage usuel ; ex. خلف, prononcez *halef* au lieu de *khalef*. Cependant, par exception à l'euphonie, elle se change en ق *q* dans le mot أقشام *aqchām*, mot usuel pris pour أخشام *akhchām*, qui, dans le djagataï, l'un des dialectes du turc originaire, signifie littéralement le soir blanc, ou le temps du jour qui suit de peu d'instants le coucher du soleil.

SUITE DU TABLEAU HARMONIQUE.

ORDRE DES LETTRES en chiffres		PRONONCIATION.	LETTRES arabes-turques-persanes	NOMS DES LETTRES.	VALEUR DES LETTRES en caractères européens.	VALEUR NUMÉRIQUE des lettres.
europ.	turcs.					
19	١٩	on dhoqouz	ط	Thy.	Th dur.	9
20	٢٠	ïrmi	ظ	Zhy.	Z très-dur.	900
21	٢١	ïrmi bir	ع	Aïn.	Apostrophe (') dur.	70
22	٢٢	ïrmi iki	غ	Ghaïn.	Gh dur.	1,000
23	٢٣	ïrmi utch	ف	Fé.	F.	80
24	٢٤	ïrmi deurt	ق	Qaf.	Q dur (1).	100
25	٢٥	ïrmi bech	ك	Kef.	K et Ki doux.	20
26	٢٦	ïrmi alty	ك	Saghyr noun.	Ñ nasal.	»
27	٢٧	ïrmi iedi	ك	Guief'adjemi.	Gn, G.	»

ORDRE DES LETTRES en chiffres		PRONONCIATION.	LETTRES arabes-turques-persanes	NOMS DES LETTRES.	VALEUR DES LETTRES en caractères européens.	VALEUR NUMÉRIQUE des lettres.
europ.	turcs.					
28	٢٨	ïrmi sekiz	ل	Lam.	L.	30
29	٢٩	ïrmi dhoqouz	م	Mïm.	M.	40
30	٣٠	ótouz	ن	Noun.	N.	50
31	٣١	otouz bir	و	Vauv.	V, o, u, ou (2)	6
32	٣٢	otouz iki	ه	Hé.	H doux.	5
33	٣٣	otouz utch	ى	Ié.	I, ï, y, a (3).	10
34	٣٤	otouz deurt	لا	Lam-élif.	La.	Voyez la Grammaire pour la suite des nombres en lettres.
40	٤٠	qyrq	Fin de l'alphabet turc.			
50	٥٠	elli				

(1) S'adoucit quelquefois; ex. قنغى, prononcez *hanghy* au lieu de *qanghy*.

(2) Se prononce quelquefois *i* après la lettre ت, dans le turc usuel; ex. دولتلو *devletli* au lieu de *devletlu*.

(3) L'*y* ou l'*i* dur, qui, dans le turc usuel, diffère essentiellement de l'*i* ordinaire ou de l'*i* doux, représente toujours un son approchant de l'*e* muet ou de la syllabe *eu*; ex. آتلرى *ätlary*, *ätlareu*, leurs chevaux.

Presque toutes les autres lettres, à de rares exceptions près, se prononcent identiquement dans le turc littéral et le langage usuel. Voir les explications à la suite du tableau harmonique, dans mon *Dictionnaire turc-français*, 2ᵉ édition.

Pour bien comprendre les différences que nous venons d'indiquer dans le tableau précédent, il faut savoir que la langue des Ottomans admet deux genres de prononciations distinctes, celle du turc littéral, de la lecture, ou du discours des maîtres, et celle du langage usuel (1). La première est basée sur l'étymologie et l'orthographe des mots, la seconde est généralement subordonnée aux règles de l'euphonie absolue.

Plusieurs grammaires, celle entre autres de Viguier déjà citée, celle de M. Redhouse (2), et plus récemment encore celle publiée par Djevdet efendi et Fuad efendi (3), ayant établi d'une manière précise et à peu près identique les règles de l'euphonie, nous croyons à cet égard pouvoir nous borner aux simples indications suivantes :

(1) Viguier, celui de tous les grammairiens européens qui a donné la meilleure prononciation turque en lettres françaises, et à laquelle nous nous sommes presque toujours conformé, admet cette double distinction : *Éléments de la langue turque*, in-4°, Constantinople, 1790, page 285 et suiv.

(2) *Grammaire raisonnée de la langue ottomane*, 1 vol. in-8°. Paris, 1846, page 29 et suiv.

(3) 1 vol. in-8°, lithographié à Constantinople en 1851, sous le titre de قواعد عثمانیه *qavā'idi 'osmānïë*, Règles de grammaire ottomane. Voyez p. 11 et suiv.

Cette nouvelle grammaire a été composée en partie par Fuad efendi, l'un des hommes d'État et des académiciens les plus distingués de l'Empire. Pour en bien apprécier toute l'utilité, il importe de savoir que, jusqu'à ce jour, il n'avait jamais existé, en Turquie même, aucun traité complet de ce genre écrit ou publié dans la langue des Ottomans. C'est à cette lacune difficile à comprendre, mais pourtant très-réelle, qu'il faut attribuer les différences de méthodes, les contradictions, et les imperfections mêmes qui, à un très-petit nombre d'exceptions près, caractérisent la presque totalité des grammaires turques-européennes publiées jusqu'à ce jour.

La grammaire de Fuad efendi, que nous avons lue attentivement, nous a paru, sauf quelques développements dont elle est encore susceptible, être écrite avec autant de méthode que de talent. Les règles de l'arabe et du persan surtout inhérentes à la langue des Ottomans y ont été appliquées avec précision, justesse et clarté. Devenue désormais la base et le type primitif et authentique des grammaires turques-européennes, cet ouvrage, par la simplification et les facilités qu'il apporte à leur rédaction, est évidemment le service le plus signalé que les deux savants auteurs des *qavā'idi 'osmānïë* pouvaient rendre à l'enseignement futur de la langue en Europe et en Turquie.

L'euphonie, dans la langue des Ottomans, s'applique généralement aux mots turcs d'origine, et exceptionnellement aux mots arabes et persans.

D'après le génie de la langue même, cette euphonie tend généralement à l'adoucissement des consonnes et à l'homogénéité des voyelles ainsi que des consonnes, mais surtout des voyelles dans un même mot. Il existe deux classes de consonnes et de voyelles, les *dures* et les *douces*. Les consonnes dures ou douces sont indiquées dans le tableau harmonique ci-dessus.

Quant aux sons-voyelles durs حركات ثقيله *harekiâti saqîlè*, il y en a quatre qui sont : *a, y, o, ou;* les doux حركات خفيفه *harekiâti khafîfè*, au nombre de quatre également, sont : *e, i, u, eu.*

D'après la règle la plus générale de l'euphonie, il y a au commencement de chaque mot un son-voyelle dominant ou une consonne qui détermine l'homogénéité des lettres suivantes et surtout de la finale.

Si, par exemple, le son-voyelle commençant un mot est doux, les lettres suivantes doivent l'être également et réciproquement pour les sons-voyelles durs. Ainsi, presque tous les mots turcs d'origine, dont le son initial est un *a*, ainsi que les verbes terminés en مق *maq*, prennent l'*y* ou l'*i dur* aux diverses personnes des temps du verbe, aux affixes des déclinaisons et des pronoms; ex. كتابلريمز *kitâblarymyz*, nos livres; واره جفمزير *vâradjaghymyz ïer*, l'endroit où nous irons.

Les mots dont le son-voyelle initial est un *e*, un *i* ou un *u* doux, ainsi que les verbes en مك *mek*, prennent l'*i* ou l'*u* doux aux terminaisons des verbes, des cas et des affixes pronominaux; ex. دلمز *dilimiz*, notre langue; اوزممز *uzumumuz*, notre raisin; شراب ايجدیكمز *itchdiguimiz charâb*, le vin que nous avons bu.

Un très-petit nombre de mots, tels que كيميون *kîmïon*, ليمون *lîmon*, قهوه *qahvè*, font seuls exception aux règles euphoniques que nous venons d'indiquer.

Les mots, dont la première ou la deuxième syllabe est un son-voyelle en *o* ou *ou*, prennent ces mêmes sons-voyelles aux terminaisons des cas, des verbes et des pronoms; ex. اوقودیغمز کتاب *oqoudoughoumouz kitâb*, le livre que nous avons lu.

Dans les mots dont les sons-voyelles seraient, l'un doux et l'autre dur, c'est celui qui précède immédiatement la finale qui en règle la prononciation; ex. فنادر *fenâdyr*, c'est mal, au lieu de *fenâdir*.

Bien que les mots arabes ne soient pas aussi généralement soumis à l'euphonie que les mots d'origine turque, il en est cependant aussi qui suivent cette règle; ex. بابنده *bâbynda*, au lieu de *bâbindè*, à l'effet de..., en ce qui concerne....

Le و des adjectifs turcs placé à la suite des mots arabes terminés en ت se prononce *i* au lieu d'*u*; ex. مودّتلو *meveddetli*, au lieu de *meveddetlu*.

Le ی qui suit les mots arabes terminés par un ل ou autre consonne douce se prononce **i**. Ce même ی, venant après un ض ou autre consonne dure, se prononce **y**; ex. مسافهٔ طولی ومسافهٔ عرضی *meçâfèï thouli vè meçâfèï 'arzy*, la longitude et la latitude (d'un lieu).

Les sons-voyelles indiquant l'*izafet* sont également soumis aux règles de l'euphonie dans le langage usuel; exemples: تاریخ عیسوینك ۱۸۵۲ *târîkhi 'icèvinin*...... l'année de J.-C. 1852; باب همایون *bâby humâïoun*, la première porte du sérail impérial.

Bien que, dans les dictionnaires, la réunion du د et du ت se prononce souvent comme un seul *t* fortement articulé, کیتدی *guitti*, le contraire a lieu dans le turc usuel où les consonnes conservent toujours leur articulation propre; ex. *guitdi*, il est parti; — یوله کیتدوكك آدملر *ïola guitdiguin âdemler*, les hommes avec lesquels vous vous êtes mis en route. Cette règle s'applique également au د après le ق ou le ك *kef*, qui se prononce toujours *d* au lieu de *t*; ex. یازقدر بو *ïâzyqdyr bou*, c'est dommage, c'est fâcheux. Également après le ب et le پ, le د conserve toujours la prononciation du *d*; ex. بوني نيچون ياپدكز *bounou nîtchin ïdpdyñyz*, pourquoi avez-vous fait cela ?

Tel est en résumé le petit nombre d'observations sur lesquelles j'ai cru devoir arrêter quelques instants l'attention des personnes qui feront usage de ce *Guide de la Conversation*. Une lecture attentive et suivie de l'ouvrage achèvera bientôt, nous n'en doutons pas, de les initier au mécanisme ingénieux d'un genre d'euphonie tout particulier à la langue ottomane et dont l'analogie au même degré ne se retrouve dans aucun autre idiome connu.

TABLE DES MATIÈRES.

فهرست كتاب

PREMIÈRE PARTIE.

VOCABULAIRE.

PHRASES ÉLÉMENTAIRES.

فصل اوّل

مفردات الفاظ لغتى

استمك ايچون

اسامى . موصوف ايله مالك اولق فعلنك وجه تصريفى

فعل مذكورك وجه استفهام اوزره وجه تصريفى

فعل مذكورك نفى اولهرق وجه تصريفى

نفى واستفهام اوزره مالك اولق فعلنك وجه تصريفى

صفات ايله اولق فعلنك وجه تصريفى

صفات ايله اولق فعلنك وجه نفى واستفهام اوزره تصريفى

er آخرنك حرفسى اولان فعل متعدّينك وجه تصريفى

ir آخرنك حرفلرى اولان صور مختلفهٔ مصدريّهلرك وجه تصريفى

oir و *re* آخرنك حرفلرى اولان صورت مصدريّهلرك تصريفى

عبارات اصليّه

بولشمق

DEUXIÈME PARTIE.

DIALOGUES.

فصل ثانى

مكالمه

سلاملشلمق واستفسار خاطر ايتمك ايچون

زيارت

قهوه التى ايچون

طعامدن اوّل

اوروپالوجه اخشام يمكى

سفره‌ده ايكن

چاى ايچمك اوزره

درس

— رسم

— فنّ جغرافيه

— السنه

يازمق ايچون

بر كمسه‌يى سؤال ايتمك اوزره

يولنى صورمق ايچون

ساعت

صباح وقتى

كينمك اوزره

سير

b

<table>
<tr><td>

COLLECTION COMPLÈTE DES CAPITULATIONS
ENTRE LA FRANCE ET LA PORTE OTTOMANE (traduction).

</td><td>

دولت عليّه ايله فرانسه دولتىّ بيننك منعقد اولان كافه عهود
ومقاولاتك مجموعهٔ مكملهسى

</td></tr>
</table>

(1) Suivent les textes turcs dans l'ordre d'écriture et de pagination arabes.

FIN DE LA TABLE DES MATIERES.

LE NOUVEAU GUIDE DE LA CONVERSATION

EN FRANÇAIS ET EN TURC.

LE NOUVEAU GUIDE DE LA CONVERSATION
EN FRANÇAIS ET EN TURC.

PREMIÈRE PARTIE.

POUR DEMANDER.		استمك ايچون	ISTEMEK ITCHIN.
GENRE EN FRANÇAIS.	m. Donnez-moi du pain.	اكمك وير بكا	ekmek (1) *ver bañā* (2).
	f. — de la viande.	— ات	*et* —
	m. — du vin.	— شراب	*charāb* —
	m. — du fruit.	— ميوه	*meïvé* —
	f. — de l'eau.	— صو	*sou* —
	m. — du sucre.	— شكر	*cheker* —

(1) Les Turcs ne font jamais usage de l'article ou des particules répondant à *de, du*. Ils se servent cependant de l'article indéfini بر *bir*, un *ou* une; ex. بر اغاج *bir aghādj*, un arbre. Quelquefois aussi, dans les locutions qu'ils empruntent de l'arabe, ils se servent de l'article ال *al*, répondant à *le, la, les*. Pour exprimer *du*, on peut cependant dire aussi بر مقدار *bir myqdār*, un peu, une certaine quantité.

(2) Dans les rapports familiers et ordinaires de la vie, les Turcs, à l'impératif surtout, tutoyaient indifféremment leurs supérieurs, leurs égaux, comme leurs inférieurs. Cependant l'usage, ou plutôt l'abus que les étrangers ont introduit dans la langue, permet déjà depuis très-longtemps de se servir de la seconde personne du pluriel du verbe en parlant à des supérieurs, ou à des personnes qu'on veut traiter avec politesse. Dans ce cas, on pourrait également dire : اكمك ويرکز - ويرك بكا *ekmek veriñiz, veriñ bañā*, donnez-moi du pain, etc.

1

m.	Donnez-moi du feu.	وير - ويركز - ويرك بكا	آتش	*ätech*	*ver, veriñiz, veriñ bañā.*
m.	— du tabac à fumer.	— — —	دوتن - توتن	*tutun*	— — —
m.	— de l'argent.	— — —	پاره - اقجه	*pāra, aqdjè*	— — —
f.	— des pommes.	— — —	الما	*elmā*	— — —
f.	— une poire.	— — —	بر ارمود	*bir armoud*	— — —
f.	— une pêche.	— — —	بر شفتالو	*bir cheftāli*	— — —
m.	— un abricot.	— — —	بر قيسى	*bir qaïcy*	— — —
m.	— un melon d'eau.	— — —	بر قاربوز	*bir qārpouz*	— — —
f.	— une figue.	— — —	بر انجير	*bir indjǐr*	— — —
m.	— du raisin.	— — —	اوزم	*uzum*	— — —
f.	— des amandes.	— — —	بادم	*bādem*	— — —
f.	— des framboises.	— — —	بوكرتلن	*bugurtlen*	— — —
f.	— des mûres.	— — —	دود	*doud*	— — —
f.	— une orange.	— — —	بر پورتقال	*bir portaqāl*	— — —
f.	— des fraises.	— — —	چلك - چيلك	*tchilek*	— — —
f.	— des noix.	— — —	جوز	*djeviz*	— — —
f.	— des noisettes.	— — —	فندق	*fyndyq*	— — —
f.	— des groseilles.	— — —	فرنك اوزمى	*frenk uzumu*	— — —
f.	— une châtaigne.	— — —	بر كستانه	*bir kestānè*	— — —
m.	— un citron.	— — —	بر ليمون	*bir lïmon*	— — —
f.	— des nèfles.	— — —	مشمله	*mouchmoula*	— — —
m.	— du bœuf.	— — —	صغراثى - حشلمه	*syghyreti, hachlama—*	— —
m.	— du mouton.	—	قيون اتى - برمقدار قيون اتى	*qoïoun eti, bir myqdār qoïoun eti*	—
m.	— du veau.	— — —	دانه اتى	*dāna eti*	— — —

m.	Donnez-moi	du rôti.	وير - ويركز - ويرك بكا	كباب	kebâb	ver, veriñiz, veriñ bañâ.
f.	—	de la salade.	— — —	بر مقدار صلته - صلته	salata, bir myqdār salata	— —
m.	—	du pâté.	— — —	بورك	beurek	— — —
m.	—	du beurre.	— — —	تره ياغى	terè ïāghy	— — —
m.	—	du fromage.	— —. —	پينير	peïnïr	— — —
m.	—	des œufs.	— — —	يومورطه	ïoumourtha	— — —

TEMPS DU VERBE *AVOIR* CONJUGUÉS AVEC LES NOMS CI-DESSUS (1).	بالاده ذكر اولنان الفاظ ايله مالك اولق فعلنك تصريفى	*bālādè* (2) *zikr olounān elfāz ilè mālik olmaq fy'liniñ tasrîfi.*
INDICATIF PRÉSENT ET FUTUR.	صورت اخباريه نك حال ومستقبل زمانى	*soureti y'khbārïèniñ hāl u moustaqbil zemāny.*
J'ai du pain.	اكمكم وار	*ekmeïm vār* (3).
Tu as de la viande.	انك وار	*etiñ vār.*
Il a du vin.	شرابى وار	*charāby vār.*
Nous avons du fruit.	ميوه مز وار - يمشمز وار	*meïvèmiz vār, ïemichmiz vār.*
Vous avez de l'eau.	صويكز وار	*souïouñouz vār.*

(1) Le verbe *avoir*, comme nous l'entendons en français, n'existe pas dans la langue turque ; il s'exprime par l'irrégulier وار *vār* ou واردر *vārdyr* (il y a), en ajoutant aux objets possédés les terminaisons du pronom possessif des trois personnes du singulier ou du pluriel. Je me suis borné à indiquer ici les seuls temps du verbe français qui sont susceptibles d'être traduits en turc, et qui peuvent être compris et employés dans la conversation. *Avoir*, dans le sens de *posséder*, se dit مالك اولق *mālik olmaq*, صاحب اولق *sāhib olmaq*. — اقجه يه مالك اولق *aqdjèïè mālik olmaq*, avoir de l'argent.

(2) Quelquefois, d'après l'euphonie, on prononce *bālāda* ; mais cette manière est peu usitée.

(3) On substitue quelquefois واردر *vārdyr* à *vār*, et l'on dit : اكمكم واردر *ekmeïm vārdyr*, j'ai du pain ; littéralement, il y a du pain de moi, ou il y a mon pain. Les pronoms possessifs, en turc, ne sont que les génitifs des pronoms personnels.

Ils ont du sucre.	شكرلري وار	*chekerleri vär.*

IMPARFAIT ET PLUS-QUE-PARFAIT. — ماضى ، غير تمام ايله ماضى ، انتم — *mäzyi ghaïri tämm ilè mäzyi etemm.*

J'avais du feu.	آتشم وار ايدى	*àtechim vär idi.* feu mon il y avait.
Tu avais du tabac à fumer.	توتنك وار ايدى	*tutununñ vär idi.*
Il avait de l'argent.	پاره‌سى وار ايدى	*pàracy vär idi.*
Nous avions des pommes.	الماموز وار ايدى	*elmämyz vär idi.*
Vous aviez une poire.	بر ارمودكز وار ايدى	*bir armoudouñouz vär idi.*
Ils avaient une pêche.	بر شفتالولرى وار ايدى	*bir cheftälileri vär idi.*

PRÉTÉRIT DÉFINI (1). — ماضى ، منقطع يا خود ماضى ، محدود — *mäzyi mounqathy' iàkhoud mäzyi mahdoud.*

J'eus un abricot.	بر قيسم وار ايدى	*bir qaïcym vär idi.* un abricot mon il y avait.
Tu eus un melon d'eau.	بر قارپوزك وار ايدى	*bir qàrpouzouñ vär idi.*
Il eut une figue.	بر انجيرى وار ايدى	*bir indjiri vär idi.*
Nous eûmes du raisin.	اوزمموز وار ايدى	*uzumumuz vär idi.*
Vous eûtes des amandes.	بادمكز وار ايدى	*bädemiñiz vär idi.*
Ils eurent des framboises.	بوكرتلنلرى وار ايدى	*beugurtlenleri vär idi.*

FUTUR SIMPLE. — زمان استقبال غير مركّب — *zemäni istiqbäli ghaïri murekkeb.*

J'aurai des mûres.	دودم اولدجق - اولور	*doudoum oladjaq ou olour.* mûres mes il sera ou il y aura.

(1) Le plus-que-parfait s'exprime quelquefois comme l'imparfait et le prétérit, en substituant ايمش *imich* à ايدى *idi*; ex. چوق كتابلرم *tchoq kitäblarym* وار ايمش *vär imich*, j'ai eu ou j'avais beaucoup de livres.

Tu auras une orange.	بر پورتقالك اوله جق	*bir portaqālyñ oladjaq.*
Il aura des fraises.	چلكى اوله جق	*tchilegni oladjaq.*
Nous aurons des noix.	جوزمز اوله جق	*djevizimiz oladjaq.*
Vous aurez des noisettes.	فندقكز اوله جق	*fyndyguyñyz oladjaq.*
Ils auront des groseilles.	فرنك اوزملرى اوله جق	*frenk uzumleri oladjaq.*

—

CONDITIONNEL PRÉSENT.	صورت شرطيّة حاليّه	*soureti charthyïeï hālïë.*
J'aurais une châtaigne.	بر كستانهم اولور ايدى (1)	*bir kestānèm olour idi.*
		un (2) châtaigne mon aurait été
Tu aurais un citron.	بر ليمونك اولور ايدى	*bir limonouñ olour idi.*
Il aurait des nèfles.	مشملدسى اولور ايدى	*mouchmoulacy olour idi.*
Nous aurions du bœuf.	بر مقدار صغر اتيمز اولور ايدى	*bir myqdār syghyr etimiz olour idi.*
Vous auriez du mouton.	بر مقدار قيون اتيكز اولور ايدى	*hir myqdār qoïoun etiñiz olour idi.*
Ils auraient du veau.	بر مقدار دانه اتلرى اولور ايدى	*bir myqdār dāna etleri olour idi.*

—

IMPÉRATIF.	امر حاضر	*emri hāzyr.*
Aie du pâté.	بر مقدار بوركك اولسون	*bir myqdār beureguñ olsoun.*
		un portion pâté ton il soit.
Qu'il ait de la salade.	بر مقدار صالتهسى اولسون	*bir myqdār salatacy olsoun.*

(1) En turc, on ajoute quelquefois à ce temps l'adverbe اما *ammā*, et l'on dit : بر كستانهم اولور ايدى اما *bir kestānèm olour idi ammā.* Cette forme détermine encore mieux le conditionnel.

(2) L'article indéfini *bir* (un) reste toujours masculin, quel que soit le genre du nom qu'il précède. Il en est de même pour les pronoms possessifs. La langue turque primitive, ou l'idiome d'origine tartare, n'a qu'un genre, bien qu'elle emprunte souvent à l'arabe les formes du masculin et du féminin ; et, dans ce cas, ces marques du genre ne s'appliquent qu'aux mots purement arabes.

Ayons du beurre.	نره ياغيمز اولسون	*terè ïāghymyz olsoun.*
Ayez du fromage.	پينيركز اولسون	*peïnīrñiz olsoun.*
Qu'ils aient des œufs.	يمورطهلری اولسون	*ïoumourthalary olsoun.*

—

SUBSTANTIFS.

اسامی ه موصوفه

eçāmiï mevsoufè.

m.	Un livre.	بر كتاب	*bir kitāb.*
m.	Du fil.	أپليك	*iplīk.*
f.	De la soie.	ايپك	*ipek.*
m.	Du papier.	كاغد	*kiāghyd.*
f.	Une plume (sorte de roseau pour écrire).	بر قلم	*bir qalem.*
f.	De l'encre.	مركب	*murekkeb.*
m.	Un canif.	بر قلمتراش	*bir qalemtrāch.*
m.	Du sable.	ريك	*ryh, ryg.*
m.	Un cachet.	بر مهر	*bir muhur.*
m.	Un compas.	بر پركار	*bir perkiār, vulg. perguiel.*
m.	Un crayon.	بر قورشون قلم	*bir qourchoun qalem.*
m.	Un cahier.	بر دفتر	*bir defter.*
f.	Une table.	بر سفره	*bir sofra.*

SUBJONCTIF OU MODE CONDITIONNEL
PRÉSENT ET FUTUR.

مضارع صورت شرطيّه

mouzāry'i soureti charthyïè.

Si j'ai un livre.

اكر بركتابم اولسه (1)

eïer bir kitābym olsa.
si   un   livre mon   s'il est.

Si tu as du fil.

اكر اپليكك اولسه

eïer iplïguiñ olsa.

S'il a de la soie.

اكر ايپكى اولسه

eïer ipegui olsa.

Si nous avons du papier.

اكر كاغدمز اولسه

eïer kiāghydymyz olsa.

Si vous avez une plume.

اكر بر قلمكز اولسه

eïer bir qalemiñiz olsa.

S'ils ont de l'encre.

اكر مركّبلرى اولسه

eïer murekkebleri olsa.

IMPARFAIT.

ماضى . غير تامّ ياخود حكايت الحال
فى الماضى

*māzyi ghaïri tāmm ïākhoud hikiāïet ul-hāl
fil-māzy.*

Si j'avais un canif.

اكر بر قلمتراشم اوليدى

eïer bir qalemtrāchym olaïdy.
si   un plume-coupe mon il était.

Si tu avais du sable.

اكر ريكك اوليدى

eïer ryguyñ olaïdy.

S'il avait un cachet.

اكر بر مهرى اوليدى

eïer bir muhru olaïdy.

Si nous avions un compas.

اكر بر پركارمز اوليدى

eïer bir perkiārymyz olaïdy.

Si vous aviez un crayon.

اكر بر قورشون قلمكز اوليدى

eïer bir qourchoun qalemiñiz olaïdy.

S'ils avaient un cahier.

اكر بر دفترلرى اوليدى

eïer bir defterleri olaïdy.

VERBE CIRCONSTANTIEL.

Lorsqu'il y a une table.

بر سفره وار ايكن

bir sofra vār iken.
un · table il y a lorsque.

---

(1) On peut dire, dans le même sens, اكر بر كتابم اولورسه *eïer bir kitābym oloursa,* اكر بر كتابم وار ايسه *eïer bir kitābym vār icè,* et au futur déterminé, بر كتابم اولهجق اولسه *bir kitābym oladjaq olsa.*

m.	Apportez-moi du café.	كتور بكا قهوه	qahvè	guetir (1)	bañā.
			café	*apporte*	*à moi.*
m.	— du thé.	چای —	tchāï	—	—
f.	— de la crème.	قیمق —	qaïmaq	—	—
m.	— du sel.	توز —	touz	—	—
m.	— du poivre.	ببر —	buber	—	—
f.	— de l'huile.	زیتون یاغی —	zeïtin ïāghy	—	—
m.	— du vinaigre.	سركه —	sirkè	—	—
f.	— de la moutarde.	خردال —	khardāl	—	—
m.	— un couteau.	بر بچاق —	bir pytchāq, bir bitchāq	—	
f.	— une fourchette.	بر چتال —	bir tchatāl	—	—
f.	— une assiette.	بر طبق —	bir thabaq	—	—
m.	— un verre.	بر قدح —	bir qadeh	—	—

OPTATIF PRÉSENT ET IMPARFAIT.

صورت انشائیه یاخود فعل تمنّیڭك حال
وغیر تامّی

soureti inchāïïè ïākhoud fy'li temennîniñ hāl
u ghaïri tāmmi.

Que j'aie du café.	كاشكی قهوهم اولیدی	kiāchki ou kechkè (2) qahvèm olaïdy.
		plût à Dieu *café mon* *eût été.*
Que tu aies du thé.	چایك اولیدی	tchāïyñ olaïdy.
Qu'il ait de la crème.	قیمغی اولیدی	qaïmaghy olaïdy.
Que nous ayons du sel.	نوزمز اولیدی	touzoumouz olaïdy.
Que vous ayez du poivre.	ببرڭز اولیدی	buberiñiz olaïdy.
Qu'ils aient de l'huile.	زیتون یاغیلری اولیدی	zeïtin ïāghlary olaïdy.

(1) Ou plus poliment, قهوه ویرڭز بكا *qahvè veriñiz bañā.* Voyez la note, pag. 1.

(2) On peut à volonté retrancher l'expression *kiāchki*, et dire tout simplement *qahvèm olaïdy.*

<table>
<tr><td>PRÉTÉRIT.</td><td>زمان ماضى</td><td>zemāni mäzy.</td></tr>
<tr><td>Que j'aie eu du vinaigre.</td><td>كاشكى سركةم اولمش اوليدى</td><td>kiāchki sirkèm olmouch olaïdy.
plût à Dieu vinaigre mon été il eût.</td></tr>
<tr><td>Que tu aies eu de la moutarde.</td><td>خردالك اولمش اوليدى</td><td>khardālyñ olmouch olaïdy.</td></tr>
<tr><td>Qu'il ait eu un couteau.</td><td>بر بچاغى اولمش اوليدى</td><td>bir pytchāghy olmouch olaïdy.</td></tr>
<tr><td>Que nous ayons eu une fourchette.</td><td>بر چتالمز اولمش اوليدى</td><td>bir tchatālymyz olmouch olaïdy.</td></tr>
<tr><td>Que vous ayez eu une assiette.</td><td>بر طبغكز اولمش اوليدى</td><td>bir thabaghyñyz olmouch olaïdy.</td></tr>
<tr><td>Qu'ils aient eu un verre.</td><td>بر قدحلرى اولمش اوليدى</td><td>bir qadehleri olmouch olaïdy.</td></tr>
</table>

—

<table>
<tr><td>SUBSTANTIFS.</td><td>اسامى ، موصوفه</td><td>eçāmiï mevsoufè.</td></tr>
<tr><td>f.   Une nappe.</td><td>بر سفره بزى</td><td>bir sofra bezi.</td></tr>
<tr><td>f.   Une cuillère.</td><td>بر قاشق</td><td>bir qāchyq.</td></tr>
<tr><td>m.   Un plat.</td><td>بر طبق</td><td>bir thabaq.</td></tr>
<tr><td>m.   Un bassin.</td><td>بر لكن</td><td>bir liïen.</td></tr>
<tr><td>f.   Une carafe en verre blanc.</td><td>بر صراحى</td><td>bir surāhi.</td></tr>
<tr><td>f.   Une chaise.</td><td>بر صنداليه</td><td>bir sandāliè.</td></tr>
<tr><td>m.   Un sofa.</td><td>بر صفه</td><td>bir sofa.</td></tr>
<tr><td>m.   Un cure-dents.</td><td>بر خلال</td><td>bir hilāl.</td></tr>
<tr><td>f.   Une rose.</td><td>بر كل</td><td>bir gul.</td></tr>
<tr><td>m.   De l'or.</td><td>التون</td><td>altoun, vulg. altyn.</td></tr>
<tr><td>m.   De l'argent (monnayé).</td><td>اقجه</td><td>aqdjè, aqtchè, ahdjè.</td></tr>
<tr><td>m.   Du fer.</td><td>دمر - نيمور</td><td>dèmir.</td></tr>
<tr><td>m.   Du cuivre.</td><td>باقر</td><td>bāqyr.</td></tr>
<tr><td>m.   De l'airain.</td><td>پرنج</td><td>pirindj.</td></tr>
</table>

m. Du plomb.	قورشون	qourchoun.
m. De l'étain.	قلای	qalaï.
f. Une maison.	بر او ـ بر خانه ـ بر منزل	bir ev, bir khānè, bir menzil.
f. Une chambre.	بر اوطه	bir odha.
m. Un château (gr. maison de campagne).	بر سرای	bir saraï.
m. Un jardin.	بر باغچه	bir bāghtchè.
f. Une muraille.	بر دیوار	bir dīvār, bir douvār.
f. Une porte.	بر قپو	bir qapy, bir qapou.
f. Une fenêtre.	بر پنجره	bir pendjerè.
m. Un escalier.	بر نردبان	bir nerdubān, vulg. merdiven.
f. Une serrure.	بر کلید	bir kilīd.
m. Un verrou.	بر سورکو	bir surgu.
f. Des fleurs.	چیچک ـ چیچک	tchitchek.
m. Des arbres.	اغاجلر	aghādjlar.
f. Une ferme ou maison de campagne.	بر چفتلك	bir tchiftlik.
m. Un village.	بر کوی	bir keuï, vulg. bir keus.

LE VERBE *A VOIR* CONJUGUÉ INTERROGATIVEMENT AVEC LES MOTS PRÉCÉDENTS.

INDICATIF PRÉSENT ET FUTUR.

بالاده ذكر اولنان الفاظ ايله مالك اولمق
فعلنك استفهام اوزره وجه تصريفى

*bālādè zikr olounān elfāz ilè mālik olmaq
fy'liniñ istifhām uzrè vedjhi tasrīfi.*

مضارع صورت مشرطيه

mouzāry'i soureti charthyïe.

Ai-je une nappe?	بر سفره بزم وارمى	*bir sofra bezim vārmy.*
As-tu une cuillère?	بر قاشغك وارمى	*bir qāchyghyñ vārmy.*

A-t-il une assiette?	بر طبغى وارمى	*bir thabaghy vārmy.*
Avons-nous une cuvette?	بر لكنمز وارمى	*bir līenimiz vārmy.*
Avez-vous une bouteille?	بر صراحيكز وارمى	*bir surāhiñiz vārmy.*
Ont-ils une chaise?	بر صندليه لرى وارمى	*bir sandālïèleri vārmy.*

—

IMPARFAIT.

ماضى ٠ غير تامّ يعنى حكايت الحال فى الماضى

māzyi ghaïri tāmm ïa'ni hikiāïet ul-hāl
fil-māzy.

Avais-je un sofa?	بر صفهم وارميدى	*bir sofam vārmy idi.* un sofa mon y avait-il?
Avais-tu un cure-dents?	بر خلالك وارميدى	*bir hilālyñ vārmy idi.*
Avait-il une rose?	بر كلى وارميدى	*bir gulu vārmy idi.*
Avions-nous de l'or?	التونمز وارميدى	*altynymyz vārmy idi.*
Aviez-vous de l'argent (monnayé)?	اقجه كز وارميدى	*aqdjèñiz vārmy idi.*
Avaient-ils du fer?	دمرلرى وارميدى	*demirleri vārmy idi.*

—

PRÉTÉRIT DÉFINI.

ماضى ٠ معرّف ومحدود يعنى ماضى ٠ منقطع

māzyi mou'arref u mahdoud ïa'ni māzyi
munqathy'.

Eus-je du cuivre?	باقرم وارميدى	*bāqyrym vārmy idi.* cuivre mon y avait-il?
Eus-tu de l'airain?	پرنجك وارميدى	*pirindjiñ vārmy idi.*
Eut-il du plomb?	قورشونى وارميدى	*qourchounou vārmy idi.*
Eûmes-nous de l'étain?	قلايمز وارميدى	*qalāïmyz vārmy idi.*
Eûtes-vous une maison?	بر اوكز وارميدى	*bir eviñiz vārmy idi.*
Eurent-ils une chambre?	بر اوطه لرى وارميدى	*bir odhalary vārmy idi.*

—

FUTUR SIMPLE.	استقبال غير مركّب	*istiqbāli ghaïri murekkeb.*
Aurai-je un château ?	بر سرايم اوله جقمى – اولورمى (1)	*bir sarāym oladjaqmy* ou *olourmou.*
Auras-tu un jardin ?	بر باغچهك اوله جقمى	*bir bāghtchèñ oladjaqmy.*
Aura-t-il une muraille ?	بر ديوارى اوله جقمى	*bir douvāry oladjaqmy.*
Aurons-nous une porte ?	بر قپومز اوله جقمى	*bir qapymyz oladjaqmy.*
Aurez-vous une fenêtre ?	بر پنجره كز اوله جقمى	*bir pendjerèñyz oladjaqmy.*
Auront-ils un escalier ?	بر نردبانلرى اوله جقمى	*bir nerdubānlary oladjaqmy.*

SUBSTANTIFS.	اسامى ، موصوفه	*eçāmiï mevsoufè.*
m. Un habit, un vêtement.	بر اوربا – بر لباس	*bir ourbā, bir libās.*
f. Une veste.	بر منتان	*bir mintān.*
m. Des bas.	چوراب	*tchorāb.*
m. Des souliers.	قوندوره	*qoundourā.*
m. Un chapeau.	بر شاپقه	*bir chāpqa.*
f. Une chemise.	بر كوملك	*bir gueumlek.*
m. Du linge.	چاماشير	*tchāmāchyr.*
f. De la toile.	بز	*bez.*
m. Un mouchoir.	بر منديل	*bir mendīl.*
f. Des boucles.	توقه	*toqa.*
m. Des gants.	الدون	*eldiven.*
m. Un peigne.	بر طراق	*bir tharāq.*

(1) Ce temps, en turc, sert également à exprimer le conditionnel interrogatif. Quelquefois aussi le conditionnel s'exprime de cette manière : اولورمى بر سرايم عجبا *olourmou bir sarāym 'adjabā.*

f.	Une montre.	بر ساعت ــ بر جيب ساعتى	bir sā'at, bir djeb sā'aty.
f.	Une tabatière.	بر انفيه قوطيسى	bir enf'ïè quthouçou.
f.	Des bottes.	چزمه	tchizmè.
f.	Une ceinture.	بر قوشاق	bir qouchāq.
m.	Un châle.	بر شال	bir châl.
m.	Un carrosse.	بر هنطو	bir hinthov.
m.	Un lit.	بر يتاق	bir ïatāq.
m.	Du velours.	قطيفه	qadhifè.
m.	Du drap.	چوحه	tchoha.
f.	Une épée.	بر مچ	bir metch.
m.	Un sabre.	بر قلج	bir qylidj.
f.	Une épingle.	بر طوپلواكنه ــ بر طويلو	bir thoplou inè, bir thoplou.
m.	Un bonnet.	بر قلپاق ــ بر باش كسوتى	bir qalpāq, bir bāch kisveti.
f.	Une bourse.	بر كيسه	bir kecè.
f.	Des lunettes.	كوزلك	gueuzluk.
m.	Un rasoir.	بر اوستره	bir oustoura.

LE VERBE *AVOIR* CONJUGUÉ NÉGA-
TIVEMENT AVEC LES MOTS PRÉ-
CÉDENTS.

بالاده ذكر اولنان الفاظ ايله مالك اولمق
فعلنك وجه تصريفى

bālādè zikr olounān elfāz ilè mālik olmaq
fy'liniñ vedjhi tasrïfi.

INDICATIF PRÉSENT ET FUTUR.

نهى حاضرفعل مضارع نك تصريفى

nehi hāzyri fy'li mouzāry'nyñ tasrïfi.

Je n'ai point d'habit.

أوربام يوق

ourbām ïoq.
vêtement mon pas.

Tu n'as pas de veste.

مننانك يوق

mintānyñ ïoq.

Il n'a point de bas.   چوراىى يوق   *tchorāby ïoq.*

Nous n'avons pas de souliers.   قوندوره‌لرمز يوق   *qondouralarymyz ïoq.*

Vous n'avez pas de chapeau.   شاپقه‌كز يوق   *chāpqañyz ïoq.*

Ils n'ont point de chemises.   كوملكلرى يوق   *gueumlekleri ïoq.*

—

IMPARFAIT.

ماضى ـ غير تام   *māzyi ghaïri tāmm.*

Je n'avais pas de linge.   چاماشيرم يوغيدى   *tchāmāchyrym ïoghoudou.*

linge   mon   n'était pas.

Tu n'avais pas de toile.   بزك يوغيدى   *beziñ ïoghoudou.*

Il n'avait pas de mouchoir.   مندىلى يوغيدى   *mendīli ïoghoudou.*

Nous n'avions pas de boucles.   توقه‌مز يوغيدى   *toqamyz ïoghoudou*

Vous n'aviez pas de gants.   الدونكز يوغيدى   *eldiveniñiz ïoghoudou.*

Ils n'avaient pas de peigne.   طراقلرى يوغيدى   *tharāqlary ïoghoudou.*

—

PRÉTÉRIT.

زمان ماضى   *zemāni māzy.*

Je n'eus pas de montre.   بر ساعتم يوغيدى   *bir sā'atym ïoghoudou.*

un   montre mon   n'était pas.

Tu n'eus pas de tabatière.   بر انفيه قوطوك يوغيدى   *bir enfïè qouthouñ ïoghoudou.*

Il n'eut pas de bottes.   چزمه‌سى يوغيدى   *tchizméci ïoghoudou.*

Nous n'eûmes pas de ceinture.   قوشاغمز يوغيدى   *quchāghymyz ïoghoudou.*

Vous n'eûtes pas de châle.   شالكز يوغيدى   *chālyñyz ïoghoudou.*

Ils n'eurent point de carrosse.   هنطولرى يوغيدى   *hinthovleri ïoghoudou.*

—

FUTUR.

استقبال زمانى   *istiqbāl zemāny.*

Je n'aurai pas de lit.   بر يتاغم اوله‌ىه‌جق   *bir ïatāghym olmaïadjaq.*

un lit   mon   ne sera pas.

Tu n'auras pas de velours.	قطيفەڭ اولميەجق	qadhïfèn olmaïadjaq.
Il n'aura pas de drap.	چوحەسى اولميەجق	tchohacy olmaïadjaq.
Nous n'aurons pas d'épée.	محچمز اولميەجق	metchimiz olmaïadjaq.
Vous n'aurez pas de sabre.	قالجكز اولميەجق	qylidjyñyz olmaïadjaq.
Ils n'auront pas d'épingles.	طوپلو اكنەلرى اولميەجق	thoplou inèleri olmaïadjaq.

CONDITIONNEL. — صورت شرطيە — *soureti charthyïè.*

Je n'aurais pas de bonnet.	بر قلپاغم اولمز ايدى	bir qalpăghym olmaz idi.
		un bonnet mon n'était pas.
Tu n'aurais pas de bourse.	بر كيسەك اولمز ايدى	bir kecèñ olmaz idi.
Il n'aurait pas de lunettes.	كوزلكى اولمز ايدى	gueuzlugu olmaz idi.
Nous n'aurions pas de rasoirs.	اوستره لرمز اولمز ابدى	oustouralarymyz olmaz idi.
Vous n'auriez pas de calotte.	فسكز اولمز ايدى	feciñiz olmaz idi.
Ils n'auraient pas de rubans.	شريدلرى اولمز ايدى	cherïtleri olmaz idi.

IMPÉRATIF. — امر حاضر يعنى صورت امريە — *emri hăzyr ïa'ni soureti emrïè.*

N'aie pas d'arme.	سلاحك اولسون	silăhyñ olmaçoun, vulg. olmacyn.
		arme ton ne soit pas.
Qu'il n'ait pas de pistolets.	پشتوى اولسون	pichtovou olmaçoun.
N'ayons pas de baïonnettes.	سونكيمز اولسون	sangumuz olmaçoun.
N'ayez point de giberne.	پلاصقەكز اولسون	palăsqañyz olmaçoun.
Qu'ils n'aient pas de drapeau.	بيراقلرق اولسون	baïrăqlary olmaçoun.

SUBSTANTIFS.

اسامى ، موصوفە — *ecămü mevsoufè.*

f. Une robe.	بر قفتان	bir qaftăn.

f.	Une jupe.	بر فستان	bir fistān.
m.	Un tablier.	بر فوته	bir fouta, fyta.
f.	De la laine.	يوك	üñ.
f.	De la soie.	إيپك	ipek.
m.	Du coton.	پاموق	pāmouq.
m.	Du camelot.	شالى	chāli
f.	Une aiguille.	بر اكنه ـ بر ديكش اكنه‌سى	bir inè, bir dîkich inèci.
m.	Un dé à coudre.	بر يوكسك	bir ïuksuk.
m.	Des ciseaux.	مقصّ ـ مقراص	maqass, myqrās.
m.	Du cordonnet.	قيطان	qaïthān.
f.	De la mousseline.	دلبند	tulbend.

OPTATIF NÉGATIF PRÉSENT ET IMPARFAIT.

مضارع فعل تمنّى ؟ — mouzāry' fy'li temenni.

Que je n'aie pas de robe.	كاشكى قفتانم اولمبيدى	kiñchki (1) qaftānym olmaïaïdi.
Que tu n'aies pas de jupe.	فستانك اولمبيدى	fistānyñ olmaïaïdi.
Qu'il n'ait pas de tablier.	بر فوته‌سى اولمبيدى	bir foutaci olmaïaïdi.
Que nous n'ayons pas de laine.	يوكمز اولمبيدى	ïuñumuz olmaïaïdi.
Que vous n'ayez pas de soie.	ابپككز اولمبيدى	ipeguiñiz olmaïaïdi.
Qu'ils n'aient pas de coton.	پاموقلرى اولمبيدى	pāmouqlary olmaïaïdi.

(1) Au lieu de *kiāchki*, on dit aussi كشكه *kechkè*, و يره الله *allah verè*; ex. و يره يغمبيدى الله *allah verè ïaghmaïaïdi*, plût à Dieu qu'il ne plût pas !

PRÉTÉRIT.	زمان ماضى	*zemāni māzy.*
Que je n'eusse pas de camelot.	كاشكى شاليم اولش اولميدى	*kiāchki chālīm olmouch olmaïaïdy* ou *ol-maïaïdi.* (plût à Dieu camelot mon été pas n'eût.)
Que tu n'eusses pas d'aiguille.	بر اكنلك اولش اولميدى	*bir inèn olmouch olmaïaïdy.*
Qu'il n'eût pas de dé.	بر يوكسكى اولش اولميدى	*bir iuksugu olmouch olmaïaïdy.*
Que nous n'eussions pas de ciseaux.	مقصمز اولش اولميدى	*maqacymyz olmouch olmaïaïdy.*
Que vous n'eussiez pas de cordonnet.	بر قيطانكز اولش اولميدى	*bir qaïthānyñ z olmouch olmaïaïdy.*
Qu'ils n'eussent pas de mousseline.	دلبدلرى اولش اولميدى	*tulbendleri olmouch olmaïaïdy.*

	SUBSTANTIFS.	اسامى ٠ موصوفه		*eçāmiï mevsoufè.*
m.	Un cheval.	بر آت	*bir āt.*
m.	Un chien.	بر كوپك	*bir keupek.*
m.	Un fouet.	بر قامچى	*bir qämtchy.*
f.	Une jument.	بر قصراق	*bir qysräq.*
m.	Un chat.	بر كدى	*bir kedi.*
f.	Une vache.	بر اينك	*bir inek.*
f.	Une chèvre.	بر كچى	*bir ketchi.*
f.	Une salle.	بر ديوانخانه	*bir dîvānhānè.*
f.	Une récompense.	بر مكافات	*bir mukiāfāt.*
m.	Du plaisir.	ذوق ـ صفا	*zevq, safā.*
f.	De la reconnaissance.	شكران نعمت	*chukrāni ny'met.*
f.	La fièvre.	ايستمه	*yeytma.*
f.	De la poudre à tirer.	باروت	*bāryt, bārout.*
m.	Beau temps.	كوزل هوا	*guzel havā.*

2

f.	De la pluie.	يغمور — *ïaghmour.*
m.	Un tapis.	بر خالی — *bir khāly.*
m.	Un bateau.	بر قایق — *bir qāyq.*
f.	Une permission.	بر اذن — *bir izin.*
m.	Un frère.	بر قرداش — *bir qardāch.*
f.	Une sœur.	بر همشیره — *bir hemchīrè.*
f.	Une maladie.	بر خستهلك — *bir khastalyk.*
m.	De l'appétit.	اشتها — *ichtihā.*
m.	Du courage.	غیرت — *ghaïret.*
m.	Du chagrin.	قساوت — *qaçāvet.*
f.	La hardiesse.	جسارت — *djeçāret.*
m.	Des parents.	اقربا — *aqrabā.*
m.	Le bonheur.	دولت ـ بخت — *devlet, bakht.*
m.	Un ami.	بر دوست — *bir dost.*
m.	Un ennemi.	بر دشمن — *bir duchman.*
m.	Un oncle paternel.	بر عموجه — *bir 'amoudja, bir 'amdja.*

—

LE VERBE *AVOIR* CONJUGUÉ NÉGATIVEMENT ET INTERROGATIVEMENT.

نفی واستفهام اوزره مالك اولق فعلنك وجه تصریفی

nefi vu istifhām uzrè mālik olmaq fy'liniñ vedjhi tasrīfi.

INDICATIF PRÉSENT.

مضارع نهی استفهام

mouzāry'i nehi istifhām.

N'ai-je pas un cheval?	یوقمی بر آتم	*ïoqmou bir ātym.*
N'as-tu pas un chien?	یوقمی بر کوپگنك	*ïoqmou bir keupegniñ.*

pas y a-t-il un cheval mou.

N'a-t-il pas un fouet?	يوقمى بر قامچيسى	*ïoqmou bir qāmtchycy.*
N'avons-nous pas une jument?	يوقمى بر قصراغمز	*ïoqmou bir qysrāghymyz.*
N'avez-vous pas un chat?	يوقمى بر كدیكز	*ïoqmou bir kedĩñiz.*
N'ont-ils pas une vache?	يوقمى بر اينكلرى	*ïoqmou bir inekleri.*

IMPARFAIT.	ماضى‌ء غير تامّ	*māzyi ghaïri tāmm.*
N'avais-je pas une chèvre?	يوقميدى بر كچيم	*ïoqmou idi bir ketchĩm.* pas y avait-il un chèvre mon.
N'avais-tu pas une salle?	يوقميدى بر ديوانخانهك	*ïoqmou idi bir dĩvānhānèñ.*
N'avait-il pas une récompense?	يوقميدى بر مكافاتى	*ïoqmou idi bir mukiāfāty.*
N'avions-nous pas du plaisir?	يوقميدى ذوقمز	*ïoqmou idi zevqymyz.*
N'aviez-vous pas de la reconnaissance?	يوقميدى شكران نعمتكز	*ïoqmou idi chukrāni ny'metĩñiz.*
N'avaient-ils pas la fièvre?	يوقميدى ايستمهلرى	*ïoqmou idi ycytmalary.*

PRÉTÉRIT.	زمان ماضى	*zemāni māzy.*
N'eus-je pas de poudre?	يوقميدى باروتم	*ïoqmou idi bārytym.* pas n'y eut-il poudre mon.
N'eus-tu pas de beau temps?	يوقميدى كوزل هواك	*ïoqmou idi guzel havāñ.*
N'eut-il pas un ami?	يوقميدى بر دوستى	*ïoqmou idi bir dostou.*
N'eûmes-nous pas de la pluie?	يوقميدى يغمورمز	*ïoqmou idi ïaghmouroumouz.*
N'eûtes-vous pas un tapis?	يوقميدى بر خاليكز	*ïoqmou idi bir khālyñyz.*
N'eurent-ils pas un bateau?	يوقميدى بر قايقلرى	*ïoqmou idi bir qāyqlary.*

FUTUR.	استقبال	*istyqbāl.*
N'aurai-je pas une permission?	بر اذنم اولمیجقمى	*bir iznim olmaïadjaqmy.* un permission mon ne sera pas il.

N'auras-tu pas un frère?	بر قرداشك اولميجقمی	*bir qardāchyñ olmaïadjaqmy.*
N'aura-t-il pas une sœur?	بر همشیره‌سی اولميجقمی	*bir hemchīrèci olmaïadjaqmy.*
N'aurons-nous pas une maladie?	بر خستالكمز اولميجقمی	*bir khastalyguymyz olmaïadjaqmy.*
N'aurez-vous pas d'appétit?	اشتهاكز اولميجقمی	*ichtihāñyz olmaïadjaqmy.*
N'auront-ils pas du courage?	غیرتلری اولميجقمی	*ghaïretleri olmaïadjaqmy.*

CONDITIONNEL.

	صورت شرطیّه	*soureti charthyïè.*
N'aurais-je pas du chagrin?	قساوتم اولمزمیدی	*qeçāvetim olmazmy idi.* chagrin mon ne serait-il pas.
N'aurais-tu pas la hardiesse?	جسارتك اولمزمیدی	*djeçāretiñ olmazmy idi.*
N'aurait-il pas de parents?	أقرباسی اولمزمیدی	*aqrabāçy olmazmy idi.*
N'aurions-nous pas de bonheur?	بختمز اولمزمیدی	*bakhtymyz olmazmy idi.*
N'auriez-vous pas un ennemi?	بر دشمنكز اولمزمیدی	*bir duchmanyñyz olmazmy idi.*
N'auraient-ils pas un oncle?	بر عموجدلری اولمزمیدی	*bir 'amoudjalary olmazmy idi.*

ADJECTIFS.

	صفات	*syfāt.*
Bien aise.	محظوظ	*mahzouz.*
Paresseux, se.	تنبل	*tembel.*
Généreux, se.	جومرد	*djeumerd.*
Adroit, e.	قابل ــ مهارتلو	*qābil, mehāretli.*
Effrayé, e.	قورقمش	*qorqmouch.*
Heureux, se.	بختلو	*bakhytly.*
Malheureux, se.	بختسز	*bakhytsyz.*
Occupé, e.	مشغول	*mechghoul.*

Fatigué, e.	يورغون	*ïorghoun.*
Couché, e.	ياتمش	*ïātmych.*
Fermé, e.	قاپانمش	*qāpānmych.*
Surpris, e.	شاشمش	*chāchmych.*
Fâché, e.	طارغون	*dhārghyn.*
Pauvre.	فقير	*faqîr.*
Tranquille.	راحت	*rāhat.*
Blessé, e.	ياره لنمش	*ïāralanmych.*
Tué, e.	قتل اولنمش	*qatl olounmouch.*
Prêt, e.	حاضر	*hāzyr.*
Joyeux, se.	مسرور	*mesrour.*
Riche.	زنكين	*zenguîn.*
Faible.	ضعيف	*za'yf.*
Téméraire.	جسور	*djeçour.*
Imprudent, e.	احتياطسز	*ihtīāthsyz.*
Inutile.	فايده سز	*fāïdaçyz.*
Barbare (cruel).	ظالم	*zâlim.*
Coupable.	صوچلو	*soutchlou.*
Méchant, e.	خاين – يرامز	*khāyn, ïarāmaz.*
Obéissant, e.	مطيع	*mouthy'.*
Savant, e.	عالم	*'âlim.*
Ignorant, e.	جاهل	*djāhil.*

LE VERBE *ÊTRE* CONJUGUÉ AVEC LES ADJECTIFS PRÉCÉDENTS.	بالاده ذكر اولنان صفات ايله اولق فعلنك تصريفى	*bālādè zikr olounān syfāt ilè olmaq fy'liniñ tasrîfi.*

INDICATIF PRÉSENT. — زمان حال صورت اخباريه — *zemāni hāli soureti ykhbārièè.*

Je suis bien aise.	محظوظيم	*mahzouzoum* (1). bien aise je suis.
Tu es paresseux.	تنبلسن	*tembelsin.*
Il est généreux.	جومرددر	*djenmerddir.*
Nous sommes adroits.	قابليز	*qābilīz.*
Vous êtes effrayés.	قورقمشسز	*qorqmouchsouz.*
Ils sont heureux.	بختلودرلر	*bakhytlydyrlar.*

IMPARFAIT. — ماضى ، غير تامّ — *māzyi ghaïri tāmm.*

J'étais malheureux.	بختسز ايدم	*bakhytsyz idim.* malheureux j'étais.
Tu étais occupé.	مشغول ايدك	*mechghoul idiñ.*
Il était fatigué.	يورغون ايدى	*iorghoun idi.*
Nous étions couchés.	ياتمش ايدك	*iātmych idik.*
Vous étiez pauvres.	فقير ايديكز	*faqîr idîñiz.*
Les fenêtres étaient fermées.	پنجره لر قپانمش ايدى	*pendjerèler qapānmych idi.*

PRÉTÉRIT. — ماضى — *māzy.*

Je fus surpris.	شاشدم	*chāchdym.*
Tu fus fâché.	طارلدك	*dhāryldyñ.*

(1) On dit aussi, dans le même sens : حظ ايدرم *hazz ederim*, littéralem. contentement je fais.

Il fut pauvre.   فقیر اولدی   *faqîr oldou.*

Nous fûmes tranquilles.   راحت اولدق   *rāhat oldouq.*

Vous fûtes blessés.   یاره‌لندکز   *ïāralandyñyz.*

Ils furent tués.   قتل اولندیلر   *qatl oloundoular.*

—

FUTUR.   زمان استقبال   *zemāni istiqbāl.*

Je serai prêt.   حاضر اوله‌جغم   *hāzyr oladjaghym.* (prêt je serai.)

Tu seras joyeux.   مسرور اوله‌جقسن   *mesrour oladjaqsyn.*

Il sera riche.   زنکین اوله‌جق   *zenguîn oladjaq.*

Nous serons faibles.   ضعیف اوله‌جغز   *za'yf oladjaghyz.*

Vous serez téméraires.   جسور اوله‌جقسکز   *djeçour oladjaqsyñyz.*

Ils seront imprudents.   احتیاطسز اوله‌جقلر   *ihtiāthsyz oladjaqlar.*

—

CONDITIONNEL PRÉSENT ET FUTUR.   مضارع صورت شرطیه   *mouzāry'i soureti charthyïe.*

Je serais barbare.   ظالم اولورم   *zālim olouroum* (1). (barbare je serais.)

Tu serais coupable.   صوچلو اولورسن   *soutchlou oloursoun.*

Il serait inutile.   بو فایده‌سز اولور   *bou fāïdacyz olour.*

Nous serions obéissants.   مطیع اولورز   *mouthy' olourouz.*

Vous seriez savants.   عالم اولورسکز   *'ālim oloursouñouz.*

Ils seraient ignorants.   جاهل اولورلر   *djāhil olourlar.*

—

(1) Les Turcs ont aussi un conditionnel passé qui se forme ainsi : غایب اولوردم *ghāïb olourdoum,* j'aurais été absent, etc.

ADJECTIFS.	صفات	syfât.
Honnête, probe.	اهل عوض	ehli 'yrz.
Poli, e.	ادبلو	edebli.
Juste.	طوغرو	dhoghrou.
Sage.	عاقل	'âqyl.
Fidèle.	صادق	sâdyq.
Fort, e.	قوّتلو	qouvvetli.
Innocent, e.	كناهسز	gunâhsyz.
Muet, te.	دلسز	dilsiz.
Habile.	ماهر	mâhir.
Apprivoisé, e.	الشمش ــ اليشق	alychmych, alychyq.
Grand, e.	بيوك	buük.
Petit, e.	كوچك	kutchuk.
Égal, e (de quelqu'un).	اقران	aqrân.
Hardi, e.	غيرتلو ــ جسارتلو	ghaïretli, djeçâretli.
Orgueilleux, se.	مغرور	maghrour.
Aveugle.	كور	keur.
Jeune.	كنج	guendj.

IMPÉRATIF.	امر حاضر	emri hâzyr.
Sois honnête.	اهل عوض اول	ehli 'yrz ol. doué d'honneur sois.
Qu'il soit poli.	ادبلو اولسون	edebli olsoun.
Soyons justes.	طوغرو اوله لم	dhoghrou olalym.

Soyez sages.	عاقل اولكز	*'āqil olouñouz.*
Qu'ils soient fidèles.	صادق اولسونلر	*sādyq olsounlar.*

OPTATIF PRÉSENT ET FUTUR. — مضارع فعل تمنّى — *mouzāry'i fy'li temenni.*

Que je sois fort.	قوّتلو اولديم	*qouvvetli olaym.* (fort — que je sois)
Que tu sois innocent.	صوچسـز اولهسن	*soutchsouz olacyn.*
Qu'il soit muet.	دلسز اوله ـ اولسون	*dilsiz olsa ou olsoun.*
Que nous soyons habiles.	ماهر اولهلم	*māhir olalym.*
Que vous soyez hardis.	جسور اولهسكز	*djeçour olacyñyz.*
Qu'ils soient orgueilleux.	مغرور اولهلر	*maghrour olalar.*

IMPARFAIT. — ماضى، غير نام — *māzyi ghaïri tāmm.*

Que je fusse aveugle.	كور اولیدیم	*keur olaïdym.* (aveugle que je fusse)
Que tu fusses jeune.	كنج اولیدك	*guentch olaïdyñ.*
Que son oiseau fût apprivoisé.	قوشی الشمش اولیدی	*qouchou alychmych olaïdy.*
Que nous fussions grands.	بیوك اولیدق	*buïuk olaïdyq.*
Que vous fussiez petits.	كوچك اولیدكز	*kutchuk olaïdyñyz.*
Qu'ils fussent égaux.	اقران اولیدیلر	*aqrān olaïdylar.*

PRÉTÉRIT ET PLUS-QUE-PARFAIT. — ماضى ايله ماضى، اتمّ — *māzy ilè māzyi etemm.*

Que j'aie été *ou* que j'eusse été agréé.	مقبول اولمش اولیدم	*maqboul olmouch olaïdym.* (agréé — été — que j'aie.)

Que tu eusses été célèbre.	مشهور اولمش اوليدك	*mechhour olmouch olaïdyñ.*
Etc.	الخ (1)	*ilakh.*

Sourd, e.	صاغر	*sāghyr.*
Diligent, e.	چاپك	*tchāpouk.*
Bleu, e.	ماوى	*māvi.*
Gai, e.	كيفلو ـ شن	*keïfli, chen.*
Triste.	مكّدر ـ كدرلى	*mekedder, kederli.*
Studieux, se.	چالشقان ـ اوقومغه هوسلو	*tchālychqān, oqoumagha havesli.*
Discret, e; modeste.	حدّينى بيلور	*haddīni bīlir.*
Ingrat, e.	نامكور	*nāmkieur.*
Honteux, se.	محجوب	*mahdjoub.*
Malade.	خسته	*khasta.*
Mouillé, e.	اصلانمش	*yslānmych.*
Étonné, e.	شاشمش ـ متحيّر	*chāchmych, mutehaïr.*
Digne.	لايق	*lāyq.*
Illustre.	شهرتلو	*cheuhretli.*
Entêté, e.	عنادجى	*'ynāddjy.*
Modeste.	اوصلو ـ هاضم النفس	*ouslou, hāzym un-nefs.*
Excusable.	معذور	*ma'zour.*
Prodigue.	مسرف	*musrif.*

(1) Abréviation de الى أخره *ila akhyrihi,* et cætera.

Estropié, e.	سقط	*saqath.*
Chanceux, se.	نصيبلو	*nacïbli.*
Plein, e.	طولو	*dholou.*
Impoli, e.	ادبسز	*edebsiz.*
Franc, che.	كرچك ـ طوغرو	*guertchek, dhoghrou.*
Étroit, e.	طار	*dhār.*
Content, e.	خشنود	*khochnoud.*
Fâché, e.	طارغون	*dhārghyn.*
Large.	اينلو ـ اينلى	*enlu, enli.*
Aimable.	سوكولو	*sevguili.*
Ridicule.	مسخره	*maqara.*
Pesant, e.	اغر	*aghyr.*

**LE VERBE *ÊTRE* CONJUGUÉ NÉGA-
TIVEMENT ET INTERROGATIVE-
MENT AVEC LES ADJECTIFS PRÉ-
CÉDENTS.**

بالاده ذكر اولنان صفات ايله نفى واستفهام
اوزره اولق فعلنك وجه تصريفى

*bālādè zikr olounān syfāt ilè nefi vu istifhām
uzrè olmaq fy'liniñ vedjhi tasrīfi.*

Je ne suis pas sourd.	صاغر دكلم	*sāghyr deïlim.*
		soud pas je suis.
Es-tu diligent?	چاپك ميسن	*tchāpouk mycyn.*
		prompt est-ce que tu es.
Votre habit n'est-il pas bleu?	لباسكز ماوى دكلمى	*libācyñyz māvi deïlmi.*
		habit votre bleu pas n'est-il.
Nous ne sommes pas gais.	كيفلو دكلز	*keïfli deïliz.*
		gai pas nous sommes.
N'êtes-vous pas tristes?	مكدر دكلميسكز	*mukedder deïlmïciñiz.*
		affligé pas n'êtes-vous.
Ils ne sont pas très-modestes.	اوصلو دكلدرلر	*ouslou deïldirler.*
		modeste pas ils sont.

N'étais-je pas excusable?	معذور دكل ميدم	*ma'zour deïlmi idim.* excusable pas n'étais-je.
N'étais-tu pas prodigue?	مسرف دكل ميدك	*musrif deïlmi idiñ.* prodigue pas est-ce que tu étais.
Était-il estropié?	سقط ميدى	*saqath mi idi.* estropié est-ce que il était.
Nous n'étions pas chanceux.	نصيبلو دكل ايدك	*nacïbli deïl idik.* chanceux pas nous étions.
Étiez-vous studieux?	چالشقان مى ايدكز	*tchālychqān mi idiñiz.* studieux est-ce que vous étiez.
N'étaient-ils pas discrets, modestes?	حدّينى بيلنلردن دكل ميديلر	*haddïmi bïlenlerden deïlmi idïler.* ses bornes ceux qui connaissent ne pas est-ce que ils étaient.

Fus-je ingrat?	نامكور اولدممى	*nāmkieur oldoummou.* ingrat j'ai été est-ce que.
Ne fus-tu pas honteux?	محجوب اولمدكمى	*mahdjoub olmadyñmy.* honteux tu fus est-ce que.
Il ne fut pas malade.	خسته اولدى	*khasta olmadr.* malade il n'a pas été.
Nous ne fûmes pas mouillés.	اصلنمدق	*yslanmadyq.*
Vous fûtes étonnés.	تعجب ايتدكز	*te'adjdjub etdiñiz.* étonnement vous fûtes.
Ne furent-ils pas dignes?	مستحق دكللرميدى	*mustchaqq deïllermi idi.* digne pas est-ce que ils furent.

Serai-je illustre?	مشهور اولهجق ميم	*mechhour oladjaqmyym.* célèbre sera est-ce que je.
Ne seras-tu pas entêté?	عنادجى اوليه جقميسن	*'ynādjy olmaïadjaqmycyn.* entêté ne sera pas est-ce que toi.
La bouteille ne sera-t-elle pas pleine?	پوتقال طولو اوليه جقمى	*poutqāl dholou olmaïadjaqmy.* bouteille pleine ne sera pas est-ce que.
Nous ne serons pas si impolis.	اولقدر ادبسز اوليه جغز	*olqadar edepsiz olmaïadjaghyz.* tellement impoli nous ne serons pas.
Serez-vous francs?	طوغرو اوله جقميسن	*dhoghrou oladjaqmycyn.* vrai sera est-ce que toi.
Les manches ne seront-elles pas trop étroites?	يكلر طار اوليه جقلرمى	*ïeñler dhār olmaïadjaqlarmy.* les manches étroites ne seront pas est-ce que.

Ne serais-je pas content?	خشنود اولمزميم	*khochnoud olmazmyym.* content ne sera est-ce que je.

Ne serais-tu pas fâché?	طارغون اولمزميسين	*dhărghyn olmazmycyn.* fâché — n'est pas est-ce que toi.
La chambre ne serait-elle pas assez large?	اوطه كيكش اولمزميدى	*odha gueïnich olmazmy idi.* chambre — large — n'est pas est-ce que était.
Serions-nous aimables?	سواه جاك اولورميز	*sevilédjek olourmy yz.* aimable — sera est-ce que nous.
Ne seriez-vous pas ridicules?	مسخره اولمزميدكز	*masqara olmazmy idiñiz.* ridicule — pas est-ce que étiez-vous.
Ne seraient-ils pas trop pesants?	پك اغر اولمزلرميدى	*pek aghyr olmazlarmy idi.* très-pesant — pas — eux — est-ce que étaient.

	اخرنك er حرفلرى اولان صور مختلفة مصدريّه	*akhyrynda er harfleri olăn souveri moukhte-lifëï masdariïè.*

INFINITIFS EN *ER.*

Aimer.	سومك ـ حظّ ايتمك	*sevmek, hazz etmek.*
Abandonner.	ترك ايتمك ـ براقمق	*terk etmek, brăymaq.*
Aboyer.	حولامق	*havlāmaq.*
Achever.	تكميل ايتمك ـ بيتورمك	*tekmĭl etmek, bitirmek.*
Acheter.	صاتون الق	*sătyn ălmaq.*
Appeler.	چاغرمق	*tchăghyrmaq.*
Apporter.	كترمك	*guetirmek.*
Allumer.	ياقمق	*iăqmaq.*
Arracher.	قوپارمق	*qopărmaq.*
Arroser.	صولامق	*soulamaq.*
Attacher, lier, suspendre.	بغلامق ـ طاقمق	*baghlamaq, thăqmaq.*
Apprêter.	حاضرلمق	*hăzyrlamaq.*
Assurer.	صحيحلندرمك ـ ايناندرمق ـ تصديق ايتمك	*sahĭhlendirmek, inăndyrmaq, tasdĭq etmek.*
Avouer.	اقرار ايتمك ـ اعتراف ايتمك	*yqrăr etmek, y'tirăf etmek.*
Balayer.	سپورمك	*supurmek.*

Blâmer.	ذمّ ايتمك	*zemm etmek.*
Blesser.	يارەلمق	*iāralamaq.*
Boucher.	قپاتمق	*qapâtmaq.*
Boutonner.	الكلمك	*iliklemek.*
Brasser.	ارپەصویى ياپمق	*arpaçouïou iāpmaq.*
Broyer.	ازمك	*ezmek.*
Broder.	نقشلمق ـ نقش ايشلمك	*naqychlamaq, naqch ichlemek.*
Brûler.	ياقمق	*iāqmaq.*

—

CONJUGAISON DES INFINITIFS CI-DESSUS.   تصريف افعال مذكوره   *tasrîfi ef'âl mezkiourè.*

J'aime le fruit.	ميوەيى سورم	*meïveï severim.*
		le fruit j'aime.
Tu abandonnes tes amis.	دوستلرکى ترك ايدرسن	*dostlaryñy terk edersin.*
		les amis de toi abandon tu fais.
Le chien n'aboie pas.	کوپك حولامز	*keupek havlâmaz.*
		le chien n'aboie pas.
Nous achevons notre ouvrage.	ايشيمزى تكميل ايدرز	*ichimizi tekmîl ederiz.*
		chose de nous achèvement nous faisons.
N'achetez-vous pas du poisson?	بالق صاتون المزميسکز	*bâlyq sâtyn âlmazmycyñyz.*
		poisson achat prendre est-ce que vous faites.
Appellent-ils?	چاغرورلرمى	*tchâghyryrlarymy.*

—

J'apportais le dîner.	يمکى کتوررايدم	*ïemegui guetirir idim.*
		le manger j'apportais.
Tu allumais la chandelle.	مومى ياقر ايدك	*moumou iâqar idiñ.*
		la cire tu allumais.
N'arrachait-il pas les fleurs?	چچکلرى چقرمز ميدى	*tchitchekleri tchiqarmaz my idi.*
		les fleurs n'arrachait-il pas.
Nous arrosions le jardin.	باغچەيى صولار ايدك	*bâghtcheï soulâr idik.*
		le jardin nous arrosions.
N'attachiez-vous pas une corde?	برايپى باغلمزميدکز	*bir ipi bâghlamazmy idiñiz.*
		une corde n'attachiez pas est-ce que vous.

Ils apprêtaient le diner. — يمكى حاضرلريدى — *ïemeĭ hāzyrlaridi.*
le manger ils préparaient.

—

J'assurai à votre frère. — كرداشكى ايناندردم — *qardāchyñy ināndyrdym.*
frère ton je ferai accroire.

Tu avouas ta faute. — قباحتكى اقوار اتدك — *qabāhatiñi yqrār etdiñ.*
faute ton aveu tu as fait.

Nous balayâmes la cuisine. — مطبخى سپردك — *mouthbahy supurduk.*
la cuisine nous avons balayé.

Ne blâmâtes-vous pas sa conduite? — انك طورو حركتنى ذم ايتمد كمى — *anyñ thavru harchetini zemm etmediñmi.*
de lui manière et action blâme n'as-tu pas fait.

Ne se blessèrent-ils pas? — كندیلرینی یارهلمدیلرمى — *keudĭlerĭni ïāralamadylarmy.*
eux-mêmes ne blessèrent pas est-ce que.

—

Je boucherai le trou. — دلكى قپایهجغم — *deligui qapāïadjaghym.*
le trou je boucherai.

Ne boutonneras-tu pas ta veste? — منتانكى الكلميهجقميس — *mintānyñy iliklemeïèdjekmĭcin.*
veste ton ne boutonneras est-ce que toi.

Il brassera de la bière. — اربه صویی یپاجق — *arpa souïou ïapādjaq.*
eau d'orge il fera.

Nous broyerons les drogues. — اجزالرى ازجكز — *edjzālary ezedjeguiz.*
les drogues nous broyerons.

Broderez-vous votre chàle? — شالكزى نقش ایشلهیجك میسكز — *chālyñyzy naqch ichlĕïedjekmĭciñiz.*
votre chàle broderez est-ce que vous.

Ne brûleront-ils pas tout le bois? — اودنك مجموعنى یاقمیهجقلرمى — *odounouñ medjmou'yni ïāqmaïadjaqlarmy.*
bois du la totalité brûleront pas eux est-ce que.

—

Brosser. — فورچهلمق — *fyrchalamaq.*

Brider. — كملمك ـ كم اورمق — *guiemlemek, guiem vourmaq.*

Briser. — قرمق — *qyrmaq.*

Cacher. — صقلامق — *saqlāmaq.*

Casser. — قرمق — *qyrmaq.*

Changer. — دكشتر مك — *deguichdirmek.*

Charger. — یوكلتمك — *ïukletmek.*

Chauffer.	أستمق	ycytmaq.
Cacheter.	مهرلمك	muhurlemek.
Chercher.	ارامق	arāmaq.
Châtier.	حقندن كلمك ـ جزاسنى ويرمك ـ تأديب ايتمك	haqqyndan guelmek, djezācyny vermek, téédíb etmek.
Commencer.	باشلامق	bāchlāmaq.
Chanter.	تركى چاغرمق	turku tchāghyrmaq.
Couper.	كسمك	kesmek.
Déchirer.	يرتمق	yrtmaq.
Déshonorer.	رذيل ايتمك ـ حرمتسزلك ايتمك	rezíl etmek, heurmetsizlik etmek.
Deviner.	تخمينله بولمق ـ بيلمك	tahmínilè boulmaq, bílmek.
Se dépêcher.	عجله ايتمك	'adjelè etmek.
Déjeuner.	قهوه التى ايتمك	qahvè alty etmek.
Écouter.	دڭلمك	diñlemek.
Emprunter de l'argent.	اودنج پاره آلمق	eudundj pāra ālmaq.
Éternuer.	اقسرمق	aqsyrmaq.

Je brosserais mon habit.	اوربامى فورچهلر ايدم	ourbāmy fyrtchalar idim.
Tu briderais ton cheval.	اتكى كملر ايدك	ātyñy guiemler idiñ.
Il briserait la porte.	قپويى قرار ايدى	qapyū qyrār idi.
Nous cacherions notre argent.	پاره مزى صقلر ايدك	pāramyzy saqlar idik.
Vous casseriez le verre.	قدحى قرار ايدكز	qadehy qyrār idiñiz.

Ils changeraient de logement. — قوناغنى دكشتررلر ايدى — *qonāghy deïchdirirler idi.*
le logement   ils changeraient.

—

Qu'il charge la charrette. — عربەيى يوكلتسون — *'arabaïy iukletsin.*
la charrette qu'il charge.

Chauffons les draps. — چارشفلرى اسيدەلم — *tchārchaflary ycydalym.*
draps les   chauffons.

Cachetez votre lettre. — مكتوبكزى مهرليكز — *mektoubouñouzou muhurleïñiz.*
lettre   votre   cachetez.

Qu'ils cherchent une maison. — بر او ارا سونلر — *bir ev arāçynlar.*
un maison qu'ils cherchent.

—

Que je châtie les coupables. — قباحتلواوك حقندن كلەيم — *qabāhatlileriñ haqqyndan gueleïm.*
coupables des à bout   à bon droit   que je vienne.

Que tu commences ta leçon. — درسكه باشلايەسن — *dersiñe bāchlāïacyn.*
ta leçon à que tu commences.

Qu'il chante une chanson. — بر تركى چاغرسون — *bir turku tchāghyrsyn.*
un chanson   qu'il chante.

Que nous coupions la viande. — اتنى كسەلم — *eti keçelim.*
la viande que nous coupions.

Que vous déchiriez votre habit. — اوربا كزى يرتدسكز — *ourbāñyzy irtacyñyz.*
vêtement votre que vous déchiriez.

Qu'ils ne déshonorent pas leur famille. — اقربالريه حرمتسزلك اتمەلر — *aqrābālaryna heurmetsizlik etmeïeler.*
parents d'eux à   déshonneur   qu'ils ne fassent pas.

—

Que je devinasse l'énigme. — بامجەيى بيلەيدم — *bilmedjeï bïleïdim.*
l'énigme   que j'aie su.

Que tu te dépêchasses. — عجله ايده ايدك — *'adjele ide idiñ.*
promptitude que tu eusses fait.

Qu'il ne déjeunât pas. — قهوه التى ايتمیه ايدى — *qahvé alty etmeïe idi.*
le déjeuner   qu'il n'eût pas fait.

Que nous ne l'écoutassions pas. — انى دكلمیه ايدك — *ani diñlemeïe idik.*
lui que nous ne l'ayons écouté.

Que vous n'empruntassiez pas d'argent. — اودنج پاره الميه ايدكز — *eudundj pāra ālmaïa idiñiz.*
emprunt   argent   que vous n'ayez pris.

Qu'ils n'éternuassent point. — اقصرميه ايديلر — *aqsyrmaïa idïler.*

3

Étudier, apprendre sa leçon.	درس اوقومق	*ders oqoumaq.*
Frapper.	اورمق	*vourmaq.*
Prendre.	طوتمق	*thoutmaq.*
Frotter.	سلمك ـ اوغمق	*silmek, ovmaq.*
Gâter.	بوزمق ـ برباد ايتمك	*bozmaq, berbât etmek.*
Habiller.	كيدرمك	*guîdirmek.*
Jeter.	آتمق	*âtmaq.*
Inviter.	دعوت ايتمك	*da'vet etmek.*
Imprimer (*pour faire imprimer*).	بصدرمق	*basdyrmaq.*
Labourer.	سورمك	*surmek.*
Laver.	ييقامق	*ïiqâmaq.*
Manger.	يمك	*ïemek.*
Mêler.	قرشترمق	*qarychdyrmaq.*
Meubler.	دوشمك	*deuchemek.*
Nager.	يوزمك	*üuzmek.*
Nettoyer.	تميزلمك ـ سلمك	*temîzlemek, silmek.*
Oter.	چقرمق ـ قالدرمق	*tchyqarmaq, qâldyrmaq.*
Oublier.	اونتمق	*ounoutmaq.*
Payer.	پاره ويرمك ـ اوده مك	*pâra vermek, eudèmek.*
Prêter (de l'argent).	اودنج ويرمك	*eudundj vermek.*
Prier Dieu, l'implorer.	اللهه يالوارمق	*allaha ïâlvârmaq.*
Parler.	سويلمك	*seuïlemek.*
Quitter.	ترك ايتمك	*terk etmek.*

Récompenser.	مكافات ايتمك	*mukiâfât etmek.*
Remercier.	نشكر ايتمك	*techekkur etmek.*
Secouer.	سلكمك	*silkmek.*
Saler.	توزلق	*touzlamaq.*
Tuer.	قتل ايتمك	*qatl etmek.*
Voler, dérober.	چالمق	*tchâlmaq.*

—

J'ai étudié ma leçon.
درسمى اوقودم
dersimi oqoudoum.
leçon ma j'ai lu.

N'as-tu point frappé le chien?
كوپكه اورمدكمى
keupeguiè vourmadyñny.
chien au frappé n'as-tu pas.

A-t-il pris le poisson?
بالغى طونديمى
bâlyghy thouîdoumou.
le poisson pris a-t-il.

Nous avons frotté les chaises.
صندالیەلرى سلدك
sandâliëleri sildik.
les chaises nous avons frotté.

N'avez-vous point gâté votre habit?
اورباكزى برباد ايتمدكزمى
ourbâñyzy berbât etmediñizmi.
vêtement de vous gâté fait n'avez-vous est-ce que.

N'ont-ils pas habillé les enfants?
چوجقلرى كيدرمديلرمى
tchodjouqlary guîdirmedîlermi.
les enfants habillés pas ont-ils est-ce que.

—

J'avais jeté les restes.
باقیلرینى آتمشیدم
bâqîlerini âtmych idim.
restes les jeté j'avais.

N'avais-tu pas invité mon neveu?
قرداشم اوغلینى دعوت ايتممشمیدك
qardâchym oghlounou da'vet etmemichmîdiñ.
de mon frère le fils invitation fait n'avais-tu pas.

Avait-il fait imprimer son ouvrage?
كتابنى بصدرمش میدى
kitâbyny basdyrmych my idi.
livre son fait imprimé est-ce que il avait.

Nous avions labouré le champ.
تارلایى سورمشیدك
târlâïi surmuch idik.
le champ labouré nous avions.

Vous n'aviez pas lavé vos mains.
الكزى یيقهمش ايدكز
eliñizi üqamamych idiñiz
main votre pas lavé vous aviez.

N'avaient-ils pas mangé le fruit?
میوه‌یى یمشلرمیدى
mäïvêï ïemichlermi idi.
le fruit ils avaient mangé est-ce que.

—

Quand j'eus mêlé les drogues.
اجزایى قرشتردیغم زمان
edjzâïi qarychdyrdyghym zemân.
les drogues j'eus mêlé lorsque.

Quand il eut meublé sa maison.	اويني دوشه‌ديكی زمان	*evĭni deuchèdĭgui zemān.* — sa maison il a meublé le moment où.
Quand nous eûmes nagé.	يوزدكمز زمان	*iuzdugumuz zemān.* — que nous nageâmes le temps.
Ils n'eurent pas nettoyé les tableaux.	رسم تخته‌لرينی سلمديلر ايدی	*recim tahtalaryny silmedĭler idi.* — dessin planches de ils n'avaient nettoyé.

Quand j'aurai ôté mon habit.	اورپامی چقره‌جق اولديغم زمان	*ourbāmy tchyqaradjaq oldoughoum zemān.* — mon habit ôté j'aurai lorsque.
N'auras-tu pas oublié ta leçon?	درسكی اونتمش اولميه‌جقمی	*dersĭnĭ ounoutmouch olmaiadjaqmy.* — ta leçon oublié auras-tu pas est-ce que.
Il aura payé dix piastres.	اون غروش ويرمش اوله‌جق	*on qourouch vermich oladjaq.* — dix piastres donné il aura.
Quand nous aurons prêté l'argent.	اودنج اقچه ويرمش اولديغمز زمان	*eudundj aqtchè vermich oldoughoumouz ze-mān.* — d'emprunt argent donné nous aurons lorsque.

J'aurais prié Dieu.	اللّٰه يالوارمش اولوردم	*allaha iälvärmych olourdoum.* — Dieu à implorer j'aurais.
N'aurait-il pas parlé turc?	تركجه سويلمش اولمزميدی	*turkdjè seuilemich olmazmydy.* — en turc parlé n'aurait-il pas.
Aurions-nous quitté la maison?	اوی ترك ايلمش اولورميدق	*evi terk cĭlemich olourmoudyq.* — la maison abandon fait aurions pas nous.
N'auraient-ils pas récompensé les dili-gents?	اياغنه چاپك اولانلره مكافات ايتمش اولمزلرميدی	*aïāghyna tchăpouk olānlara mukiāfāt etmich olmazlarmydy.* — à leurs pieds prompt ceux qui sont récompensé fait n'auraient-ils pas été.

Que nous ayons remercié Dieu.	اللّٰه تشكّر ايتمش اوليدق	*allaha techekkur etmich olaïdyq.* — à Dieu action de grâces fait nous aurions.
Qu'ils eussent secoué la poussière.	توزی سلكمش اوليديلر	*tozou silkmich olaïdylar.* — la poussière secoué ils auraient.
La viande est salée.	ات توزلودر	*et touzloudour.* — viande salée est.
Son frère a été tué.	قرداشی قتل اولنمشدر	*qardāchy qatl olounmouchdour.* — frère son tué a été.
Nous aurions été volés.	چالمش اولوردق	*tchālmych olourdouq.* — volé aurions été nous.

INFINITIFS EN *IR.*

اخرنك ir حرفلری اولان صور مختلفه مصدريه — *akhyrinda* ir *harfleri olān souveri moukhtelifeï masdariiè.*

Français	Osmanlı	Transcription
Abolir.	ابطال ايتمك ــ بطال ايتمك	*ibthāl etmek, baththāl etmek.*
Accomplir.	اتمام ايتمك	*itmām etmek.*
Accourcir.	قصه لتمق	*qyçalatmaq.*
Adoucir.	يموشاتمق	*ïoumouchātmaq.*
Affaiblir.	ضعف ويرمك	*za'af vermek.*
Agir.	ايشلمك ــ حركت ايتمك ــ عمل ايتمك	*ichlemek, hareket etmek, 'amel etmek.*
Applaudir, approuver.	تحسين ايتمك	*tahsín etmek.*
Avertir.	خبر ويرمك	*haber vermek.*
Bâtir.	بنا ايتمك	*binā etmek.*
Démolir.	يقمق ــ هدم ايتمك	*ïiqmaq, hedm etmek.*
Blanchir (le linge).	چاماشيرى بيقمق	*tchāmāchyry ïiqamaq.*
Choisir.	برينى ارامق ــ سچمك ــ اختيار ايلمك	*biríni arāmaq, setchmek, ihtïār eïlèmek.*
Désobéir.	اطاعت ايتمامك ــ دكلامهك	*ithā'at etmèmek, diñlèmèmek.*
Éblouir.	قامشتيرمق	*qāmachtyrmaq.*
Emplir.	طولدرمق	*dholdourmaq.*
Embellir, rendre beau, orner.	زينتلمك ــ كوزللتمك	*zínetlemek, guzelletmek.*
Enfouir.	كوممك ــ يره كوممك	*gueummek, ïerè gueummek.*
Enrichir.	زنكين ايتمك ــ زنكينلتمك	*zenguín etmek, zenguínletmek.*
Étourdir.	باشى اغرتمق ــ شاشرمق	*bāchy aghrytmaq, chāchyrmaq.*
Finir.	بتورمك	*bitirmek.*
Fleurir.	چچكلنمك	*tchitcheklenmek.*

Frémir.	قورقمق ـ دترهمك	qorqmaq, tärèmek.
Guérir.	شفا ويرمك ـ صاغ ايتمك ـ مجال ويرمك	chifâ vermek, sâgh etmek, medjâl vermek.
Jouir de...	مالنی تصرّفنه آلمق ـ خيرينی كورمك ـ تمتع ايتمك	mâlini teçarroufouna âlmaq, khaïryny gueurmek, temettu' etmek.
Maigrir.	ارقلنمق	aryqlanmaq.
Mûrir.	اولمق ـ كماله ايرمك	olmaq, kemâlè ermek.
Noircir.	سياهلمق	siâhlamaq.
Nourrir.	بسلمك	beslemek.
Pâlir.	صارارمق ـ بكزی بوزلمق	sârârmaq, beñzi bozoulmaq.
Pourrir, se corrompre.	چورومك	tchurumek.
Punir.	حقندن كلمك ـ جزاسن ويرمك	haqqyndan guelmek, djezâcyn vermek.
Rafraîchir, rendre frais.	صوغوتمق ـ سرين ايتمك ـ سرينلتمك	soghoutmaq, serîn etmek, serînletmek.
Remplir.	دولدرمق	doldourmaq.
Réussir.	بجرمك	bedjermek.
Saisir l'occasion.	فرصتی قاچرمامق	fyrsaty qâtchyrmâmaq.
Ternir.	جلا بوزمق	djilâ bozmaq.
Trahir.	خيانت ايتمك	khyânet etmek.
Vieillir, devenir vieux.	اختيار اولمق ـ اختيارلنمق	ihtiâr olmaq, ihtiârlanmaq.

—

	مصادر مذكورهنك وجه استعمالی	maçâdiri mezkiourèniñ vedjhi istî'mâli.
La loi a été abolie.	قانون ابطال اولندی	qânoun ibthâl oloundou.
J'accomplirai ma promesse.	وعدمی اجرا ايدهجكم	va'dimi idjrâ edèdjeguim.
N'avez-vous point accourci la planche ?	تحتهبی قصهلتمدكزمی	tahtaïî qyçalatmadyñyzmy.

La pluie adoucira le temps.	ياغمور هوايى يموشادر	*ïăghmour havāïï ïoumouchādyr.*
Cette maladie m'affaiblit beaucoup.	بو خسته‌لك بكا چوق ضعف ويرييور	*bou hastalyk bañā tchoq za'af veriïor.*
Il agit prudemment.	عاقلانه حركت ايدر	*'āqilānè hareket eder.*
Il est applaudi de tout le monde.	هر كس انى تحسين ايدر	*her kes any tahsîn eder.*
Avertissez-en votre frère.	قرداشكزه خبر ويرك	*qardāchyñyzè haber veriñ.*
Il bâtissait sa maison.	اوينى بنا ايدر ايدى	*evini binā eder idi.*
Je démolissais la mienne.	بنمكينى ييقر ايدم	*benimkîni ïiqar idim.*
Votre linge est-il blanchi?	چاماشيركز بيقندى‌مى	*tchāmāchyryñyz üqandymy.*
Choisissez une de ces pommes.	بو المالردن بريني ايركز- بريني اختيار ايله	*bou elmālardan birîni aïryñyz, birîni ihtïār eïlè.*
Ne désobéissez pas.	اطاعتسزلك ايتميك	*ithā'atsizlik etmeïñ.*
Le soleil m'éblouit.	كونش كوزمى قامشترييور	*gunech gueuzumu qāmachtyrïor.*
N'avez-vous pas empli le pot?	مشربه‌يى طولدرمد‌كزمى	*machrapaïï dholdourmadouñouzmou.*
Votre maison est bien embellie.	اوكزبك زينتلندى - كوزللندى	*eviñiz pek zînetlendi, guzellendi.*
Il a enfoui son argent.	پاره‌سنى كومدى	*pāracyny gueumdu.*
Cette affaire vous aurait enrichi.	بو مصلحت سزى زنكين ايتمش اولور ايدى	*bou maslahat sizi zenguïn etmich olour idi.*
Vous m'étourdissez la tête.	باشيمى اغرديورسكز	*bāchymy aghrydïorsouñouz.*
Quand vous aurez fini ce que vous avez entrepris.	باشلاديغكز شيئى بتردیككزرمان	*bāchlādyghyñyz cheï'i bitirdiguiñiz zemān.*
Voyez comme les arbres fleurissent!	باقكز نصل اغاجلر چچكلنور	*bāqyñyz nacyl aghādjlar tchitcheklenir.*
Vous me faites frémir.	بنى قورقودیورسكز	*beni qorqoudouïorsouñouz.*
Les médecins ne le guériront jamais.	حكيملر اكا مجال ويره‌ميورلر	*hekîmler añā medjāl verèmeïorlar.*
Ne jouit-il pas de son bien?	مالنى تصرفنه الامدیمى	*mālyny teçarroufouna alāmadymy.*

Votre père est bien maigri.	بابا‌كزپك ارقلندى	*bābāñyz pek aryqlandy.*
Que je noircisse mes souliers.	قندوره‌لرمى سياهلیایم	*qondouralarymy siāhlaĭāym.*
Comment nourrissez-vous vos chevaux ?	آتلریكزى نصل بسلیورسکز	*ătlaryñyzy nacyl besleĭorsouñouz.*
Il pâlit à la vue d'un fusil.	تفنکى کوردکده بکزى صرارر	*tufegui gueurdukdè beñzi sarăryr.*
Ce fruit commence à pourrir.	بو یمش چورومکه باشلدى	*bou ĭemich tchurumeĭè băchlady.*
Ne le puniriez-vous pas aussi ?	سزدخى انك حقندن کلمزمى ایدکز	*siz dahi aniñ haqqyndan guelmezmi idiñiz.*
Nous fîmes rafraîchir l'eau.	صویى صوغوتدق	*souĭou soghoutdouq.*
Pourquoi ne remplissez-vous pas les verres ?	نیچون قدحلرى دولدورمزسکز	*nĭtchin qadehleri doldourmazycyñyz.*
Saisissons l'occasion.	فرصتى الدن براقمیه‌لم ـ قاچرمیه‌لم	*fyrsaty elden brăqmaĭalym, qătchyrmaĭalym.*
La fumée ne ternira-t-elle pas ces ta- bleaux ?	دخان بو تصویر تخته‌لرینك جلاسنى بوزمیه‌جقمى	*douhăn bou tasvĭr takhtalarynyñ djilăcyny bozmaĭadjaqmy.*
Il nous aurait trahis.	بزه خیانت ایتمش اولور ایدى	*bizè khyānet etmich olour idi.*
Sa mère vieillit beaucoup.	اناسى پك اختیار اولیور	*anācy pek ihtĭār olĭor.*

INFINITIFS EN *OIR* ET EN *RE*.

	اخرى oir و re حرفلرى اولان صورت مصدریه‌لرك تصریفى	*akhyry oir vè re harfleri olăn soureti masdarüèleriñ tasrĭfi.*
Apercevoir.	کورمك ـ تشخیص ایتمك	*gueurmek, techhis etmek.*
Entendre, comprendre.	اکلمق	*añlamaq.*
Traduire.	ترجمه ایتمك	*terdjumè etmek.*
Peindre.	رسم ایشلمك ـ تصویر ایتمك	*recim ichlemek, tasvĭr etmek.*
Devoir, être obligé à payer.	بورجى اولق ـ بورجلو اولق	*bordjou olmaq, bordjlou olmaq.*
Descendre, aller de haut en bas.	اینمك ـ نزول ایتمك	*enmek, nuzoul etmek.*
Reluire.	پارلمق	*părlamaq.*

Recevoir.	آلمق	*ālmaq.*
Attendre.	بكلمك ـ منتظر اولمق	*beklemek, mountazyr olmaq.*
Détruire.	خراب ايتمك	*kharāb etmek.*
Atteindre.	يتشمك	*ïetichmek.*
Vendre.	صاتمق	*sātmaq.*
Répondre.	جواب ويرمك	*djevāb vermek.*
Cuire.	پيشورمك	*pïchirmek.*
Craindre.	قورقمق	*qorqmaq.*
Réduire, mettre à la raison.	انصافه كتورمك	*insāfè guetirmek.*
Plaindre.	آجيمق ـ عاجزلق كتورمك	*adjymaq, 'ādjyzlyq guetirmek.*
Concevoir, comprendre.	اكلمق ـ فهم ايتمك	*aṅlamaq, fehm etmek.*
Feindre de ne pas comprendre.	ايشتميرلكدن كلمك	*ichitmemezlikden guelmek.*
Repeindre.	يكيدن بويامق	*ïeṅïden boïāmaq.*
Fendre.	يارمق ـ شق ايتمك	*ïārmaq, chaqq etmek.*
Joindre, atteindre.	واصل اولق ـ يتشمك	*vāçyl olmaq, ïetichmek.*

EMPLOI DES INFINITIFS EN *OIR* ET EN *RE*
CI-DESSUS.

	بالاده ذكر اولنان مصدرلرك وجه استعمالى	*bālāda zikr olounān masdarlaryṅ vedjhi isty'māli.*
J'aperçois un vaisseau.	اوزاقدن بركمى ـ كوريورم ـ فرق وتشخيص ايديورم	*ouzāqdan bir guemi, gueuruïouroum, farq u techkhis edioroum.*
Je n'entends pas le français.	فرانسزجه اكلامم	*frānsyzdja aṅlāmam.*
Je ne vous entendais pas.	سزى ايشتمز ايدم	*sizi ichitmez idim.*
Ne traduisez-vous pas des fables?	مثل ترجمه ايتمزميسكز	*maçāl terdjumè etmezmīciṅiz.*

Vos sœurs peignent très-bien.	همشیره لرکز ایو رسم ایشلرلر	hemchîrèleriñiz eïi recim ichlerler.
Je devais de l'argent à votre père.	باباکزه بورجم وار ایدی	bābāñyza bordjoum vār idi.
Ne descendîtes-vous pas?	اینمزمیدکز	enmezmïidiñiz.
L'or et l'argent reluisaient partout.	التون ایله کومش هر یرده پارلاردی	altyn ilè gumuch her ïerdè pārlārdy.
Je reçus une lettre samedi dernier.	کچن جمعه ایرتسی در مکتوب الدم	guetchen djum'a ertèci bir mektoub áldym.
Attendait-il la réponse?	جوابنه منتظر میدی	djevābyna mountazyr mï idi.
Nous détruisîmes toutes les fortifications.	استحکاماتك جمله سنی خراب ایتدك	istihkiāmātyñ djumlècini kharāb etdik.
N'atteignîtes-vous pas le carrosse?	عربه یه یتشمدکزمی	'arabaïa ïetichmediñizmi.
Ils n'aperçurent rien.	برشی ٴ خیال ایتمدیار - برشی ٴ کورمدیلر	bir cheï'i khaïāl etmedîler, bir cheï'i gueur- medîler.
Vendrai-je mon cheval?	آتمی صاته یمی	âtymy sālaïmmy.
Il ne vous répondra pas.	سزه جواب ویریه جك	sizè djevāb vermeïèdjek.
Ne cuirez-vous pas demain?	پشورمیه جك میسن یارین	pichirmeïèdjekmïcin ïāryn.
Ne craindront-ils pas leur maître?	اوسته لرندن قورقمیورلرمی	oustalaryndan qorqmaïorlarmy.
Je n'attendrais personne.	بر کمسه یی بکلمامش اولورم	bir kimsèïï beklemèmich olouroum.
Je les réduirais bientôt.	انلری یقین وقتده انصافه کتورریم	anlary ïaqyn vaqitdè insāfè guetiririm.
Pourquoi plaindrions-nous son sort?	نیچون نصیبندن عاجزلق کتورمش اوله لم	nïtchin nacibinden 'ādjyzlyq guetirmich olalym.
Ils ne concevraient jamais cela.	اصلا بونی اكلامش اولیه جقلر	aslā bounou añlāmych olmaïadjaqlar.
Feignons de ne pas les entendre.	انلری ایشتمه مزلکدن کله لم	anlary ichitmemezlikden guelèlim.
Traduisez cela en anglais.	بونی انكلیزجه ترجمه ایدكز	bounou inglîzdjè terdjumè ediñiz.
Attendez votre frère.	قرداشكزی بكلیكز	qardāchyñyzy bekleïñiz.
Recevez cet argent pour moi.	بو پاره یی بنم ایچون آلك	bou pāraïï benim itchin ālyñ.
Que je lui doive des remercîments.	تشکرمی اکا ادا ایتمش اولسدم	techekkurumu añā edā etmich olsam.

Qu'il fende l'arbre.	اغاجى يارسون	*aghādjy īārsyn.*
Que nous détruisions leurs ouvrages.	طابيعالرينى خراب ايده لم	*thābïalaryny kharāb edèlim.*
Qu'ils ne craignent pas l'ennemi.	دشمندن قورقميسونلر	*duchmandan qorqmacynlar.*
Que je ne reçusse pas ses lettres.	مكتوبلرينى آلمامش اولیدم	*mektoublaryny ālmāmych olaïdym.*
Qu'il ne vendît pas ses chevaux.	آتلرينى صاتمیه ابدى	*ātlaryny sātmaïa idi.*
Que nous traduisions du français.	فرانسزجهیى ترجمه ايده لم	*frānsyzdjay terdjumè edèlim.*
Que vous joignissiez l'armée.	عسكره واصل اولش اوليدكز	*'askerè vācyl olmouch olaïdyñyz.*
Qu'ils descendissent pour déjeuner.	قهوه التى يه اينمش اوليدبلر	*qahvè altya ennich olaïdylar.*
Avez-vous reçu vos livres?	كتابلركزى آلدكزمى	*kitāblaryñyzy āldyñyzmy.*
N'avez-vous pas traduit votre fable?	مثالكزى ترجمه ايلمدكزمى	*maçālyñyzy terdjumè eïlemediñizmi.*
Pourquoi ne m'avez-vous pas répondu?	نيچون بنده كزه جواب ويرمدكز	*nītchin bendèñizè djevāb vermediñiz.*
Avez-vous repeint votre chambre?	اوطه كزى يكيدن بوياتدكزمى	*odhañyzy ïeñïden boïaïdyñyzmy.*

PHRASES ÉLÉMENTAIRES.

عبارات اصليه

'ibārāti asliè.

RENCONTRE DE DEUX PERSONNES.

قاوشمق ــ بولشمق

qāvouchmaq, boulouchmaq.

Bonjour, monsieur.	وقت شريفكز خير اوله افندم	*vaqti cherïfiñiz khaïr ola efendim.*
Comment vous portez-vous aujourd'hui?	بو كون كيف شريفكز نصل ــ كيفلر نصلدر	*bou gun keïfi cherïfiñiz nacyl, keïfler nacyldyr.*
J'espère que vous êtes en bonne santé.	صحت وعافيتكز ايودر ان شاء الله ــ وجوديكز ان شاء الله صحت وعافيتده در	*syhhat u'āfïetiñiz eïidir in chāllah, vudjouduñuz in chāllah syhhat u 'āfïetdèdir.*
Grâce à Dieu, je me porte fort bien.	حمدا ثم حمدا وجودم عافيتده در	*hamdā summè hamdā vudjoudum 'āfïetdèdir.*
Grâce à Dieu! vous avez bien de la bonté.	الحمد لله آثار لطفكزله	*el-hamdu lillah açāri louthfouñouzla.*

Prêt à vous rendre mes devoirs.	خدمتكزه حاضر وآماده يم	*khyzmetiñizè hāzyr u dmādè im.*
Et vous, comment cela va-t-il ?	يـاسز افندم نصلسكز ـ ايومى سكز ـ خوشمى سكز	*iāciz efendim nacylsyñyz, eüimiciñiz, khoch-mouçouñouz.*
Comment se porte monsieur votre frère ?	برادركز نيجه در	*birāderiñiz nĭdjè dir.*
Il se porte très-bien, monsieur.	پك ايودر افندم	*pek eüidir efendim.*
Êtes-vous satisfait de la santé de monsieur votre frère et de celle de madame votre mère ?	برادر ووالده كزك كيفلرى ايوميدر	*birāder vè vālidèñiziñ keïfleri eüimĭdir.*
Ils ne cessent de faire des vœux pour vous.	سزه دعا ايديورلر	*sizè dou'ā edĭorlar.*
Comment se porte toute la famille ?	عيال واولادكزك مزاجلرى نصل	*'aïāl u evlādñyzyñ mizādjlary nacyl.*
Comment se porte-t-on chez vous ?	خانه سعادتكزده موجود اولانلرك مزاجلرى نه كيفيتده در	*hānèi se'ādetiñizdè mevdjoud olānlaryñ mizādjlary nè keïfĭetdè dir.*
Et madame votre mère ?	والده عزيزهكز نصلدر ـ والده خانم حضرتلرينك كيف شريفلرى نصلدر	*vālidèï 'azĭzèñiz nacyldyr, vālidè hānym hazretlerĭniñ keïfi cherĭfleri nacyldyr.*
Ma mère se porte un peu mieux aujour-d'hui.	بوكون والدهم دونكيدن ايودر	*bou gun vālidèm dunkuden eïidir.*
Elle se porte assez bien aujourd'hui (1).	جزئى فرقليجه در بوكون	*djuz'i farqly dja dyr bou gun.*
Elle se porte comme cela.	مزاجى نه ايو نه فنا	*mĭzādjy nè eü nè fenā.*
Elle se porte tout doucement.		
Elle ne se porte pas très-bien.	پك ايو دكلدر	*pek eüi deïldir.*
Elle ne se porte pas bien.	ايو دكلدر	*eüi deïldir.*
Elle est malade.	خسته در	*hastadyr.*

(1) Toutes ces phrases s'appliquent indistinctement aux personnes du masculin et du féminin, dans le turc.

Elle est indisposée.	مزاجسزدر ــ نامزاجدر	*mizādjsyzdyr, nāmizādjdyr.*
Elle est un peu incommodée.	بر از كيفسزدر	*bir az keïfsizdir.*
Elle est très-malade.	پك خسته‌در	*pek khastadyr.*
Elle est dangereusement malade.	پك تهلكه‌لى خسته‌در	*pek tehlikèli khastadyr.*
Elle est bien mal.	پك فنا حالده‌در	*pek fenā hāldèdir.*
Elle est très-bas.	اضطرابى پك زياده‌در	*yzthyrāby pek zīādèdir.*
Elle s'en va.	كيديور	*guïdüor.*
Elle se meurt.	اولويور	*euluïor.*
Qu'a-t-elle?	نه‌سى وار ــ كيفسزلكى ندر	*nèci vār, keïfsizligui nèdir.*
Elle est enrhumée.	نوازللودر	*nevāzillidir.*
Elle a un gros rhume.	شدّت نوازله مالكه در	*chiddeti nevāsilè mālikè dir.*
Elle a la fièvre.	استمه‌سى وار	*ysytmacy vār.*
Elle est forcée de garder la chambre.	اوطه‌سنده اوتورمغه مجبوردر	*odhacynda otourmagha medjhourdour.*
J'en suis bien fâché.	بوندن اوترو پك مكدّرم ــ بوندن اوترو پك محزونم	*boundan uturu pek mukedderim, boundan euturu pek mahzounoum.*
Depuis quand est-elle incommodée?	نه وقتدنبرو اضطرابى وار	*nè vaqitdenberi yzthyrāby vār.*
Depuis un mois.	بر ايدنبرو	*bir dïdanberi.*
Je ne savais pas qu'elle fût malade.	خسته اولديغنى بيلمز ايدم	*khasta oldoughounou bïlmez idim.*
Quelle est sa maladie?	خسته‌لغى ندر	*khastalyghy nèdir.*
Prend-elle quelque chose?	بر شى‌ء يورمى	*bir cheï ïermi.*
Elle ne prend rien.	بر شى‌ء يمز	*bir cheï ïemez.*
Le médecin la voit-il?	حكيم كيديورمى	*hekïm guïdiormou.*
Le médecin vient la voir tous les jours.	يانه هر كون حكيم كليور	*ïānyna her gun hekïm guelïor.*

J'espère que cela ne sera rien. — امید ایدرمکه بو برشی‌ اولمیه‌جق — *umíd ederimki bou bir cheï olmaïadjaq.*

J'espère que cela n'aura pas de suite. — امید ایدرمکه نهایتنده برشی‌ اولمیه‌جق — *umíd ederimki nihāïetindè bir cheï olmaïadjaq.*

Que Dieu lui donne la santé! — الله وجودلربنه صاغاق ویرسون — *allah voudjoudlaryna sāghlyq versin.*

Le médecin assure que cela ne sera rien. — حکیمك اقرارنجه بو برشی‌ دیمه اولمیه‌جق — *hekīmiñ yqrāryndja bou bir cheï demè olmaïadjaq.*

Tant mieux! — دخی ایو ‌ فهو احسن — *dāha eïi, fehuvè ahsen.*

J'en suis bien aise. — بوندن پك خشنود اولورم — *boundan pek khochnoud olouroum.*

Mademoiselle votre sœur est-elle encore
malade? — همشیره كز دخی خسته‌می — *hemchīrèñiz dahy hastamy (1).*

Elle n'est pas encore entièrement guérie. — بتون بتون شفایاب اوله‌مدی — *butun butun chifāïāb olamady.*

—

DU DÉPART.

كتمك اوزره ‌ عزیمت اوزره — *guitmek uzrè, 'azímet uzrè.*

Il faut que je m'en aille. — كتسم كرك — *guitsem guerek.*

Il faut que je vous quitte. — سزی ترك ایتسم كرك — *sizi terk etsem guerek.*

Il faut nous quitter. — Il faut nous sé-
parer. — مفارقتمز اولسه كرك — *mufāraqatimiz olsa guerek.*

Il faut que je prenne congé de vous. — رخصتكزی السم كرك — *rouhsatyñyzy alsam guerek.*

Jusqu'à l'honneur de vous revoir. — شرف ملاقاتكزه قدر — *cherefi mulāqātyñyza qadar.*

Jusqu'au plaisir de vous revoir. — حسن ملاقاتكزه قدر — *husnu mulāqātyñyza qadar.*

Portez-vous bien. — خوشجد قالك — *hochdja qālyñ.*

Tout à vous; votre serviteur. — بن سزك بندكزم — *ben siziñ bendèñiz im.*

(1) Idiotisme.

Adieu.	اللهه اصمرلدق	*allaha ysmarladyq.*
Jusqu'au revoir, nous nous verrons dans peu, s'il plaît à Dieu.	كورنجديه قدر ـ سعادتله ـ يقينلرده كورشروز ان شاء الله	*gueurundjèïè qadar, se'ādetlè, ïaqynlarda gueuruchuruz in challah.*
Sans adieu.	وداع ايتمكسزين	*vedā' etmeksizin.*
Votre serviteur.	قولكز ـ بنك كزم	*qouloumouz bendèniz im.*
Votre très-humble serviteur.	بنده احقركزم	*bendèï ahqaryñyz ym.*
Bonne nuit.	كيجهكز خير اوله	*guedjèñiz khaïr ola.*
Saluez monsieur votre frère de ma part.	طرفمدن برادركزه سلام ايله	*tharafymdan birāderiñizè selām eïlè.*
Faites mes amitiés à monsieur votre père.	پدر محترمكزه صدق محبتمى عرض ايدكز	*pederi mouhteremiñizè sydqy mouhabbetimi 'arz ediñiz.*
Faites mes compliments chez vous.	خانهٔ سعادتكزده اولانلره سلاميزى تبليغ ايدكز ـ سلام عاجزانه مى تبليغ بيورك	*khāneï se'ādetiñizdè olānlara selāmymyzy teblygh ediñiz, selāmy 'adjizānè mi teblygh bouïourouñ.*
Je n'y manquerai pas.	قصور ايتمم	*qouçour etmem.*

	استمك و تشكر ايتمك ايچون	*istemek vè techekkur etmek itchin.*
Avec votre permission.	رخصتكزله ـ اذنكزله	*roukhsatyñyzla, izniñizlè.*
Voulez-vous bien me permettre de...?	رخصت ويرريسكز بكا بو	*roukhsat verirmiciñiz bañā bou...*
Voudriez-vous bien avoir la bonté de...?	كرم بيورريسكز بو	*kerem bouïourourmouçouñouz bou...*
J'aurais une prière à vous faire.	سزه برررجام وار	*sizè bir ridjām vār.*
J'ai une grâce à vous demander.	سزه برتمنّام وار	*sizè bir temennām vār.*
Auriez-vous la bonté de me donner cette chose ?	عنايت ايدرميسكز بو شيئى ويرمكه ـ كرم ايدوب بكا بو شيئى ويره بيلورميسكز	*'ināïet edermiciñiz bou cheï vîrmeïè, kerem idip bañā bou cheïi verè bîlirmiciñiz.*

Puis-je vous demander cette grâce?	بو عنایتی سزه صورمقلغه مقتدر میم	bou 'ināïeti sizé sormaqlygha mouqtedir müm.
Faites-moi le plaisir, un plaisir.	کرم ایله ـ بو عنایتی بکا ایدکز	kerem eïlé, bou 'ināïeti bañā ediñiz.
Voulez-vous me faire un plaisir?		
Voulez-vous me rendre un service?	همّت ایدرمیسکز بکا	himmet edermíciñiz bañā.
Vous pouvez me rendre un service.	همّته مقتدرسکز	himmeté mouqtedirsiñiz.
Vous pouvez me rendre un grand service.	بکا بر بیوك خدمت ایدرسکز	bañā bir buïuk khizmet edersiñiz.
Vous me rendriez un grand service, si vous vouliez faire cela.	اکر بونی یاپارسکز بذده کزه بر بیوك عنایت ایتمش اولورسکز	eïer bounou ïāpārsañyz bendéñizé bir buïuk 'ināïet etmich oloursouñouz.
Je vous suis bien obligé, infiniment obligé.	سزك پك ممنونکزم ـ درجهسز ممنونم	siziñ pek memnounyñyz im, deredjéciz memnounoum.
Je vous suis bien redevable.	سزه پك بورجلویم	sizé pek bordjlouïoum.
Je vous remercie infiniment.	زیاده‌سیله ممنونم	zïādécïlé memnounoum.
En vous remerciant.	الله راضی اولسون	allah rāzyolsoun.
Il n'y a pas de quoi.	هیچ بر شی ٬ یوق	hïtch bir cheï ïoq.
Vous me rendez un grand service.	بکا بر بیوك خدمت ایتمش اولورسکز	bañā bir buïuk khizmet etmich oloursouñouz.
Vous vous moquez.	استهزا ایدیورسکز	istihzā edïorsouñouz.
Je vous donne bien de la peine.	سزه چوق زحمت ویریورم	sizé tchoq zahmet verïoroum.
Vous prenez bien de la peine.	چوق زحمت ایدیورسکز	tchoq zahmet edïorsouñouz.
Je suis fâché de vous donner tant de peine.	سزه بو قدر زحمت ویرمکلکم موجب کدرمدر	sizé bou qadar zahmet vermekliguim moudjibi kederimdir.
Je suis honteux de toute la peine que je vous donne.	سزه بو قدر زحمت ویرمدن مجبوبم	sizé bou qadar zahmet verméden mahdjouboum.

La peine n'est rien.	زحمت برشیء دکل	*zahmet bir cheï deïl.*
Ne parlez pas de cela.	بونی سویلمك ایجاب ایتمز	*bounou seüilemek idjāb etmez.*
Il n'est pas nécessaire de parler de cela.	بونك لاقردیسنی ایتمك لازم دکل	*bounouñ lāqyrdycyny etmek lāzym deïl.*
Vous avez bien de la bonté.	عنایتكز چوق	*'ynāïetyñyz tchoq.*

POUR AFFIRMER ET NIER.

	تصدیق وانكار ایتمك ایچون	*tasdyq u inkiār etmek itchin.*
Que je vous dise.	سویلیهیم سزه	*seüileïeïm sizè.*
Je vous assure que…	تحقیق اولسونكه ــ سزه تأكید ایدرمكه	*tahqīq olsounki, sizè téékīd ederimki.*
Je vous promets que…	سزه وعد ایدرمكه	*sizè va'd ederimki.*
Je vous garantis que…	سزه كفیل اولورمكه	*sizè kefīl olouroumki.*
Comptez sur ce que je vous dis.	صحبتمه ایناننكز ــ سویلدیكمه ایناننك	*sohbetimè inānyñyz, seüledîguimè inānyñ.*
Je vous jure que…	سزه یمین ایدرمكه	*sizè ïemīn ederimki.*
Je dis que oui.	اوت دیدم	*evet dedim.*
Je dis que non.	خیر دیدم	*khaïr dedim.*
Je soutiens que…	ادّعا ایدرمكه	*iddï'ā ederimki.*
Je gage que…	بحث ایدرمكه	*bahs ederimki.*
Je gage que oui.	بحث ایدرمكه اوت ــ وقوعبولدیغنه بحث ایدرم	*bahs ederimki evet, vouqou'bouldoughouna bahs ederim.*
Je gage que non.	بحث ایدرمكه یوق ــ بو اولمدیغنه بحث ایدرم	*bahs ederimki ïoq, bou olmadoughouna bahs ederim.*
J'imagine que oui.	فرض ایدرمكه اوت ــ اكلارمكه اوت	*farz ederimki evet, añlārynıki evet.*
Je le nie.	انی انكار ایدرم ــ جحد ایدرم	*onou inkiār ederim, djahd ederim.*
Je nie ce fait.	بونی انكار ایدرم	*ßounou inkiār ederim.*

4

J'imagine que non.	فرض ايدرمكه يوق - اكلارمكه يوق	*farz ederimki ïoq, añlärymki ïoq.*
Je parie le contraire.	بن عكسنه بحث ايدرم - خلافنه بحث ايدرم	*ben 'aksinè bahs ederim, khilâfjna bahs ederim.*
Vous pouvez bien penser que...	ملاحظه ايتك بيلورسكزكه	*mulâhaza edè bïlirsiñiz ki.*
Le pensez-vous ?	خليا ايدرميسكز	*khouliä edermïciñiz.*
Je le pense.	اوت خليا ايدرم	*evet khouliä ederim.*
Je le pense aussi.	بندخى دوشنورم	*bendakhi duchunurum.*
Il faut que vous sachiez...	سزك بيلمكلككز لازم	*siziñ bïlmekliguiñiz lâzym.*
Il est bon de vous dire...	سزه سويلمك ايودر	*sizè seuilemek eüidir.*
J'ai quelque idée que...	بعض ملاحظهم وار كه	*ba'zy mulâhazam vâr ki.*
Je suis tenté de croire que...	قياس ايدرمكه	*qyâs ederimki.*
Que voulez-vous dire ?	مرامكز ندر	*merämyñyz nedir.*
Je ne sais ce que vous dites ou ce que vous voulez dire ?	نه ديورسكز بيلمم	*nè deïorsouñouz bïlmem.*
Cela est vrai.	بو صحيحدر - بو يقيندر	*bou sahïhdir, bou ïaqïndir.*
Cela est véritable.	بو حقيقيدر	*bou haqïqïdir.*
Est-il certain que...?	معلومدركه	*ma'loumdour ki.*
Est-il vrai que...?	كرچك ميدركه	*guertchek mïdir ki.*
Oui, cela est vrai ; cela est certain.	بلى بو كرچكدر	*beli bou guertchekdir.*
C'est un fait avéré, certain.	امر محققدر - امر ثابتدر - امر بديهيدر	*emri mouhaqqaqdyr, emri sâbitdir, emri bedïhïdir.*
Êtes-vous sûr de ce que vous dites ?	سويلدككزدن صحيح ميسكز	*seuïlediguiñizden sahïh mïciñiz.*
Croirez-vous bien que...?	ظن ايدرميسكزكه	*zann edermïciñiz ki.*

Je le crois bien.	زیاده سیله انانرم	*zïādècïlè inānyrym.*
Le croyez-vous?	انانرمیسکز	*inānyrmycyñyz.*
Je le crois.	انانرم ـ اعتقاد ایدرم	*inānyrym, i'tiqād ederim.*
Je le crois de même.	بن بله انانرم	*ben bilè inānyrym.*
Je le crois bien.	پك ایو انانرم	*pek eü inānyrym.*
Je ne crois pas.	بوكا اینانمم	*bouñā inānmam.*
Je n'en crois pas un mot, je n'en crois rien.	بریسنی قیاس ایتمم ـ بوندن هیچ بر شیٴه اینانمیورم	*birīcini qyās etmem, boundan hītch bir cheïè inānmaïoroum.*
Je n'en doute pas.	شبهــم یوقدر	*chubhèm ïoqdour.*
En êtes-vous bien sûr?	حقیقتـلـ صحیح میسکز	*haqīqatda sahīh mīciñiz.*
J'en suis certain.	علم الیقین بیلورم ـ بونی صحیحا بیلورم	*'ilm el-ïaqīn bīlirim, bounou sahīhen bīlirim.*
Rien de plus certain.	بوندن زیاده کرچك اولمز	*boundan zïādè guertchek olmaz.*
Je vous en réponds.	متکفل اولورم	*mutekeffil olouroum.*
Je puis vous le garantir.	صحیح اولدیغنه کفیل اوله بیلورم	*sahīh oldoughouna kefīl ola bīlirim.*
Tout le monde vous le dira.	بونی هر كس سزه سویلر	*bounou her kes sizè seüiler.*
Je ne le crois pas.	اینانمم	*inānmam.*
J'ai peine à le croire.	کرجیله انانرم	*gudjīlè inānyrym.*
Je vous crois.	سزه اینانرم	*sizè inānyrym.*
Vous pouvez me croire.	ایناندره بیلورسکز بنی	*ināndyra bīlirsiñiz beni.*
Cela ne peut pas être vrai.	بو کرچك اولامز	*bou guertchek olamaz.*
C'est une citation faite à plaisir.	مثالدن عبارتدر	*maçāldan 'ibāretdir.*
Je vous assure que...	سزه اقرار ایدرمکه	*sizè yqrār ederimki.*

Je vous jure que...	يمين ايدرمكه	ïemïn ederimki.
Je vous dis la vérité.	سزه حقيقتى سويليورم	sizė haqyqati seuïleïoroum.
Croyez ce que je vous dis.	ديديكمه اعتماد ايليك	dedíguimė ï'timād eïleïñ.

—

EXPRESSIONS DE SURPRISE. — الفاظ تعجّبيه — *elfāzy te'adjdjubïė.*

Quoi!	نه ـ نه در ـ عجبا	nė, nėdir, 'adjabā.
Bon! — Vraiment! — Est-il vrai?	كرچك مى	guertchek mi.
En vérité!	فى الحقيقة	fil-haqíqa.
Non!	خير	khaïr.
Se peut-il, est-il vrai qu'il en soit ainsi?	اوبله مى ايمش ـ نصل اوله بيلور	euïlė mi imich, nacyl ola bílir.
Est-il bien possible?	ممكن ميدر ـ عجبا مكنميدر	mumkin mídir, 'adjabā mumkinmídir.
Comment se peut-il?	نصل اوله بيلور	nacyl ola bílir.
Cela est impossible!	بو ممكن دكل ـ بو امر محالدر	bou mumkin deïl, bou emri mouhāldir.
Cela est de toute impossibilité!	اصلا ممكن دكل	aslā munkin deïl.
Je ne comprends pas comment...	اصلا اكلامم نصل شيدر ـ اصلا اكليه ميورم نصل اوله بيلور	aslā añlāmam nacyl cheïdir, aslā uñlaïamaïoroum nacyl ola bílir.
J'en suis surpris.	بوندن اوتورو حيرتده يم	boundan uturu haïretdė im.
J'en suis bien étonné.	بوكا چوق تعجّب ايتدم	bouñā tchoq te'adjdjub etdim.
Cela me surprend.	بوبنى شاشردير ـ بو بنى تعجّبده براقيور	bou beni chāchyrdyor, bou beni te'adjdjubdė brāqyor.
Vous me surprenez, vous m'étonnez.	حيرتده براقيورسكز بنى	haïretdė brāqyorsouñouz beni.
Voilà qui me surprend!	اشته بنى شاشردان ـ اشته بنى حيرتك براقان	ichtė beni chāchyrdān, ichtė beni haïretdė brāqān.

C'est incroyable !	بو اینانـلـه‌جق شی ، دكلدر	*bou inānyladjaq cheï deïldir.*
Je m'en étonne, cela m'étonne.	بوکا تعجّب ایدرم	*bouñā te'adjdjub ederim.*
Ceci est bien étonnant !	بو عجایب شیـدر	*bou 'adjāïb cheïdir.*
C'est une chose inconcevable.	اكلاشلمز بر شیـدر	*añlāchylmaz bir cheïdir.*
C'est une chose inouïe.	بو ایشیدلمش شیـدر	*bou ichïdilmemich cheïdir.*
Voici une chose étrange !	اشته بر عجایب شی ،	*ichtè bir 'adjāïb cheï.*
Voilà une affaire bien étrange !	بو بر عجایب مصلحتدر	*bou bir 'adjāïb maslahatdyr.*

— —

PROBABILITÉ.	احتمالیّه	*ihtimālïïè.*
Cela est probable.	بو احتمالدر ـ محتملدر (1)	*bou ihtimāldir, muhtemeldir.*
Cela est vraisemblable.	بو احتمالكه کرچك اولسون	*bou ihtimālki guertchek olsoun.*
Cela n'est pas improbable.	احتمالسز دكلدر	*ihtimālsiz deïldir.*
Cela est très-probable.	پك محتملدر ـ زیاده محتملدر	*pek muhtemeldir, zïādè muhtemeldir.*
Cela est très-possible.	بو پك ممکندر	*bou pek mumkindir.*
Cela se peut.	قابلدر ـ ممکندر ـ اوله‌بیلور ـ اولور	*qābildir, mumkindir, ola bïlir, olour.*
Cela se pourrait bien, cela pourrait bien être.	بو شی ، اوله بیلور ـ قابلدر	*bou cheï ola bïlir, qābildir.*
Je n'en suis pas étonné.	تعجّب ایتمم	*te'adjdjub etmem.*
Cela ne m'étonne pas.	بو بنی حیرتلندرمیور	*bou beni haïretlendirmeïor.*
Cela n'est pas surprenant.	بو غرایبـاندن دكل ـ بو عجایب دكل	*bou gharāïbātdan deïl, bou 'adjāïb deïl.*
Vous ne m'étonnez pas.	سز بنی حیرتنده قومازسکز	*siz beni haïretdè qomāzsyñyz.*

(1) On dit plus généralement قابلدر *qābildir*, c'est possible.

Je ne m'en étonne pas.	بوكا تعجب ايتمم ـ بوندن متعیر اولم	*bouñā te'adjdjub etmem, boundan mutchaïr olmam.*
Cela ne m'étonnerait pas.	بو بنی حیرتنده براقمیه‌جق	*bou beni haïretdè brāqmaïadjaq.*
Cela est naturel.	بو طبیعیدر	*bou thabī'īdir.*
Cela est tout simple.	بو بیاغی بر شیدر	*bou baïāghy bir cheïdir.*
Cela va sans dire.	بوكا سوز یوق	*bouñā seuz ïoq.*
Cela s'entend.	بو اكلاشلور	*bou añlāchylyr.*

—

DU REGRET ET DE L'AFFLICTION.

	حزن وندامت	*huzn u nedāmet.*
J'en suis fâché, j'en suis très-fâché.	كوجمه كتدی ـ پك كوجمه كتدی	*gudjumè guitdi, pek gudjumè guitdi.*
J'en suis bien affligé, désolé.	بوندن اوتورو پك مكدرم ـ غایت كدرم وار	*boundan uturu pek mukedderim, ghāïet kederim vār.*
J'en suis bien mortifié.	بوندن اوتورو پك محجوبم ـ بغایت متألّم اولویورم	*boundan uturu pek mahdjouboum, beghāïet muteellim olouïoroum.*
J'en suis inconsolable.	بوندن تسلیت بوله‌مم	*boundan teslïet boulamam.*
Cela me désespère.	بو بنی مایوس ایدییور ـ بن بو شیك مأیوسی یم	*bou beni mééïous edïïor, ben bou cheïñ mééïouci im.*
Que je suis malheureux !	نه قدر بد بختم	*nè qadar bed bakhtym.*
Quel dommage !	یازیق ـ حیف	*ïāzyq, haïf.*
C'est bien dommage !	پك یازیق	*pek ïāzyq.*
Cela est bien fâcheux.	پك حزنلی شیدر ـ بو كدری موجب شیدر	*pek huzunlu cheïdir, bou kederi moudjib cheïdir.*
Cela est bien triste.	پك محزونلی شیدر	*pek makhzounlou cheïdir.*

C'est bien inconvenant.	بو پك مناسبتسزدر	*bou pek munācebetsizdir.*
Cela n'est pas agréable.	بو مقبول دكلدر	*bou maqboul deïldir.*
C'est une chose désagréable.	نا مقبول بر شیدر ،	*nā maqboul bir cheïdir.*
Cela est bien dur.	بو زور شیدر	*bou zor cheïdir.*
Cela est bien cruel.	بو ظالم شیدر	*bou zālim cheïdir.*
Quelle cruauté !	نه يمان شیدر بو ـ نه يمان شی ، بو	*nè ïemān cheïdir bou, nè ïemān cheï bou.*
Cela fait trembler.	دتریبور بو	*titretïor bou.*
Cela est bien malheureux.	يازقدر بو	*ïāzyqdyr bou.*
C'est un grand malheur.	پك بیوك مصیبتدر بو	*pek buïuk moucïbetdir bou.*
Cela est terrible, cela est épouvantable.	قورقولو شیدر بو ـ هیبتلو شیدر بو	*qorqoulou cheïdir bou, heïbetli cheïdir bou.*
Cela fait dresser les cheveux sur la tête.	انسانك توینی اورپرهجك شیدر بو	*insānyñ tuïunu eurperèdjek cheïdir bou.*

DU BLAME.

فصل ذمّ

fasli zemm.

Fi ! fi donc !	حاشا ـ هاى نه فنا ـ اوف ـ پوف	*hāchā, hāï nè fenā, ouf, pouf.*
N'avez-vous pas honte ?	حيا ايتمز ميسن اوتانماز ميسن	*haïā etmez mïcin, outānmāz mycyn.*
N'êtes-vous pas honteux ?	مجوب دكلميسن	*mahdjoub deïlmïcin.*
Vous devriez être honteux.	مجوب اولمقلغكز ایجاب ایدر	*mahdjoub olmaqlyghyñyz idjāb eder.*
Vous me faites honte.	مجوب ایدیورسکز بنی	*mahdjoub edïorsouñouz beni.*
Que c'est vilain !	بو نه فنا شیدر ـ بونه چیرکین شیدر	*bou nè fenā cheïdir, bou nè tchïrkïn cheïdir.*
Vous faites mal.	فنا ایدیورسکز	*fenā edïorsouñouz.*
Quelle honte !	عیب شی ، بو	*'aïb cheï bou.*
C'est honteux.	عیبدر	*'aïpdyr.*
C'est une chose honteuse.	عیب شیدر ـ بو اوتاندرهجق شیدر	*'aïb cheïdir, bou outāndyradjaq cheïdir.*

Cela est bien mal, cela est bien vilain.	بو پك فنادر	*bou pek fenādyr.*
Cela est bien méchant.	بو پك يراماردر	*bou pek ïarāmāzdyr.*
C'est détestable.	مكروه بر شيدر	*mekrouh bir cheïdir.*
Comment pouvez-vous être si méchant?	نوجهله يراماز اولورسكز	*nevedjhilè ïarāmāz oloursouñouz.*
Comment avez-vous pu faire cela?	بوني نصل ياپدكز	*bounou nacyl ïāpdyñyz.*
Pourquoi avez-vous fait cela?	بوني نيچون ياپدكز	*bounou nïtchin ïāpdyñyz.*
C'est être bien méchant!	بو پك فنا اولقدر	*bou pek fenā olmaqdyr.*
Il faut être bien méchant!	غدّار اولمق لازم كلور	*ghaddār olmaq lāzym guelir.*
C'est bien mal à vous.	طرفكزدن بو پك فنا ـ بو سزه كوره پك فنادر	*tharafyñyzdan bou pek fenā, bou sizè gueurè pek fenādyr.*
Vous êtes bien à blâmer.	ذمّه لايق بر آدم سن ـ ذمّه لايقسكز	*zemmè lāyq bir ādem sin, zemmè lāyqsyñyz.*
Vous avez bien tort.	حقيقتك حقكز يوقدر	*haqyqatda haqqyñyz ïoqdour.* [gha.
Comment osez-vous bien faire cela?	نه يوزله جسارت ابديورسكز بوني ياپمغه	*nè ïuzlè djeçāret edïorsouñouz bounou ïāpma-*
C'est abominable.	بو منفور شيندر ـ نفرت ويره جك شيدر	*bou menfour cheïdir, nefret verèdjek cheïdir.*
Ma patience est à bout.	صبر وتحمّله مجالم يوق	*sabr u tehammulè medjālim ïoq.*
La patience m'échappe.	صبره تحملم يوق	*sabra tehammulum ïoq.*
Je ne puis me retenir.	كندى كنديمى ضبط ايلەمم	*kendi kendĩmi zabth edèmem.*

RÉPRIMANDE.

	تـــعـــذيـــر	*ta'zîr.*
Je ne suis pas content de vous.	سزدن خشنود دكلم	*sizden khochnoud deïlim.*
Je ne suis nullement content de vous.	سزدن هيچ خشنود دكلم	*sizden hĩch khochnoud deïlim.*
Je ne serai pas content.	خـــشـــنــود اولميدجغم	*khochnoud olmaïadiaghym.*

Tenez-vous tranquille.	راحت طوروك	*rāhat dhourouñ.*
Finissez, c'est assez.	بتوركز ـ ارتق الويرر	*bitiriñiz, artyq elverir.*
Finissez, vous dis-je.	بتوركز ديورم	*bitiriñiz deïoroum.*
Ne pouvez-vous pas vous tenir tranquille?	راحت طوره‌ميور ميسكز	*rāhat dhouramaïor mouçouñouz.*
Je vous avertis que...	سزه خبر وبربورمكه	*sizé khaber verïoroumki.*
Je ne veux pas de cela.	بن بونی استمم	*ben bounou istemem.*
Je ne souffrirai pas cela.	بن بوکا تحمل ایدمیه‌جکم	*ben bouñā tehammul edèmeïèdjeguim.*
Je le veux.	بن انی استرم	*ben onou isterim.*
Je le veux absolument.	مطلق استرم	*mouthlaq isterim.*
Prenez garde pour une autre fois.	بوندن غیربسنه ابودقّت ابدك	*boundan ghaïrycyna eïï diqqat ediñ.*
Ne le faites pas davantage.	بوندن ماعدا یاپمیك	*boundan mā'adā ïapmayñ.*
Point d'impertinence.	ادبسزلك ایلمه	*edepsizlik cïlemè.*
Silence! paix!	سكوت ایت ـ سوس ـ سوس اول ـ سوس اولك	*sukiout et, sous, sous ol, sous olouñ.*
Taisez-vous.	صوسكز	*souçouñouz.*
Voulez-vous vous taire?	صوسارميسكز ـ صوسمیه‌جق ميسكز.	*souçārmycyñyz, sousmaïadjaq mycyñyz.*
Point de raisons.	جواب یوق	*djevāb ïoq.*
Ne répliquez pas.	رد جواب ایتمیك	*reddi djevāb etmeïñ.*
Retirez-vous de devant moi.	قارشومدن یقیل كیت ـ حضورمدن چیقك	*qārchymdan īqyl guit, houzourmoudan tchyqyñ.*

DE LA COLÈRE.

	دارغنلق ـ قزغنلق	*dārghynlyq, qyzghynlyq.*
Je suis bien en colère.	پك طارغنم	*pek dhārghynym.*
Je ne suis pas de bonne humeur.	حدّت مزاجم وار	*hyddeti mizādjim vār.*

Je suis de bien mauvaise humeur.	كمال درجه حدّت مزاجم وار	kemāli deredjè hyddeti mizādjim vār.
Je suis piqué.	طارلدم	dhāryldym.
Les paroles de cette personne m'ont piqué au vif.	بو آدمك لاقرديسی پك ايشلدی بكا	bou ādemyñ lāqyrdícy pek ichledi bañā.
Vous m'avez piqué au vif.	پچاق كمكه طابننجه قدر چالشدكز	pitchāq kemigné dhāïanyndja qadar tchā-lychdyñyz (1).
Je suis outré.	حدّدن زياده طارغنم	haddden zïādè dhārghynym.
Je suis furieux.	قودردم	qoudourdoum.
Je ne me possède pas de colère.	حدّتدن كندومی ضبط ايده‌ميورم	hyddetden kendimi zabth edèmeïoroum.

DE LA JOIE.

	شــــاذلـــق	chāzlyq.
Je suis bien aise.	خشنودم ـ حظّ ايدرم	khochnoudoum, hazz ederim.
J'en suis fort aise.	اندن پك خشنودم ـ بوندن چوق خشنودم	andan pek khochnoudoum, boundan tchoq khochnoudoum.
J'en suis charmé.	بوندن مسرورم	boundan mesrouroum.
J'en ai bien de la joie.	درجه‌سز مسرورم	deredjèciz mesrouroum.
J'en ai une joie infinie.	نهايتسز مسرورم	nihāïetsiz mesrouroum.
J'en suis fort content.	بوندن غايت ممنونم	boundan ghāïet memnounoum.
J'en suis enchanté.	بوندن چوق خوشلندم	boundan tchoq khochlandym.
Cela me fait le plus grand plaisir.	بوندن پك مسرورم	boundan pek mesrouroum.
Je vous félicite.	سزه تبريك ايدرم ـ مبارك اولسون	sizè tebrīk ederim, mubārek olsoun.
Je vous félicite de tout mon cœur.	درونی سزه تبريك ايدرم	derouni sizè tebrīk ederim.

(1) Littéralement, vous m'avez atteint les os avec le couteau.

Voulez-vous bien recevoir mon compli- ment?	تبریکمی قبول ایدرمیسکز	*tebrĭguimi qaboul edĕrmĭciñiz.*
Quel bonheur!	نه سعادتدر	*nè se'ădetdir.*

—

CONSULTATION.

نصح وپند ایتمك

noush u pend etmek.

Que faire?	نه یاپمق ـ نه یاپهجغز ـ یاپهجق نه وار ـ نه ایده لم	*nè ĭăpmaq , nè ĭăpadjaghyz, ĭăpadjaq nè vār, nè edĕlim.*
Quel parti prendre?	نه تدبیر ایتمهلی	*nè tedbĭr etmèli.*
Quel parti prendrons-nous?	نه تدبیر ایده لم	*nè tedbĭr edèlim.*
Quel parti avons-nous à prendre?	تدبیرمز نهدر	*tedbĭrimiz nèdir.*
Que nous reste-t-il à faire?	نهایتنده تدبیرمز نهدر	*nihăĭctindè tedbĭrimiz nèdir.*
Voyons.	بقهلم	*baqalym.*
Il faut nous résoudre à quelque chose.	بقهلم بر شیئه قرار ویره لم	*baqalym bir cheïè qarār verèlim.*
Je suis embarrassé.	شبههلویم ـ مانعم وار ـ چاره سنی بیلمیورم	*chubhèli im, mâny'im vār, tchārècini bĭl-meïoroum.*
Je ne sais que faire.	نه یپاجغمی بیلمم ـ نه یاپملو بیلمم	*nè ĭăpădjaghymy bĭlmem, nè ĭăpmali bĭlmem.*
Comment se peut-il!	نصل اوله بیلور	*nacyl ola bĭlir.*
Que ferons-nous?	نه یاپهلم	*nè ĭăpalym.*
Que feriez-vous à ma place?	بنم یرمده اولیدکز نه یاپردکز	*benin ïerimdè olaïdyñyz nè ĭăpurdyñyz.*
Faisons comme cela.	بویله یاپهلم	*beuĭlè ĭăpalym.*
Nous voilà dans un grand embarras.	اشته بزه بر پك بیوك مشكل ـ بر غائلهٔ عظیمهیه دوشدك	*ichtè bizè bir pek buïuk muchkĭl, bir ghăïleï 'azĭmèïè duchduk.*
Je suis dans une grande incertitude.	پك شبههده یم	*pek chubhèdè im.*

Cela est bien embarrassant.	بو پك مشكلدر	*bou pek muchkildir.*
Je suis d'avis.	قیاسم اویله در	*qyācym euïlè dir.*
Ne croyez-vous pas?	ظن ایتمز میسکز	*zann etmez mïciñiz.*
Si j'étais de vous.	اكر بن سز اولیدم ـ یرکزده اولیدم	*eïr ben siz olaïdym, ïeriñizdè olaïdym.*
Si j'étais à votre place.	سزك یرکزده اولیدم اكر	*siziñ ïeriñizdè olaïdym eïer.*
Je vous conseille...	سزه نصح ایدرم	*sizè noush ederim.*
Mon avis est que...	قــیـاسم بوكه	*qyācym bouki.*
Il me vient une idée.	ذهنمه كلور ـ فكرمه كلیور	*zihnimè guelir, fikrimè guelïor.*
J'ai pensé une chose.	بر شی ء دوشندم	*bir cheï duchundam.*
Il m'est venu une pensée.	تفكر ایتدم ـ بنم خاطریمه بر شی ء كلدی	*tefekkur etdim, benim khāthyryma bir cheï gueldi.*
Laissez-moi faire.	براق بنی ـ یپایم	*brāq beni, ïapāym.*
Faisons une chose.	بر شی ء یپالم	*bir cheï ïapālym.*
J'ai changé d'avis.	قیاسی دكشدم	*qyācy deïchdim.*
Je me suis ravisé.	تكرار قیاس ایتدم	*tekrār qyās etdim.*
Faisons autrement.	بشقه كونه یپالم	*bachqa guiouna ïapālym.*
Faisons autre chose.	بشقه شی ء یپالم	*bachqa cheï ïapālym.*
Prenons-nous-y autrement.	بشقه منوال اوزره طوتالم	*bachqa minvāl uzrè thoutalym.*
Qu'en dites-vous?	بوندن اوتورو نه دیرسکز	*boundan uturu nè dersiñiz.*
Qu'en pensez-vous?	نه دوشنورسکز	*nè duchuñursuñuz.*
Je pense comme vous.	سزك كبی ملاحظه ایدرم	*siziñ guibi mulāhāza ederim.*
C'est très-bien pensé.	پك ایو دوشنلدی	*pek eïi duchunuldu.*
C'est très-bien imaginé.	بو پك ایو ملاحظه اولندی	*bou pek eïi mulāhaza oloundou.*

C'est le meilleur parti. — اك ايوسی در ـ بوندن ايو چاره بولنمز — *eñ eïci dir, boundan eïi tchārè boulounmaz.*

J'aimerais mieux. — دها ايو سورم — *dahā eïi severim.*

Il vaut mieux. — دها ايو در — *dahā eïi dir.*

Ne vaudrait-il pas mieux? — دها ايوسنی استمز می ـ بویله یاپسق دها ايو دكلميدر — *dahā cïicini istemez mi, beuïlè ïāpsaq dahā eïi deïlmīdir.*

Cela demande réflexion. — بو دوشنمك استر ـ شايان مطالعه در — *bou duchunmek ister, chāïāni muthāla'a dyr.*

C'est le mieux que nous puissions faire. — ايلك جكمزك اك اعلاسيدر — *edèdjeguimiziñ eñ a'lācydyr.*

C'est le seul parti que nous ayons à prendre. — بوندن غيری ايلك جكمز يوق . — *boundan ghaïri edèdjeguimiz ïoq.*

Il n'y a rien de mieux à faire. — بوندن ايو ياپهجق شی ٠ يوقدر — *boundan eïi ïāpadjaq cheï ïoqdour.*

Il n'y a pas de meilleur moyen. — بوندن ايو چاره بولنمز — *boundan eïi tchārè boulounmaz.*

BOIRE ET MANGER.

يسوپ ايچمـك — *ïcïp itchmek.*

Avez-vous faim? — قرنكز آچمی — *qarnyñyz ātchmy.*

J'ai appétit. — اشتهايم وار — *ichtihām var.*

J'ai faim. — قرنم اچ ـ اچقدم — *qarnym ātch, ātchyqdym.*

J'ai une faim excessive. — جـوع مفرطه دوچار اولدم — *djou'y mufritha doutchār oldoum.*

Je mangerais bien un morceau. — بر لقمه يرم — *bir loqma ïerim.*

Mangez quelque chose. — بر شی ٠ ييكز — *bir cheï ïeïñiz.*

Que mangerez-vous? — نه يه جكسكز — *nè ïeïèdjeksiñiz.*

Que voulez-vous manger? — نه استرسكز يمكه ـ نه يمك استرسكز — *nè istersiñiz ïemeïè, nè ïemek istersiñiz.*

Je mangerai la première chose venue. — يرم نه اولورسه اولسون ـ نه اولسه يرم — *ïerim nè oloursa olsoun, nè olsa ïerim.*

Vous ne mangez pas? — يميورسكز — *ïemeïorsouñouz.*

Ne faites point de cérémonie ou d'extra- ordinaire pour moi.	بنم ايچون تكليف ايتميك ـ عادتدن خارج بر شى ـ ياپميك	benim itchin teklif etmeïñ, 'ādetden khāridj bir cheï ïapmayñ.
Vous ne mangez rien?	بر شى ـ يميورسكز	bir cheï ïemeïorsouñouz.
Je vous demande pardon, monsieur, je mange très-bien.	عفو ايدرسكز افندم ايويييورم	'afv edersiñiz efendim eïi üoroum.
Je mange plus que vous.	سزدن زياده ييورم	sizden zïādè üoroum.
J'ai très-bien mangé.	پك ايو يـدم	pek eïi ïedim.
J'ai dîné d'un bon appétit.	پك اشتها ايلـه ييك يدم	pek ichtihā ilè ïemek ïedim.
Mangez encore un morceau.	بر لقمه دخى ييكز ـ بر پارچه دها ييك	bir loqma daha üñiz, bir pārtcha dahā ïeiñ.
Je n'en prendrai pas davantage.	بوندن زياده استمم ـ بوندن زياده ييـهم	boundan zïādè istemem, boundan zïādè ïeïe- mem.
Avez-vous soif?	صوسز ميسكز	souçouz mouçouñouz.
J'ai soif, je suis altéré.	صوسزم ـ صوصادم	souzouzoum, souçādym.
J'ai bien soif.	پك صوسزم	pek souçouzoum.
Je meurs de soif.	صوسزلقدن اوليورم	souçouzlouqdan eulüïoroum.
Buvons.	ايچهلم	itchèlim.
Que voulez-vous boire?	نه استرسكز ايچمكه	nè istersiñiz itchmeïè.
Donnez-moi un peu à boire.	ويرك براز ايچه يم	veriñ birāz itchèim.
Prenez un verre de vin.	بر قدح شراب ايچك	bir qadeh charāb itchiñ.
Voulez-vous prendre un verre de vin?	بر قدح شراب استرميسكز	bir qadeh charāb istermïciñiz.
Je boirais bien un verre de vin.	پك ايو ايچهيم بر قدح شراب	pek eïi itchèïm bir qadeh charāb.
Monsieur, je bois à votre santé.	عشقكزه ايچيورم افندم	'achqyñyza itchïoroum efendim.

J'ai l'honneur de boire à votre santé.	عشقکزه شراب ایچمك افتخارمدر	*'achqyñyza charâb itchmek iftikhärymdyr.*

—

DES NOUVELLES.

	اخبار ایچـــین	*akhbär itchin.*
Y a-t-il des nouvelles aujourd'hui?	بو کون خبر وارمی	*bou gun khaber värmy.*
Quelle nouvelle y a-t-il?	نه حوادث واردر	*nè havädis värdyr.*
Que dit-on en fait de politique?	پولیتیقةیه دائر نه سویلیورلر	*polítíqaïa däïr nè seuïleïorlar.*
Je n'en sais rien.	بوکا متعلق هیچ برشی٠ بیلمم	*bounä mute'allyq hïtch bir cheï bïlmem.*
Parle-t-on encore de guerre?	حالا جنك صحبتی وارمی	*hälä djenk sohbeti värmy.*
Y a-t-il quelque chose de nouveau?	یکی برشی٠ وارمی - یکیدن نه وار	*ïeñi bir cheï värmy, ïeñïden nè vär.*
Savez-vous quelque chose de nouveau?	یکیدن برشی٠ بیلورمیسکز - تازه حوادث وارمی	*ïeñïden bir cheï bïlirmïciñiz, täzè havädis värmy.*
Que dit-on?	نه دیورلر	*nè deïorlar.*
Que dit-on de bon?	کوزللکدن نه خبر	*guzellikden nè khaber.*
N'avez-vous entendu parler de rien?	برشی٠ ایشتمدکزمی هیچ	*bir cheï ichitmediñizmi hïtch.*
Que dit-on dans la ville?	شهرده نه سویلیورلر	*chehirdè nè seuïleïorlar.*
Que dit-on de vos côtés?	سزده نه سویلیورلر	*sizdè nè seuïleïorlar.*
Je ne sais rien de nouveau.	برشیدن خبرم یوق - یکیدن هیچ برشی٠ بیلمم	*bir cheïden khaberim ïoq, ïeñïden hïtch bir cheï bïlmem.*
Il n'y a rien de nouveau.	یکی یه دایر برشی٠ یوق	*ïeñïè däïr bir cheï ïoq.*
Il n'y a aucune nouvelle.	هیچ بر خبر یوق	*hïtch bir khaber ïoq.*
Je n'ai entendu parler de rien.	هیچ بر شی٠ ایشتمدم	*hïtch bir cheï ichitmedim.*
On ne parle de rien.	هیچ بر شی٠ سویلمیورلر	*hïtch bir cheï seuïlemeïorlar.*
Il y a de bonnes nouvelles.	پك کوزل خبر وار	*pek guzel khaber vär.*

Les nouvelles sont bonnes.	خبرلر ايو	*khaberler* (1) *eïï.*
Il y a de mauvaises nouvelles.	فنا خبر وار	*fenā khaber vār.*
Voilà une bien triste nouvelle !	اشته بر قساوتلو خبر ـ اشته بر بد حوادثدر	*ichtè bir qaçāvetli khaber, ichtè bir bed ha-vādisdir.*
J'ai entendu dire que…	ايشتدم كه	*ichitdim ki.*
J'ai appris que…	خبر الدمكه	*khaber aldymki.*
Cette nouvelle s'est répandue depuis quelques jours, mais je ne la crois pas fondée.	بو خبر بر قاچ كوندنبرو ايشيديليور امّا اصلى يوقدر ظنّ ايدرم	*bou khaber bir qātch gundenberi ichídílior ammā asly ïoqdour zann ederim.*
Je n'ai pas entendu parler de cela.	بوكا دايو بر شىء ايشتمدم ـ بونى هيچ ايشتمدم	*bouñā dāïr bir cheï ichitmedim, bounou hītch ichitmedim.*
Avez-vous lu les journaux?	غازتهلرى اوقودكزمى	*ghāzetalary oqoudouñouzmou.*
Que disent les journaux?	غازتهلرده نه خبر وار	*ghāzetalarda nè khaber vār.*
Je n'en ai pas lu un seul aujourd'hui.	بوكون هيچ برينى اوقومدم	*bou gun hītch birïni oqoumadym.*
Avez-vous vu cela dans quelque journal?	بونى هيچ بر غازتهده كوردكزمى	*bounou hītch bir ghāzetada gueurduñuzmu.*
Ceci était mentionné dans une lettre particulière.	بو مستقلّ بر مكتوبده يازلمش ايدى ـ بونى بر مكتوبده كوردم	*bou moustaqill bir mektoubda ïāzylmych idi, bounou bir mektoubda gueurdum.*
Dit-on qui a reçu cette lettre?	مكتوبنى الدى ديو سويليورلرمى	*mektoubounou âldy deïi seuïleïorlarmy.*
Oui, on nomme la personne; c'est un tel.	اوت اسمنى سويليورلر فلان كمسنه ديو	*evet ismini seuïleïorlar filān kimesnè deïi.*

(1) Par cet exemple, ainsi que par plusieurs de ceux qui précèdent, on a pu remarquer que la terminaison لر *ler*, prononcée quelquefois *lar*, est la marque turque du pluriel, tant pour les noms que pour les adjectifs. Cette marque s'applique indistinctement aux mots d'origine turque, arabe ou persane. Indépendamment de cette dernière, les Turcs font également usage des pluriels purement arabes ou persans. Le mot اخبار *akhbār* (nouvelles), pluriel de خبر *khaber*, est pour l'arabe un exemple de cette règle.

On doute beaucoup de cette nouvelle.	بو خبردن چوق شبهه ايديورلر	*bou khaberden tchoq chubhè edïorlar.*
Cette nouvelle demande confirmation.	بو خبری تصديق ايتمك لازم	*bou khaberi tasdíq etmek lāzym.*
De qui tenez-vous cette nouvelle ?	بو خبری كيمدن الدكز	*bou khaberi kĭmden áldyñyz.*
Comment le savez-vous ?	نصل بيلورسكز	*nacyl bĭlirsĭñiz.*
Je tiens cette nouvelle de bonne part.	بو خبری ايو طرفدن آلدم	*bou khaberi eïi tharafdan áldym.*
Je vous nomme mon auteur.	راويسنی خبر ويررم	*rāvĭcini khaber veririm.*
Cette nouvelle n'est pas encore confirmée.	بو خبردها صحیحلنمدی	*bou khaber dahā sahĭhlenmedi.*
Ce bruit s'est trouvé faux.	بو كورلتی يآكلش ايدی	*bou gurultu ïáñlych idi.*
On ne parle plus de cette nouvelle.	بو خبرك صوكی چقمدی	*bou khaberiñ soñou tchyqmady.*
Parle-t-on toujours de guerre ?	محاربهيی سويليورلرمی دائما	*mouhārebèïï seuïleïorlarmy dāïmā.*
Croit-on que nous ayons la paix ?	مصالحهمز اولور ديو ظن ايديورلرمی	*mouçālahamyz olour deïi zann edïorlarmy.*
Il n'y a pas d'apparence.	ظاهرده برشی ۔ يوق	*zāhirdè bir cheï ïoq.*
Avez-vous reçu des nouvelles de votre frère ?	قرداشكزك خبرينی آلدكزمی ۔ برادركزدن مكتوب كلديمی	*qardāchyñyzyñ khaberĭni áldyñyzmy, birā- derĭñizden mektoub gueldĭmi.*
Y a-t-il longtemps que vous avez reçu des nouvelles de votre ami ?	دوستكزك خبرينی چوقدنبرو آلدكزمی ۔ دوستكزدن مكتوب اليه لو چوق وقت اولديمی	*dostouñouzouñ khaberĭni tchoqdanberi álma- dyñyzmy, dostouñouzdan mektoub alma- ialy tchoq vaqit oldoumou.*
Combien y a-t-il de temps qu'il ne vous a écrit ?	نه وقتدن بری سزه يازمدی	*nè vaqitden beri sizè ïāzmady.*
Il y a deux mois que je n'ai reçu de ses nouvelles.	ايكی آيدنبرو خبرينی آلمدم ۔ ايكی آی واردركه بر مكتوبی كلمدی	*iki āïdanberi khaberĭni álmadym, iki āi vārdyrki bir mektoubou guelmedi.*
Il y a trois semaines qu'il n'a écrit.	اوچ هفته در يازمدی	*utch hafta dyr ïāzmady.*
J'attends une lettre de lui de jour en jour.	كوندن كونه مكتوبنه منتظرم	*gunden gunè mektoubouna mountazyrym.*

ALLER ET VENIR.   كلوپ كتمك   *guelip guitmek.*

Où allez-vous? — نره‌يه كيديورسكز ـ نره‌يه تشريف ايديورسكز — *nerèïè guïdïorsouñouz, nerèïè techrïf edïorsouñouz.*

Où allez-vous par là? — Où allez-vous comme cela? — نره‌يه بو يوله — *nerèïè bou ïola.*

A quel endroit voulez-vous aller? — قنغى يره كتمك استرسكز — *hanghy ïerè guitmek istersiñiz.*

Je vais à la maison. — Je m'en vais chez nous. — اوه كيديورم — *evè guïdïoroum.*

J'allais chez vous. — Je m'en allais chez vous. — سزه كيديور ايدم — *sizè guïdïor doum.*

D'où venez-vous? — نره‌دن كليورسكز — *nerèden guelïorsouñouz.*

Je viens de chez mon frère. — قرداشمدن كليورم — *qardāchymdan guelïoroum.*

Je viens de l'église. — كليسه‌دن كليورم — *kilïçèden guelïoroum.*

Je sors de l'école. — مكتبدن چقيورم — *mektebden tchyqyoroum.*

Voulez-vous venir avec moi? — بنمله كلمسنى استرميسكز — *benimilè guelmecini istermïcïñiz.*

Où voulez-vous aller? — نره‌يه كتمسنى استرسكز — *nerèïè guitmecini istersiñiz.*

Où allons-nous? — نره‌يه كيديورز ـ نره‌يه كيده‌لم — *nerèïè guïdïorouz, nerèïè guïdèlim.*

N'allez pas loin. — اوزاق كتمينك — *ouzāq guitmeïñ.*

Nous irons nous promener. — كزمكه كيديورز — *guezmeïè guïdïorouz.*

Je le veux bien. — Volontiers. — استرم ـ پك ايو — *isterim, pek eïi.*

Par où irons-nous? — De quel côté irons-nous? — نه طرفدن كيده‌لم — *nè tharafdan guïdèlim.*

Nous irons du côté que vous voudrez. — Nous irons par où vous voudrez. — نره‌دن استرسكز — *nerèden istersiñiz.*

Allons au jardin.	باغچه‌يه كيده‌لم	*băghtchèïè guïdèlim.*
Prenons votre frère avec nous.	قرداشكزى ده برابر آله‌لم	*qardāchyñyzyda berāber dlalym.*
Comme vous voudrez. — Comme il vous plaira.	نصل استرسكز	*nacyl isterseñiz.*
Monsieur un tel est-il à la maison?	فلان كمسنه اونده‌مى	*filān kimesnè evindèmi.*
Il vient de sortir.	شمدى چقدى	*chimdi tchyqdy.*
Il n'est pas à la maison.	اوده دكل	*evdè deïl.*
Pouvez-vous nous dire où il est?	نره‌ده اولدیغنى بزه سویله بیلورمیسكز	*nerèdè oldoughounou bizè seuïlèïè bïlirmï-ciñiz.*
Je ne saurais vous le dire exactement.	حقیقتنى سویله‌یه‌م	*haqïqatini seuïleïèmem.*
Je crois qu'il est allé voir sa sœur.	همشیره‌سنى كورمكه كیتدى قیاس ایدرم	*hemchïrècini gueurmeïè guïtdi qyās ederim.*
Savez-vous quand il reviendra?	نه زمان كله‌جكنى بیلورمیسكز	*nè zemān guelèdjeguini bïlirmïciñiz.*
Non : il n'a rien dit en s'en allant.	خیر كیدركن بر شى‌ء سویلمدى	*khaïr guïderken bir cheï seuïlemedi.*
En ce cas-là, nous irons sans lui.	اویله ایسه بونسز كیدرز	*euïlè içè bounsouz guïderiz.*

———

FAIRE DES QUESTIONS ET RÉPONDRE. سؤال ایله جواب *sou'āl ilè djevāb.*

Approchez, j'ai quelque chose à vous dire.	یانمه كل بعض شى‌ء سویله‌یه‌جكم وار	*ïānyma guel ba'zy cheï seuïleïèdjeguim vâr.*
J'ai un petit mot à vous dire.	سزه بر از سویله‌یه‌جكم وار	*sizè bir az seuïleïèdjeguim vâr.*
Écoutez.	دكله‌ك	*dïñleïñ.*
Écoutez-moi.	بنى دكله‌كز	*beni dïñleïñiz.*
J'ai envie de vous dire une chose.	سزه بر شى‌ء سویلمك ارزومدر	*sizè bir cheï seuïlemek arzoumdour.*
Qu'y a-t-il pour votre service?	خدمتكز ندر	*khizmetiñiz nèdir.*
Parlez-vous à moi?	بكا مى سویله‌یورسوكز	*bañā my'seuïleïorsouñouz.*

C'est à vous que je parle.	سزه سويليورم	*sizé seuïleïoroum.*
Ce n'est pas à vous que je parle.	سزه سويلميورم	*sizé seuïlemeïoroum.*
Que dites-vous?	نه ديورسكز	*nè deïorsouñouz.*
Qu'avez-vous dit?	نه سويلدكز	*nè seuïlediñiz.*
Je ne dis rien.	بر شى۔ سويلميورم	*bir cheï seuïlemeïoroum.*
Je ne parle pas.	سويلمم	*seuïlemem.*
Parlez haut.	يوكسك سويليك ۔ يوكسك سس ايله سويليك	*ïuksek seuïleïñ, ïuksek ses ilè seuïleïñ.*
Parlez bas.	يواش سويليك ۔ الچق سسله تكلّم ايدك	*ïavách seuïleïñ, altchaq ses ilè tekellum ediñ.*
Vous parlez bien haut, vous élevez bien la voix.	سسكزى چوق چيقاريورسكز	*seciñizi tchoq tchyqârïorsouñouz.*
Comprenez-vous? entendez-vous?	اكليورميسكز ۔ اكلشلديمى	*añlaïormouçouñouz, añlachyldymy.*
M'entendez-vous?	اكليورميسكز بنى	*añlaïormouçouñouz beni.*
Entendez-vous ce que je dis?	ديديكمى ايشيديورميسكز	*dedíguimi ichídïormouçouñouz.*
Je ne vous ai pas entendu.	سزى ايشتمدم	*sizi ichitmedim.*
Écoutez-moi.	بنى دكله ۔ دكله بنى	*beni diñlè, diñlè beni.*
Vous ne m'écoutez pas.	بنى دكلميورسكز	*beni diñlemeïorsouñouz.*
M'entendez-vous maintenant?	بنى ايشيديورميسكز شمدى	*beni ichídïormouçouñouz chimdi.*
Je vous entends fort bien.	سزى پك اعلا ايشيديورم	*sizi pek a'lâ ichídïoroum.*
Comprenez-vous ce que je dis?	ديديكمى اكليورميسكز	*dedíguimi añlaïormouçouñouz.*
Voulez-vous bien répéter?	سويلديككزى تكرار ايديورميسكز	*seuïledíguiñizi tekrär edïormouçouñouz.*
Voulez-vous avoir la bonté de répéter?	كرم عنايت ايدرميسكز تكرار سويلميد	*kerem 'inâïet edermícíñiz tekrär seuïlemeïè.*
Je vous comprends bien.	سزى ايو اكلايورم	*sizi eïï añlâïoroum.*
Pourquoi ne me répondez-vous pas?	نيچون جواب ويرميورسكز بكا	*nítchin djevâb vermeïorsouñouz bañâ.*

Que ne répondiez-vous d'abord ?	نيچون اوّل جواب ويرمدكز	*nïtchin evveli djevàb vermediñiz.*
Ne parlez-vous pas français ?	فرانسزجه سويلمزميسكز	*frānsyzdja seuïlemezmïciñiz.*
Savez-vous parler français ?	فرانسزجه نكلم ايتمك بيليورميسكز	*frānsyzdja tekellum etmek bïlirmïciñiz.*
Bien peu, monsieur.	پك از افندم ـ بر از نكلم ايدرم	*pek az efendim, bir az tekellum ederim.*
Je l'entends un peu, mais je ne le parle pas.	بر از اكليورم لكن سويليه‌ميورم	*bir az añlaïoroum lakin seuïleïemeïoroum.*
Avec le temps, vous l'apprendrez aisément.	كيده كيده قولای اوكرنيورسكز	*guïdè guïdè qolaï eugrenirsiñiz.*
Vous prononcez bien.	ايو تلفظ ايديورسكز ـ كوزلّجه تلفظ ايديورسكز	*eïi telaffouz edïorsouñouz, guzeldjè teleffouz edïorsouñouz.*
Pour bien parler le français, il faut le parler tous les jours.	فرانسزجه ايو سويلمك ايچون هر كون سويلمك كرك	*frānsyzdja eïi seuïlemek itchin her gun seuïlemek guerek.*
Parlez toujours, bien ou mal.	ايو فنا دايما سويليكز	*eïi fenā dāïmā seuïleïñiz.*
Je crains de faire des contre-sens.	يكلش سويلمكه قورقرم	*ïañlych seuïlemeïè qorqarym.*
Ne craignez rien : le français n'est pas si difficile à parler.	قورقمه فرانسزجه سويلمك اولقدر كوچ بر شی‌ء دكلدر	*qorqma frānsyzdja seuïlemek olqadar gutch bir cheï deïldir.*
Si je parle mal, on se moquera de moi.	يكلش سويلورسم بنی ذوقلنيورلر	*ïañlych seuïlersem beni zevqlenïorlar.*
Ne savez-vous pas que ce n'est qu'à force de parler mal qu'on apprend à bien parler ?	بيلمزميسن كه يكلش سويله‌ميّنجه ايو سويلمك اوكرنلمز	*bïlmezmïcin ki ïañlych seuïlemeïndjè eïi seuïlemek eugrenilmez.*
Vous avez raison.	كرچكسن	*guertcheksin.*
Parlez plus haut.	بر از پكچه سويله	*bir az pektchè seuïlè.*
Ne parlez pas si haut.	بو قدر پكچه سويله	*bou qadar pektchè seuïlemè.*
Ne faites pas tant de bruit.	بو قدر شماته ايتميكز	*bou qadar chamāta etmeïñiz.*
Taisez-vous.	سوسكز	*souçouñouz.*
Ne m'avez-vous pas dit que…?	بكا ديمدكز ميكه	*bañā demediñiz mïki.*

Qui vous a dit cela ?	بوننى كيم سويلدى سزه	*bounou kĭm seuïledi sizè.*
On me l'a dit ainsi.	بكا بويله ديديلر	*bañā beuïlè dedĭler.*
Quelqu'un me l'a dit.	بكا بريسى سويلدى	*bañā birĭci seuïledi.*
Je l'ai entendu dire.	بويله إيشتدم	*beuïlè ichitdim.*
Que dites-vous ?	نه ديورسكز ــ نه سويليورسكز	*nè deïorsouñouz, nè seuïleïorsouñouz.*
Qu'avez-vous dit ?	نه سويلديكز ــ نه ديديكز	*nè seuïledĭniz, nè dedĭniz.*
Je ne dis rien.	بر شى۽ ديميورم ــ بر شى۽ سويلميورم	*bir chëï demeïoroum, bir chëï seuïlemeïoroum.*
Je n'ai rien dit.	بر شى۽ ديمدم ــ برشى۽ سويلمدم	*bir chëï demedim, bir chëï seuïlemedim.*
Que voulez-vous dire ?	نه ديمك استرسكز	*nè demek istersĭniz.*
Que voulez-vous dire par là ?	صانكه نه ديمك استرسكز	*sänki nè demek istersĭniz.*
Qu'est-ce que cela veut dire ?	بونه ديمكدر	*bou nè demekdir.*
A quoi cela est-il bon ? — A quoi cela sert-il ?	نيه يرار بو	*neïè ïarār bou.*
Qu'est-ce que cela ?	بو نه	*bou nè.*
Comment appelez-vous cela ?	بوكا نه ديرلر ــ بوكا نه تسميه ايدرلر ــ بونك آدى ندر	*bouñā nè derler, bouñā nè tesmĭè ederler, bounouñ ādy nèdir.*
Cela s'appelle...	بونك آدى فلان	*bounouñ ādy filān.*
Puis-je vous demander ?	صوره بيلورميم سزه ــ سزه سؤال ايده بيلورميم	*sora bĭlirmi im sizè, sizè sou'āl edèbĭlirmi im.*
Peut-on vous demander ?	سؤاله جسارت ايده بيلورميم	*sou'ālè djeçāret edèbĭlirmi im.*
Oserais-je vous demander ?	سزه يالواره بيلورميم	*sizè ïālvāra bĭlirmi im.*
Oserais-je vous prier de...?	سزه نياز ايده بيلورميم	*sizè nïāz edèbĭlirmi im.*
Que désirez-vous ?	نه استرسكز	*nè istersĭniz.*
Que souhaitez-vous ?	مطلوبكز ندر	*mathloubouñouz nèdir.*

Que faites-vous?	نه یاپیورسکز ـ نه ایدیورسکز	*nè ïāpyorsouñouz, nè edïorsouñouz.*
Qu'avez-vous fait?	نه یاپدیکز ـ نه ایتدیکز	*nè ïāpdyñyz, nè etdĩñiz.*
Je ne fais rien.	برشی، یاپمیورم ـ برشی، ایتمیورم	*bir cheï ïāpmaïoroum, bir cheï etmeïoroum.*
Je n'ai rien fait.	برشی، یاپمدم ـ برشی، ایتمدم	*bir cheï ïāpmadym, bir cheï etmedim.*
Connaissez-vous monsieur un tel?	فلان کمسنه‌یی بیلورمیسکز	*filān kimesnèĩ bĩlirmĩcĩñiz.*
Je le connais de vue.	کوز أشنالغم وار	*gueuz achynālyghym vār.*
Je le connais de nom seulement.	صالت اسمنی ایشیدیورم ـ صالت شهرتنی بیلورم	*sālt ismini ichĩdĩoroum , sālt cheuhretini bĩlirim.*
Je ne savais pas.	بیلمز ایدم	*bĩlmez idim.*
Je n'en savais absolument rien.	هیچ بر شیدن خبرم یوغیدی	*hĩtch bir cheïden khaberim ïoghoudou.*
Je n'en sais pas un mot.	هیچ بر کلمه بیلمم	*hĩtch bir kelimè bĩlmem.*
Pas que je sache.	معلوماتم یوق	*ma'loumātym ïoq.*
Je n'ai point entendu parler de cela.	بوکا دائر هیچ برشی، ایشتمدم	*bouñā dāir hĩtch bir cheï ichitmedim.*

—

DE L'AGE.	یاش بابنك	*ïāch bābynda.*
Quel âge avez-vous?	قاچ یاشنده‌سکز ـ یاشکز نه قدر	*qātch ïāchyndacyñyz, ïāchñyz nè qadar.*
Quel âge a monsieur votre frère?	برادرکز قاچ یاشنده‌در	*birāderiñiz qātch ïāchyndadyr.*
Êtes-vous âgé?	سز یاشلومیسکز ـ یاشکز چوقمی عجبا	*siz ïāchlymycyñyz, ïāchyñyz tchoqmou'adjabā.*
J'ai vingt ans.	یکرمی یاشنده یم	*ïirmi ïāchynda ym.*
J'ai bientôt vingt et un ans.	یکرمی بره یاصیورم	*ïirmi birè bāçyoroum.*
J'aurai seize ans le mois prochain.	کیره‌جك آیك تمامنده اون التی یاشنه کیره‌جکم	*guĩrèdjek āiñ temāmynda on alty ïāchyna guĩrèdjeĩm.*
J'ai eu treize ans la semaine passée.	کمن هفته اون اوچ یاشنده ایدم	*guetchen hafta on utch ïāchynda idim.*

Vous ne paraissez pas si âgé.	بو قدر ياشلو كورنميورسكز	bou qadar ïāchly gueurunmeïorsouñouz.
Vous êtes encore jeune.	سز دهآ كنجسكز	siz dahā guendjsiñiz.
Vous êtes plus âgé que moi.	سز بندن ياشلوسكز ـ بندن زياده ياشلوسكز	siz benden ïāchlycyñyz, benden zïādè ïāchly-cyñyz.
Vous paraissez plus âgé.	زياده ياشلو كورنيورسكز	zïādè ïāchly gueurunuïorsouñouz.
Je ne vous croyais pas si âgé.	اولقدر ياشلو ظن ايتمز ايدم سزى	olqadar ïāchly zann etmez idim sizi.
Quel âge peut avoir votre oncle ?	عموجه كز تخمينله قاچ ياشنده در	'amoudjañyz takhmīnilè qātch ïāchynda dyr.
Il peut avoir soixante ans.	تخمينله التمش ياشنده در	takhmīnilè altmych ïāchynda dyr.
Il a plus de cinquante ans.	الليدن زياده در	ellīden zïādè dir.
C'est un homme de cinquante et quelques années.	تخمينله الليدن زياده بر آدمدر	takhmīnilè ellīden zïādè bir ādemdir.
C'est un homme de soixante ans.	التمش ياشنده بر آدمدر	altmych ïāchynda bir ādemdir.
Il a plus de quatre-vingts ans.	سكساندن زياده در	seksānden zïādè dir.
Il a au moins soixante-dix ans.	اك اقلى يتمش ياشنده در	eñ aqalli ïetmich ïāchynda dyr.
C'est un grand âge.	پك چوق ياشدر بو	pek tchoq ïāchdyr bou.
Est-il si âgé que cela ?	اولقدر ياشليمى	olqadar ïāchlymy.
Il commence à tirer sur l'âge.	اختيارلغه باشلادى	ykhtīārlamagha bāchlādy.
Il se casse à vue d'œil.	كوندن كونه اختيار اولويور	gunden gunè ykhtīār olouïor.

—

DE L'HEURE.

	ساعت بابنده	sā'at bābynda.
Quelle heure est-il ?	ساعت قاچدهدر	sā'at qātchdadyr.
Quelle heure est-il au juste ?	كرچك ساعت قاچدهدر	guertchek sā'at qātchdadyr.
Dites-moi, je vous prie, l'heure qu'il est.	كرم ايله ساعت نه صولردهدر	kerem eïlè sā'at nè soulardadyr.

Pouvez-vous me dire l'heure qu'il est.	بكا ساعت قاچده اولديغنى ديه بيلورميسكز	bañā sā'at qāïchdu oldoughounou deïè bïlir- mïciñiz.
Il est une heure.	ساعت بر ده در	sā'at bir dè dir.
Il est une heure passée.	ساعت بردن زياده در	sā'at birden zïādè dir.
Il est une heure un quart.	ساعت برى چيرك كچيور	sā'at biri tchéïrek guetchïor.
Il est une heure et demie.	ساعت بر بچوق در	sā'at bir boutchouq dour.
Il est deux heures moins un quart.	ساعت ايكى يه چيرك وار	sā'at ikūè tchéïrek vār.
Il est deux heures moins dix minutes.	ساعت ايكى يه اون دقيقه وار	sā'at ikūè on daqīqa vār.
Il n'est pas encore deux heures.	ساعت دها ايكى دكل	sā'at dahā iki deïl.
L'heure vient de sonner.	ساعت چالدى	sā'ut tchāldy.
Il est deux heures et demie.	ساعت ايكى بچوقدهدر	sā'at iki boutchouqdadyr.
L'heure est divisée en soixante minutes.	ساعت التمش دقيقديه منقسمدر	sā'at altmych daqīqaïa mounqacimdir.
Midi n'est pas sonné.	اويله دها اولدى	eūlè dahā olmady.
Il n'est que midi.	فقط اويلددر	faqath eūlèdir.
Il est midi.	اويلددر	eūlèdir.
Il est minuit.	كيجه ياريسيدر ـ نصف الليلدر	guedjè ïārycydyr, nysf ulleïldir.
Il est près de trois heures.	اوچه يقلاشيور	utchè ïaqlāchïor.
Trois heures sonnent, ou vont sonner.	شمدى اوچى چالار	chimdi utchu tchālār.
Il est trois heures dix minutes.	ساعت اوچى اون دقيقه كچيور	sā'at utchu on daqīqa guetchïor.
Il est quatre heures passées.	ساعت دردى كچدى	sā'at deurdu guetchdi.
L'horloge va sonner.	ساعت شمدى چالار	sā'at chimdi tchālār.
Voilà l'horloge qui sonne.	اشته ساعت چاليور	ichtè sā'at tchālyïor.
Il n'est pas tard.	كچ دكل	guetch deïl.

Il est plus tard que je ne pensais. — ظنّ ايتديكمدن زياده كيج ايمش — *zann etdíguimden zïādè guetch imich.*

Je ne croyais pas qu'il fût si tard. — بو قدر كج اولديغنى ظنّ ايتمزايدم — *bou qadar guetch oldoughounou zann etmez idim.*

Avancer l'heure, c'est-à-dire l'horloge. — ساعتى ايلرولتمك — *sā'ati ileriletmek.*

La retarder. — ساعتى كيرولتمك — *sā'ati guĭriletmek.*

—

SUR LE TEMPS. — هوا بابنده — *havā bābynda.*

Quel temps fait-il? — هوا نصل ـ نصل هوا — *havā nacyl, nacyl havā.*

Il fait mauvais temps. — هوا فنادر ـ هوا وخيم وناخوشدر — *havā fenādyr, havā vakhīm u nākhochdour.*

Le temps est gâté. — هوا بوزقدر — *havā bozouqdour.*

Il fait un temps couvert. — هوا پوسدر ـ هوا قپالودر — *havā pousdour, havā qapālydyr.*

Il fait un temps bien sombre. — هوا پك قپالودر — *hāvā pek qapālydyr.*

Le temps s'obscurcit, se couvre. — هوا بلوت ايله قاپلنمقده‌در ـ بولنمقده‌در — *havā boulout ilè qāplanmaqdadyr, boulanmaqdadyr.*

Il fait un temps affreux. — هوا پك فنادر — *havā pek fenādyr.*

Il fait beau temps. — هوا كوزل ـ هوا لطيفدر — *havā guzel, havā lathífdir.*

Il fait un très-beau temps. — هوا پك كوزل — *havā pek guzel.*

Nous avons une belle journée. — پك ايو بر كونمز اولور بو كون — *pek eïi bir gunumuz olour bou gun.*

Il fait de la rosée. — چه ياغيور — *tchih ïāghyor.*

Il fait du brouillard. — هوا طومانلودر — *havā dhoumānlydyr.*

Il fait un temps pluvieux. — يغمورلو بر هوادر — *ïaghmourlou bir havādyr.*

Le ciel se couvre. — كوك قپانيور — *gueuk qapānïor.*

Le temps est à la pluie.	يغمور ياغه‌جق ـ هوانك كوزی ياشلو	*ïaghmour ïāghadjaq*, vulg. *havānyñ gueuzu ïāchly* (1).
Le ciel est pris de tous côtés.	ككوك هر طرفدن قپاندی	*gueuk her tharafdan qapāndy.*
Le ciel se rembrunit.	هوا قراریور	*havā qarārïor.*
Le soleil commence à se montrer.	كونش طوغمغه باشلادی	*gunech dhoghmagha bāchlādy.*
Le soleil se montre.	كونش طوغيور	*gunech dhoghouïor.*
Le temps se rassure, se remet au beau, se remet.	هوا كركی كبی ايولشيور	*havā gueregui guibi eülechïor.*
Le temps commence à se remettre.	هوا كركی كبی ايو اولغه باشلادی	*havā gueregui guibi eïi olmagha bāchlādy.*
Le temps a l'air de vouloir se mettre au beau.	هوا ايو اولدجق كبی اكلاشليور	*havā eïi oladjaq guibi añlāchylïor.*
Le temps s'est éclairci.	هوا آچلدی	*havā âtchyldy.*
Le temps est remis.	هوا ايولشدی	*havā eülechdi.*
Il fait bien chaud.	هوا پك سجاقدر	*havā pek sydjāqdyr.*
Il fait une chaleur étouffante.	بوغولمه درجه‌سنده سجاق وار	*boghoulma deredjécindè sydjāq vār.*
Il fait bien doux.	هوا پك ملايم	*havā pek mulāïm.*
Il fait froid.	هوا صوغوقدر	*havā soghouqdour.*
Il fait un froid excessif.	كمال درجه هوا صوغوقدر	*kemāli deredjè havā soghouqdour.*
Il fait un temps froid et humide.	هوا هم صوغوق هم رطوبتلودر	*havā hem soghouq hem routhoubetlidir.*
Il fait un temps gris.	هوا پوسلودر	*havā pousloudour.*
Il fait un temps mou.	هوا يومشقدر	*havā ïoumouchaqdyr.*
Il pleut, il tombe de la pluie.	يغمور ياغيور	*ïaghmour ïāghïor.*

(1) Littéralement, les yeux du temps sont larmoyants (expression familière, mais usitée).

Il pleut bien fort.	يغمور پك چوق ياغيور	*ïaghmour pek tchoq ïāghïor.*
Il a plu, il a tombé de la pluie.	يغمور ياغدی	*ïaghmour ïāghdy.*
On dirait qu'il pleut.	يغمور ياغيور كبی	*ïaghmour ïāghïor guibi.*
Il va pleuvoir.	يغمور ياغهجق	*ïaghmour ïāghadjaq.*
Je sens des gouttes de pluie.	دوبوبورم يغمور سرپشتريور	*douäouïoroum ïaghmour serpichtirïor.*
Il grêle, il tombe de la grêle.	طولو ياغيور	*dholou ïāghïor.*
Il neige, il tombe de la neige.	قار ياغيور	*qār ïāghïor.*
Il a neigé, il a tombé de la neige.	قار ياغدی	*qār ïāghdy.*
Il ne pleuvra pas aujourd'hui.	بو كون يغمور ياغماز	*bou gun ïaghmour ïāghmāz.*
Il neige à gros flocons.	قوش باشی قار ياغيور	*qouch bāchy qār ïāghïor* (1).
Il gèle.	طوكيور	*dhoñouïor.*
Il a gelé.	طوكدی	*dhoñdou.*
Il a gelé à glace.	بوز طوتدی	*bouz thoutdou.*
Il gèle à pierre fendre.	بو صوغوق طاشی چاتلاتيور	*bou soghouq thāchy tchātlātïor.*
Il gèle blanc.	قراغو ياغيور	*qyrāghy ïāghïor.*
Il a gelé blanc cette nuit.	بو كيجه قراغو ياغمش	*bou guedjè qyrāghy ïāghmych.*
Le temps s'amollit.	هوا كوشدی	*havā guevchedi.*
Il dégèle.	بوزلر اربيور	*bouzlar erïïor.*
Il fait bien du vent.	پك روزكار وار	*pek ruzguiār vār.*
Le vent est bien élevé.	هوا پك يوكسلدی	*havā pek ïukseldi.*
Il ne fait pas d'air.	هوا راكد	*havā rākid.*
Il éclaire.	شمشك چاقيور	*tchimchek tchāqïor.*

(1) Littéralement, la neige tombe comme des têtes d'oiseaux.

Il a éclairé toute la nuit.	بتون كيجه شمشك چاقدى	*butun guedjè chinchek tchāqay.*
Il tonne.	كوك كورليور	*gueuk gurleïor.*
J'entends le tonnerre.	كوك كورلديكنى اشيديورم	*gueuk gurledíguini ichídioroum.*
Le temps est à l'orage.	هوا فورطنه ـ بوره هواسيدر	*havā fyrthyna, bora havācydyr.*
Nous aurons de l'orage.	فورطنه اولهجق	*fyrthyna oladjaq.*
Nous aurons un fort orage.	عظيم بر بورهيه اوغرايهجغز	*'azím bir boraïa oghrāïadjaghyz.*
Le ciel commence à s'éclaircir.	هوا اچلمغه باشلادى	*havā ātchylmagha bāchlādy.*
Le temps pourra se soutenir.	هوا بوزليهجق	*havā bozoulmaïadjaq.*
Le temps est bien inconstant.	هوانك اطرادى يوق ـ دوامسز بر هوادر	*havānyñ yththyrādy ïoq, devāmsyz bir havā-dyr.*
Le temps est bien variable.	هوانك بر وقتى بر وقتنه اويميور	*havānyñ bir vaqti bir vaqtinè oïmaïor.*
Il fait bien de la crotte.	چامور پك چوقدر ـ پك چوق چامور وار ـ اورتالقده چامور چوقدر	*tchāmour pek tchoqdour, pek tchoq tchāmour vār, ortālyqda tchāmour tchoqdour.*
Il fait sec, il n'y a pas de boue.	اورتالقده چامور يوق	*ortālyqda tchāmour ïoq.*
Il fait bien de la poussière.	توز پك چوقدر	*toz pek tchoqdour.*
Il fait bien glissant.	اورتالق پك قاييور	*ortalyq pek qāïïor.*
Il fait bien mauvais marcher.	زوقاقده يوريمهسى پك كوچدر	*soqāqda üurumèci pek gutchdur.*
Il fait jour.	صباح اولدى	*sabāh oldou.*
Le ciel est serein.	هوا اچق ـ هوا براق	*havā ātchyq, havā berrāq.*
C'est un temps clair et serein.	اياز هوادر	*āïāz havādyr.*
Il fait sombre.	قرانلقدر	*qarāñlyqdyr.*
Il fait nuit.	اخشام اولدى	*aqchām oldou.*
Il fait une belle nuit.	پك كوزل كيجه در	*pek guzel guedjè dir.*

Il fait une nuit obscure.	پك قراڭلق كيجه در	*pek qarāñlyq guedjè dir.*
Il fait clair de lune.	ماهتاب وار	*māhitāb vār* (1).
Croyez-vous qu'il fasse beau temps?	هوا كوزل اوله‌جق ظنّ ايديورميسكز	*havā guzel oladjaq zann edïormouçouñouz.*
Je ne crois pas qu'il pleuve.	ظنّ ايتمم كه ياغمور ياغسون	*zann etmem ki ïāghmour ïāghsoun.*
Je pense qu'il pleuvra.	ظنّ ايدرمكه ياغمور ياغه‌جق	*zann ederimki ïāghmour ïāghadjaq.*
J'ai peur qu'il ne pleuve.	قورقارمكه ياغمور ياغه‌جق	*qorqārymki ïāghmour ïāghadjaq.*
Je le crains.	انـدن قورقـارم	*andan qorqārym.*
Il fait un vent froid.	صوغوق بر روزگار اسپور	*soghouq bir ruzguiār ecïor.*
Il a venté toute la nuit.	بـتـون كيجه روزگار اسدی	*butun guedjè ruzguiār esdi.*
D'où vient le vent?	روزگار نره‌دن گليور	*ruzguiār nerèden guelïor.*
C'est un vent du nord.	يلدز اسپور	*yldyz ecïor.*
Le vent est à l'ouest.	روزگار باطيدن اسپور — روزگار قره يل اسپور	*ruzguiār bāthydan ecïor, ruzguiār qara ïel ecïor.*
Le vent vient du sud.	روزگار قبلدن اسپور	*ruzguiār qyblèden ecïor.*
Le vent est du nord-est.	روزگار پويراز اسپور	*ruzguiār poïrāz ecïor.*
La girouette est au sud-est.	يل قوان قبله‌يی اشارت ايديور	*ïel qovān qyblèïĭ ichāret edïor.*
Où en sommes-nous de la lune?	آيك قاچنده يز	*āïñ qātchynda yz.*
Nous avons nouvelle lune.	يڭی آیده يز	*ïeñi āïda yz.*
C'est le premier quartier.	آيك ابتداسيدر	*āïñ ibtidāeydyr.*
La lune est dans son plein.	آيك اون دردیدر	*āïñ on deurdudur.*

(1) Dans le langage familier, *māhitāb* signifie aussi « moquerie, plaisanterie fine; » ex.: Vous me donnez la lampe pour le clair de lune, قنديلی ماهتاب ايديورسكز ماهتاب *qandīli māhitāb edïorsouñouz;* vous vous moquez de moi, vous plaisantez à mes dépens, بنمله ماهتاب ايديورسكز *benimlè māhitāb edïorsouñouz.*

DEUXIÈME PARTIE.

DIALOGUES.	مكالمه	mukiālemè.
POUR SALUER ET S'INFORMER DE LA SANTÉ.	سلاملشمق واستفسار خاطر ايتمك ايچون	selāmlachmaq vè istifsāry khāthyr etmek itchin.
Bonjour, monsieur.	صباحكز خير اوله افندم ـ صباح شريفلركز خير اوله ـ اولسون ـ صباح دولتكز خير اوله افندم	sabāhyñyz khaïr ola efendim, sabāh cherīfleriñiz khaïr ola, olsoun, sabāhy devletiñiz khaïr ola efendim.
Comment vous portez-vous aujourd'hui?	بو كون مزاجكز نصلدر ـ مزاج شريفكز	bou gun mizādjyñyz nacyldyr, mizādjy cherīfiñiz.
Comment va la santé?	كيف شريفكز نصلدر	keïfi cherīfiñiz nacyldyr.
Très-bien, je vous remercie; et vous-même?	اللهه امانت اولك يا سزك مبارك كيفكز	allaha emānet olouñ ïā siziñ mubārek keïfiñiz.
Très-bien, à votre service; et vous, monsieur, comment cela va-t-il?	دعای دولتكز ايله مشغولم ـ دعاجيز ـ شكرلر اولسون يا سز افندم نصلسكز ابو ميسكز خوشمی سكز	dou'āï devletiñiz lè mechghoulum, dou'ādji iz, chukurler olsoun ïā siz efendim nacylsyñyz eïi mīciñiz khochmouçouñouz.
J'espère que vous êtes en bonne santé.	ان شاء الله مزاجكز ايودر ـ اميد ايدرمكه مزاجكز ايودر ـ ايوسكزان شاء الله	in châ allah mizādjyñyz eïidir, umīd ederimki mizādjyñyz eïidir, eïiciñiz in châ allah.
Grâce à Dieu, je me porte à merveille.	الحمد لله صحّت وعافيتده يم ـ حمد اولسون پك ايو يم	elhamdu lillah syhhat u 'āfietdè im, hamd olsoun pek eïi im.
J'en suis charmé.	اندن پك حظّ ايتدم	andan pek hazz etdim.

Adieu.	اللهه اصمارلدق	*allaha ysmārladyq.*
On répond en turc : Dieu soit avec vous; soyez sous la garde de Dieu.	اللهه امانت اولك	*allaha emānet olouñ.*
Portez-vous bien.	خوشجه قالك	*khochdja qālyñ.*
Soyez heureux; que le bonheur vous accompagne.	سعادت ايله	*se'ādetlè.*

LA VISITE.

زيــــارت

zïāret.

On frappe; quelqu'un frappe.	قپو چالينيور	*qapy tchālynïor.*
Allez voir qui c'est.	كيت باق كيمدر	*guït bāq kïmdir.*
Allez ouvrir la porte.	هايده قپويى اچك	*hāïdy qapyïï ātchyñ.*
C'est Mehemmed-efendi.	محمد افنديدر	*mehemmed efendïdir.*
Je suis bien aise de vous voir.	تشريفكزدن چوق خوشلندم	*techrïfiñizden tchoq khochlandym.*
Il y a bien longtemps que je ne vous ai vu.	چوقدن برو سزى كورمدم	*tchoqdan beri sizi gueurmedim.*
Vous devenez rare comme les beaux jours.	كوزل كونلر كبى نادر كورنيورسكز	*guzel gunler guibi nādir gueurunuïorsouñouz.*
Asseyez-vous, je vous prie.	رجا ايدرم اوتورك ــ عنايت ايدك اوتورك	*ridjā ederim otourouñ, 'ynāïet cȧïñ otouroun.*
Ne voulez-vous pas vous asseoir?	اوتورمازميسكز	*otourmāzmycyñyz.*
Asseyez-vous.	اوتورك	*otourouñ.*
Apportez un siége à madame.	خانمه بر صندالیه كتورك	*khānyma bir sāndālïè guetiriñ.*
J'éprouve un véritable plaisir à vous revoir.	سزى كورديكمه پك خوشلندم	*sizi gueurdugumè pek khochlandym.*
Je me flatte que votre santé est bonne.	ان شاء الله مزاجكز ايودر	*in chā allah mizādjyñyz eüdir.*
Excellente : la satisfaction dont je jouis en vous voyant suffirait pour l'améliorer.	پك اعلا افندم سزى كورمك بنده كزه موجب محظوظيتدر	*pek a'lā efendim sizi gueurmek bendèñizè moudjibi mahzouzïetdir.*

C'est un grand médecin que je contentement.   خشنودیت طبیب عظیمدر   *khochnoudüet thabîbi 'azîmdyr.*

Vous allez rester à dîner avec nous.   بزم ایله طعام ایدرمیسكز - طعامی برابر ایده‌لم - بزم ایله طعامد قالورمیسكز   *bizimlè tha'âm edermîcîñiz, tha'âmy berâber edèlim, bizimlè tha'âmè qâlyrmycyñyz.*

Je ne puis rester ; j'ai des affaires.   ایشم وار كیده‌جكم   *ichim vâr guîdèdjeguim.*

Il faut que je m'en aille.   كیده یم   *guîdè im.*

Vous êtes bien pressé...   پك عجله ایدیورسكز   *pek 'adjelè edïorsouñouz.*

Pourquoi vous pressez-vous tant ?   نیچون بو قدر عجله ایدیورسكز   *nîtchin bou qadar 'adjelè edïorsouñouz.*

J'ai bien des choses à faire.   چوق مصلحتم وار - ایشم چوقدر   *tchoq maslahatym vâr, ichim tchoqdour.*

Vous pouvez bien rester encore un moment !   براز دخی اوتورك - اكلنك   *bir az daha otourouñ, eïleniñ.*

Je dois aller en différents endroits.   بعض محلّلره كیده‌جكم   *ba'zy mahallerè guîdèdjeguim.*

Je resterai plus longtemps une autre fois.   بشقه كرّه چوق اوتوررم   *bachqa kerrè tchoq otourouroum.*

Je vous remercie de votre visite.   زیارتنكزك تشكّرندن عاجزم - تشریفكزدن پك ممنون اولدم   *zïâretiñiziñ techekkurunden 'âdjyzym, techrifiñizden pek memnoun oldoum.*

J'espère que je vous reverrai bientôt.   ان شاء الله سزی یقینده كوررم   *in châ allah sizi yaqynda gururum.*

LE DÉJEUNER.

قهوه التّی ایچون   *qahvè alty ilchin.*

Avez-vous déjeuné ?   قهوه التّی ایتدكزمی   *qahvè alty etdiñiz mi.*

Non, pas encore.   خیر دخی ایتمدم   *khaïr daha etmedim.*

Vous arrivez à propos.   تمام وقتنده كلدكز   *tamâm vaqtindè gueldiñiz.*

Vous déjeunerez avec nous.   بزمله قهوه التّی ایده‌جكسكز   *bizimlè qahvè alty edèdjeksiñiz.*

Nous allons déjeuner ensemble.   بورلكده قهوه التّی ایده‌رز   *birlikdè qahvè alty edèriz.*

6

Le déjeuner est prêt.	قهوه التي حاضر	qahvè alty hāzyr.
Venez déjeuner.	بیورك قهوه التی یه - بیورك قهوه التی ایده لم	bouĭourouñ qahvè altyïa, bouĭourouñ qahvè alty edèlim.
Que prendrez-vous?	نه یمك استرسکز	nè ïemek istersiñiz.
Je prendrai ce qui se trouvera.	نه شی ، بولنور ایسه یرم	nè cheï boulounour içè ïerim.
Ne faites point de façon pour moi.	بنم ایچون تكلف ایتمیك	benim itchin tekelluf etmeïñ.
Ne prendrez-vous pas autre chose avec le café?	قهوه ایله بشقه برشی ، یه جك میسکز	qahvè ilè bachqa bir cheï ïïèdjek mïciñiz.
Je mangerai un peu de viande.	بر پارچه ات ییه جكم	bir pārtcha et ïïèdjeguim.
Vous offrirai-je une tranche de veau?	سزه بر پارچه دانا اتی ویره یم می	sizè bir pārtcha dānā eti verè im mi.
Très-volontiers, si vous voulez bien.	عنایت ایدرسکز	'ināïet edersiñiz.
Vous n'avez rien mangé.	برشی ، یمدیکز	bir cheï ïemediñiz.
Pardonnez-moi, j'ai mangé plus que vous.	عفو ایدرسکز سزدن زیاده یدم	'afv edersiñiz sizden zïādè ïedim.
Mangez encore un morceau.	بر پارچه دها ییك	bir pārtcha dahā ïïñ.
Je vous en remercie, je vous suis obligé: cela me suffit.	أی والله - بنده كزه بو قدر الویرر	eï vallah, bendèñizè bou qadar elverir.
Prenez-vous du thé ou du café?	قهوه می استرسکز چای می	qahvè mi istersiñiz tchāï my.
Je préfère le café.	قهوه یی دخی ایوسورم - قهوه یی ترجیح ایده رم	qahvèïï daha eü severim, qahvèïï terdjīh edèrim.
Que vous offrirai-je?	سزه نه ویره یم	sizè nè verè im.
Voulez-vous des petits pains?	فرانجله استرمیسکز	frāndjyla istermïciñiz.
Comment trouvez-vous le café?	نصل بو قهوه	nacyl bou qahvè.
J'espère que le café est à votre goût.	ان شاء الله قهوه مزاجکزه کوره در - مزاجکزدجه در	in chā allah qahvè mizādjyñyza gueurèdir, mizādjyñyzdjadyr.

Le café est-il assez fort ?	قهوه بر از قوتلی می	*qahvè bir az qouvvetli mi.*
Il est excellent.	پك اعلا	*pek a'lā.*
Est-il assez sucré ?	شكرى يتشور مى	*chekeri ïetichir mi.*
S'il ne l'est pas, dites-le-moi sans céré-monie.	اكر يتشمزسه بلا تكليف سويليك	*eïer ïetichmezsè bilā teklíf seuïleïñ.*
Faites comme si vous étiez chez vous.	كندى خانڭزده اولديغڭز كبى طوتڭ	*kendí khānèñizdè oldoughouñouz guíbi thoutouñ.*

—

AVANT LE DINER.

طعامدن اوّل

tha'āmdan evvel.

—

A quelle heure dînerons-nous aujour-d'hui ?	بو كون ساعت قاچده طعام ايده‌جكز	*bou gun sā'at qātchda tha'ām edèdjeguiz.*
Nous devons dîner à quatre heures.	ساعت درتنده طعام ايده‌جكز	*sā'at deurtdè tha'ām edèdjeguiz.*
Nous ne dînerons pas avant cinq heures.	بشدن اوّل طعام ايتميز	*bèchden evvel tha'ām etmeïz.*
Aurons-nous quelqu'un à dîner aujour-d'hui ?	بو كون كمسه‌مز وارمى طعامده	*bou gun kimsèmiz vārmy tha'āmda.*
Attendez-vous de la compagnie ?	بربسنى بكليورميسكز	*birícini bekleïormouçouñouz.*
Oui, j'attends quelqu'un.	اوت برينى بكليورم	*evet biríni bekleïoroum.*
J'attends presque monsieur un tel et madame une telle.	احتمالدركه فلان خانمله فلان افندى كلور	*ihtimāldirki filān khānymla filān efendi guelir.*
Monsieur un tel a promis de venir, si le temps le permet.	فلان آدم هوا اجلورسه كلورم ديو وعد ايلدى	*filān ādem havā atchylyrsa guelirim deï va'd eïledi.*
Avez-vous ordonné le dîner ?	طعامى اصمرلدكزمى	*tha'āmy ysmarladyñyzmy.*
Qu'avez-vous ordonné pour dîner ?	يمك نه اصمرلدكز	*ïemek nè ysmarladyñyz.*
Qu'avons-nous pour dîner ?	يمكده نمز وار	*ïemekdè nemiz vār.*

Avez-vous envoyé acheter du poisson?	بالق صاتون آلمغه آدم كوندردكزمى	*bālyq sātyn ālmagha ādam gueunderdiñizmi.*
Aurons-nous du poisson?	بالغمز وارمى	*bālyghymyz vārmy.*
Je n'ai pas pu trouver du poisson.	بالق بولەمدم	*bālyq boulamadym.*
Il n'y avait pas un poisson au marché.	بازارده هيچ بربالق يوغيدى	*pāzārda hïtch bir bālyq ïoghoudou.*
Il n'est pas arrivé de poisson aujourd'hui.	بوكون هيچ بالق كلمدى	*bou gun hïtch bālyq guelmedi.*
J'ai peur que nous n'ayons un assez mauvais dîner.	قورقارمكه برفنا يمكمز اولسون	*qorqārymki bir fenā ïemeguimiz olmacyn.*

LE DÎNER.

اوروپالوجد اخشام يمكى — *avroupālydja akhchām ïemegui.*

La table est servie.	سفره حاضردر	*sofra hāzyrdyr.*
Mettons-nous à table.	بيورك يمكه ـ يمكه كيدەلم	*bouïourouñ ïemeguiè, ïemeguiè guïdèlim.*
Que vous servirai-je?	نه ويره يم سزه	*nè verè im sizè.*
Voulez-vous un peu de soupe.	بر از چوربه أسترميسكز	*bir az tchorba istermīciñiz.*
Je vous rends grâces, je prendrai un peu de bœuf.	خير افندم بر از صغراتى عنايت ايدك	*khaïr efendim bir az syghyr eti 'ināïet ediñ.*
Il a si bonne mine !	رنكى پك ايو	*rengui pek eïi.*
Quel morceau aimez-vous le mieux?	قنغى طرفنى سورسكز	*hanghy tharafyny seversiñiz.*
Voulez-vous du plus cuit, ou du moins cuit?	پك پشمشنى مى أسترسكز از پشمشنى مى	*pek pichmichini mi istersiñiz az pichmichini mi.*
Du plus cuit, s'il vous plaît.	پك چوق پشمش طرفندن عنايت ايدك	*pek tchoq pichmich tharfindan 'ināïet ediñ.*
Du moins cuit, s'il vous plaît.	از پشمشندن ويرك	*az pichmichinden veriñ.*
Je l'aime un peu cuit.	بر از پشمشنى سورم	*bir az pichmichini severim.*
Vous ai-je servi selon votre goût?	سزك مزاجكزه كوره ويردممى	*siziñ mizādjyñyza gueurè verdimmi.*

Ce morceau est-il à votre goût?	شو پارچه مزاجكزجه می در	*chou pārtcha mizādjyñyzdja my dyr.*
Il est excellent.	پك اعلا در	*pek a'lā dyr.*
Maintenant vous enverrai-je un morceau de ce pâté?	شمدی سزه شو بورکدن براز كوندره یم می	*chimdi sizè chou beurekden bir az gueunde-rëïm mi.*
Je mangerai un morceau de ce gigot.	شو بوددن براز یرم	*chou bouddan bir az ïerim.*
Goûtez de l'un et de l'autre.	ایکیسندن دخی طـادك ـ ییك	*ikīcinden dahi dhādyñ, ïeïñ.*

A TABLE. — سفره‌ده ایکن — *sofrada iken.*

Messieurs, avez-vous des plats devant vous?	افندیلر صحانكز وارمی	*efendīler sahānyñyz vārmy.*
Servez-vous.	بیوركز	*bouïourouñouz.*
Prenez sans façon ce que vous aimez le mieux.	جانكز قنغیسندن استرسه بیورك تكلیف لازم دكلدر	*djānyñyz haughycyndan istersè bouïourouñ teklīf lāzym deïldir.*
Que vous servirai-je?	نه ویره یم سزه	*nè verĭïm sizè.*
Que voulez-vous?	نـه استرسكز	*nè istersiñiz.*
Voulez-vous un peu de ce rôti?	بو كبابدن براز استرمیسكز	*bou kebābdan bir az istermĭciñiz.*
Aimez-vous le rissolé?	قزارتمه یی سورمیسكز	*qyzārtmaïl severmĭciñiz.*
Aimez-vous le gras?	یاغلویی سورمیسكز	*ïāghlyïï severmĭciñiz.*
Aimez-vous le côté du gras?	سمیز طرفنی سورمیسكز	*semīz tharafyny severmĭciñiz.*
Je ne me soucie pas beaucoup du côté du gras.	پك یاغلودن حظ ایتمم ـ خوشلنمم	*pek ïāghlydan hazz etmem, khochlanmam.*
Donnez-moi du maigre, s'il vous plaît.	قبا اتدن ویرك	*qabā etden veriñ.*
Donnez-moi un peu de l'un et de l'autre.	ایکیسندن دخی ویرك	*ikīcinden dahi veriñ.*
Voici un morceau qui, je crois, vous sera agréable.	اشته مزاجكزه كوره بر پارچه	*ichtè mizādjyñyza gueurè bir pārtcha.*

Vous n'avez pas de sauce?	سالسه كز يوق	*sālsañyz ïoq.*
Pardonnez-moi, j'en ai suffisamment.	عفو ايدرسكز ال ويرر	*'afv edersiñiz el verir.*
Le rôti est-il à votre goût?	كبابی بكنديكزمی	*kebāby beïendïñizmi.*
Il est excellent.	پك أعلا	*pek a'lā.*
Il est délicieux.	پك لذيذ	*pek leziz.*
Je suis charmé qu'il soit à votre goût.	مزاجكزجه اولديغنه حظّ ايتدم	*mizādjyñyzdja oldoughouna hazz etdim.*
Que prenez-vous avec votre viande?	ات ايله برابرنه يرسكز	*et ilè berāber nè ïersiñiz.*
Vous servirai-je des légumes?	سبزواتدن وبره يمی سزه	*sebzevātdan verëïmmi sizè.*
Voici des épinards et des brocolis.	اشته قره لحنه اشته اسپاناك	*ichtè qara lahana ichtè yspānāk.*
Mangez de cette fricassée de poulets; elle est très-bonne.	بو طاوق قاورمەسندن ييكز پك ايودر	*bou thāvouq qāvourmacyndan ïïñiz pek eü dir.*
Voulez-vous des pois, ou des choux-fleurs?	نحود می استرسكز قرنابت می	*nohoud mou istersiñiz qarnābit mi.*
Les pigeons ne sont pas assez cuits.	كوكرجينلر براىو پشممش	*guverdjïnler bir eü pichmemich.*
Mangez-vous de la salade?	صلاته يورسكز	*salāta ïermïciñiz.*
Ces cailles sont bien grasses.	بو بلدرجينلر پك سميز درلر	*bou byldyrdjynlar pek semïz dirler.*
Voici des pommes de terre et des choux.	اشته يرالمەسی اشته لحنه	*ichtè ïer elmacy ichtè lahana.*
Voulez-vous du pain tendre, ou du rassis?	تازه اكمك می استرسكز بيات می	*tāzè ekmek mi istersiñiz baïāt my.*
De l'un ou de l'autre, cela m'est indifférent.	بكا كوره قنغيسی اولورسه اولسون	*bañā gueurè hanghycy oloursa olsoun.*
Vous donnerai-je un peu de ceci?	بوندن براز ويره يم سزه	*boundan bir az verëïm sizè.*
Vous enverrai-je une tranche de ce gigot?	بو بوددن براز ويره يمی سزه	*bou bouddan bir az verëïmmi sizè.*
Il paraît excellent.	پك ايو كورنيور	*pek eü gueurunuïor.*
Il est fort succulent.	پك لذتلو در	*pek lezzetli dir.*
Vous ne mangez rien, monsieur.	هيچ بر شی۰ يميورسكز افندم	*hïtch bir cheï ïemeïorsouñouz efendim.*

Je vous demande pardon, je mange fort bien.	عفـو ايدرسكز پك اعلا يــيورم	'afv edersiñiz pek a'lā ïïoroum.
J'ai beaucoup mangé.	خيليجه يدم ـ چوق يدم ـ ال ويرر ارتق	khaïlīdja ïedim, tchoq ïedim, el verir artyq.
Apportez le dessert, les fruits.	يمشى كتورك	ïemichi guetiriñ.
Voilà de bien beaux fruits!	اشته يمشك پك كوزلى ـ پك اعلاسى	ichtè ïemichiñ pek guzeli, pek a'lāçy.
Ils proviennent de mon jardin.	باغچهمك محصولاتيدر	bāghtchèmiñ mahsoulātydyr.
L'année a été heureuse, il y en a beaucoup.	بو سنه مباركهده ميوهنك كثرتى وار	bou senèï mubārekèdè meïvèniñ kesreti vār.
J'aime surtout les fruits à noyau : ce sont les plus succulents.	على الخصوص چكردكلى ميوهيى پك سورم اك لذيذ انلردر	'alel-khouçous tchekirdekli meïvèïï pek severim eñ lezīz anlardyr.
Je préfère surtout la prune et la pêche.	هپسندن زياده شفتالو ايله اريكى سورم	hepsinden zïādè cheftāli ilè erīgui severim.
Un abricot bien mûr est aussi un excellent fruit.	قيسينك پك اولمشى اعلا يمشدر	qaïcynyñ pek olmouchou a'lā ïemichdir.
Beaucoup de personnes préfèrent la figue; moi je la trouve un peu fade.	چوق آدم واركه انجيرى ترجيح ايدربكا كوره طانسزكلور	tchoq ādem vārki indjīri terdjīh eder bañā gueurè thātsyz guelir.
Vous aimez, sans doute, le raisin; prenez cette grappe, je vous prie.	شبههسز اوزومى سورسكز آلكزدق شوصالقمى	chubhèciz uzumu seversiñiz ālyñyzdyq chou sālqymy.
Je prendrai un peu de fromage.	بر از پينردن آلورم	bir az peïnirden ālyrym.
Vous prendrez bien un verre de champagne?	بر قدح شانپـانيه ايچه جكسكز	bir qadeh chāmpānïa itchèdjeksiñiz.
Bien obligé, je n'en prends pas.	پك ممنونم لكن ايچمم	pek memnounoum lakin itchmem.
Au moins, vous ne refuserez pas une tasse de café.	بـارى بـر فنجان قهوه ايچيكز	bāri bir fildjān qahvè itchīñiz.

LE THÉ.		tchāï itchmek uzrè.
Avez-vous apporté tout ce qu'il faut pour le thé?	چای ایچمك اوزره — چایه اقتضا ایده‌جك شیـلرك هپیسنی كتوردكمی — چایك لوازماتنی كتوردكمی	tchāïa iqtizā edèdjek cheïleriñ hepsini guetirdiñmi, tchäyñ levāzimātyny guetirdiñmi.
Tout est sur la table.	هپیسی سفره اوزرنده در	hepsi sofra uzerindè dir.
L'eau bout-elle?	صو قینابورمی	sou qaïnāïormou.
Le thé est prêt.	چای حاضر	tchāï hāzyr.
On vous attend.	سزی بكلیـورلر	sizi bekleïorlar.
Me voici.	اشته كلدم	ichtè gueldim.
Je viens, je vous suis.	كلیـورم — ارقه‌كزدن كلیورم	guelïoroum, arqañyzdan guelïoroum.
Nous n'avons pas assez de tasses.	چای فنجانی اداره ایتمیور	tchāï fildjāny idārè etmeïor.
Il nous faut encore deux tasses.	بزه ایكی فنجان كتوردها	bizè iki fildjān guetir dahā (1).
Apportez encore une cuiller et une soucoupe.	بر قاشق ایله بر ظرف دها كتور	bir qāchyq ilè bir zarf dahā guetir.
Versez de l'eau dans la théière.	چای ابریغینه صو قویكز	tchāï ibrïghïnè sou qoïouñouz.
Vous n'avez pas apporté les pinces.	شكر ماشه‌سنی كتورمدكز	cheker māchacyny guetirmediñiz.
Passez-moi, je vous prie, le sucrier.	شكر كاسه‌سنی ویركز بكا	cheker kiäcècini veriñiz bañā.
Prenez du sucre.	شكر آلك	cheker älyñ.
Prenez-vous de la crème?	سود استرمیسكز	sud istermíciñiz.
Je vous demanderai encore un peu de lait.	بكا بر از دها سود عنایت ایتسكز	bañā bir az dahā sud 'ināïet etseñiz.
Le thé est si fort!	چای پك قوتلو	tchāï pek qouvvetli.
Que prendrez-vous?	دها نه استرسكز	dahā nè istersiñiz.
Voici des gâteaux de diverses espèces.	اشته قورابیه‌نك بر قاچ نوعی	ichtè qourābïäniñ bir qātch nev'i.

(1) دها *dahā*, manière d'écrire et de prononcer دخی *dakhi* usitée depuis peu, et employée dans quelques cas.

Prenez de ceux-ci.	بوندنك بیورك	boundanda bouïourouñ.
Prenez un morceau de cette brioche; elle est fort bonne.	بو بورکدن بر از آلك پك ایو در	bou beurekden bir az âlyñ pek eï dir.
Trouvez-vous le thé assez sucré?	چایکزك شکری یتشورمی	tchaïñyzyñ chekeri ïetichirmi.
Il est excellent.	پك اعلا در	pek a'lâ dyr.
Prendrez-vous encore une tasse?	بر فنجان دها استرمیسکز	bir fildjân dahâ istermïciñiz.
Je vous remercie.	عفوايدرسکزو استمم	'afv edersiñiz istemem.
Emportez tout cela.	قالدر ارتق شونی	qâldyr artyq chounou.

DE L'ÉTUDE. — درس — ders.

Avez-vous appris votre leçon?	درسکزی اوکرندکزمی ـ اوقودکزمی	dersiñizi eugrendiñiz mi, oqoûdouñouz mou.
Quelle leçon avez-vous apprise?	قنغی درسکزی اوکرندکز	kanghy dersiñizi eugrendiñiz.
Ne savez-vous pas votre leçon?	درسکزی بیلمیورمیسکز	dersiñizi bïlmeïormouçouñouz.
Pourriez-vous dire votre leçon?	درسکزی اوقویه بیلورمیسکز	dersiñizi oqoûïa bïlirmïciñiz.
Je puis la dire.	اوقویه بیلورم	oqoûïa bïlirim.
Je crois que oui.	اوقورم صنورم	oqouroum sanyrym.
Je ne la sais pas encore.	دها بیلمیورم	dahâ bïlmeïôroum.
Vous êtes bien paresseux! Étudiez-la.	سز تنبلسکز چالشك	siz tembelsiñiz, tchâlychyñ.
Je ne crois pas que je puisse la dire.	اوقویهم صنورم	oqouïamam sanyrym.
Je ne puis la dire sans faute.	اوقورسمده یاکلش اوقورم	oqoursamda ïañlich oqouroum.
Pourquoi n'avez-vous pas appris votre leçon?	نیچون درسکزی اوکرنمدکز	nïtchin dersiñizi eugrenmediñiz.
Ce n'est point par paresse, si je ne la sais	بیلمزسم بو بنم تنبلکمدن دکلدر انجق بکا	bïlmezsem bou benim tembeliguimden deïldir

pas, mais parce que la leçon que vous m'avez donnée est bien difficile.

ویردیککز درس پك كوچ اولدیغندن‌در

andjaq bañã verdiguiñiz ders pek gutch oldoughoundan dyr.

Je n'ai pas eu le temps de l'apprendre.

اوكرنمكه وقتم اولدی

eugrenmeïè vaqtim olmady.

Étudiez donc.

چالشك دقی

tchălychyñ dyq.

Je la saurai sans faute demain.

مطلق یارین یاكلشسز اوقویه‌جغم

mouthlaq ïăryn ïăñlychsyz oqouïădjaghym.

Au lieu d'étudier, vous causez avec l'un et l'autre ; vous ne regardez pas même votre livre.

چالشه‌جغكزه اونتكی ایله بروكی ایله لاقردی ایدیورسكز كتابكزه بیله باقمیورسكز

tchălychădjaghyñyză eutèki ilè beriki ilè lăqyrdy edïorsouñouz kităbyñyza bïlè băqmaïorsouñouz.

Vous avez des dispositions, mais il vous manque de la bonne volonté.

استعداد كز واردر امّا استككز یوقدر

istiˮdădyñyz vărdyr ammă isteguiñiz ïoqdour.

J'apprendrai mieux à l'avenir.

بوندنبویله ایو ازبرلرم

boundanbeuïlè eïi ezberlerim.

Avez-vous pris aujourd'hui votre leçon de dessin.

رسم درسكزی آلدكزمی بو كون

recim dersiñizi ăldyñyzmy bou gun.

Le maître n'a pas pu venir.

خواجه كله‌مدی

khodjă guelèmedi.

Quel genre de dessin étudiez-vous maintenant ?

نه جنس رسمه چالشیورسكز شمدی

né djins resmè tchălychyorsouñouz chimdi.

J'étudie la figure, le paysage et la topographie.

خاریطه‌ اوصولی ایله مجسّم و مصوّرلغه چالشیورم

hărythă ouçoul ilè mudjessem vè muçavvourlyghă tchălychyoroum.

Où en êtes-vous de vos mathématiques ?

علوم ریاضیّه‌نك قنغی بحشنده‌سكز

'uloumi rïăzyïèniñ hanghy bahcindèciñiz.

J'ai vu l'arithmétique, la géométrie, l'algèbre, et j'en suis à présent à la trigonométrie rectiligne.

علم حساب وجبر مقابله ایله علم هندسه كوردم شمدی مثلثات مستویه‌ده‌یم

'ilmi hiçăb vè djebri muqăbelè ilè 'ilmi hendecè gueurdum chimdi mucellecăti mustevïèaè im.

J'étudie aussi la géographie.

بو علومدن بشقه فنّ جغرافیه‌یی اوقویورم

bou 'uloumdan bachqă fenni djoghrăfïaïi oqouïouroum.

La géographie est la science qui explique le globe de la terre.	علم جغرافيه كرهٔ ارضى مبيّن برفنّدر	*'ilmi djoghrāfiā kurëi 'arzy mubeïien bir fenndir.*
L'opinion des anciens et des modernes a toujours été que la terre avait une forme sphérique.	جسم عالم كروى الشكل اولديغى حكماى متقدّمين ومتأخّرين طرفلرندن اعتقاد اولنمشدر	*djismi 'ālem kurevi uch-chekil oldoughou hukemāi muteqaddimīn vé mutéākhkhirīn tharaflaryndan i'tiqād olounmouchdour.*
C'est, en effet, ainsi qu'elle se présente aux yeux de l'homme.	فى الحقيقه عيون انسانده بو شكل ايله مشهوددر	*fil-haqīqà 'ouïouni insānda bou chekil ilé mechhouddour.*
Combien y a-t-il de globes ou sphères?	كوهلر قاچدر	*kurèler qātchdyr.*
Deux : le globe du monde, ou sphère armillaire, et le globe terrestre.	ايكى برينه كرهٔ عالم ديكرينه كرهٔ ارض ديرلر	*iki birinè kurëi 'ālem dïguerïnè kurëi 'arz derler.*
Jusqu'à présent, monsieur, vous m'avez donné des leçons de grammaire, de rhétorique, de logique, de géométrie, d'algèbre et de physique ; ne pourriez-vous aussi m'expliquer la sphère armillaire?	اى افندم بو انه قدر بنده كزه صرف ونحودن معانيدن منطقدن ادابدن هندسهدن جبر مقابلهدن وحكمتدن درس ويردكز شمدى براز كرهٔ سواريدنده عنايت ايتسكز اولمازمى	*eï efendim bou anè qadar bendèñizè sarf u nahvden (1) m'ānîden manthyqdan adābdan hendecèden djebri mouqābelèden vé hikmetden ders verdïñiz chimdi bir az kurëi syvārîdendè 'ināiet etseñiz olmāzmy.*
Très-volontiers; mais avez-vous une sphère?	باش اوستنه لكن كرهكز وارمى	*bāch ustunè lakin kurèñiz vārmy.*
J'en ai une, monsieur.	وار افندم	*vār efendim.*
Voyons, apportez-la.	كتور بقايم	*guetir baqāïm.*
La voici.	اشته	*ichtè.*
La sphère armillaire a dix cercles : six grands et quatre petits.	كرهٔ سواريده اون دائره واردر التيسى بيوك وددى كوچك	*kurëi syvārîdè on dāïrè vārdyr altycy buïnk vè deurdu kutchuk.*

(1) صرف *sarf* est la partie de la grammaire qui traite des formes des verbes, des conjugaisons et des déclinaisons ; نحو *nahv* est la syntaxe proprement dite.

Comment les nomme-t-on ?

Le premier est l'équateur, le second le zodiaque, le troisième l'horizon, le quatrième le méridien.

Le cinquième et le sixième sont les deux grands cercles des colures.

Les colures sont deux grands cercles qui se coupent à angles droits aux deux pôles du monde.

L'un de ces cercles est appelé colure des équinoxes, et l'autre colure des solstices.

Ces six cercles portent le nom de grands cercles, parce qu'ils partagent le globe en deux hémisphères égaux.

Deux des petits cercles sont les tropiques; les deux autres sont les cercles polaires.

Ces quatre cercles sont appelés petits cercles, parce que chacun d'eux partage le globe en deux parties inégales.

اسملری ندر

دوائر كبيره‌نك اولكيسی دائرهٔ استوادر ايكنجيسی دائرهٔ برجدر اوچنجيسی دائرهٔ افقـدر دردنجيسی دائرهٔ نصف نهاردر

بشنجيسی والتنجيسی ايكی بيوك دوائر متقاطعه در

دوائر متقاطعه عظيم ايكی دائره دركه كره‌نك ايكی قطبنك زاويهٔ مستقيمه اوزره تقاطع ايدرلر

بو ايكی دائرهٔ متقاطعه‌نك بری دائرهٔ اعتدال ليل ونهار واوبری دائرهٔ توقف شمس تسميه اولنور

اشبو التی دوائره دوائر كبيره تعبير اولنديغنك سببی انجق بونلرك هر بری كرهٔ ارضی ايكی قطعهٔ متساويه‌يه قطع وتقسيم ايلديكنه مبنيدر

دوائر صغيره‌نك ايكيسی دوائر انقلابدر وديكر ايكيسی دوائر قطبدر

اشبو دورت دوائره دوائر صغيره تعبير اولنديغنك حكمتی انجق بونلرك هر بری كرهٔ ارضی ايكی قطعهٔ نا متساويه‌يه تقسيم ايلديكنه مبنيدر

icimleri nedir.

devāiri kebïrèniñ evvelkïci dāïrëï istivādyr ikindjïci dāïrëï buroudjdour utchundjuçu dāïrëï oufouqdour deurdundjuçu dāïrëï nysfy nehārdyr.

bechindjïci vè altyndjycy iki buüuk devāiri muteqāthe'a dyr.

devāiri muteqāthe'a 'azim iki dāïrè dirki kurèniñ iki qouthbounda zāvïèï moustaqyma uzrè teqāthou' ederler.

bou iki dāïrëï muteqāthy'anyñ biri dāïrëï i'tidāli leïl u nehār vè obiri dāïrëï teveqqoufi chems tesmïè olounour.

ichbou alty devāïrè devāiri kebïrè ta'bïr oloundoughounouñ sebebi andjaq bounlaryñ her biri kurëï arzy iki qyth'ay mutecāvüèïè qath' u taqsim eiledïguinè mebnïdir.

devāir saghïrèniñ ikïci devāiri inqilābdyr vè dïguer ikïci devāir qouthoubdour.

ichbou deurt devāïrè devāiri saghïrè ta'bïr oloundoughounouñ hikmeti andjaq bounlaryñ her biri kurëï arzy iki qyth'ay nā mutecāvüèïè taqsim eiledïguinè mubtenïdir.

Quel est ce petit globe qui est au milieu de la sphère armillaire ?	بو كرهٔ سوارى ياخود كرهٔ عالمك اورته‌سنلك اولان كوچك كره ندر	*bou kurëi syväri ïâkhoud kurëi 'âlemiñ orta-cynda olān kutchuk kurė nedir.*
Ce globe est une imitation de la terre, et se nomme, pour cette raison, le globe de la terre et des eaux.	بو كوچك كره كرهٔ زمينه تقليددر واكا اولسببدن كرهٔ ارض وما ديرلر	*bou kutchuk kurė kurëi zemīnė taqlīdidir vė oñā ol-sebebden kurëi arz u mā derler*
Comment s'appelle cette tige de fer qui traverse la sphère?	كرهنك اورته‌سندن كچن دمره نه ديرلر	*kurėniñ ortacyndan guetchen demirė nė derler.*
Ce fil représente l'axe du monde. L'une de ses extrémités est le pôle arctique ou septentrional, et l'autre le pôle antarctique ou méridional.	اكا محور عالم ديرلر واول محورك بر اوجى قطب شماليلك واوبر اوجى قطب جنوبيلك در	*oñā mihveri 'âlem derler vė ol mihveriñ bir oudjou qouthbi chimālīdė vė olbir oudjou qouthbi djenoubīdė dir.*
Chacun des cercles mentionnés plus haut a son axe et ses pôles particuliers.	بالاده تعداد اولنان دوايرك على الانفراد هر برينك كندوبه مخصوص قطبى ومحورى واردر	*bālāda t'adād olounān devāïriñ 'alel-infi-rād her birīniñ kenduïė makhsous qouthbi vė mihveri värdyr.*
C'est assez, monsieur, de géographie pour aujourd'hui ; nous continuerons la suite un autre jour.	اى افندم شمديلك علم جغرافيه‌دن بو قدر يتيشور قصوريبنى بشقه كونه براقلم	*eï efendim chimdīlik 'ilmi djoghrāfïadan bou qadar ïetichir qouçourouñou bachqa gunė brāqalym.*
Quelles sont les langues que vous apprenez?	قنغى لسانلرى اوكرنيورسكز	*hanghy liçānlary eugrenïorsouñouz.*
J'étudie en même temps le turc, l'arabe, le grec, le français, l'italien et l'anglais.	تركجه عربجه رومجه فرانسزجه اتاليانجه انكليزجه بردن اوكرنيورم	*turkdjė 'arabdja ouroumdjė frānsyzdja itā-lïāndja inglizdjė birden eugrenïoroum.*
Ce sont pour vous les langues les plus nécessaires.	سزه اك لازم اولان لسانلردر	*sizė eñ lāzym olān liçānlardyr.*
Maintenant le français est la langue la plus générale en Europe.	شمدى فرانسز لسانى بالجمله اوروپاده جارى ومستعملدر	*chimdi frānsyz liçāny bil-djumlė avroupāda djāri vė musta'meldir.*

On parle le français maintenant dans toutes les cinq parties du monde.

الحالة هذه اقطار خمسة عالمك فرانسزجه تكلّم ايدرلر ـ دنيانك بتون اقسامنك فرانسزجه سويلرلر

el-hāletu hazihi aqthāry khamsèï 'ālemdè frānsyzdja tekellum ederler, duniānyñ butun aqsāmynda frānsyzdja seuïlerler.

Vous avez raison : c'est une langue si universellement répandue, qu'il est honteux de l'ignorer.

حقكز واردر زيرا لسان مذكور روى زمينك اولرتبهده شهرت وانتشار بولمشدركه بيلمامسى بادى ـ محجوبيتدر

haqqyñyz vārdyr zīrā liçāni mezkiour roüï zemīndè ol-rutbèdè cheuhret u intichār boulmouchdourki bīlmèmeci bādīi mah-djoubīietdir.

Vous devez, dans toutes ces études, avoir fait des progrès.

بو فنلرك جملهسندن استفاده ايتمكلككز ايجاب ايدر ـ غالبا بوفنلرك جملهسندن فائدهلنيورسكز

bou fennleriñ djumlècinden istifādè etmekli-guiñiz idjāb eder, ghālibā bou fennleriñ djumlècinden fāïdèlenïorsouñouz.

Pas autant que je voudrais.

استديكم قدر دكل

istedíguim qadar deïl.

Les progrès ne se font qu'à force de peine et de travail.

تحصيل هنر ايتمك انجق سعى واقدام ايله اولور

tahsīli huner etmek andjaq sa'y u iqdām ilè olour.

Avec du zèle, de la patience, et surtout de la persévérance, vous réussirez.

سعى وغيرت وعلى الخصوص مداومت اولاندقچه بو مقصود جليله نايل اوله جغكزه شبهه يوق

sa'y u ghaïret vè 'alel-khouçous mudāvemet oloundouqtcha bou maqsoudi djelīlè nāïl oladjaghyñyza chubhè ïoq.

—

يازمق ايچون

iāzmaq itchin.

Quels sont les jours de départ des cour-riers pour la Turquie ?

تركستانه پوسته نه كونلرى كيدر ـ پوسته نه وقت چيقار تركستانه

turkistānà (1) posta nè gunleri guïder, posta nè vaqit tchyqār turkistānа.

(1) Bien qu'usuellement le mot Turkestan désigne la Turquie proprement dite, ce même mot, dans un langage plus relevé, indique plus spécialement, et comme nous l'entendons nous-mêmes, la grande province de Tartarie située au nord de l'Asie. Lorsqu'on veut s'exprimer plus

Ces départs ont lieu trois fois par mois, de la manière suivante :

آیده اوچ دفعه چیقار اتیده بیان اولندیغی وجه اوزره یعنی

áïdà utch def'a tchyqâr atîdè beïän oloun-doughou vedjh uzrè ia'ni :

De Paris pour Marseille, les 7, 17 et 27 de chaque mois ;

پاریسدن مارسلیویه بهر ماهك یدیسنك اون یدیسنك ویكرمی یدیسنك چیقار

pārisden mārsilüäïä beher mähyñ ïedîcindè on ïedîcindè vè ïrmi ïedîcindè tchyqār.

De Marseille pour l'Italie, Malte, Smyrne et Constantinople, les départs sont fixés aux 1er, 11 et 21 de chaque mois.

مارسلیودن اتالیویه مالطویه ازمیره واستانبویه ایك برنك اونبرنك ویكرمی برنك بر قرار اوزره كیدر

mārsilüädan itālüäïä mālthaïä izmîrè vè âcitānëïè âyñ birindè on birindè vè ïrmi birindè bir qarār uzrè guïder.

Les départs de Constantinople en retour ont lieu les 5, 15 et 25, en sorte que le trajet entre Marseille et Constantinople doit s'effectuer en quinze jours.

عودتك استانبودن ایك بشنك اونبشنك یكرمی بشنك بر منوال اوزره پوسته چیقار شول وجهیله كه اونبشكونك استانبودن مارسلیویه كیدر

'avdetdè âcitānèdan âyñ bechindè on bechindè ïrmi bechindè bir minvāl uzrè posta tchy-qār chol vedjhilè ki on bechgundè âcitānè-den mārsilüäïä guïder.

Il faut que j'écrive par le courrier d'aujourd'hui.

بو كونكی پوسته ایله مكتوب كوندرمكلكم ایجاب ایدر

bou gunku posta ilè mektoub gueundermekli-guim idjāb eder.

Avez-vous du papier à lettre ?

مكتوبلك كاغدكز وارمی

mektoublouk kiāghydyñyz vārmy.

J'en ai une main tout entière.

تمام بر دسته كاغدم وار

tamām bir destè kiāghydym vār.

Donnez-moi, je vous prie, une feuille de papier.

بنده كزه بریپراق كاغد عنایت ایدكز

bendèñizè bir ïaprāq kiāghyd 'ināïet ediñiz.

Donnez-moi un peu d'encre et une plume.

بر از مركّبله بر قلم عنایت بیورك ـ كرم ایدوب بكا بر قلم ایله مركب ویرك

bir az murekkeblè bir qalem 'ināïet bouïou-rouñ, kerem edib bañā bir qalem ilè murek-keb veriñ.

Il n'y a pas de plumes.

قلم یوقدر

qalem ïoqdour.

élégamment et éviter toute équivoque, on se sert, pour indiquer la Turquie d'Europe ou d'Asie, des mots ممالك دولت علیّة عثمانیّة *memā-liki devleti 'alüèï 'osmānüè*, ou simplement ممالك عثمانیّة *memāliki 'osmānüè*; littéralement, les provinces de la domination ottomane.

Il y en a dans l'écritoire.	دويدك ايچنك واردر	*divĭdiñ itchindè vărdyr.*
Entrez dans mon cabinet, vous trouverez tout ce que vous demandez.	يازو اوطه‌مه كيرك استدكلريكزى بولورسكز ـ يـازى اوطه‌سنه كچك سزه لازم اولان شيٖلرى بولورسكز	*ïāzy odhama guĭriñ istedikleriñizi bouloursouñouz, ïāzy odhacyna guetchiñ sizè lăzym olān cheïleri bouloursouñouz.*
Pouvez-vous me prêter votre canif?	قلمتراشكزى بر از ويره بيلورميسكز	*qalemtrăchyñyzy bir az verè bĭlirmĭciñiz.*
Pour quoi faire?	نه يابيغه	*nè ïāpmaghà.*
J'en ai besoin pour tailler la plume.	قلمى يونتمق ايچون ـ كسمك ايچون	*qalemi ïöntmaq itchin, kesmek itchin.*
J'ai bien un canif, mais il ne coupe pas.	بر قلمتراشم وار امّا كسمز	*bir qalemtrăchym vār ammā kesmez.*
Il est émoussé.	كورلشدى	*kieurlcchdi.*
Il a besoin d'être repassé.	بيلتمكه محتاجدر	*bĭletmeïè mouhtādjdyr.*
Voulez-vous que je taille votre plume?	قلمكزى يونته‌ييم استرميسكز	*qalemiñizi ïontaïm istermĭciñiz.*
L'aimez-vous dure, ou molle?	سرتمى استرسكز كوشكمى	*sertmi istersiñiz guevchekmi.*
J'aime qu'elle soit dure.	بر از سرت اولسون	*bir az sert olsoun.*
Je ne l'aime pas trop dure.	پك سرت استمم	*pek sert istemem.*
La voici; essayez-la.	اشته آلك باقكز	*ichtè ălyñ băqyñyz.*
Comment la trouvez-vous?	ناصلدر	*năcyldyr.*
Elle est un peu trop grosse.	بر از قـالين ـ قالينجه در	*bir az qālyn, qālyndja dyr.*
Elle est trop fine.	پك انجه در	*pek indjè dir.*
Elle n'est pas assez fendue.	پك يارلمش	*pek ïārylmamych.*
Essayez-la encore.	بر دها باقكز	*bir dahā băqyñyz.*
Elle est excellente.	پك اعلا در	*pek a'lā dyr.*
Je vous suis infiniment obligé.	پك ممنون اولدم	*pek memnoun oldoum.*
Savez-vous tailler les plumes?	قلم يونتمه‌سنى بيلورميسكز	*qalem ïontmacyñy bĭlirmĭciñiz.*

Je les taille à ma manière.	بكا كوره كسمه بيلورم ـ كنديمه كوره كسرم	*bañā gueuré kecé bīlirim, kendīmé gueuré kecerim.*
Il vous serait plus facile d'écrire, suivant votre usage, avec un roseau taillé à la turque.	سزك عادتكزه كوره قامش قلم ايله يازمقلقك دها سهولت واردر	*siziñ 'ādetiñizé gueuré qāmych qalem île iāzmaqlyqdā dahā suhôulet vārdyr.*
Oui, s'il s'agissait d'écrire du turc ; mais, pour du français, les plumes d'oiseau sont préférables.	اوت تركجه يازمق اوليدى ترك قلمى اولادر اما فرانسزجه اولديغى ايچون نوى قلمى دها ايودر	*evet turkdjé iāzmaq olaïdy turk qalemi evlā-dyr ammā frānsyzdja oldoughou itchin tüï qalemi dahā eüidir.*
Quant à moi, je suis habitué à me servir des plumes d'oiseau pour écrire dans les deux langues.	بن ايسه ايكيسنده ده نوى قلميله يازارم	*ben icé ikīcindédé tüï qalemi ilé iāzārym.*
Si vous voulez que votre lettre parte aujourd'hui, vous n'avez pas de temps à perdre.	اكر مكتوبكزى بو كونكى پوسته ايله كوندرمك استرسكز عجله ايتمك لازمدر ـ بو كون مكتوبكزى پوسته يه يوللدق استرسكز اكلنمكه كلمز تيز بتورك	*eïer mektoubouñouz bou gunkü posta ilé gueunn-dermek isterseñiz 'adjelé etmek lāzymdyr, bou gun mektoubouñouzou postaïa iollamaq isterseñiz eglenmeguié guelmez tez bitiriñ.*
Il est déjà bien tard.	كى بيله قالدى	*guetch bīlé qāldy.*
Je ne serai pas long.	پك اوزاتمم	*pek ouzātmam.*
Ce que j'ai à écrire n'est pas long.	يازه جغم اوزون دكلدر	*iāzadjaghym ouzoun deïldir.*
Tandis que je terminerai cette lettre, faites-moi le plaisir de plier les autres.	كرم ايله بن شو مكتوبى بتورنجه قدر سز اوبرلرينه بغلايك ـ اوبرلرينه ظرف ياپك	*kerem eïlé ben chou mektoubou bitirindjé qadar siz obirlerīné baghlaïñ, obirlerīné zarf iāpyñ.*
Mettrai-je de la cire ?	فرنك مومى ايله مهرلهيم مى ـ موم ايله مهرلهيم مى	*frenk moumou ilé muhurléïm mi, moum ilé muhurléïm mi.*

Avez-vous signé?	ادكزى يازدكزمى ـ امضا ايتدكزمى	adyñyzy ïāzdyñyz my, imzā etdiñiz mi.
Je pense que oui, mais je ne sais pas si j'ai mis la date.	ظنّ ايدرم امضاسنى قويدم امّا تاريخنى قويدمىى قويدمدمى بيلمم	zann ederim imzācyny qoïdoum ammā tārīkhini qoïdoummou qoümadymmy bïlmem.
Combien avons-nous du mois aujourd'hui?	بوكون آيك قاچيدر	bou gun āïñ qātchïdyr.
C'est aujourd'hui le sept.	بوكون آيك يديسيدر ـ يدنجى كونيدر	bou gun āïñ ïedïcïdir, ïedindji gunudur.
Où est la poudre?	ريك نوه ده	rïh nerèdè.
Il y en a dans le poudrier.	ريكدانك در ـ ريكدانك واردر	rïhdānda dyr, rïhdānda vārdyr.
Je ne puis trouver mon cachet.	مهرمى بر درلو بولاميورم	muhurumu bir turlu boulāmaïoroum.
Je l'ai trouvé.	بولدم	bouldoum.
Maintenant j'ai fini.	شمدى بتوردم	chimdi bitirdim.
Où est mon domestique?	خدمتكارم نوه ده	khizmetkiārym nerèdè.
Le voici qui vient.	اشته كليور	ichtè guelïor.
Portez de suite ces lettres à la poste.	تيز بو مكتوبلرى پوستەيه كتور	tez bou mektoublary postaïa gueutur.

POUR S'INFORMER D'UNE PERSONNE.

	بر كمسەيى سؤال ايتمك اوزره	bir kimsëïï su'āl etmek uzrè.
Connaissez-vous une personne du nom de...?	فلان اسمنده بر آدم طانيورميسكز	filān ismindè bir ādem thānïormouçouñouz.
N'y a-t-il pas une personne de ce nom qui demeure dans cette ville?	شهرده شو اسمده بويله بر آدم يوقميدر	chehirdè chou icimdè beuïlè bir ādem ïoqmoudour.
Je ne connais personne de ce nom.	بو اسمده كمسەبى طانيم	bou icimdè kimsëïï thānymam.
Je crois qu'il y a quelqu'un de ce nom.	ظنّ ايدرم بو اسمده بر آدم وار	zann ederim bou icimdè bir ādem vār.
Le connaissez-vous?	انى بيلورميسكز	any bïlirmïcïñiz.

Je le connais parfaitement.	پك اعلا بيلورم	*pek a'lā bĭlirim.*
Pouvez-vous me dire où il demeure?	نوه‌ده اوتورديغنى خبر ويررميسكز	*nerèdè otourdoughounou khaber verirmĭciñiz.*
Il demeure près de la grande place.	بيوك ميدانك قريبنك اوتوريور ـ اقامت ايدر	*bŭĭuk meĭdānyñ qourbindè otourouĭor, iqāmet eder.*
Il demeure dans telle rue.	فلان زوقاقك اوتوريور ـ مقيمدر	*filān soqāqdà otourouĭor, muqĭmdir.*
Est-ce bien loin d'ici?	اوزاقميدر بورادن	*ouzāqmydyr bourādan.*
Ce n'est qu'à deux pas d'ici.	ايكى ادم يربله دكل	*iki adym ĭer bilè deĭl.*
Je vais vous montrer sa maison.	اوبنى سزه كوسترِرم	*evĭni sizè gueusteririm.*
Quel était donc ce monsieur qui vous parlait tout à l'heure?	سزك ايله دمين لاقردى ايدن كيميدى	*siziñ ilè demĭn lāqyrdy eden kĭmĭdi.*
C'est un Ottoman.	بر عثمانلو در	*bir 'osmānly dyr.*
Je le croyais Égyptien.	بن انى مصرلى ظن ايتدم	*ben any mycyrly zann itdim.*
Il est de Constantinople.	استانبوللودر	*ystāmboulloudour.*
Pour un Turc, il parle très-bien le français.	عثمانلو اولديغنه كوره فرانسز لساننى پك ايو سويلر	*'osmānly oldoughounà gueurè frānsyz liçānyny pek eĭi seuĭler.*
Il sait mieux le français que beaucoup de Français même.	فرانسز لسانى چوق فرانسزلردن ايو بيلور	*frānsyz liçāny tchoq frānsyzlardan eĭi bĭlir.*
Il y a probablement longtemps qu'il est en France.	غالبا چوقدن فرانسه‌ده در	*ghālibā tchôqdan frānsadà dyr.*
Il y a environ quatre ans.	تخمينا دورت سنه واردر	*takhmĭnen deurt senè vārdyr.*
Il paraît être un bien honnête homme.	پك اهل عرض آدمه بكزر	*pek ehli 'yrz ādemè beñzer.*
Il l'est en effet, et gagne beaucoup à être connu.	حدّ ذاتنك اهل عرض آدمدر بيلنسه اكا زياده محبّت ايدرلر	*haddi zātindè ehli 'yrz ādemdir bĭlinsè añā zĭādè mouhabbet ederler.*
Où demeure-t-il?	نوه‌ده اوتوريور	*nerèdè otourouĭor.*

Il demeure à l'hôtel de l'ambassade turque.	دولت عثمانيه سفارت خانهسنك اوتوريور	*devleti 'osmâniïé sefâret khânècindé otouroulor.*
Si vous le désirez, je vous ferai trouver avec lui.	استرسكز سزی انك ایله بولشدررم ـ کورشدرهیم	*istersiñiz sizi anyñ ilé boulouchdourouroum, gueuruchdurèim.*
C'est une chose dont je vous serai très-obligé.	عنایت ایدرسكز درجهسز ممنون اولورم	*'inâïet edersiñiz deredjèciz memnoun olouroum.*
Quand voulez-vous que nous allions lui faire une visite?	انی نه زمان استرسكز كیدوب کورهلم	*any né zemân istersiñiz guïdip gueurélim.*
Quand il vous plaira.	استدیككز وقت	*istediguiñiz vaqit.*
Nous irons quand vous n'aurez pas d'affaires.	ایشكز اولمدیغی وقتك كیدهلم	*ichiñiz olmadyghy vaqitdè guïdélim.*
Allons-y demain matin.	یارین صباح كیدهلم	*ïâryn sabâh guïdélim.*
Très-volontiers, monsieur.	باش اوستنه افندم	*bâch ustunè efendim.*

POUR DEMANDER SON CHEMIN.

یولنی صورمق ایچون

ïolounou sormaq itchin.

Quel est, je vous prie, le plus court chemin pour aller au marché?	بازاره كتمك ایچون یولن قنغیسی یقیندر	*pâzârè guïtmek itchin ïoloun hanghyçy ïaqyndyr.*
Est-ce ici le chemin du faubourg?	واروشك یولی بو میدر	*vârouchoun ïolou bou moudour.*
Vous êtes dans le vrai chemin.	بو یول طوغرودر ـ یولكز طوغرودر	*bouïol dhoghroûdour, ïolouñouz dhoghroudour.*
Vous n'êtes pas dans le vrai chemin.	یولكز طوغرو دكل	*ïolouñouz dhoghrou deïl.*
Il faut aller tout droit.	طوغرو طوغرویه كیدكز	*dhoghrou dhoghrouïà guïdiñiz.*
Vous irez à droite, et vous tournerez ensuite à gauche.	صاغه كیدرسكز صكره صوله صپارسكز	*sâghà guïdersiñiz soñra solà sapârsyñyz.*
Y a-t-il loin d'ici à la grande place?	بوندن بیوك میدانه اوزاقمیدر	*boundan buïuk meïdânà ouzâqmydyr.*

Il y a environ un quart d'heure de chemin.	تخمیناً بر چیرکلك یولدر	takhmīnen bir tcheïreklik ïoldour.
Où conduit ce chemin?	بو یول نره یه کیدر ـ چیقار ـ وارر	bou ïol nerēïè guïder, tchyqār, vāryr.
Hors de la ville.	شهردن طشره	chehirden dhychary.
Je crains de perdre mon chemin.	یولی شاشورم دیو قورقارم	ïoloumou chāchyryrym deüïqorqārym.
Vous ne vous perdrez pas, si vous suivez mon indication.	بنم دیدیکمه کوره کیدرأیسه کز شاشورمازسکز	benim dedïguimè gueurè guïdericéñiz chāchyrmāzsyñyz.

—

DE L'HEURE ET DE LA MONTRE.	ساعت	sā'at.
Savez-vous quelle heure il est?	ساعت قاچدر در بیلورمیسکز	sā'at qātchdà dyr bīlirmīcïñiz.
Je ne sais pas au juste.	حقیقتنی بیلمم	haqīqatinī bīlmem.
Regardez à votre montre.	ساعتكزه باقکز	sā'atiñizè bāqyñyz.
Elle n'est pas montée.	قورلمشدر	qoùroulmamychdyr.
J'ai oublié de la monter.	قورمغه اونتم	qourmaghā ounoutdoum.
Je pense que, hier soir, vous avez oublié de monter votre montre.	بنده کز اویله ظن ایدرم که سز دون کیجه ساعتی قورمدیکز	bendèñiz euïlè zann ederimki siz dun guedjè sā'ati qourmadyñyz.
Elle ne va pas.	ایشلمیور	ichlemeïor.
Elle est arrêtée.	طورمشدر	dhoùrmouchdour.
Quelle heure est-il à la vôtre?	سزککی ناصلدر ـ سزك ساعت قاچه کلمشدر	siziñki nācyldyr, siziñ sā'at qātchà guelmichdir.
La vôtre va-t-elle bien?	سزککی ایو ایشلیور می	siziñki eïï ichleïor mou.
La mienne ne va pas bien.	بنمکی ایو ایشلمیور	benimki eïï ichlemeïor.
Elle n'est pas à l'heure.	دوزلمشدر	dùzelmemichdir.
Elle avance.	ایلرو کیدیور	ileri guïdïor.

Elle retarde.	كيرو قاليور	*gueri qālior.*
Elle est dérangée.	بوزلدى	*bozouldou.*
Elle s'arrête de temps en temps.	بعض بعض طوريور ـ جا بجا طوريور ـ احيانا طوريور	*ba'zy ba'z dhourouïor, djā bedjā dhourouïor, ehyānen dhourouïor.*
Elle retarde d'un quart d'heure par jour.	كونك بر چيرك كرو قاليور	*gundè bir tcheïrek gueri qālior.*
Elle avance, tous les jours, d'une demi-heure.	هر كون يارم ساعت ايلرو كيديور	*her gun ïārym sā'at ileri guïdior.*
Il y a quelque chose de dérangé.	بر شيشى انجنمش ـ قرلمش	*bir cheïci indjinmich, qyrylmych.*
Le grand ressort est cassé.	زنبركى قرلدى	*zemberegui qyryldy.*
Je crois que la chaîne est rompue.	ظن ايدرمكه زنجير قرلدى	*zann ederimki zindjīri qyryldy.*
Faites-la raccommoder.	تعميره ويرك	*ta'mīrè veriñ.*
Je veux aussi faire mettre une autre aiguille.	بشقه عقرب قويدرهجغم	*bachqà 'aqreb qoïdouradjaghym.*
Il lui faut aussi un cadran neuf.	يكى بر تختته لازم	*ïeñi bir tahta lāzym.*
Je voudrais que les chiffres fussent en turc.	رقملرينى تركجه استرم	*raqamlarÿny turkdjè isterim.*
Je vais l'envoyer chez l'horloger.	ساعتجى يه كوندرهجكم	*sā'atdjyïa gueunderèdjeïm.*
Vous ferez très-bien.	ايو ايدرسكز	*eïi edersiñiz.*

LE MATIN.

	صباح وقتى	*sabāh vaqtÿ*
Vous êtes déjà levé !	واى قالقدكزمى	*vāy qālqdyñyz my.*
Il y a plus d'une heure que je suis levé.	بن بر ساعتدن زياده در قالقهلو	*ben bir sā'atden ziādè dir qālqàly.*
Vous vous êtes levé de grand matin.	پك اركن قالقدكز	*pek erken qālqdyñyz.*
Je me lève ordinairement de bonne heure.	أكثرى اركن قالقرم	*ekseri erken qālqarym.*

C'est une fort bonne habitude pour le travail et pour la santé.	كرك چالِشمغهٔ كرك عافيتهٔ پك ايو عادتدر	guerek tchālychmaghá guerek 'āfîettè pek eïï 'ādetdir.
J'agis d'après le proverbe turc qui dit que la besogne de l'homme matinal s'achève aisément, et que celle du paresseux qui dort tard ne se termine jamais.	ترکچه ضرب مثلی فحواسنجه ارکن قالقانك ايشى آسان بترکيج قالقانك ترسنه کيدر	turkdjè zarby meceli fehvācyndjà erken qāl-qānyñ ichi āçān biterguedj. qālqānyñ ter-sinè guïder.
Comment avez-vous dormi cette nuit?	بو کیجهٔ نصل اويودکز	bou guedjè nacyl ouïoùdouñouz.
Très-bien; j'ai dormi tout d'un somme.	پك ايو بردن بره اويودم	pek eïï, birden birè ouïoùdoum.
J'ai dormi sans me réveiller.	هیچ اويانمقسزين اويودم	hîtch ouïānmaqsyzyn ouïoudoum.
Et vous, avez-vous bien dormi?	يا سز ايو اويودکزمی	ïā siz eïï ouïoùdouñouz mou.
J'ai mal dormi toute la nuit.	بو کیجهٔ راحتسز ياتدم	bou guedjè rāhatsyz ïātdym.
Je me suis couché très-tard.	پك کیچ ياتدم — پك کیچ يتاغه کيردم	pek guetch ïātdym, pek guetch ïatāgha guïr-dim.
Non, je n'ai pas pu dormir.	خير اويويهمدم	khair, ouïoùïāmadym.
Je n'ai pas fermé l'œil de toute la nuit.	بتون کیجهٔ کوزيمی قپامدم	butun guedjè guèuzumu qapāmadym.

POUR S'HABILLER.

	کینمك اوزره	guïnmek uzrè.
Holà! y a-t-il quelqu'un?	يا هو بر کمسه وارمی	ïā hou bir kimsè vārmy.
Que désire monsieur?	نه استرسکز افندم	nè istersiñiz efendim.
Faites vite du feu: il faut que je m'habille.	تيز آتشی ياق کینهجکم	tez ātcchi ïāq, guïnèdjeïm.
Dites au barbier de venir.	بربری چاغريوبر	berberi tchāghrÿver.
Monsieur ne se fait pas la barbe lui-même?	کندی کندکزی تراش ايتميورميسکز افندم	kendi kendiñizi trāch etmeïormouçouñouz efendim.

Français	العربية	Transcription
Non, j'ai contracté en Turquie la mauvaise habitude (de me faire raser.)	خير تركستانك بو فنا عادته الشدم	khaïr, turkistānda bou fenā 'ādetè alychdym.
Dans ce pays, les barbiers sont si habiles et si propres, que c'est un plaisir de se faire faire la barbe.	اول مهلكتك بربری غایت نظیف واوسته اولدیغندن تراش اولمسی بردوقدر	ol memleketiñ berberi ghāïet nazīf vè oustaf oldoūghoundan, trāch olmacy bir zevqdyr.
Oui ; mais, depuis que je voyage en Europe, je regrette de n'avoir pas pris la bonne habitude de me raser moi-même.	اوت اما اوروپایه كله لید نبرو كندی كندیمی تراش ایده مهكلكم طوغروسی باعث كدردر	evet, ammā avroupāïa guelèlídenberi kendi kendīmi trāch edèmemekliguim dhoghrou-çou bā'ici kederdir.
Pour les personnes pressées d'affaires ou de travail, cela est bien plus commode.	ایش باشنك آدمك حقنك كندی كندینی تراش ایتمكلككه زیاده سهولت واردر	ich bāchindà ādemiñ haqqyndà kendi kendīni trāch etmeklikdè zīādè souhoulet vārdyr.
On n'est pas obligé d'attendre après un barbier.	بو سببدن بربره محتاج دكللردر	bou sebebden berberè muhtādj deïllerdir.
Je trouve aussi que cela est plus propre, et j'éprouve de la répugnance à me faire frotter le visage par la main d'un autre.	بربرك الی یوزمه طوقنوب نفرت ایده جكمه كندی كندیمی تراش ایتمك دها بر نظافت بولورم	berberiñ eli ūzumè dhoqounoup nefret edè-djeguimè kendi kendīmi trāch etmedè dahā bir nezāfet boulouroum.
C'est surtout pour les militaires que l'habitude de se raser soi-même est vraiment indispensable.	علی الخصوص عساكره كوره كندی كندینی تراش ایتمك زیاده سبله الزمدر	'alel-khouçoūs 'açākirè gueurè kendi kendīni trāch etmek zīādècīlè elzemdir.
C'est, dans tous les cas, une opération pénible et ennuyeuse.	هر بر خصوصك تراش محنتلی ومشقتلیدر	her bir khouçousdà trāch mihnetli vè me-chaqqatlidir.
Surtout lorsque les rasoirs sont mauvais.	علی الخصوص اكر اوستره لرفنا اولورسه	'alel-khouçous eïer oustourálar fenā oloursà.
On en trouve difficilement de bons.	اوستره لرك ایوسی نادردر	oustouralaryñ eïici nādirdir.
Donnez-moi un peignoir.	اوموز پشكیری ویر	omouz pechkíri ver.

Avez-vous fait chauffer de l'eau?	صویی استدكزمی	*souïou ycytdyñyz mi.*
Vos rasoirs ne coupent pas.	اوستره لركز كسمیور	*oustouralaryñyz kesmeïor.*
Je vais les repasser sur le cuir.	قایشده چكه چكم	*qäïchè tchekèdjeïm.*
Trempez-les dans l'eau bouillante.	قاینار صویه بـاتور	*qäynār souïà bātyr.*
Prenez garde, vous m'écorchez.	كوزت بنی بوغارسن	*gueuzet beni boghärsyn.*
Monsieur, voilà qui est fini.	اشته بتدی افندم	*ichtè bitdi efendim.*
Dieu soit loué!	الحمد لله	*el-hamdu lillah.*
La figure me brûle; donnez-moi de l'eau fraîche.	یوزم یانیور بر از صوغوق صوویر	*ïuzum ïānïor, bir az soghouq sou ver.*
Voici la cuvette et la serviette.	اشته لكن اشته حولی	*ichtè lïèn ichtè havlou.*
Donnez-moi ma chemise.	كوملكمی بكا ویر	*gueumleguimi bañā ver.*
Voulez-vous une chemise fine?	انجه كوملك استرمیسكز	*'indjè gueumlek istermíciñiz efendim.*
Non, donnez-m'en une ordinaire.	خیر عادتا كوملك ویرك	*haïr,'ādetā gueumlek veriñ.*
J'en voudrais une blanche.	بوزیاده تمیزینی استرم	*bir ziādè temïzïni isterim.*
Elle n'est pas chaude.	سیجاق دكل	*sydjāq deïl.*
Si vous voulez, je la chaufferai.	اكر استرسكز اسیده یم	*eïer isterseñiz ycydà ym.*
Non, non, c'est bien.	یوق یوق ایودر	*ïoq ïoq, eïi dir.*
Apportez-moi mes bas.	چورابلریمی كتور	*tchorāblarymy guetir.*
Avez-vous nettoyé mes souliers?	قوندره لریمی تمیزلدكمی	*qondouralarymy temïzledïñmi.*
Où sont mes souliers?	نرده ده قوندره لرم	*nerèdè qondouralarym.*
Les voici, monsieur.	اشته افندم	*ichtè efendim.*
Je mettrai des bottes.	چزمه كیه جكم	*tchizmè gueïèdjeïm.*
Elles sont bien usées.	پك اسكی درلر	*pek eski dirler.*

J'en avais commandé de nouvelles.	يكيسنى اصمرلمشم	ïeñicini ysmarlamychym.
Il est vrai, monsieur; mais elles ne sont pas encore terminées.	أوت افندم دها بتورلمش	evet efendim daha bitirilmemich.
Donnez-moi mes jarretières, un gilet et mes bretelles.	ديز باغلريمى وبريلك ايله اصقيلربيى ويرك	diz bāghlarymy vè bir ïelek ilè asqylarymy veriñ.
Je mettrai aujourd'hui ma redingote.	بو كون انكلوستريمى كيهجكم	bou gun etekli setrimi guïèdjeïm.
La voici, monsieur; je l'ai brossée.	اشته افندم فورچهلدم	ichtè efendim fyrtchàladym.
J'avais donné ma pelisse à faire, me l'a-t-on rapportée? Que je la voie.	كوركمى ياپدرمغه ويرمشيدم كتورديلرمى بقيم	kûrkumu ïāpdirmagha vermichïdim, guetir-dïlermi baqaïm.
Est-elle bien faite? qu'en dites-vous?	ايو ميدر نه ديرسكز	eïi mïdir, nè dersiñiz.
Elle est très-bien, monsieur, et elle vous va parfaitement.	پك اعلادر افندم سزه پك ياقيشيور	pek a'lādyr efendim sizè pek ïāqychïor.
Où est mon bonnet?	نرده قالپاغم	neredè qālpāghym.
Non, je veux mon chapeau.	خير شاپقهمى استرم	khaïr, chāpqamy isterim.
Donnez-moi mes gants et ma canne.	الدوانلرم ايله دككمى وير	eldivenlerim ilè deïneguimi ver.
Il me semble qu'il va pleuvoir à verse.	چوق يـاغمور ياغهجق كبى كورينيور	tchōq ïāghmour ïāghàdjaq guibi gueurunuïor.
Vous ne ferez pas mal de prendre un parapluie.	برشمسيه الورايسه كز فـنا ايتمزسكز	bir chemsïè ālyrsàñyz fenā etmezsiñiz.
J'ai oublié de prendre ma bourse et mon mouchoir.	پاره كيسهسيله ياغلغمى اونوتدم	pārà kecèïlè ïāghlyghymy ounouïdoum.
Vous ne me suivrez pas, et resterez ici.	بنم ارقمصره كلميك بوراده قالك	benim arqàm syrà guelmeïñ bourāda qālyñ.
Si vous voyez la blanchisseuse, dites-lui d'apporter mon linge.	چماشيرجى يى كوررسك دى كه چماشيربيى كتورسون	tchamāchyrdjyy gueururseñ, dè ki tchamā-chyrymy guetirsin.

Très-bien, monsieur.	باش اوستنه افندم	*bâch ustunè efendim.*
Quel habit mettrez-vous ce soir?	قنغی اثوابی کیرسکز بو اخشام	*kanghy esvâby guïersiñiz bou aqchâm.*
Celui que j'avais hier.	دون کیدیکمی	*dun gueïdîguimi.*
Il y manque des boutons.	دوکمه‌سی اکسك	*deuïmèci eksik.*
Avez-vous été hier chez le tailleur?	دون درزی یه کیتدکمی	*dun terziïè gueïldiñmi.*
Apportera-t-il mon pantalon neuf?	یکی پانتالونمی ترزی کتوره جکمی	*ïeñi pântolonoumou terzi guetirèdjekmi.*
Oui, monsieur, il l'a promis pour aujour- d'hui.	ارت افندم بو کوندن اوتورو سوز ویردی	*evet efendim bou gunden uturu seuz verdi.*
On frappe; voyez qui c'est.	قپویی چالیورلر باق کیمدر	*qapyï tchâlïorlar, bâq kïmdir.*
Monsieur, c'est le tailleur.	درزیدر افندم	*terzïdir efendim.*
Qu'il entre.	کلسون ایچرو	*guelsin ïtcheri.*
Soyez le bienvenu! Apportez-vous mon habit?	صفا کلدك اتکسز ستریمی کتوردکمی	*safâ gueldiñ eteksiz, setrimi guetirdiñmi.*
Oui, monsieur, je l'ai apporté.	اوت افندم کتوردم	*evet efendim guetirdim.*
Je vous attendais.	بن سزی بکلردم	*ben sizi beklerdim.*
Essayez-le-moi, que je voie s'il est bien fait, s'il me va bien.	کیه‌یم بقه‌لم ایومیدر ـ باقه‌یم بکا ایوکلورمی	*guïeïm baqalym eïïmïdir, bâqaym bañâ eü guelirmi.*
Vous en serez, j'espère, très-satisfait.	ان شاء الله خشنود اولورسکز	*in châ allah, khochnoud oloursouñouz.*
Il me paraît un peu court.	بکا قصه کوربنیور	*bañâ qyçà gueurunuïor.*
J'aurais voulu la taille plus longue.	بلی بوندن اوزون استردم	*beli boundan ouzoun isterdim.*
Les manches ne sont-elles pas étroites?	یکلری دار دکلمی	*ïeñleri dâr deïlmi.*
Monsieur, c'est maintenant ainsi la mode; les habits ne se font pas autrement.	افندم شمدی موده بویله‌در اتکسز ستری بـشقه درلو اوله‌مز	*efendim chimdi moda beuïlè dir eteksiz setri bachqa turlu olamaz.*

Les épaulettes font des plis, et les man-ches sont trop courtes et trop étroites.	اموزلری بورشق اولدقدنماعـدا قـوللری غايت قصه وداردر	omouzlary bouronchouq oldonqdanmā'dā qol-lary ghāïet qy̆cù vè dārdyr.
Je puis y remédier, j'ai laissé du rempli.	بونك چارهسنی بولورم بوش براقدم	bounuñ tchārècini boulouroum bŏch brāqtym.
Les manches sont mal faites.	يكلری اسلوبسزدر	ïeñleri usloubsouz dour.
Vous me pardonnerez, monsieur, elles vont très-bien.	عفو ايدرسكزافندم پك ايو در	'afv edersiñiz efendim pek eü dir.
On ne les porte plus si larges à présent.	شمدی بو قدر بول كيمزلر	chimdi bou qadar bol guïmezler.
Quant à moi, je n'aime pas les habits trop étroits.	بندهكز هيچ دار اوربايى سومم	bendèñiz hĭtch dār ourbāï sevmem.
Que dites-vous de ces boutons?	نه ديرسكز بو دوكمهلره	nè dersiñiz bou deuïmèlerè.
Les boutonnières me paraissent bien pe-tites.	الكلری بكا كوچك كورينيور	ilikleri bañā kutchuk gueuruntüor.
Combien avez-vous payé l'aune de cette doublure?	بو استارلغك اندازهسنی قاچه آلدكز	bou astārlyghyñ endāzècini qātchà àldyñyz.
Bon marché : je l'ai payée cinq francs l'aune.	اوجوز اندازهسنی بش فرانغه آلدم	oudjoûz, endāzècini bech frāngha àldym.
Combien me ferez-vous payer cet habit?	نه ويرملو بو اتكسز ستری يه	nè vermeli bou eteksiz setrïè.
Ce sera au juste cent francs.	طوغروسی يوز فرانق	dhoghrouçou üuz frānq.
N'est-ce pas un peu cher?	بهالو دكلمی	pahāly deïlmi.
Non, monsieur; le drap en est de pre-mière qualité.	خير افندم چوقهنك پك اعلاسيدر	khaïr, efendim tchöqànyñ pek a'lācydyr.
J'ai fait tous mes efforts pour vous con-tenter.	سزی خوشلندرمق ايجون الدن كلديكی قدر چالشدم	sizi khôchlandyrmaq itchin elden gueldigui qadar tchālychdym.

Faites votre compte, et venez demain recevoir de l'argent.	حسابكی كورده یارن كل اقچهكی آل	*heçãbyñy gueûrdè, ïãryn guel aqtchèñi âl.*

—

LA PROMENADE.

	سیــر	*seïr.*
Voici un bien beau temps.	ایشته بر كوزل هوا	*ichtè bir guzel havã.*
Superbe !	پك اعلا	*pek a'lã.*
Seriez-vous disposé à faire un tour de promenade ?	شویله بر دولاشمغه استعداد كز وارمی	*cheuilè bir dolãchmaghà istï'dãdyñyz vãrmy.*
Très-volontiers.	باش اوستنه	*bãch ustunè.*
De quel côté irons-nous ?	نه طرفه كیده جكز	*nè tharafà guïdèdjeguiz.*
Sortons de la ville.	شهردن دیشاری چقهلم	*chehirden dychãry tchyqàlym.*
Nous jouirons de la vue de la campagne.	صحرانك ذوقنی كوره لم	*sahrãnyñ zevqyny gueurèlim.*
J'ai peur que les chemins ne soient bien poudreux.	قورقارمكه یوللر پك توزلو اولسون	*qorqãrymki ïollar pek tozlou olmaçoun.*
La pluie a abattu la poussière.	یغمور توزی باصدردی	*ïaghmour tozou bãşdyrdy.*
Entrons dans ce petit bois, nous serons à l'abri du soleil.	شو قروید كیرسك كونشدن محافظه اولورز	*chou qourôuïà guïrersek, guncchden mouhãfazà olourouz.*
Voulez-vous traverser ce champ ? c'est le plus court pour retourner à la maison.	بو تارلانك اورتاسندن كچمك استرمیسكز اوك پك قصه یولیدر	*bou tãrlãnyñ ortãcyndan guetchmek istermî-ciñiz, eviñ pek qyçà ïoloudour.*
Vous marchez trop vite.	پك سرعتلی یوریورسكز	*pek sur'atli ïûrûïorsouñouz.*
Je ne puis vous suivre.	سزك ایله برابر كیده ميورم	*siziñ ilè berãber guïdèmeïoroum.*
Il n'est pas encore tard ; ne vous pressez pas tant.	دها كچ دكل عجله اتمه	*dahã guedj deïl, 'adjelè etmè.*

J'ai envie de rentrer de bonne heure.   اركن اوه كلمك استرم   *erken evè guelmek isterim.*

Nous n'avons que pour une demi-heure de marche.   فقط يارم ساعت يولمز وار   *faqath ĭārym sā'at ĭoloumouz vār.*

Nous serons revenus de bonne heure.   اركن عودت ايتمش اولورز   *erken 'avdet etmich olourouz.*

N'êtes-vous pas fatigué?   يورغون دكلميسكز   *ĭorghoun deĭlmĭcĭñiz.*

Non, la promenade m'a fait du bien.   خير كزمك بكا يارادى   *khaïr, guezmek bañā ĭārādy.*

LE SOIR.

  اخشام وقتى   *aqchām vaqtĭ*

Il commence à se faire tard.   اورتهلق قرارمغه باشلادى   *ortălyq qarārmaghā bāchlādy.*

Il est bientôt temps d'aller se coucher.   ياتمق وقتى كلیور   *ĭātmaq vaqtĭ guelior.*

Est-ce que M. A. n'est pas encore rentré?   فلان كمسنه دخى عودت ايتمديسى   *filān kimesnè daha 'avdet etmedĭmi.*

Je pense que, selon sa coutume, il ne tardera pas à rentrer.   ظّن ايدرمكه عادتنه كوره كلمسنه چوق قالمادى   *zann ederimki 'ādetinè gueurè guelmecinè tchoq qālmādy.*

J'entends frapper.   قپو چالنيور ايشيديورم   *qapy tchālynïor ichĭdĭoroum.*

C'est lui probablement.   غالبا اودر   *ghālibā odour.*

Justement c'est lui.   تاكندیسى   *tākendĭci.*

Je vous souhaite le bonsoir.   اخشام شريفلر خير اولسون   *aqchām cherĭfler khaïr olsoun.*

J'espère que je ne vous ai pas fait attendre.   ان شاء الله سزى بكلتمدم   *in chā allah sizi bekletmedim.*

Point du tout, il n'est que dix heures.   خير دها ساعت اونك   *khaïr daha sā'at öndā*

Nous ne nous couchons jamais avant dix heures.   ساعت اوندن اوّل ياتميز   *sā'at ondan evvel ĭātmaïz.*

Je suis arrivé à temps.   تمام وقتنده كلدم   *tamām vaqtindè gueldim.*

Il fait une soirée charmante.   كيجه پك كوزل   *guedjè pek guzel.*

Vous avez l'air fatigué.	سزده يورغونلق علامتى وار	*sizdè ïorghounlouq 'alāmeti vār.*
Pas du tout.	خير بر شى٠ يوق	*khaïr bir cheï ïoq.*
Ne voulez-vous pas vous reposer un instant?	بر از استراحت ايتمزميسكز	*bir az istirāhat etmezmīciñiz.*
Je vous suis obligé, je m'en vais me coucher.	اللّٰه امانت اولوڭ،گيدپ ياتهجغم	*allahā amānet olouñ, guïdip ïātadjaghym.*
Il n'est pas plus de dix heures.	ساعت اوندن زياده دكل	*sā'at ondan zīādè deïl.*
J'aime à me coucher de bonne heure.	اركن ياتمدسفى سورم	*erken ïātmàcyny severim.*
Je vous souhaite une bonne nuit.	كيجهكز خير اوله	*guedjèñiz khaïr olà.*

LE COUCHER.

	ياتمق اوزره	*ïātmaq uzrè.*
Je désire aller me coucher de suite; préparez mon lit.	ياتاغمى چابك ياپ ياتهجغم	*ïātāghymy tchāpouk ïāp ïātadjaghym.*
J'y vais à l'instant.	چابك كيديورم	*tchāpouk guïdīoroum.*
Faites du feu dans ma chambre, car il fait bien froid.	اوطهمك اتشنى چابك ياق هوا پك صوغوق	*odhamyñ ātcchini tchāpouk ïāq, havā pek soghouq.*
Tout est prêt; vous pouvez monter quand vous jugerez à propos.	نه زمان چيقمق استرسكز هپسى حاضر ـ هپسى حاضر استرسكز چيقڭ	*nè zemān tchyqmaq istersiñiz hepsi hāzyr, hepsi hāzyr istersiñiz tchyqyñ.*
Donnez-moi mes pantoufles.	بنم تخته پاپوشلريمى ویر	*benim takhtà pāboudjlarymy ver.*
Vous aiderai-je à vous déshabiller?	سزى صويمغه ياردم ايدهيمى	*sizi sōïmaghà ïārdym edèïmmi.*
Ce n'est pas la peine.	لازم دكل	*lāzym deïl.*
N'est-il venu personne me demander?	بوكون اوه كمسه كلوب بنى ارادیمى	*bou gun evè kimsè guelip beni arādymy.*
Il est venu un monsieur que je ne connais pas, qui n'a pas voulu dire son nom.	بيلمديكم بر آدم كلدى آديسى صوردم سويلمدى	*bïlmediguim bir âdem gueldi âdyny sordoum seuïlemedi.*

Il a dit qu'il reviendrait demain.	یارین كلوم دیدی	*iäryn guelirim dedi.*
N'avez-vous reçu aucune lettre pour moi ?	هیچ بر مكتوب الدكمی	*hïtch bir mektoub älmadyñymy.*
Il y en a trois qui sont dans votre cabinet.	یازو اوطه كزده سزه اوچ دانه مكتوب واردر	*iäzy odhañyzdä sizè utch dänè mektoub vårdyr.*
Allez me les chercher, que je les lise avant de me coucher.	هابك كیت كتور یاتمازدن اوّل اوقویهیم	*häïdy guît guetir iätmäzdan evvel oqouïaym.*
J'ai beaucoup d'occupations pour demain matin ; ainsi il faudra que je me lève de meilleure heure.	یارین پك مشغولیتم وار بر از ارکن قالقهجغم	*iäryñ pek mechghoulïelim vär, bir az erken qälqadjaghym.*
A quelle heure voulez-vous que je vous éveille ?	سزی قاچده اویاندیرایم	*sizi qätchä ouïändyräïm.*
Au plus tard à sept heures.	هیچ اولمزسه ساعت یدیك	*hïtch olmazsä sä'at ïedïdè.*
Vous pouvez compter sur mon exactitude ; je n'y manquerai pas.	بنم دواممی بیلورسكزبن اهمال ایتمم	*benim devämymy bïlirseñiz ben ihmäl etmem.*
Désirez-vous de la lumière ? la veilleuse est toute prête.	ایدینلق استرسكز قندیل حاضر	*aïdȳnlyq isterseñiz, qandïl häzyr.*
Vous l'allumerez avant de vous retirer ; mais prenez garde de la placer de manière qu'il n'y ait pas de danger pour le feu.	كیتمزدن اوّل یاقكز امّا قوبدیغك یری كوزنكه یانغین اولسون ـ بریری یاقمیاجكز	*guîtmezden evvel iäqyñyz, ammä qoïdoughouñ ïeri gueuzetki iänghyn olmacyn, bir ïeri iäqmaïäcyñyz.*
Je vais la mettre dans le coin de la cheminée.	اوجاغك كوشهسنده قویهجغم	*odjäghyñ keûchécinè qoïadjäghym.*
N'y a-t-il plus rien pour votre service ?	باشقه بر امركز یوقمی	*bächqä bir emriñiz ïoqmou.*

| Non, allez vous coucher. Si j'ai besoin de quelque chose, je sonnerai. | خیر هایده کیت یات برشی، لازم اولورسه بن چاکی چالارم | *khaïr, häïdè guït ïät bir cheï lāzym oloursa ben tchāñy tchālārym.* |

—

LE LEVER.	قالقمق اوزره	*qālqmaq uzrè.*
Si vous souhaitez vous lever, sept heures viennent de sonner.	اكر قالقمسنی استرسكز ساعت یدییه كلدی	*eïer qālqmacyny istersiñiz, sā'at ïedïë gueldi.*
Ouvrez les rideaux et les volets, que je puisse voir clair.	پرده لر ایله كپنكلری آچكه آیدینلغی كوره یم	*perdèler ilè kepenkleri ātchki ūïdynlyghy gueurèïm.*
Voulez-vous que j'allume du feu avant que vous vous leviez?	قالقمازدن اولی آتشكزی یاقدیم استرمیسكز	*qālqmāzdan evveli ātcchiñizi ïāqaïm istermï-ciñiz.*
Vous ferez bien, car j'ai beaucoup trans- piré cette nuit, et je craindrais que le froid ne me saisît.	اوت یساقكز بو كیجه پك ترلدم قورقرمكه صوغوق الميه يم	*evet, ïāqyñyz bou guedjè pek terledim, qorqa- rimki soghouq ālmaïaïm.*
Vous ferez bien, en attendant; de ne point vous découvrir.	آچلمزسكز ایو اولور	*ātchylmazsañyz eïi ōlour.*
Quels habillements souhaitez-vous mettre aujourd'hui?	بو كون قنغی اوروبابی كیه جكسكز	*bou gun Kanghy ourbāïï guïèdjeksiñiz.*
Ceux que j'avais hier.	دون كیدیكمی	*dun gueïdïguimi.*
Avez-vous eu soin de faire chauffer de l'eau pour me laver les pieds?	ایاقلریمی ییقامق ایچون صواستیدكزمی	*aïāqlarymy ïaïqāmaq itchin sou yssydyñyz- my.*
La bouilloire est sur le feu, et l'eau com- mence à bouillir.	كوكم آتش اوزرنده در صو قینامغه باشلادی	*gūïum ātech uzerindè dir sou qaïnāmaġha lāchlādy.*

8

Donnez-moi un morceau de savon, et une serviette pour m'essuyer.	بر از صابون ویر برده حولو ویر الیمی سلیم	*bir az sâboun ver birdè havlû ver elîmi silèïm.*
Le savon est sur la table à côté de vous, et la serviette est sur le dossier de la chaise.	صابون سزك یانکزده اولان سفوهنك اوستنك وحولو صندالیدنك اوزرنك در	*sâboun siziñ iânyñyzda olàn sofrànyñ ustundè vè havlu sandâlièniñ uzerindè dir.*
Voilà du linge bien mal blanchi.	اشته بو جاماشور فنا ییقانمش	*ichtè bou tchâmâchyr fenâ yqânmych.*
Dites au perruquier de venir me couper les cheveux.	بربره سویله کلسون صاچلریمی کسسون	*berberè seülè guelsin sâtchlarymy kessin.*
Voilà des bas qui ne sont pas mettables : il y a des trous.	بو چورابلرك کیلجك حالی اولمدیغندن بشقه دلیکلری بله وار	*bou tchorâblaryñ guèïledjek hâli olmadyghyndan bachqà delîkleri bilè vâr.*
Ils sont troués et ont une maille rompue.	بو چورابلر سوکلمش ایچنك برتل قوپمش	*bou tchorâblar seukulmuch itchindè bir tel qopmouch.*
Il faut les donner à la ravaudeuse, pour qu'elle les raccommode.	طوقیجی قاری یه ویرملو یاپسون	*dhoqôudjou qàryà vermeli iâpsin.*
En voici une autre paire toute neuve.	اشته یکی چوراب	*ichtè ieñi tchôrâb.*
Je puis m'habiller sans vous. Allez dire qu'on selle mon cheval, parce que je veux aller faire une promenade.	سنسز کینه بیلورم هایده کیت سویله آتمی ایرلسونلر زیرا کزمکه کیده جکم	*sensiz guèïnèbîlirim hâïdè guît seülè âtymy eïerlecinler, zîrà guezmeguiè guîdèdjeguim.*

—

LE PRINTEMPS.

	الك بهار	*ilk bahàr.*
Je crois qu'enfin la mauvaise saison est passée, et que nous allons jouir des douceurs du printemps.	ظن ایدرمکه هوالرك فنالغی کچدی شمدنصکره الك بهارك ذوقنی سوررز	*zann ederimki havâlaryñ fenâlyghy guètchdi, chimdensoñra ilk bahàryñ zevqyny sureriz.*

Cette jouissance sera d'autant plus vive, que nous sortons d'un hiver bien rigoureux.

بو قیشك شدّتندنصکره بهارك صفاسنی زیاده‌سیله سورریز

bou qychyñ chiddetindensoñra bahāryñ safācyný ziādècťlè sureriz.

La verdure commence à renaître, et bientôt nous verrons les arbres se couvrir de fleurs.

چمن کورنمکه باشلادی واز وقتدنصکره اغاجلرکك چچكلندیگنی کوروزر

tchemen gueûrunmegue bāchlādy vè az vaqitdensoñra aghādjlaryñda tchitcheklindiguini gueûrûruz.

Rien n'est plus réjouissant que d'entendre les oiseaux célébrer par leurs chants le retour des beaux jours.

ایّام بهارده قوشلرك اوازینی اشتمکدن زیاده صفالوبرشی. اولمز

eüāmy bahārdà qouchlaryñ avāzyný ichitmekden ziādè safāly bir cheï olmaz.

L'air, dans cette saison, est parfumé de la douce odeur des fleurs qui couvrent les prairies.

بو ایّامك هوانك لطافتی چایرلره زینت ویرن چچکلرك رایحه‌سندن نشأت ایدر

bou eüāmda havānyñ lethāfeti tchāïrlara zînet veren tchitchekleriñ rāïhacyndan nech'et eder.

Déjà le rossignol s'est fait entendre.

بلبل اوتمکه باشلدی

bulbul eutmeïè bāchlady.

C'est, à mon gré, la plus agréable saison de l'année.

بنجه سنه‌نك اك ایو وقتیدر ـ بنجه الك بهار موسمی سنه‌نك سائر موسملرندن صفالودر

bendjè seneniñ eü eïi vaqtydyr, bendjè ilk bahār mevsimi seneniñ sāïr mevsimlerinden safālydyr.

C'est aussi celle que les poëtes musulmans célèbrent de préférence.

ایّام بهار اویله بروقتدرکه مسلمان شاعرلری هربرفصلدن زیاده مدح ایدرلر

eüāmi bahar eülè bir vaqtidir ki muçulmān chā'yrleri her bir faslden ziādè medh ederler.

Vous connaissez, sans doute, l'ode charmante sur le retour du printemps, par le poëte turc Mecyhy.

شبهه‌سز مسیحینك ایّام بهار اوزرنده اولان قصیدهٔ لطیفه‌سنی بیلورسکز

chubhèciz mecîhîniñ eüāmy bahar uzerinè olān qacîdèï lathyfècini bîlirsiñiz.

Oui; c'est, en effet, un morceau plein de goût, de grâce et d'harmonie.

فی الواقع لطیف وشرین بر نطقدر

fil-vāqy' lathyf vè chîrín bir nouthqdour.

Il en existe des traductions très-bien faites en français et en anglais.

بو قصيده‌نك فرانسه لسانيله انكليز لساننك پك اعلا ترجمه‌سی بولنور

bou qacīdèniñ fransà lic̣ānilè inglīz lic̣ānyndà pek a'là terdjumèci boulounour.

Ne remarquez-vous pas que les arbres sont chargés d'un grand nombre de boutons à fruit?

كورمزميسكزكه اغاجلر طومرقلنمش

gueurmezmīciñiz ki aghādjlar thoumrouq-lanmych.

S'il ne survient pas de gelée qui les fasse périr, nous aurons beaucoup de fruits cette année.

اگر قراغودن بر شی ـ اولمزسه بوسنه یمش چوق اولور

eïer qyrāghŷdan bir cheï olmazsà bou sene ïemich tchoq olôur.

Il ne faut pas encore trop se flatter : tant que les fruits ne sont pas noués, une seule nuit suffit pour faire bien des dégâts.

میوه طومرقلنمدقچه میوه كثرتنه امید ایتمك ایجاب ایتمز زیرا صوغوق بر كیجه ایچنك جمله‌سنی محو ایده بیلور ـ خراب ایده بیلور

meïvè thomrouqlanmadyqtchè meïvè kesretinè, umīd etmek idjāb etmez, zīrā soghouq bir guedjè itchindè djumlècini malw edè bīlir, kharāb edè bīlir.

Ne nous alarmons pas d'avance; jouissons du présent : *Dieu est grand !* (1)

قضا وقوع بولیزدن اول امیدمزی قطع ایتمك لازم كلمز الله كریم

qazā vouqou' boulmazdan, evvel umīdimizi qāth' etmek lāzym guelmez, allah kerīm.

DU JARDIN ET DES FLEURS.

Allons faire un tour dans mon jardin.

باغچه ایله چچكلره دائر

bāghtchè ilè tchitcheklerè dāïr.

هایده بزم باغچه‌یه كیدوب براواطه اوره‌لم

hāïdè bizim bāghtchèïè guīdip bir olthà vou-ralym.

Très-volontiers, monsieur; allons, j'irai bien volontiers.

باش اوستنه افندم كیده‌لم ـ پك ممنون اولرق كیده‌رم

bāch ustunè, efendim, guīdèlim pek memnoun olàraq guīdèrim.

Ces allées sont charmantes.

بو اغاجلق یوللری پك كوزل

bou aghādjlyq ïollary pek guzel.

Votre jardin est bien planté.

باغچه‌ڭز ایو دیكلمش

bāghtchèñiz eü dīkilmich.

(1) Phrase d'espérance ou de résignation articulée souvent par les Turcs.

On respire ici un air embaumé.	بوراده هوا پك نفیس قوقویور	*bourădà havā pek nefts qoqouŏr.*
Les fleurs répandent une odeur délicieuse.	چیچكلردن خوش قوخو یاییلیور ـ چیچكلردن غایت كوزل قوخو كلیور	*tchĭtcheklerden khoch qòkhou ĭāïlyŏr, tchĭ-tcheklerden ghāïet guzel kòkhou guelŏr.*
Vos arbres fruitiers semblent promettre beaucoup.	اغاجلریكزك چوق میوه ویره جكی اكلاشیلیور	*aghādjalaryñyzyñ tchoq meïvè verèdjegui añlāchylyor.*
Vos légumes ont besoin d'eau.	سبزەلریكز صو استر ـ سزك سبزەلر صولنمق استر	*sebzèlerĭñiz sou ister, siziñ sebzèler soulanmaq ister.*
Vous n'avez pas vu mes fleurs?	چیچكلریمی كورمدكز	*tchĭtcheklerĭmi guèurmedĭñiz.*
Venez voir mes fleurs.	كل چیچكلریمی كور	*guel tchĭtcheklerĭmi guèur.*
Votre jardin commence à présenter un joli coup d'œil.	باغچەكزك نظارتی كوزللنمكه باشلادی	*bāghtchèñiziñ nazāreti guzellenmeguiè bāch-lādy.*
Les fleurs viennent en abondance.	چیچكلرك كثرتی وار	*tchĭtchekleriñ kesreti vār.*
Le parterre me plaît beaucoup.	چیچكلكی پك بكنیورم	*tchĭtchekligui pek beïenŏroum.*
Les narcisses fleuriront bientôt.	زرین قدح یقینك چیچكلنور	*zerĭn qadeh ïaqÿndà tchĭtcheklenir.*
Les tulipes sont-elles fleuries?	لالەلر آچلدیمی	*lālèler ātchyldÿmy.*
Oui ; nous les verrons dans un moment.	اوت شمدی كوررز	*evet, chimdi guèururuz.*
Les jacinthes sont presque passées.	سنبللر صولمش كبی درلر	*sumbuller şolmouch guibî dirler.*
Vous avez une grande variété de roses.	بر چوق كلكزوار	*bir tchōq guluñuz vār.*
J'en ai de plusieurs couleurs.	بر قاچ رنك كلم وار	*bir qātch renk gulum vār.*
Voyez la fraîcheur de cette rose qui vient d'épanouir, qu'elle est belle !	بو یكی آچلمش كلك تازەلكنه باق نه كوزلدر	*bou ïeñi ātchylmych guluñ tāzèliguinè baqyñ nè guzeldir.*
Ne la cueillez pas : elle ne tarderait pas à se flétrir, et ce serait dommage.	قوپارمیك یازقدر چاپك صولر	*qopārmaïñ, ïāzyqdyr, tchāpouk sŏlar.*

Je voudrais cependant vous offrir un bou-quet.	سزه بر دسته چیچك ویرمك استرم	sizè bir destè tchĭtchek vermek isterim.
Prenez, si vous le désirez, du jasmin, des tulipes, des jacinthes, des lis et autres fleurs.	یاسمین لاله وسنبل وزنبق وبشقهلردن نه دراو چیچك استرسکز آلك	ĭāsmĭn lālè vè sumbul vè zambaq vè bach-qalardan nè turlu tchĭtchek istersiñiz âlyñ.
Il y en a en quantité ; prenez celles que vous voulez.	درلو درلو چیچك واردر استدیککزی آلك	turlu turlu tchĭtchek vărdyr, istedĭguiñizi âlyñ.
Elles sont très-abondantes cette année.	بو سنه چیچكلر پك چوقدر	bou senè tchĭtchekler pek tchoqdour.
Elles sont superbes !	ما شاء الله پك كوزل	mā chā'llah pek guzel.
Quelle fleur est cela ?	بو نه چیچكدر	bou nè tchĭtchekdir (1).
C'est une fleur d'Amérique.	یكی دنیا چیچكی	ĭeñi dunĭā tchĭtchegui.
Comment nommez-vous cette fleur ?	بو چیچكك ادی نه	bou tchĭtcheguiñ ady nè.
J'en ai oublié le nom.	ادینی اونتدم	adyny ounoutdoum.
Aimez-vous les œillets ?	قرنفللری سورمیسکز	qarenfilleri severmĭciñiz.
Oui, mais il faut qu'ils soient doubles, car je n'aime pas les simples.	اوت لاكن قتمرلیسنی سورم بر قاتلیسی سورم	evet, lākyn qatmèrlicini severim, bir qătlycy sevmem.
J'aime beaucoup leur odeur.	قوقوسنی پك سورم	qoûqoûçounou pek severim.
Vous avez aussi des violettes en quantité.	منكشدكزده پك چوق	menekchĭñizdè pek tchoq.
Vous n'avez pas vu mes renoncules ?	دوگن چیچكلریمی كورمدكز	dugun tchĭtcheklerĭmi gueurmediñiz.
Elles sont de toute beauté.	پك كوزلدرلر	pek guzeldirler.
Les jasmins ont une odeur bien forte.	یاسمینلرك قوقوسی پك سرت	ĭāsmĭnleriñ qôqouçou pek sert.

{1) Cette phrase est amphibologique et peut aussi signifier : *Quel original! quel extravagant!* On dit aussi, dans ce sens : امّا چیچكدر *ammā tchĭtchekdir.*

Ces lis sont superbes.	بو زنبق پك كوزل	*bou zambaq pek guzel.*
Vous tenez votre jardin parfaitement.	باغچه كزه پك ايو باقيورسكز	*bāghtchėñizė pek eïi bāqyȯrsouñouz.*
Vous plaît-il?	بكينورميسكز	*beïeniȯrmouçouñouz.*
On y voit toute sorte d'arbres, de fleurs et de fruits.	هر بر درلو اغاجدن وچيچكدن وميوه اغاجندن بولنور	*her bir turlu aghādjdan vė tchĭtchekden vė meïvė aghādjyndan boulounour.*
Où sont vos orangers?	نرهده پورتقال اغاجلركز	*nerėdė portagāl aghādjlaryñyz.*
Les voici de ce côté.	اشته بو طرفده	*ichtė bou tharafdȧ.*
Il faut l'avouer, on ne trouve guère de jardin aussi joli que celui-ci.	طوغروسى بوندن كوزل باغچه بولنماز	*dhoghrouçou, boundan guzel bāghtchė boulounmāz.*

L'ÉTÉ.   يـــاز   *ïāz.*

Ne trouvez-vous pas que depuis quelques jours il fait bien chaud?	بر قاچ كوندنبرو سجاق اولديغنى طويميورميسكز	*bir qātch gundenberi sydjāq oldouğhounou dhȯuïmyȯrmouçouñouz?*
Vous avez raison, mais ce n'est pas un mal : les foins en seront plus beaux.	كرجه هوا سجاق لاكن اوتلر حقنده ايودر	*guertchė hava sydjāq, lākin otlar haqqyndȧ eïi dir.*
Oui; mais je crains que cela ne finisse par un orage qui pourrait déranger entièrement le temps.	اوت اوبله اما صوكنده بر فورطنه هوايى بوزمسون دير قورقارم	*evet, euïlė ammā soñoundȧ bir fyrthynȧ havāïï bȯzmacýn deïï qorqārym.*
Ce qui me fait craindre l'orage, c'est que le vent est au sud depuis deux jours.	روزكار بر قاچ كوندن برو لدوس اسديكندن صوكى فورطنهدر قورقارم	*rouzguiȧr bir qātch gunden beri lodôs esdíguinden soñou fyrthynadyr qorqārym.*
Je crois, au contraire, qu'il est à l'ouest.	ظن ايدرم هوا لدوس دكل اما بطيدر	*zann ederim havā lodôs deïl ammā bathy̆dyr.*
Le vent a donc changé depuis ce matin?	اويله أيسه صباحدنبرو روزكار دكشدى	*euïlė icė sabāhdanberi rôuzguiȧr deïchdi.*

S'il en est ainsi, nous aurons de la pluie pour quelque temps.	اكر بويله ايسه برقاچ كون يغمور اولهجق	eïer beuïlè icè bir qātch gun ïaghmôur oladjaq.
Je voudrais qu'il n'en vînt pas avant que les foins soient ramassés.	اوتلرى قـالدرمازدن اوّل يغمـور يغديـغنى أستهـم	otlary qāldyrmāzdan evvel ïaghmôur ïaghdyghyny istemem.
Je pense que nous aurons une belle récolte cette année.	بو سنه محصولمز چوق اولور ديو قياس ايدرم	bou senè mahṣóuloumouz tchoq olôur deïï qyās ederim.
Il m'a semblé que la récolte promettait beaucoup.	بو سنه محصولات چوق اولهجق كبى اكليورم	bou senè mahsoulāt tchoq oladjaq guibi añlaïôroum.
Les épis paraissent bien nourris.	بشقلر ايوطولمش كوربينور	bachaqlar eïï dholmouch gueurunïor.
L'avoine n'est pas aussi belle.	يولاف اولقدر ايو دكل	ïoulāf olqadar eïï deïl.
Cela est vrai ; mais le seigle, l'orge et surtout le froment promettent beaucoup.	اويله در اما چاودار اربه وعلى الخصوص بغداى پك أعلا در	euïlè dir, ammā tchāvdār arpa vè 'alel-khouçous boghdāï pek a'lā dyr.
S'il ne survient pas de temps contraire, le pain sera bon marché.	اكرهوا مخالفت ايتمزسه اكمك اوجز اولور	eïer havā moukhālefet ètmezsè, ekmek oûdjouz olour.
Cela serait nécessaire, car, l'année dernière, la récolte a été bien mauvaise.	بولازمدر زيرا كچن سنه محصولات پك فنا ايدى	bou lāzymdyr, zīrā guetchen senè mahsoulāt pek fenā idï.
Grâce à Dieu, jusqu'à présent le temps est favorable, et les arbres plient sous le poids des fruits.	اللهه شكر بو آنه قدر هوانك كوزللكى ايله اغاجلرك ميوهسى دللرينى قرمه درجهسنك ايدى	allaha chukur, bou ānè qadar havānyñ guzelligui ilè aghādjlaryñ meïvèci dallaryny qyrmā deredjècindè idi.
Nous avons déjà eu des cerises en abondance, et il paraît que nous n'aurons pas moins de prunes, de pêches, de poires et de pommes.	بو آنه قدر كرازك كثرتى نهايت درجهيه قدم بصدى بوكا قياسا اريك شفتالو ارمود والمانك وفرتى اولور ظن ايدرم	bou ānè qadar kirāzyñ kesreti nihāïeti deredjèïè qadem basdy bouñā qyācen erïk cheftāli armoud vè elmānyñ vefreti olour zann ederim.

A mon goût, on se nourrit, dans cette saison, d'une manière tout à la fois plus agréable et plus saine.

اكربكا قالورسه يازين مأكولاته متعلق شيلر هم لـذتلو وهم بدنه نافع اولور

eïer bañā qālyrsà ïāzīn mékioulātè mute'allyq cheïer hem lezzetli vè hem bedenè nāfẏ' olour.

Les légumes et les fruits sont une nourriture bien meilleure que tous les ragoûts possibles.

ميوه ايله سبزوات مقولهسى يخنيلرك جميعسندن ايودر

meïvè ilè sebzevāt maqôuleci ïakhnẏlaryñ djemy'cinden eïi dir.

Il y a d'ailleurs, en été, abondance de tout.

بوندن بشقه يازموسمنك هرشي· چوق اولور

boúndan bachqà ïāzmevsimindè her cheï tchoq olour.

Les différentes espèces de salades qu'on peut se procurer en été sont très-rafraîchissantes.

موسم صيفده بولنان صلاتهنك انواعي وجود انسانه سربنلك ويرر

mevsimi ṣayfdà boulounān salātanyñ envā'y vudjoudi insānè serïnlik verïr.

Pour la promenade, l'été est préférable à l'hiver.

سيرو تماشا خصوصنك يازموسمي فصل شتادن ايودر

seïru temāchā khouçouçoundà ïāz mevsimi fasly chitādan eïi dir.

Dans cette saison, tout le monde quitte la ville et se rend à la campagne.

يازموسمنك هركس شهري ترك ايدوب كويه كيدر

ïāz mevsimindè her kes chehri terk idip keuïè guïder.

A mon avis, le plus grand plaisir de l'été est de pouvoir se baigner dans une eau courante.

قياسجه يازوقتنك لطافتي اقارصولارده يوزمك در۔ بكا قالسه اقارصوده ييقانمق يازك اك بيوك صفاسيدر

qy̆ācymdjà ïāz vaqtynyñ lethāfeti aqār soulārdà ïuzmek dir, bañā qālsà aqār soudà ïïqānmaq ïāzyñ eñ buïuk safācydyr.

Cette sorte de bains vaut bien mieux pour la santé que ceux qu'on prend dans les maisons.

بونوع حماملرده ييقانمق اوده اولان حماملردن زياده وجوده جرمنفعتي واردر

bou nev'y̆ hammāmlardà ïïqānmaq evdè olān hammāmlardan zïādè voudjoudè djerri menfa'ati vārdyr.

Aussi je ne manque jamais, l'été, de me livrer à la natation dans la rivière.

اكا بنا يازكونلرنك يوزمكك اصلا قصور ايتمم

añā bināen ïāz gunlerindè ïuzmekdè aslà qouçour etmem.

Moi je fais de préférence usage des bains de mer, quand je suis dans son voisinage.

بن دكز كنارنك بولندقچه دكزه كيرمك عادتنى ترجيح ايدرم ـ بن ايسه دكز حمامنى ترجيح ايدرم

ben deñiz kenārendè bouloundouqtchè deñizè guïrmek 'ādetini terdjîh ederim, ben iça deñiz hammāmini terdjîh ederim.

DE L'AUTOMNE.

صوك بهار

soñ bahār.

Avez-vous entendu quelle tempête il a fait cette nuit ?

دون كيجه اولان فرطنه‌يى اشتدكزمى ـ بو كيجه نقدر فورطنه اولدى طويدكزمى

dun guedjè olān fyrthynaïl ichildiñiz mi, bou guedjè neqadar fyrthynà oldou dhouïdou-ñouzmou.

C'est le coup de vent de l'équinoxe d'automne. Il se fait ordinairement sentir à la fin de septembre.

صوك بهارده اعتدال ليل ونهارك روزكاريدر بوده اكثريا ايلولك اخرنك واقع اولور

soñ bahārdà i'tidāli leïl u nehāriñ rouzi-guiāry-dyr, boudà ekseriā eïlouliñ akhe-ryndà vāqy' olour.

Je plains beaucoup ceux qui sont en mer par ce temps-là.

بو ايامك دكزده اولانلره اجيرم ـ بويله وقتلك دكزده بولانانلره چوق اجيرم

bou eïāmdè deñizdè olānlarà adjÿrym, beuïlè vaqïtdè deñizdè boulounānlarà tchoq adjÿ-rym.

Nous apprendrons sans doute, sous peu de jours, plusieurs naufrages.

شبهه‌سز بر قاچ كونه قدر سفينه‌لرك غرق اولندقلرينى خبر الورز

chubhèciz bir qātch gunè qadar sefínèleriñ gharq oloundouqlaryny khaber álÿryz.

Je suis bien aise que le vent se soit apaisé, parce que je vais partir pour la campagne.

روزكار دكدكنه خشنودم زيرا كويه كيده‌جكم ـ هوالر ايولشديكندن پك مسرورم زيرا كويه كيتمك نيتنده يم

rouzguiār diñdiguinè khochnoudoum, zïrā keuïè guïdèdjeïm, havālar eïilechdïguin-den pek mesrouroum zïrā keuïè guïtmek nüetindè im.

Sans doute pour aller à la chasse, car voilà la saison.

شبهه‌سز كويه كيتمكلككز آو موسمى اولديغندندر

chubhèciz keuïè guïtmekliguiñiz āvmevsimi oldoughoundandyr.

Comme il n'y a plus de graines sur pied, on peut courir de tous côtés.

Outre cela, le temps n'est ni trop chaud ni trop froid.

On est charmé de la vue des fruits parvenus à leur maturité.

C'est surtout en France qu'on jouit, dans cette saison, du plaisir de la vendange.

Nous sommes en pleine vendange.

Rien ne présente un plus beau coup d'œil que le vignoble dans ce moment.

On vendange aujourd'hui dans la pièce qui est là-bas.

Allons-y.

Quelle magnifique vue! que ces lieux sont agréables et réjouissants!

On doit récolter ici d'excellent vin.

Tout le monde, dans cette saison, se met à l'ouvrage, hommes et femmes, riches et pauvres.

تارلاده بغدای اربه کچلدکدنصکره هر طرفه کیك بیلنور

بوندنبشقه صوك بهارده هوا نه پك اسیجاق نه پك صوغوقدر ـ هوالر حدّ اعتدالك اولوب نه پك اسیجاق ونده ده صوغوقدر

اولش میوه لره باقدقچه آدم پك فرحلی اولور

فرانسه نك ذوقی بو موسمك باغ بوزمو اثناسنك در

باغ کسیمی موسمیدر

بو وقتلرده اولان باغ نظارتندن زیاده مفرّح شیء بولنمز

بو کون اوتـه کی طرفده اولان باغده اوزم کسیورلر

اورایه کیده لم

نه کوزل نظارتندر ـ نه مفرّح یرلر

بو یردن البته بی نظیر شراب چیقار ـ بو یرك شرابی پك ایو اولملودر

بو موسمده قاری وارکك فقرا وزنکین بتون ایشك دزلر

tārlādà boghdāi arpa guetchildikdensoñra, her tharafà guīdè bīlinir.

boundan bachqà soñ bahārda havà nè pek sydjāq nè pek soghouqdour, havālar haddi y'tidāldè oloup nè pek sydjāq vè nèdè soghouqdour.

olmouch meïvèlerè bāqdyqtchà ādem pek fe-rahly. olour.

frānsànyñ zevqy bou mevsimdè bāgh bozou-mou esnàcyndà dyr.

bāgh kecīmi mevsimīdir.

bou vaqitlerdè olān bāgh nezāretinden zīādè muferryh cheï boulounmaz.

bou gun eutèki tharafdà olān bāghdà uzum kecīorlar.

orāïà guīdèlim.

nè gûzel nazāretdir, nè muferryh ïerler.

bou ïerden elbettè bi'nazīr charāb tchyqār, bou ïeriñ charāby pek eïi olmalydyr.

bou mevcimdè qāry vè erkek fouqarā vè zen-guīn butun ichtè dirler.

L'HIVER. — قیش — *qych.*

Français	عثمانلی	Transcription
L'hiver s'annonce d'une manière bien rigoureuse.	قیش شدتله باشلادی	*qych chiddetlè bāchlādy.*
Il est tombé plus d'un demi-pied de neige la nuit dernière.	کچن کیجه ایکی قارشدن زیاده قار یاغدی	*guetchen guedjè iki qārychdan ziādè qār iāghdy.*
Tant mieux, cela est favorable aux semailles.	دها ایو اکیناره چوق فایده‌سی وار	*dahā öü,ckünlerè tchoq fāïdacy· vār.*
On dit que les sels que la neige renferme fertilisent la terre.	قاردن حاصل اولان طوز محصولاتنه فایده‌سی چوق دیورلر	*qārdan hāçyl olān touz mahsoulātè fāïdacy tchòq deïorlar.*
La glace commence à porter.	بوز اوستندن کچلمکه باشلاندی	*bôuz ustunden guetchilmeïè bāchlāndy.*
Je suis allé aujourd'hui voir patiner sur la glace.	بوکون بوز اوزرنك قایدقلرینی کورمکه کیتدم	*bou gun bouz uzerindè qāïdyqlaryny gueurmeguiè gueïtdim.*
C'est là un plaisir qui doit être nouveau pour vous, et dont vous ne jouissez pas à Constantinople.	سزك ایچون یکی بر شیدر زیرا استانبولده یوقدر بو	*siziñ itchin ïeñi bir cheïdir, zīrā ystānbouldà ïoqdour bou.*
Non, mais on a cependant vu quelquefois le port de cette ville geler en tout ou en partie.	کرچه یوق اما لیمانك اطرافی بعض کره بتون بتون طونار بعض دفعه جزی برشی طونار	*guertchi ïoq, ammā līmānyñ ethrāfy ba'zy kerrè butun butun dhonār, ba'zydef'à djuz'i bir cheï dhonār.*
D'après l'historien Vacif-efendi, ce phénomène a eu lieu en 1753, et s'est reproduit en l'année 1838.	واصف تاریخنه کوره ۱۷۵۳ سنهٔ میلادیه‌سنك دفتردار اسکله‌سیله سودلیجه میانی منجمد اولدی وینه ۱۸۳۸ سنه‌سنك بونك	*vācyf tārykhynè gueurè bïñ ïedi ïuz elli utch senèi mïlādïècindè defterdār iskelècïlè sudludjè mïāni mundjmid oldou (1) vè ïnè*

(1) Littéralement, la partie gelée du port fut celle qui est située entre l'échelle ou débarcadère du Defterdar et Suludjé. Voy. le Plan de Constantinople, par M. Hellert, à la suite de sa traduction de l'*Histoire de l'Empire ottoman* de M. de Hammer.

L'hiver est, à Paris, la saison de l'année où l'on est le plus réuni, et où l'on jouit le plus des agréments de la société.

Cela est vrai pour les riches ; mais, pour les pauvres, c'est une saison bien dure.

Ce qui me déplaît en hiver, c'est que les jours sont si courts et le temps souvent si sombre.

Pour ceux qui aiment l'étude, c'est, je crois, la saison la plus favorable.

Il n'y a pas de doute : le mauvais temps nous force d'être sédentaires.

Dans les beaux jours, on est plus tenté de jouir de la promenade.

Tout le monde est alors à la campagne.

Je trouve que, dans un hiver sec et rigoureux, on se porte mieux qu'en aucun temps de l'année.

مــــشـــلى وقـــوع بـــولــــــــــدى

پاریسك ذوق وصفاسى وجمعیّت وقتى اكثریا قیش ایّامنك در

زنكین اولانلر ایچون دیدككز كرچك اما فقرا حقنك پك فنا وقتدر

قیشى بكنمدیكم كونلرى قصّه وهواسى پوس اولد یغندندر

علمه هوسكار اولانلره اك مساعده‌لى وقتدر

شبهه یوق هوانك فنا اولسى بزى اوده اوتورمغه مجبور ایدر

ایّام ضیفك سیرانكاهه كیتمكه هوسكار درلر

بو موسمك هر كس كوبلره طاغلور

بكا قالسه قورو وشدّتلو قیشك انسانك وجودنك بر صاغلق بولنور سنه‌نك هر بر وقتندن زیاده

—

bīñ sekiz üz otouz sekiz senècindè bounouñ misli vouqou' bôuldou.

pārycyñ zevq u safäcy vè djem'iïet vaqty ekserïä qych eïïämyndà dyr.

zenguïn olānlar itchin dediguïñiz guertchek, ammā fouqarā haqqyndè pek fenä vaqitdir.

qychi bcïenmedíguim gunleri qyssà vè havācy pous oldoughoundandyr.

'ylmè haveskiär olānlarà eñ mucä'edèli vaqitdir.

chubliè ïoq, havānyñ fenä olmacy bizi evdè otoùrmaghà medjbôur eder.

eïïāmi saïfdè scïränguiähè guïtmeïè haveskiär dyrlar.

bou mevsimdè her kes keülerè dhāghylyr.

bañā qālsà qôuroû vè chiddetli qychdà insānyñ vudjoudindè bir sāghlyq boulounou, senèniñ her bir vaqtinden zïädè.

—

DU SÉJOUR EN VILLE.

Vous voilà en ville ! Je vous croyais encore à la campagne.

Nous ne sommes arrivés que depuis deux jours.

Je suis enchanté de votre retour : nous aurons le plaisir de nous voir plus souvent.

En ville, on a du moins le plaisir de voir plus souvent ses amis.

D'ailleurs, la campagne est bien triste dans la mauvaise saison.

Il est vrai qu'on ne peut s'y procurer les choses qu'on trouve en ville.

C'est dans les villes que se concentrent les arts, les sciences et le commerce.

Sans les grandes réunions des villes, les peuples ne seraient jamais devenus aussi policés qu'ils le sont aujourd'hui.

Malheureusement, il règne plus de désordres dans les villes que dans les campagnes.

Et pensez-vous qu'il ne règne pas de désordres dans les campagnes ?

شهرده اقامت ايتمك اوزره

ما شاء الله شهره تشريف ايتمشسكزبن سزى كويك قياس ايدر ايدم

شهره وصولمز ايكى كوندنبرودر

عودتكزدن يك ممنونم ان شاء الله شمدنصكره چوق كورشرز

هيچ اولمزسه شهرده دوستلرى صقچه كورورلر

بوندن غيرى كويلرك فنا وقتلرده ذوقى اولمز

حقيقتله شهرده اولان شيلر كويك بولنماز

اكثريا علوم وفنون وامر تجارت شهرلرده جمع اولور

شهرده اولان جمعيت اولمه سه خلقك بو درجده ده تربيه سى اولمز ايدى

حال بوكه شهرده اولان تشيب اخلاقك چوقلغى كويك دخى بو مرتبه ده يوقدور

قياس ايدرميسكز كه كويك فساد اولمز

chehirdè iqāmet etmek uzrè.

mā châllâh chehrè techrîf etmichsiñiz, ben sizi keüïdè qỹâs éder idim.

chehrè vouçoulumuz ikí gundenberi dir.

'avdetiñizdèn pek memnounoum, in châllâh chimdensoñra tchoq guêuruchuruz.

hîtch olmazsà chehirdè dôstlary syqtchà gueururler.

boundan ghaïry, keüïleriñ fenā vaqitlerdè zevqy olmaz.

haqỹqatdè, chehirdè olān cheïler keüïdè boulounmāz.

ekseriā 'oulôum u funôun vè emri tidjāret chehirlerdè djem' olour.

chehirdè olān djem'ü't olmaça khalqyñ bou deredjèdè terbïèci olmaz idi.

hāl bouki chehirdè olān teçaïübi akhlāqyñ tchoqloughou keüïdè dakhy bou mertebèdè ïoqdour.

qỹâs edermíciñiz ki keüïdè feçād olmaz.

Au moins, ils ne sont pas si publics. — هیچ اولمزسه بو قدر اشكار دكل در — *hĭtch olmazsa bou qadar achikiār deïl dir.*

Je vois que vous êtes très-partisan des grandes villes. — كوريورمكه سز شهردن يكّا صاحب چقرسكز — *gucurĭoreumki siz chehirden iañā sāhyb tchiqarsyñyz.*

Pour moi, je préfère la simplicité des mœurs villageoises. — بنده كز طوغروسى كويك طور وحركتنى ترجيح ايدرم — *bendèniz dhoghrouçou keuïuñ thavr u hareketini terdjĭh ederim.*

DES SOIRÉES ET DU BAL (1). — بالو ايله كيجه مجلسلرى — *bālo ilè guedjè medjlisleri.*

Vous paraissez aujourd'hui bien fatigué; qu'avez-vous donc? — بو كون سزده بر يورغنلق كوريورم نه اولدى سزه — *bou gun sizdè bir ïorghounlouq gucurĭoroum, nè oldou sizè.*

J'ai veillé une partie de la nuit; il était près de cinq heures quand je me suis couché. — كيجه نك نصفنه قدر او يومدم تخميناً ساعت بشله ايدى ياتدوغم وقت — *guedjènuñ nysfynè qadar ouïoumadoum, takhmīnen sā'at bechdè idi ïāttyghym vaqit.*

Pourquoi ne vous êtes-vous pas retiré plus tôt ? — نيچون دها اوّلى كيتمدكز — *nītchin dahā evveli guĭtmediñiz.*

C'était bien mon intention; mais j'étais avec des dames que je n'ai pu quitter de toute la nuit. — چقمسنى استردم لاكن خانملرله اولديغمدن بر درلو انلرى ترك ايده مدم — *tchyqmacyny isteridim, lākin hānymlarilè oldoughoumdan bir turlu anlary terk edèmedim.*

Je sais que vous n'êtes pas grand amateur de la danse. — بيلورم كه او يونك پك هوساوسى دكلسكز — بيلورمكه رقصدن چوق حظ ايتمزسكز — *bĭlirimki oïounouñ pek haveslici deïlsiñiz, bilirimki raqysdan tchoq hazz itmezsiñiz.*

Je ne l'ai jamais beaucoup aimée, même quand j'étais jeune. — كنجلكمدن برو بر درلو حظ ايتمز ايدم — *guendjliguimdenberi bir turlu hazz etmez idim.*

---

(1) On doit observer que ce dialogue et quelques-uns du même genre sont particulièrement destinés aux Turcs qui viennent en Europe, et qui, chaque jour, s'identifient davantage avec nos usages.

Jouez-vous?	كاغد اويننی سورميسكز	*kiāghyd oïounounou severmīciñiz.*
Je fais quelquefois une partie ou deux, quoique je ne sois pas très-passionné pour les cartes.	بعص كرّه بر ايكی اويون اوينسهم بله زياده سيله تعشقمدن دكلدر	*ba'zy kerrè bir iki oïoun oïnaçam bilè ziādècīlè te'achchuqoumdan deïldir.*
Au reste, on fait dans cette maison d'assez bonne musique.	هر نه ايسه بو اوده ايو موسقی وار	*her nè içà bou evdè eïi moucyqy vàr.*
Il y avait des personnes d'un talent très-distingué.	بو اوده پك مشهور موسقی شناس کمسنه لر وار ايدی	*bou evdè pek mechhour moucyqy chinās kimesnèler vàr idi.*
Je vais quelquefois dans ces grandes assemblées, mais je vous avoue que j'aime beaucoup mieux un petit cercle d'amis.	بويله بيوك مجلسلره بعض کرّه کيتسم دخی برقاچ دوستك جمعيتنی ترجيح ايدرم	*beuīlè buùk medjlislerè ba'zy kerrè gnītsem dakhy bir qàtch dostoùn djem'ïetini terdjīth ederim.*
Une chose assez désagréable dans une compagnie si nombreuse, c'est qu'on y étouffe de chaleur, et qu'en outre on n'y peut guère jouir du plaisir de la conversation.	بويله مجلسلرك ناخوشلغی بريسی سجاقدن بوغلوب ايکنجيسی کمسه کمسه ايله صحبت ايده مديکندندر	*beuīlè medjlisleriñ nàkhochloughou birīci sydjàqdan boghouloup ikindjīci kimsè kimsè ilè sohbet edèmedīguindendir.*
Souvent on ne connaît pas, ou du moins très-peu, la plupart des personnes qui s'y trouvent.	اکثريا حاضر بالمجلس اولانلر بر برينی طانيمز	*ekserīà hāzyr bil-medjlis olānlar bir birīni thānymaz.*
Ces réunions ont cependant un avantage, celui d'y faire des connaissances dont on a ensuite sujet de se féliciter.	لاکن بو مجلسلرك فايده سی بوکه هر کس بری بری ايله فايده لو اشنالق ايدر	*lākin bou medjlisleriñ fàïdàcy bouki her kes biri biri ilè fàïdàly àchynàlyq eder.*
—	—	—

DU JEU.

	اویـن اوینمـق اوزره	*oïoun oïnamaq uzrè.*
Soyez le bienvenu, Moustafa-efendi.	خوش کلدك مصطفی افندی	*khoch gueldiñ mousthafa efendi.*
Soyez le bien trouvé, monsieur (1).	خوش بولدوق افندم	*khoch bouldouq efendim.*
Ahmed-agha est-il avec vous?	احمد اغا دخی سزکله برابر میدر	*ahmed aghā dahi siziñlè berāber mîdir.*
Le voici qui vient.	اشته کلیور	*ichtè guelïor.*
Nos amis vous désiraient beaucoup hier.	دون دوستلر سزی پك ارزولدیلر	*dûn dostlar sizi pek arzôuladoular.*
Je leur suis bien obligé, ainsi qu'à vous-même, monsieur.	سزدن وانلردن غایت ممنون اولدم افندم	*sizden vè anlardan ghāïet memnoun oldoum efendim.*
Où sont-ils donc aujourd'hui?	بوکون نرده درلر	*bou gun nèrèdè dirler.*
Ils viendront bientôt.	شمدی که جکلر	*chimdi guelèdjekler.*
En attendant qu'ils viennent, jouons une partie.	انلرکلنجیه قدر بز بر اوین اوینیلم	*anlar guelindjïè qadar biz bir oïoun oïnaïalym.*
A quel jeu jouez-vous?	قنغی اوینی اوینارسکز	*hanghi oïounou oïnārsyñyz.*
Un peu à tout, sans être bien fort à aucun.	هپسندن براز اوینارم لاکن هیچ بریسنك مهارتم یوقدر	*hepsinden bir az oïnārym lākin hîtch birïcindè mahāretim ïoqdour.*
Jouez-vous aux échecs?	شطرنج اوینارمیسکز	*sathrendj oïnārmycyñyz.*
J'y jouais autrefois, mais j'ai presque oublié ce jeu.	بروقت اویـنـاردم شمدی اونـتمشمدر ظن ایدرم	*bir vaqit oïnārdym, chimdi onoutmouchoumdour, zann ederim.*
C'est un jeu bien difficile et qui exige beaucoup d'attention.	کوچ اویون اولدیغندن بشقه زیاده سیله دقتنه لازمدر	*gûtch oïoun oldoughoundan bachqa zïādècïlè diqqatdè lāzymdyr.*
Je suis trop distrait et trop impatient pour le bien jouer.	عقلم پریشان وصبرسز اولدیغمدن بر درلو ایو اوینایمم	*'aqlym perichān vè sabyrsyz oldoughoumdan bir turlu eïi oïnāïamam.*

(1) Idiotisme turc.

Français	Türkçe	Transcription
Jouez-vous aux dames?	دامه اوینارمیسکز	dāmá oïnármycyñyz.
Oui, ce jeu est plus facile, et j'y suis assez fort.	اوت بواویون پك قولایدر انك ایچون چوق بیلورم	evet, bou oïoun pek qolaïdyr, anyñ atchin tchoq bilirim.
En attendant nos amis, nous ferons, si vous voulez, une partie aux cartes.	دوستلرمز کلنجیه قدر اکو استرسکز بو اوین اوینیلم	dostlarymyz guelindjiè qadar, eier isterseñiz, bir oïoun oïnaïalym.
Très-volontiers, monsieur, jouons.	پك ایو افندم اوینیلم	pek eü efendim, oïnaïalym.
Donnez-nous les cartes.	کاغد کتورك	kiāghyd gueturiñ.
Voyons qui fera.	بقدلم کیم کاغدلری ویره جك	baqalym kim kiāghydlary verèdjek.
C'est à moi à faire.	بن ویره جکم	ben verèdjeüm.
Pardonnez-moi, monsieur, c'est à moi à faire.	عفو ایدرسکز افندم بن ویره جکم	'afv edersiñiz efendim ben verèdjeüm.
Mêlez bien les cartes.	کاغدلری بر ایو قارشتر	kiāghydlary bir eü qārychdyr.
Coupez, monsieur.	کسك افندم	keciñ efendim.
Oh! le mauvais jeu que j'ai!	نه فنا کاغدلوم وار	nè fenā kiāghydlarym vār.
Il n'est pas si mauvais que vous le dites.	دیدیکك قدر فنا دکل	dediguiñ qadar fenā deïl.
Avez-vous de l'atout?	قوزکز وارمی	qôzouñouz vārmy.
Jouez de l'atout.	ویریکز قوزی	veriñiz qôzou.
Prenez, monsieur.	الك افندم	ālyñ efendim.
Il vous est venu beau jeu.	سزه پك کوزل کاغد کلمش	sizè pek guzel kiāghyd guelmich.
Je n'ai pas un seul atout.	بر ایو کاغدم یوق	bir cü kiāghydym ïoq.
Vous êtes heureux au jeu.	اویندا سزك بختکز آچقدر	oïoundá siziñ bakhtyñyz ātchyqdyr.
Non, il n'y a pas moyen de tenir contre un si mauvais jeu.	خیر بویله کاغد ایله سزکله باشه چقلماز	khaïr, beuïlè kiāghydlè siziñlè bāchà tchyqylmāz.

J'ai le roi.	پاپازم وار ٠	*pāpāzym vār.*
Vous avez gagné.	ایشته قزاندكز	*ichtè qazāndyñyz.*
Allons, ne perdez pas courage.	دی امدی امیدیكزی كسمیكز	*dè imdi umídîñizi kesmeïñiz.*
Peut-être le bonheur vous viendra cette fois-ci.	بلكه بو اوینك بختكز أچلور	*belki bou oïoundà bakhtyñyz átchylyr.*
Allons, monsieur, votre revanche.	انتقامكزى آلك افندم	*intiqāmyñyzy âlyñ, efendim..*
Non, c'est assez jouer pour aujourd'hui.	خیر بو كون اوینادیغمز یتشور	*khaïr, bou gun oïnādyghy myz ietichir..*

POUR ACHETER CHEZ UN HORLOGER.

	ساعتجیدن بر شی ٠ صاتون آلق اوزره	*sä'atdjíden bir cheï sātyn âlmaq uzrè.*
Il faut que je sorte.	دیشارى چیقاجغم	*dychāry tchýqādjaghym.*
Pour quoi faire?	نه یاپمق ایچون	*nè iāpmaq itchin.*
J'ai plusieurs emplettes à faire. Venez avec moi; vous me donnerez utilement votre avis.	براز آلاجغم شیلر وار بنمله كلسكز سزك تعریفكز ایله السم دها ایو اولور	*bir az âlādjaghym cheïler vār, benimlè guelseñiz, siziñ ta'rífñiz ilè âlsam dahā eü olour.*
Très-volontiers. Partons.	باش اوستنه بیورك كیده لم	*bāch ustunè, bouïouroùñ, guídèlim.*
Entrons d'abord chez cet horloger.	اولا شو ساعتجیبه كیره لم	*evvelā chou sä'atdjüè guírèlim.*
Vous m'avez vendu une montre dont je ne suis pas content.	بزه بر ساعت صاتدكز لكن خشنود دكلم	*bizè bir sä'at sātdyñyz, lakin khochnoud deïlim.*
Comment donc, Monsieur! cela m'étonne; je vous assure que c'est une excellente montre.	نصل افندم تعجب ایده جك شی ٠ سزه ویردیكم ساعت پك بی نظیر ایدى	*nacyl efendim, te'adjdjub edèdjek cheï, sizè verdíguim sä'at pek bi nazyr idi.*
Excellente tant que vous voudrez; mais,	دیدیكزدن اعلادر امّا دوزلتد كچه دایــه ـا	*dedíguiñizden a'lādyr, ammā duzeldiktche*

quoi que je fasse pour la régler, elle est toujours en avance ou en retard.	ايسلـــرو ڭرو ڭيـــديـــور	dāimā ileri gueri guidior.
C'est le cas de beaucoup de montres neuves : il faut quelquefois du temps avant de pouvoir les régler parfaitement.	يڭی ساعتلرك حاليدر بعض دفعه دوزلتملك ايچون چوق وقته محتاجدر	ïeñi sā'atlariñ hālydyr, ba'zi def'e duzeltmek itchin, tchoq vaqtè muhtādjdyr.
Je vous crois; mais il est désagréable d'avoir une montre, et de ne jamais savoir l'heure.	اويله امّا ساعتی اولوپده ساعت قاچده اولديغنی بيلمدكچه ساعتم وار ديمك نيه لازم	euïlè, ammā sā'ati oloupda, sā'at qātchdà oldoughounou bilmediktchè, sā'atim vār demek neïè lāzy'm.
Si vous n'êtes pas content de votre montre, je puis vous la changer.	ساعتكزدن خشنود دكلسكز دكشتررم	sā'atyñyzden khochnoud deïlsèñiz, deïchdiririm.
Volontiers, pourvu que vous m'en donniez une bonne.	باش اوستنه همان بر ايوسنی ویر	bāch ustunè hemān bir eïicini ver.
Voici une fort bonne montre à secondes, qui marque, en outre, les quantièmes et les jours de la semaine.	اشته سزه بر اعلا ثانيه‌لی و بوندنبشقه هفته ڭونلرينی وآيك قاچ اولديغنی اشارت ايدر ساعت	ichtè sizè bir a'lā sānïèli vè boundanbachqa haftà gunlerïni vè äïñ qātch oldoughounou ichāret eder sā'at.
Je n'aime pas les montres si compliquées : il y a toujours quelque pièce qui se dérange.	اويله تكلّفلی ساعتی سومم دائم بر بوزقلغی اولور	euïlè tekellluflu sā'ati sevmem, dāim bir bouzouqloughou olour.
Tenez, voici une excellente montre à répétition.	اشته سزه بر اعلا چالار قويون ساعتی	ichtè sizè bir a'lā tchālār qoïoun sā'ati.
Je la prendrai volontiers, si vous me la garantissez.	كفيل اولورسكز آلايم پك ايو	kefïl oloursañyz ālāïm pek eïi.
Je vous la garantis excellente.	پك اعلا اولديغنه كفيل اولورم	pek a'lā oldoughouna kefïl olouroum.

Je suis chargé de vous remettre une mon- tre dont le grand ressort est cassé.

بنده كزه اصمارلديلر سزه بر زنبركى قرق ساعت وبره يم

bendèñizè ismārladylar sizè bir zenberegui qyryq sā'at verèïm.

Il faut que je la démonte, pour voir ce qu'il y a à faire.

افـندم يابيـلهجق نسنه يى بيلمـك اوزره ساعتى سوكملىم

efendim, ïāpÿlàdjaq nesnèï bïlmek uzrè sā'ati seukmeliïm.

Je crains que le grand ressort ne soit cassé.

زنبركى قرلمش ديو قورقرم

zenberegui qyrylmych deïi qorqarym.

Le maître de cette montre, hier, en la montant, l'a laissée tomber, et elle s'est aussitôt arrêtée.

بو ساعتك صاحبى دون اخشام ساعتى قورار ايكن ديشوردى آنيك طورمش

bou sā'atyñ sāhybi dûn ahchām sā'ati qourār iken, duchurdu, ānïdè dhourmouch.

Je crois que le mouvement en est dérangé.

حركتنه خلل كلمش ظن ايدرم

harekétinè khalel guelmich zann ederim.

Ce n'est rien ; c'est seulement la chaîne qui est décrochée.

برشى ـ دكل صلت زنجيرى بوشانمش

bir chèï dèïl, salt zindjïri bochānmych.

Le mouvement n'est pas dérangé.

حركتى بوزلمش

hareketi bozoulmamych.

Quand croyez-vous qu'elle puisse être prête ?

نه زمان بتر ظن ايدرسكز

nè zemān biter zann edersiñiz.

Elle a aussi grand besoin d'être nettoyée et réglée.

سلنمك وعيار ايلمكه دخى محتاجدر

silinmek vé 'aïār eïlemeïè dakhy mouhtādj-dyr.

Vous ferez le tout ensemble, mais le plus promptement possible : la personne ne peut pas se passer de montre.

هپسينى بردن ياپكز امّا عجله ايتسكز زيرا صاحبى ساعتسز ايده مز

hepsini birden ïāpyñyz, ammā 'adjelè etseñyz, zyrā sāhybi sā'atsyz edèmez.

Je ne puis la donner avant quinze jours.

اونبش كوندن اشاغى ويره مم

onbech gunden achāghy verèmem.

C'est bien long.

او پك چوق

o pek tchoq.

Je vais lui en prêter une en attendant.

اكا شمديلك بشقدسنى ويره يم

añā chimdïlik bachqacyny verèïm.

CHEZ LE LIBRAIRE.

كتابجيده

kitābdjydd.

Entrons un moment chez le libraire.	كتابجى يه كيره لم بر از	*kitābdjyîè guûrèlim bir az.*
Vous ne m'avez pas encore envoyé mes livres.	كتابلريمى دها كوندرمديكز	*kitāblarŷmy dahā gueundermediñiz.*
Je vous assure que ce n'est pas ma faute : ils sont encore chez le relieur.	قصوربنده دكل مجلّددن كلمدى دها	*qouçour bendè deïl, mudjellidden guelmedi dahā.*
J'ai déjà un dictionnaire turc-français; mais il me faudrait encore un dictionnaire français-turc.	تركجه فرانسزجه لغتم وار اتّا بردانه فرانسزجه تركجه لغته محتاجم	*turkdjè frānsizdjè laghatim vār, ammā bir dānè frānsizdjè turkdjè laghaïè muhtādjym.*
Je puis vous en procurer : la seconde édition vient de paraître. La voici, monsieur.	ويره بيلورم سزه چونكه ايكنجى بصمهسى مواخّرا ظهور ايتمشدر اشته افندم	*vèrè bīlirim sizè tchunku, ikindji basmaçy mouākhkharen zouhour etmichdir, ichtè efendim.*
Je voudrais une grammaire turque et un Guide de la Conversation.	ترك صرفيله طريق تكلّم ديدكلرى كتابه محتاجم	*turk sarfîlè tharyqy tekellum dedikleri kitāba muhtādjym.*
Les voici, monsieur.	اشته افندم	*ichtè efendim.*
Vous me ferez relier ces deux ouvrages.	بو ايكى كتابى جلدلدكز	*bou iki kitāby djildlediñiz.*
Quel genre de reliure désirez-vous?	نه كونه جلد استرسكز	*nè·guiòunè djild istersiñiz.*
Je veux une reliure solide, sans être trop ornée.	بر قوى جلد استرم امّا پك تكلفلى اولمسون	*bir qavi djild isterim, ammā pek tekelluflu olmaçoun.*
Dites-moi, avez-vous reçu de nouveaux ouvrages?	يكى كتاب آلدكزمى	*ïeñi kitāb āldyñyzmy.*
Il vient de m'arriver une caisse à la douane, qui doit probablement en contenir.	كمركه بر صندوق كلدى احتمالكه ايچنل اوله	*gumruguè bir sandyq guèldi, yhtimālki itchindè ola.*

N'oubliez pas de me garder un exemplaire de ce qui pourra s'y trouver d'intéressant pour moi.	بكا دائر فايده‌لو كتابلر وارايسه آليقويڭ	bañā dāïr fāïdèli kitāblar vārsa ályqoïouñ.
Vous m'enverrez aussi un Abrégé de la géographie et un atlas des cartes nouvellement gravées.	بر جغرافیه مختصری ایله یكی بصلمش بر اطلس وارایسه بنده‌كزه كوندرك	bir djoghrāfïa moukhtaçari ilè ïcñi bacylmych bir athlas vārsa bendèñizè gueunderiñ.
Je n'y manquerai pas.	باش اوستنه	bāch ustunè.
J'oubliais de vous dire de m'envoyer également la traduction française de l'Histoire de l'empire ottoman.	عثمانلو تاریخینك ترجمه‌سنی كوندرك دیو اصمارله‌مه‌یه اونتدم	'osmānly tārykhynyñ terdjumècini gueunderiñ deïi ysmārlamàïà ounoutdoum.
Très-bien, monsieur.	پك ایو افندم	pek eïi efendim.
Je désire, en outre, acheter quelques autres ouvrages de littérature française.	بوندن بشقه ادبیات فرانساویه‌دن بعض كتابلر صاتون المق استرم	boundan bachqá edebïāti frānsavïèden ba'zy kitāblar sātyñ ālmaq isterim.
Voici, monsieur, le catalogue des livres que vous désirez.	اشته افندم استدیككز كتابلرك دفتریدر	ichtè efendim istedíguïñiz kitāblaryñ defterídir.
Donnez-moi, je vous prie, tels ouvrages.	كرم ایدوب بكا فلان كتابلری ویرك	kerem idip bañā felān kitāblary veriñ.
Quel est le prix de ces livres?	بو كتابلرك بهاسی نقدردر	bou kitāblaryñ bahācy neqadar dyr.
Les prix sont tels qu'ils se trouvent sur le catalogue. Je vends à prix fixe, et ne surfais pas.	بهالری قائمه‌ده مبین اولدیغی كبی اولوب بنده‌كزده هر شیڭك ثمنی معیّندر پازارلشمغه كلمز	bahālary qāïmèdè mubeïïen oldonghou guibi oloup, bendènizdè her cheïiñ semeni mou'aïiendir pāzārlachmagha guelmez.
C'est bien cher.	چوق پهالودر	tchoq pahālidir.

CHEZ LE BIJOUTIER.	جواهرجيك	*djevāhirdjĭdè.*
Voici une boutique bien garnie; entrons-y.	كيره‌لم اشته برزينتلو جواهرجى دكّانى	*guĭrèlim ichtè bir zĭnetli djevāhirdji dukkiāny.*
Montrez-moi d'abord quelques bagues montées en pierres fines.	ابتدا بر قاچ مجوهر يوزك كوسترك بكا	*ibtidā, bir qātch mudjevher ĭuzuk gueusteriñ bañā.*
Voilà, monsieur, un diamant qui a beaucoup d'éclat.	اشته افندم سزه بر صاف الماس	*ichtè efendim sizè, bir sāf elmās.*
Il est impossible d'en trouver un d'une plus belle eau.	بوندن صويى تميز الماس بولنماز	*boundan soŭou temĭz elmās boulounmāz.*
J'espère que la monture en est solide.	دونمامى ايو ظن ايدرم	*donanmācy eïi zann ederim.*
C'est un bon ouvrier qui l'a monté.	بونى ياپان اوستا ايدر	*bŏunou ĭāpān oustā eïidir.*
Cette bague me plaît beaucoup, mais elle est trop grande pour moi.	بو يوزك ايو امّا بكا بيوك	*bou ĭuzuk eïi, ammā bañā buĭuk.*
Je puis la diminuer sans nuire à la monture.	دونمامسنه طوقنمقسزين حلقه‌سنى كوچلدرم	*dŏnanmācynā dhoqounmaqsyzyn halqàcyny kutchaldurum.*
Auriez-vous par hasard une bague qui eût de l'éclat, et qui ne fût pas chère.	بهاسى اه‌ون اوله‌رق چوق پارلق بر يوزككز وارميدر	*bahācy ehven olaraq tchoq pārlaq bir ĭuzuguñuz vārmydyr.*
Voilà un brillant d'un carat et demi qui a beaucoup d'éclat.	اشته افندم بربچوق قراط بر برلانته‌در	*ichtè efendim bir boutchouq qyrāth bir pyrlānta dir.*
S'il eût été d'une belle eau, il eût valu environ trois mille piastres.	صويى كوزل اوليدى تقريبًا اوچبيك غروش ايدر ايدى	*soŭou guzel olaïdy taqrĭben utch bĭñ ghourouch eder idi.*
Je veux un diamant à bas prix, et qui ait beaucoup d'apparence.	بهاسى اوجوز ايلق شرطيله چوق كوستريشلو بر الماس استرم	*bahācy oudjouz olmaq charthylè tchoq gueusterichli bir elmās isterim.*

C'est précisément ce qu'il vous faut.	تمام سزه لازم اولان بودر	tamām sizè lāzym olān boudour.
C'est possible, mais c'est trop cher.	ممكندر اما بو پك بهالودر	mumkindir ammā bou pek bahālydyr.
Je vous en donnerai mille cinq cents piastres.	سزه بيك بشيوز غروش ويره جكم	sizè bīñ bech ïuz ghourouch verèdjeguim.
C'est bien peu ; néanmoins, pour vous satisfaire, je vous la donne à ce prix.	بو پك آزدر اما تطييب خاطركز ايچون بو بهايه الك	bou pek āzdyr, ammā tathïibi khāthyryñyz itchin, bou bahāïà ālyñ.
Je voudrais avoir une chaîne d'or pour ma montre : la mienne n'est plus de mode.	ساعتمه بر التون زنجير استرم زيرا بنمكى شمديكى موده دكل	sā'atimè bir altyn zindjïr isterim, zïrā benimki chimdïki modà deïl.
Je puis vous la reprendre en échange : vous ne perdrez que la façon.	دكشتره بيلورم فقط ايش بهاسنى غايب ايدرسكز	deïchtirè bïlirim, faqath ich bahācyny ghāïb ederciñiz.
Je voudrais aussi un cachet.	بر ده مهر استرم	bir dè muhur isterim.
En voici plusieurs montés en cornaline, et d'un beau travail.	اشته سزه بى نظير عقيق طاشيله بر قاچ دانه دونانمش مهر	ichtè sizè bi nazyr 'aqïq thāchïlè bir qātch tānè donānmych muhur.
Je prendrai celui-ci ; mais il faut que vous vous chargiez d'y faire graver mon nom en lettres turques.	بونى آلورم لكن تركجه اسمى يازدرملوسكز	bounou ālyrym, lakin turktchè ismimi ïāzdyrmalycyñyz.
Je le donnerai à un habile graveur.	بر اعلا حكّاكه ويررم	bir a'lā hakkiākiè veririm.
Montrez-moi des boucles d'oreilles montées en émeraudes.	بر از زمرد كوپه لر كوسترك	bir az zumrud kupèler gueusteriñ.
En voici, monsieur.	اشنه افندم	ichtè efendim.
Je les aimerais mieux en turquoises.	فيروزه سنى دها ايو سورم	fïrouzècini dahā eïi severim.
Je n'en ai pas pour le moment.	شمديلك بنده يوق	chimïdlik bendè ïoq.
Combien demandez-vous de ce rubis?	بو ياقوته نه استرسكز	bou ïāqoutè nè istersiñiz.

Je ne puis en disposer, il est déjà vendu.	بو صاتىلدى ويره‌مم	bou sātyldy veremem.
Voilà un superbe collier; mais il serait trop cher pour moi.	أشته براعلا كردانلق لاكن بنم ايچون چوق بهالو	ichtè bir a'la guerdānlyq, lākin benim itchin tchoq bahāly.
Combien coûterait cette tabatière en or émaillée?	بو مينالى التون قوطيسى قاچه‌در	bou mīnèli altyn qouthouçou qātchadyr.
Comme vous êtes une de mes pratiques, je vous la donnerai au juste pour six cents francs.	بنم مشتريم اولديغكزدن سزه التيوز فرانقه ويرم	benim muchterím oldoughouñouzdan sizè altüuz frānqa vererim.
Envoyez-la-moi demain, avec la facture acquittée de tout ce que je vous dois; je payerai au porteur.	آلديغم شيئلرك دفترى ايله بو قوطيى يارين كونده‌رك كتورن آدمه پاره‌سنى ويرم	āldyghym cheïleriñ defteri ilè bou qouthoui iāryn gueunderiñ guetiren ādemè pāracyny vererim.

—

CHEZ LE MARCHAND DE DRAP.

	چوقه‌جى دكاننده	tchohadji dukkiānynda.
Entrons dans ce magasin.	شو مغازه‌يه كيره‌لم	chou maghāzaïa guïrèlim.
Que souhaitez-vous, monsieur? que cherchez-vous?	أفندم نه استرسكز نه ارايورسكز	efendim nè istersiñiz nè aŗāïorsouñouz.
Je voudrais du drap beau et de bonne qualité.	چوقه‌نك ايوسنى واعلاسنى استرم	tchohanyñ eïicini vè a'lācyny isterim.
Donnez-vous la peine d'entrer, monsieur; vous trouverez ici les plus beaux draps de Paris.	بيورك بوراده پاريسلك اك اعلا چوقه‌سنى واردر	bouŷourouñ bourāda, pārícïñ eñ a'lā tchohácyny vārdyr.
Quelles sont les couleurs de drap que vous désirez?	قنغى رنكى استرسكز	hanghy rengui istersiñiz.

Faites-moi voir du bleu et du noir?	ماوی ایله سیاه رنك كوسترببكا	*māvi ilè siäh renk gueuster bañä.*
En voici une pièce de l'un et de l'autre.	أشته سزه ایكی طوپدنلك	*ichtè sizè iki thoptandà.*
Montrez-moi ce que vous avez de mieux.	بقدیم ایوسنی كوسترك	*baqaïm eïicini gueusteriñ.*
Voilà un drap fort à la mode et très-convenable.	أشته یكی موده اولدرق پك مقبول بر چوقهدر	*ichtè ieñi moddà olàraq pek maqboul bir tchohàdyr.*
Montrez-moi la pièce.	طوپنی بكا كوسترك	*thopounou bañä gueusteriñ.*
La voici; je vais la déplier.	أشته افندم آچهجغم	*ichtè efendim ätchadjaghym.*
On ne saurait trouver un plus beau drap que celui-ci.	بوندن كوزل چوقه بولنمز	*boundan guzel tchohà boulounmaz.*
Ce drap me paraît bien, mais la couleur ne me plaît pas.	بو چوقه ایوایمّا رنكندن حظّ ایتمم	*bou tchohà eïi ammä renguinden hazz etmem.*
Je crains que la couleur ne soit pas durable.	رنكی آنر دیر قورقرم	*rengui ätar deüï qorqarym.*
Soyez persuadé qu'elle ne passera pas, je vous en réponds.	افندم تحقیق اولسونكه رنكی آنمز بنده كز كفیل اولورم	*efendim tahqÿq olsounki rengui ätmaz bendèñiz kefïl olouroum.*
Il me semble que ce drap perdra de sa beauté quand il sera décati.	ظنّ ایدرمكه بو چوقه أصلاندیغنلك فنالشیر	*zann ederimki bou tchohà ÿslàndyghyndà fenälechÿr.*
Je vous promets qu'il ne fera que gagner au décatissage.	أصلاندقجه دها ایو اولهجغنه بنده كز كفیل اولورم	*ÿslàndyqtchè dahä eïi olàdjaghynä bendèñiz kefïl olouroum.*
Je m'en rapporte à vous.	سزه اینانورم	*sizè inänÿrym.*
En voici d'une couleur plus claire.	أشته سزه بر اچق رنك	*ichtè sizè bir atchyq renk.* (رنكی آچق)
Je désire, au contraire, une couleur foncée.	رنكی قیواولسه دها ایو	*rengui qoïoü olsà dahä eïi.*

J'aime bien cette couleur, mais le drap est un peu mince.	بو رنكى سورم اما چوقدسى پك اينجه	*bou rengui severim, ammā tchohǎcy pek'indjě.*
Voyez celui-ci, monsieur. Vous ne sauriez en trouver de si bonne qualité ailleurs.	بوكا باقكز افندم بوندن ايوسنى بشقه يرده بولامزسكز	*bounñā bāqyñyz efendim, boundan eïicini bachqá ïerdè boulāmazsyñyz.*
Combien me vendrez-vous l'aune de ce drap ?	بوزك ارشونونى قاچه ويره جكسكز	*bounouñ archy̆nouny qātchā verédjeksiñiz.*
Sans vous surfaire, l'aune vaut trente-cinq francs.	سزه زياده سويلمكسزين ارشونى اوتوز بش فرانغهدر	*sizě zïādě seuïlemeksiziñ archy̆ny̆ otouz bech frānghǎdyr.*
Dites-moi le dernier mot.	صوك بهاسنى سويله ـ بتريمنى سويله	*soñ bahǎcyny seuïlě, bitirǐmini seuïlě.*
Je vous ai dit le dernier prix; je n'aime pas marchander.	صوك بهاسنى سويلدم بنده كز بازارلشمغى سوم	*soñ bahǎcyny seuïledim bendēñiz pāzārlach- maghy sevmem.*
La couleur bleue que vous choisissez est toujours la plus chère.	سزك سچديككز ماوى دايما بهالو رنكدر	*siziñ setchtǐguiñiz mǎvy̆ dāïmā bahāly renk- dir.*
C'est trop cher; je vous en donnerai trente francs l'aune.	پك بهالو ارشونونه اوتوز فرانق ويررم	*pek bahǎly, archy̆nyna otouz frānq vérerim.*
Il n'y a pas un sou à rabattre.	بر پاره اكسك اولمز	*bir pārà eksik olmaz.*
Je ne vous donnerai pas non plus ce que vous me demandez.	سزك استديككزى ده ويررم	*siziñ istediguiñizïllě vérmem.*
Je ne puis le donner à moins.	اشاغى ويرهمم	*achāghy verèmem.*
Ainsi, vous n'en voulez rien rabattre.	اويله ايسه برشىء تنزيل ايتميه جكسكز	*euïlě içà bir cheï tenzǐl etmeïèdjeksiñiz.*
Je me contente d'un si petit bénéfice, qu'il m'est impossible de diminuer la moindre chose.	بنده كز آزه قناعت ايدرم سويلديغمدن بر شىء اشاغى وارهمم	*bendēñiz āzà qanā'at ederim seuïledǐghim- den bir cheï achāghy vāramam.*

Français	Türkçe	Transcription
Combien en faut-il pour une redingote?	برستری یه نقدر لازم - برستری ایچون قاچ ارشون استر	*bir setrüè nèqadar lāzym, bir setri itchin qātch archỹn ister.*
Environ deux aunes et demie.	تخمیناً ایکی بچوق ارشون	*takhmĭnen iki boutchoùq archỹn.*
Allons, coupez-m'en donc cette quan- tité.	كسكزدك ایكی بچوق ارشون۰	*keciñiz dik ĭki boutchoùq archỹn.*
Je vous jure que je ne gagne presque rien avec vous.	سزه یمین ایلك بیلورمكه كارم پك ازدر	*sizé ïemĭn èdè bĭlirimki kiārym peh az dyr.*
Nous avons aussi des casimirs pour pan- talons.	پانطلونلق قازمیرمز بیله وار	*pānthalonlouq qāzimŭrimiz bĭlè vār.*
Je vous remercie, je n'en ai pas besoin pour le moment.	الله راضی اولسون شمدیلك اقتضاسی یوق	*allah rāzy olsoun chimdĭlik yqtyzācy ïoq.*

DU SÉJOUR A LA CAMPAGNE.

Français	Türkçe	Transcription
Vous venez fort à propos : demain vous ne m'auriez plus trouvé.	بو كون وقتنده كلدكز یارین كلیدكز بنده كزی بولاماز ایدكز	*bou gun vaqtindè gueldiñiz, ïārỹn gueleïdiñiz bendèñizi boulāmāz idiñiz.*
Partez-vous aujourd'hui pour la cam- pagne?	بو كون كویه كیدیورمیسكز	*bou gun keüè guïdiormouçouñouz.*
Pas aujourd'hui, mais demain de grand matin.	بو كون دكل یارین صباح كیدرم	*bou gun deïl, ïārĭn sabāh guïderim.*
Que vous êtes heureux de pouvoir passer la belle saison hors de la ville!	نه موتلو سكا بو ایامده شهردن دیشاری اوتورمقلغكز	*nè moùtloù sañā bou ciiāmdè chehirden di- chāry otourmaqlyghỹyz.*
Qui vous empêche d'en faire autant?	سزده كیتسكزكیم منع ایدر سزی ـ سزكده كتمكزه بو مانع وارمیدر	*sizdè guïtsañyz kim men' eder sizi, sizèñizè guitmeñizè bir mān'y vārmydyr.*

Le séjour à la campagne — كویه اقامت ایتمك اوزره — *keüdè yqāmet etmek uzrè.*

Mes occupations ne me permettent pas de m'absenter plus d'une semaine.	مشغوليتمك كثرتى مناسبتيله بزم ايچون بر هفتهدن زياده رخصت يوق	mechghoulïetimiñ kesreti munācebetïlè bizïm itchin bir hafiadan zïādè roukhsat ïoq.
Notre maison de campagne n'est pas éloignée, j'espère que vous viendrez nous voir quelquefois.	كويك اولان اومزك يقينلغنه كوره قياس ايدرمكه بعض بعض بزلره تشريف بيوررسكز	keuïdè olān evimiziñ ïaqynlyghyna gueurè 'qyās ederimkï ba'z ba'z bizlerè techrïf bouïouroursouñouz.
Cela me procurera deux plaisirs : celui de votre société, et celui de la campagne, que j'aime beaucoup.	تشريفكزله ممنون اوله جغد نبشقه كويك ذوق وصفاسى ده بر قات دها بنده كزى مسرور ايدر	techrïfñizlè memnoun olàdjaghymdanbachqa keuïuñ zevq u safācy dè bir qāï' dahā bendëñizï mesrour eder.
On semble renaître, après un long séjour à la ville, lorsqu'on se trouve au milieu des champs.	كنديسنى صحراده بولدقچه يكيدن حيات بولش كبى اولور	kendïcini sahrādè bouldouqtchè ïeñïden haïāt boulmouch guibi olour.
Rien ne me réjouit plus que la vue des travaux qui se succèdent à la campagne depuis le printemps jusqu'à la fin de l'automne.	الك بهاردن كهنه بهاره قدر كويك اولان ايشلرك تماشاسى بندهكزه موجب محظوظيتدر	ilk bahārdan kuhnè bahārè qadar keuïdè olān ichleriñ temāchāci bendëñizè moudjibi mahzouzïetdir.
Je préfère de beaucoup le séjour de la campagne à celui de la ville.	شهرده اوتورمقلقدن ايسه كويك اوتورمقلغى ترجيح ايدرم	chehirdè otourmaqlyqdan iça keuïdè otourmaqlyghy terdjïh ederim.
En général, ce qu'on appelle plaisir dans la plupart de nos soirées d'hiver n'est, le plus souvent, que l'art de s'ennuyer en compagnie.	اكريا شهرده اولان جمعيتك ذوق وصفاسى حقيقتسده چوق كمسنهنك مابينسده اضطراب درونندر	ekserïā chehirdè olān djem'ïïetïñ zevq u safācy haqyqatda tchoq himesnèniñ mābeïnindè yzthyrābi deroundour.
Vous êtes un peu sévère : la ville a aussi ses agréments.	بو خصوصده شهرى پك باتريورسكز شهرك مخصوص اكلنجهسى وار	bou khouçousdè chehri pek bātyrïorsouñouz chehriñdè makhsous ïlendjèci vār.

On peut aussi jouir à la campagne des agréments de la société.

كويلـﻪ دخى جمعيتك ذوق وصفاسى وار

keuïdè dakhy djem'üetiñ zevq u safâcy vâr.

Oui, mais en ville on ne trouve ni la pureté de l'air, ni les beautés de la nature.

اويلدر امّا كويله اولان هواى لطيف وطبيعت ازلیـﻪنك كوزللكى شهرده بولنماز

euïlè dir ammä keuïdè olān havāï lathyf vè thaly'et ezelïeniñ guzelligui chehirdè boulounmäz.

Voyez les gens des villes, dès qu'ils ont une journée de libre, ils vont la passer à la campagne.

باقك شهريلرك ايشى اولديغى وقتـﺖ كونلرينى كچورمك ايچون كويه كيدرلر

bāqyñ chehirleriñ ichi olmadyrghy vaqit gunlerini guetchirmek itchin keuïè guïderler.

Vous avez raison, et l'on ne voit pas les villageois venir généralement chercher le plaisir à la ville.

حقكز وار امّا كويلـﻪﻟﻮﻟﺮك شهره كلوب ذوق ايتدكلرى اكثريا كورلمز .

haqqyñyz vār ammä keuïlüleruñ chehrè guelip zevq etdikleri ekserïä gueurulmez.

Il est évident que la vie champêtre est plus conforme à la nature de l'homme.

البتّه انسانك يرادلشنـﻪ كوره صحرا اده بولنمق دها مناسبدر

elbettè insāniñ ïarādilichinè gueurè sahrāda boulounmaq dahā munâcybdyr.

Venez donc nous voir souvent.

اويلﻪ ايسﻪ بزه چوق كلك

euïlè icè bizè tchoq gueliñ.

Je n'y manquerai pas.

قصور ايتمم ـ باش اوستنه

qouçour etmem, bāch ustunè.

La campagne, aux environs de Paris, mérite d'être vue.

پاريسك اطرافنـﺪ اولان كويلر كورمكه شايستﻪ در

pārïciñ ethrāfindè olān keuïler gueurmeïè chāïestè dir.

Les bords de la Seine sont vraiment délicieux.

سنا نهرينك كنارلرى فى الحقيقـﻪ پك مفرّحدر

senā nehriniñ kenārlary fil-haqyqa pek mufferryhdyr.

En venant par le bateau à vapeur, vous ferez une promenade aussi agréable que peu fatigante.

واپور كميسيلﻪ كلور ايكن طغروسى يورلقسزين بر كوزل سير ايدرسكز

vâpour guemïcïlè guelir iken dhoghrouçou ïouroulmaqsiziñ bir guzel seïr edersiñiz.

DE LA CHASSE. — آو — *âv.*

Vous avez oublié que nous devons aller à la chasse : il y a longtemps que nous y sommes allés.	آوه كيده‌جكمزی اونتدك ـ چوق وقتدر آوه كيتمدك	*âvà guîdèdjeguimizi oûnoutdoûñ, tchôq va-qitdir âva guîtmedik.*
Comment pouvez-vous être encore à cette heure au lit?	بو آنه قدر یاتاقك نصل یاتیورسكز	*bou âné qadar ïâtâqdà nacyl ïâtïorsoûñouz.*
Vous êtes vraiment un beau chasseur!	طوغروسی پك ایو آوجی سكز	*dhôghroûçòu pek eïü âvdjïcyñyz.*
Excusez-moi, je me suis couché un peu tard hier soir.	عفو ایدرسكز دون كیجه بر از كیچجه یاتدم	*'afv edersiñiz dūn guedjè bir az guetchïdjè ïâtdym.*
Vous devriez être levé à la pointe du jour.	كونش طوغریكن قالقملو ایدكز	*gunech dhôgharîken qâlqmaly îdiñiz.*
Y a-t-il longtemps que vous êtes venus?	چوق اولدی می كله لی	*tchôq oldoumou guelèli.*
Oui, il y a longtemps que nous vous attendons.	اوت چوفدنبرو سزی بكلیورز	*evet, tchoqdanberi sizî beklcïorouz.*
Profitons de la fraîcheur du matin pour aller dans la forêt voisine.	صباح سربنلكنك فرصتی الدن قاچرمیه‌رق بوراده كی یقین اورمانلغه كیده‌لم	*sabāh serînliguindè foursaty elden gâtchyr-maïàraq bourâdaki ïaqyn ormānlygha guîdèlim.*
Levez-vous bien vite : le temps est magnifique.	چاپك قالقكز زیرا هوا پك كوزل	*tchâbouk qâlqyñyz, zîrā havā pek güzel.*
Il me paraît incertain.	پك معلوم دكل	*pek ma'loum deïl.*
Plaise à Dieu qu'il ne pleuve pas!	ان شاء الله (1) یغمور یغماز	*in châ allah ïaghmour ïaghmāz.*
Je ne pense pas qu'il pleuve.	قیاس اتمم كه یغمور یغسون	*qyās etmem, ki ïaghmour ïaghsyn.*

(1) Les Turcs, par respect pour le nom de Dieu, qu'ils ne veulent pas prodiguer, abrègent souvent cette phrase en l'écrivant ainsi : انشا اه.

Tout est-il prêt?	هر شی ٭ حاضر می	*her cheï hāzyr my.*
Où est votre fusil?	نرهده تفنککز	*nerèdè tufenguïñiz* (1).
Le voici.	اشته	*ichtè.*
De quelle fabrique est-il?	قنغی اوسته ایشیدر	*hanghy oustà ichïdir.*
Je l'ai fait venir de France.	فرانسهدن کتورتدم	*frānsàdan guetìrtdim.*
Vous avez bien fait : c'est dans ce pays qu'on fabrique les meilleurs.	ایو ایتدکز تفنکك اعلاسی فرانسهده چقار	*eïi etdiñiz, tufenguïñ a'lācy frānsadà tchyqār.*
C'est une bien belle arme. Combien l'a-vez-vous payée?	پك كوزل بر سلاحدر قنچ غروشه آلدیکز	*pek guzel bir silāhdyr, qātch ghouroucha āldyüÿz.*
Environ cinq cents francs.	تخمینًا بش يوز فرانغه	*takhmīnen, bech üz frānghà.*
C'est un fusil à deux coups et à capsules d'après la nouvelle manière.	هم چفته هم طرز جديد اوزره اجزالودر	*hem tchiftè hem tharzy djedïd uzrè edjzālydyr.*
J'aime beaucoup cette invention. Les an-ciens fusils avaient trop d'inconvénients.	بو ایجادی سورم زیـرا اسكی تـفـنكلرك مناسبنسزلكی چوغیدی	*bou idjādy severim zīrā eski tufenkleriñ munācebetsizligui tchoghïdi.*
La batterie était trop compliquée. Il fallait souvent, après chaque coup, nettoyer le bassinet, déboucher la lumière et retoucher la pierre.	چقمغی تكلفلی ایدی ايكيل بِرده طاوهسنی سلوب فاليهسنی سوكوب طاشنی دوزمك ايجاب ايدر ايدی	*tchaqmaghy tekelluflu ìdi ikïdè birdè thāvacyny silip fālïacyny seukup thāchyny duzmek idjāb eder idi.*
Quelquefois aussi le chien se cassait en s'abattant.	بعض وقتك خروسی اینربكن قولديغی چوق اولوز ایدی	*ba'zi vaqitdè khorozou enerïken qyryldyghy tchoq olourdou.*
La détente avait aussi l'inconvénient de ne pouvoir se replier.	تتك بیله ایچرویه بوكلمز ایدی	*tetik bïlè itcheriïè bukulmez idi.*

(1) Le mot *tufenk* se prononce aussi communément *tufek.*

Les canons de votre fusil sont d'un bien beau métal.	تفنككزك دمرلرى پك كوزل معدندر	*tufenguiñiziñ demirleri pek guzel ma'dendir.*
La visée est en argent.	نشان يرى كومشدر	*nichān ïeri gumuchdur.*
Chargeons nos fusils.	تفنكلريمزى طولدره لم	*tufenklerïmizi dholdouràlym.*
N'enfoncez pas tant la baguette.	حربى بى اولقدر صوقمه	*harbiï olqadar soqmà.*
Voici la poudrière, la poudre et le plomb.	اشته وزنه اشته باروت وقورشون	*ichtè veznè ichtè bāryt vè qourchoun.*
Prenons aussi quelques balles et de la cendrée.	بر از قورشونله صاچمه الهلم	*bir az qourchounilè sātchmà âlalym.*
N'oublions pas de prendre de la bourre.	قتغى اونتميلم	*qyyghy ounoutmaïàlym.*
Je crains que nous ne trouvions pas grand'-chose, car nous sommes tous deux d'assez mauvais chasseurs.	قورقارم بر شى، بولاميز زيرا آوجيلقك ايكيمزده عجميز	*qorqārym bir cheï boulamaïz zīrā âvdjylyqda ikīmzidè 'adjemi iz.*
Peu importe, allons toujours. Cet exercice n'est pas sans utilité : nous y gagnerons du moins de l'appétit, et reviendrons pour déjeuner.	نه ايسه هر حالك بويله حركت فائده دن خالى دكلدر هيچ اولمز ايسه اشتهامزارتوب قهوه التى وقتنك كيرو دونرز	*nè içà, her hāldè beuïlè hareket fāïdèden khāli deïldir hïtch olmaz iça ichtihāmyz ārtyp qahvè alty vaqtindè guïri deunèriz.*
La chasse est toujours un des plus grands agréments de la campagne.	آو هر وقتت وحالك كويك اك بيوك اكانجيدلرندندر	*āv her vaqt u hāldè keuïuñ eñ buïuk eïlen-djèlerindendir.*
Donnez aux domestiques les fusils à porter.	تفنكلرى اوشاغه ويركتورسون	*tufenkleri ouchāghà ver guetirsin.*
Nous les reprendrons hors de la ville.	شهرك طشره سنك الورز	*chehriñ dhychrycyndà âlyryz.*
Donnez que je tienne les chiens de chasse.	زغرلرى بكا وبر	*zagharlary bañā ver.*
Assignez à chacun l'endroit qu'il doit occuper.	هر كسه يرينى كوستركز	*her kecè ïerïni gueusteriñiz.*

Que chacun se tienne où il voudra.
هر كس ايستديكى يرده طورسون
her kes istedígui ïerdè dhoûrsoún.

Y a-t-il du gibier dans ces environs ?
بو اطرافك او وارمى
bou ethrāfdà ǎv vārmy.

Je pense que la forêt est bien fournie de gibier.
صانرمكه اورمانك خيلى آو واردر
sānyrymki ormāndà khaïli ǎv vārdyr.

N'allons pas plus loin ; nous voici dans une plaine qui en est remplie.
پك اوزاغه كيتمييلم بو اواده چوقدر
pek ouzāghà guĭtmeïelim, bou ovāda tchoq- dour.

Tirez sur cette bande de perdrix.
بو ككلكلرك كومهسنه آتك
bou keklikleriñ kǔmècinè átyā.

Mon fusil a raté.
تفنكم آتش آلمدى
tufenguim átech álmady.

Voilà un lièvre que le chien vient de faire lever.
اشته زغر طاوشانى قالدردى
ichtè zaghar thǎvchāny qāldyrdy.

Je l'ajuste.
اكا نشان آليورم
añā nichān áliòroum.

Très-bien ! vous ne l'avez pas manqué, vous l'avez abattu.
پك ايو اوردكز وانى دوشرديكز
pek eïï vourdouñouz vè onou duchurduñuz.

Vous êtes meilleur tireur que moi.
بندن ايو نشان آتيورسكز ـ نشانليورسكز
benden eïï nichān átiòrsouñouz, nichānlaïor- souñouz.

C'est un coup de hasard.
رمّية من غير رامى قبيلندندر ـ بو بر راست كليش در
remĭïetun min ghaïri rāmi qabĭlĭndendir, bou bir rāst guelĭchdir.

Je suis plus heureux qu'adroit.
نصيبم معرفتمدن زياده در
nacíbim ma'rifetimden ziādè dir.

Il fait déjà bien chaud ; c'est assez pour aujourd'hui.
هوا پك سجاق بو كونلك الويرر
havā pek sydjāq bou gunluk ǎlvèrir.

Allons déjeuner.
هايله قهوه التيه كيده لم
haïdè qahvè altyïè guĭdèlim.

Je dois convenir que depuis longtemps je n'avais fait une aussi bonne chasse.
طوغروسى چوقدننبرو بويله آو اولمدم
dhóghroùçou tchoqdanberi beuïlè ǎv ǎvlā- madym.

En effet, nos gibecières sont bien garnies. كرچك چانته‌لريمز طولودر — *guertchek tchāntàlarymyz dhòloùdour.*

Monsieur votre frère tire très-bien. قرداشكز پك اىو اتيور — *qardāchyñyz pek eïi àtyor.*

Il vise surtout très-juste. پك ايو نشان آليور — *pek eïi nichān àlyor.*

Vous plaisantez. لطيفه ايديورسكز — *lathyfè édïorsouñouz* (1).

Nous voilà en ville ; je me reposerai vo-
lontiers. شهره كلدك اشته واره‌يم شمد نكرو صفاى خاطرله راحتمه بقه‌يم — *chehrè gueldik ichtè vāraïm chimdenguiri safāï khāthyrilè rāhatyma baqaïm.*

—

DE LA PÊCHE.

بالق آولاماسى — *bālyq àvlāmācy.*

Après dîner, si vous voulez, nous pour-
rons faire une partie de pêche. يمكدن‌صكره اكر استرسكز بالق اونه كيده‌لم — *ïemekdenşoñrà, cïer isterseñiz, bālyq àvyna guïdèlim.*

Très-volontiers ; je ne refuse jamais une
partie de plaisir. باش آوستنه اصلا ذوق رد اينمم — *bāch ustunè, aslā zevqy redd etmem.*

Pêcherons-nous dans l'étang ou dans la
rivière? بالق آولاماغه كوله‌مى چايه‌مى كيده‌لم — *bālyq àvlāmaghà guenlèmi tchāïamy guïdèlim.*

Nous n'avons pas loin à aller : la rivière
coule très-près d'ici. كيده‌جك يريمز اوزاق دكل چاى بوراىه پك يقين — *guïdèdjek ïerïmiz ouzāq deïl, tchāï bourāïa pek ïaqyn.*

Cette rivière est très-poissonneuse, et il
n'y a pas de doute que nous ne fassions
une bonne pêche. بو چايك بالق چوق ظن ايدرم شبهه‌سز اومز چوق اولور — *bou tchāïda bālyq tchoq zann ederim, chub-hèciz àvymyz tchoq olour.*

Nous avons également, dans notre voisi- يانمزده اولان كولده التى اوقديم قدر — *ïānymyzdà olān gueuldè alty oqqàïa* (2)

(1) On dit aussi, dans ce sens : آدم سنك *ā tem sendè,* bah ! *ou* ah bah ! vous plaisantez.

(2) L'ocque, mesure de poids employée en Turquie, vaut environ deux livres et demie de Paris.

nage, un étang où l'on pêche des carpes qui pèsent jusqu'à quinze livres.

قدر ســـازان بـــالـــغى چقـــدیـــغی وار

qadar sāzān bālyghy tchyqdyghy vār.

Aimez-vous à pêcher à la ligne?

اولته ایله آولسنی می سورسکز

oltā ile ávlamacyny my seversiñiz.

C'est un amusement que je prends quelquefois.

بعض وقت بونكله ایلنرم

ba'zi vaqit bounouñlè eïlenirim.

C'est, à mon goût, un amusement bien ennuyeux.

بنجه ذوقی یوق بر اكلنجه در

bendjè zevqy ïoq bir eïlendjè dir.

Il y a cependant des personnes qui y trouvent du plaisir.

بعض كمسنه بونكله ایلنر

ba'zi kimesnè bounouñlè eïlenir.

L'étang étant très-poissonneux, nous pourrons pêcher à la ligne pendant la chaleur du jour.

كولك بالغی چوقدر اوراطه كیدوب اولته ایله اولیه‌رق كونشك حرارتی كساسجیدك اكلنورز

gueulüñ bālyghy tchoqdour orāïa güdüp olta ilè ávlaïaraq gunechiñ harāreti kecilindjïedek eïleniriz.

J'aime bien mieux la pêche au filet : on a l'avantage de prendre de plus gros poissons.

اغ آوینی دها ایوسورم زیرا بونكله بیوك بالق طوترلر

agh ávyny dahā eïi severim, zīrā bounouñlè buünk bālyq thoutarlar.

Trouve-t-on des écrevisses dans votre voisinage ?

اطرافكزده ینكج بولنور می .

ethrāfyñyzda ïenguetch boulounnour mou.

Nous voici arrivés sur le bord d'une rivière où il y en a beaucoup.

اشته ینكجی چوق اولان چایك باشنه كلدك

ichtè ïenguedji tchoq olān tchāïyñ bāchyña gueldik.

Entrez dans ce bateau, vous pourrez jeter votre ligne plus loin.

شو قایغه كیرسکز اولته‌كزی اوزاق یره اتابیلورسكز

chou qāïgha guïrsèñiz oltañyzy ouzāq ïerè atābïlirsiñiz.

Voici des hameçons, et des vers pour servir d'appât.

اشته ذوقه اشته یملك قورد

ichtè zouqa ichtè ïemlik qourd.

Le poisson est affamé et mord bien à l'hameçon.	بالقلر اج اولديغندن ايو ياپيشيور	*bālyqlar adj oldoughoundan eii iāpychyor.*
Il est temps de retirer le filet.	اغى چكمه نك وقتيدر	*aghy tchekmènyñ vaqtīdir.*
Nous avons fait une bonne pêche.	ايو او اولادق	*eii āv āvlādyq.*
Voilà une bien belle anguille.	اشته بر كوزل يلان بالغي	*ichtè bir guzel ylān bālyghy.*
J'ai pris un brochet.	بردانه طورنه بالغي طوتدم	*bir tānè thournà bālyghy thoutdoun.*
Je suis toujours plus heureux à la pêche qu'à la chasse.	بالق آونك دايما قره اوندن زياده بختم اچقدر	*bālyq āvindà dāīmā qara āvindan ziādè bakhtym ātchyqdyr.*

AVEC UN MÉDECIN.

	حكيملـه	*hekīmlè.*
Monsieur le docteur, je crains d'avoir besoin de votre assistance.	سزه احتياجم اولور ديو قورقارم افندم	*sizè yhtiādjym olour deii qorqārym efèndim.*
Comment vous trouvez-vous aujourd'hui?	بو گون نصل سكز	*bou gun nacyl siñiz.*
J'ai la tête toute étourdie, et j'ai de la peine à me tenir sur mes jambes.	سرسملكم وار بر وجهله اياقك طورمغه اقتدارم يوق	*sersemliguim vär bir vedjhilè aīāqdà dhourmaghà yqtydārym ioq.*
Je suis si faible, que je ne puis me tenir debout.	اولقدر قوتسزلكم واركه اياق اوزره طورمغه مجالم يوق	*olqadar qouvvetsyzliguim värki aīāq uzrè dhourmaghà medjālim ioq.*
Je ne suis pas bien du tout.	هيچ ايو دكلم	*hitch eii deīlim.*
Je me sens bien malade.	پـك خسته يم	*pek khastàym.*
Je suis d'une grande faiblesse.	پـك كسكلكم وار ــ كوشكلكم وار	*pek kecikliguim vär, guevchekliguim vär.*
Depuis quand êtes-vous malade?	نه زماندنبرو خسته دسكز	*nè zemāndenberi khastàcyñyz.*
Comment cela a-t-il commencé?	بونك ابتداسى ندن نشأت اتدى	*bounoun ibtidācy neden nech'et etdi.*

Cela me prit avant-hier par un frisson.

دون دکل اولیسی کون بر دترمکلك ایله بنی طوتدی

dun deïl evelci gun bir titremeklik ilè beni thoutdou.

Ensuite j'ai sué beaucoup, et j'ai toujours été mal depuis.

صکره ترلدم واولزماندن نبرو فنا اولدم

soñra terledim vè o zemãndenberi fenã oldoum.

Avez-vous senti des maux de cœur?

یورککز اغریدی می

iuregniñiz aghrȳdy my.

Oui, dans le premier instant; mais cela s'est dissipé, et il m'est resté un grand mal de tête.

اوت ابتداسنك بر از اغریدی لاکن صکره طاغلدی شمدی باشم پك اغریور

evet, ibtidãcindã bir az aghrȳdy, lãkin soñra dhãghyldy chimdi bãchym pek aghryor.

Où sentez-vous du mal maintenant?

شمدی اغری نره کزده ـ شمدیلك نره کز اغریور

chimdi aghry nerèñizdè, chimdïlik nerèñiz aghryor.

Je sens des maux de cœur et des envies de vomir.

یورکم اغریور وقی اتمکه استعدادم وار

iurcïm aghryor vè qaï etmeïè istï'dãdym vãr.

Comment avez-vous passé la nuit?

بو کیجه نصل ایدکز

bou guedjè naçyl idiñiz.

Très-mal.

پك فنا ایدم

pek fenã idim.

Je n'ai pas pu dormir.

اویویه مدم

ouïouïdmadym.

J'ai eu la fièvre toute la nuit.

بتون کیجه حرارت ایچنك ایدم

butun guedjè harãret ïtchindè idim.

La fièvre ne m'a pas quitté de toute la nuit.

بتون کیجه ایستمدن خالی دکل ایدم

butun guedjè icitmadan khãli deïl idim.

Je sens du mal à l'estomac.

معده فسادی وار بنك

mi'dè fecãdy vãr bendè.

J'ai mal à la gorge.

بوغازم اغریور

boghãzym aghryor.

Je sens des douleurs par tout le corps.

بتون وجودم اغریور

butun vudjoudoum aghryor.

Voyons votre langue.

دلکزی کوره یم ـ دلکزه باقه یم

diliñizi gueurèïm, diliñizè bãqaym.

Vous avez la langue un peu chargée.

دلکز بر از پاسلو در

diliñiz bir az pãsly (1) dyr.

(1) Littéralement, *Votre langue est rouillée.* On peut dire aussi : پك یوکلودر *pek ïukludur.*

Il y a du dérangement dans l'estomac.	معده گزده براز بوزغونلق وار	mi'dèñizdè bir az bozghounlouq vār.
Il vous faut prendre une médecine.	بر شربت ايچمكلكـككز ايجاب ايدر	bir cherbet itchmekliguiñiz idjāb eder.
Vous avez besoin d'être purgé.	سزه بر مسهل لازمدر ـ شربت الملوسكز	sizè bir mushil lāzymdyr, cherbet almalysyñyz
Je redoute beaucoup les médecines.	شربتدن پك قورقرم	cherbetden pek qorqarym.
Je vous en donnerai une bien douce.	سزه پك طاتلو بر شربت ويره جكم	sizè pek thātly bir cherbet verèdjeïm.
Vous la prendrez demain matin.	يارين صباحلين الورسكز ـ يارين صباح الملوسكز	iāryn sabāhlayen ālyrsyñyz, iāryn sabāh ālmalysyñyz.
Avancez le bras, que je vous tâte le pouls.	قولكزى اوزادك نبضكزه بقهيم	qolouñouzou ouzādyñ nabzyñyzè baqaym.
Votre pouls est un peu élevé.	نبضكز پك حرارتلىدر ـ نبضكز چوق اوريور	nabzyñyz pek harāretlîdir, nabzyñyz tchoq ourior.
Vous avez encore de la fièvre.	دها استماكز وار	dahā ycytmāñyz vār.
Croyez-vous ma maladie dangereuse?	خسته لكمى تهلكدلومى ظن ايدرسكز	khastalyghymy tehlikèlimi zann edersiñiz.
Non, mais il faut prendre garde qu'elle ne le devienne.	دكل اما تهلكدلو اولمسون دبو دقت ايتملوسكز	deïl ammā tehlikèli olmacyn deïi dyqqat etmeliciñiz.
Que faut-il que je fasse?	نه ياپه يم	nè iāpaym.
Vous observerez aujourd'hui une diète absolue.	بو كون پرهيز ايتملوسكز ـ بو كون هيچ بر شى ، يمه الوسكز	bou gun perhiz etmeliciñiz, bou gun hûch bir cheï ïememeliciñiz.
Vous enverrez chercher chez le pharmacien le médicament que je vais vous écrire. En voici la recette.	سزه يازه جغم علاجى اجزاجيدن كتورد رسكز اشته رچتهسى	sizè iāzadjaghym 'ylādjy edjzādjydan (1) guetirdirsiñiz, ichtè retchetacy.
Vous en prendrez trois fois plein une cuiller dans la journée.	كونك اوچ قاشق يرسكز	gundè utch qāchyq ïersiñiz.

(1) On prononce communément et par corruption *ezādjy*. On dit aussi اسپنچيار *ispintchiär*.

Vous prendrez aussi, chaque fois, deux des pilules que je vous enverrai.	سزه كوندره‌جكم حبّدن ده كونده ايكيشر داند يرسكز	sizè guenderèdjeguim happdandà gundè iki-cher dānè ïersiñiz.
Ai-je autre chose à faire?	باشقه يايه‌جغم وارمى	bāchqà ïāpàdjaghym vārmy.
Non, ayez seulement soin de vous tenir chaudement.	خير فقط كندكزى سجاق طوتكز ـ كندوكزى سجاق طوتملوسكز	khaïr, faqath kendīñizi sydjāq thoutouñouz, kendīñizi sydjaq thoutmalycyñyz.
Tâchez de ne point attraper de froid.	صوغوق المايم ديو دقت ايدكز	soghouq ālmaym deü dyqqat ediñiz.
Nous verrons demain s'il est nécessaire de vous saigner.	بقلم يارين قان القق لازم اولورمى	baqalym ïāryn qān almaq lāzym olourmou.
Je ne sais pourquoi le médecin n'est pas encore venu.	حكيم نيچون كلمدى بيلمم	hekīm nītchin guelmedi bīlmem.
Le voici.	اشته كليور	ichtè guelïor.
Comment vous trouvez-vous depuis hier?	دوندنبرو نصل سكز	dundenberi nacyl syñyz.
Je me sens beaucoup mieux.	پك ايويم ـ اولكيدن چوق ايو يم	pek eü im, evvelkīnden tchoq eü im.
La médecine a bien fait, et j'ai suivi votre ordonnance de point en point.	مسهل بكا پك يرادى وتنبهاتكزى برر برر اجرا ايتدم	mushil bañā pek ïarādy vè tembihātyñyzy birer birer idjrā etdim.
Vous avez bien fait; aussi votre maladie ne sera pas longue.	ايو ايتدكز خسته‌لغكزده چوق وقت سورمز ـ خسته‌لغكز تيز صاوشور	eü etdiñiz, khastalyghyñyzdè tchoq vaqit surmez, khastalyghyñyz tez sāvouchour.
Je n'ai pas été si agité la nuit, et j'ai un peu dormi.	بو كيجه اعطراب ويرمدكندن برار ايودم	bou guedjè yzthyrāb vermediguinden bir az öioudoum.
La fièvre me paraît un peu tombée.	استمد برار كسلدى كبى ـ استمه‌نك برار انديكنى اكليورم	yeytma bir az kecildi guibi, yeytmanyñ bir az endíguini añlaïoroum.
Je suis encore bien faible.	دها كسكلكم چوقدر	dahā kecikliguim tchoqdour.
Je ne saurais me remuer.	قملداندم	qymyldānamam.

Le mal d'estomac et le mal de tête ont entièrement cessé.	باش اغریسی ایله یورك اغریسی كسلدی ـ معك صانجیسی وباش اغریسی بتون بتون كسلدی	*bāch aghrycy ilè iurek aghrycy kecildi, mi'dè sāndjycy vè bāch aghrycy butun butun kecildi.*
Je vous enverrai encore une bouteille, que vous prendrez comme hier.	دونكی آلدیغكز شیشه كبی كنه بوكون بر شیشه كوندره‌یم	*dunki āldyghyñyz chīchè guibi guenè bou gun bir chīchè gueunderèim.*
Prenez quelques lavements.	بـر قاچ احتـقان آلك ـ حقنه قوللنهلوسكز	*bir qātch yhtyqān ālyñ, hoqnù qoullanmalycyñyz.*
Je suis las de médicaments.	علاجدن اوصاندم	*'ylādjylan ouçāndym.*
Donnez-moi un oreiller.	بكا بر یوز یصدیغی ویرك	*bañā bir iuz iasdyghy veriñ.*
Avez-vous un peu d'appétit?	اشتهاكزوارمی بر از	*ichtihāñyz vārmy bir az.*
Non, pas encore.	خیر افندم	*khaïr efendim.*
Tout ce que je prends me semble amer.	هرنه ایچرسم بكا اجی كلیور	*her nè itchersem bañā adjy guelior.*
Que je suis ennuyé d'être au lit!	دوشكك یاتمه‌دن نه پك اوصاندم ـ یاتمه‌دن بكا اوصان كلدی	*deuchekdè iātmadan nè pek ouçāndym, iātmadan bañā ouçān gueldi.*
Que vous êtes heureux, vous, de vous bien porter?	نه دولت كه صاغ سلیم‌سكز	*nè devlet, ki sāgh selīmsiñiz.*
Prenez courage, cela ne sera rien.	غیرت ایله بو بر شی ٭ دكل	*ghaïret eïlè bou bir cheï deïl.*
Maintenant votre état n'a plus rien d'inquiétant.	شمدیلك هیچ بر باس یوقدر ـ قورقو قالدی	*chimdīlik hītch bir bèes ioqdour, qorqou qālmady.*
Dans deux ou trois jours vous serez guéri.	ایكی اوچ كوندنصكره شفا بولورسكزان شاء الله	*iki utch gundensoñra chifā bouloursouñou in chā allah.*

AVEC LE DENTISTE.

دیشچی ایله

dĭchdji ilè.

J'ai mal aux dents. — دیشلرم اغریور — *dĭchlerim aghrïor.*

Faites-moi voir vos dents. — بكا دیشلركزی كوسترك — *bañā dĭchleriñizi gueusteriñ.*

Vous avez une dent cariée. — چورك بر دیشكز واردر — *tchürük bir dĭchiñiz vārdyr.*

Vous avez une dent gâtée ; il faut l'arracher. — بر بوزق دیشكز واردر چیقارملو — *bir bozouq dĭchiñiz vārdyr, tchyqārmaly.*

Je ne puis m'y résoudre : cela fait trop de mal. — بونی ایده‌مم چوق انجیدر — *bounou edèmem, tchoq indjïdir.*

Votre dent est tout-à-fait cariée : si vous la laissez, elle gâtera les autres. — دیشكز بتون چوریمش اكر براقرسكز اوبرلرینی ده بوزار — *dĭchiñiz butun tchurumuch, eïer brāqyrsañyz obirlerïni dè bozār.*

S'il en est ainsi, arrachez-la. — اویله ایسه چیقارك ـ بو صورتله چیقارك — *euïlè içà tchyqāryñ, bou souretdè tchyqāryñ.*

Rincez-vous la bouche. — اغزكزی یقایكز — *āghzyñyzy yqāñyz.*

Vous nettoierai-je la bouche ? — اغیزكزی تمیزلدیم می — *āghzyñyzy temĭzlèïmmi.*

Volontiers. — پك ايو — *pek eï.*

A l'avenir, vous aurez soin de vous tenir la bouche toujours propre, pour conserver l'émail des dents. — شمد نصكره اغزكزی هروقت یایقایوب تمیز طوتملوسكز كه جوهری بوزلسون — *chimdensoñra āghzyñyzy her vaqit yqāïp temĭz thoutmalycyñyz ki djevheri bozoulmacyn.*

POUR ACHETER UN CHEVAL.

آت صاتون آلمق ایچون

āt sātyn ālmaq itchin.

Vous vous connaissez en chevaux ? — سز آتدن اكلرسكز — *siz ātdan añlarsyñyz.*

Un peu. — براز — *bir az.*

Alors faites-moi le plaisir de venir avec moi — چونكه آتدن اكلیورسكز كرم ایدك آت — *tchunkü ātdan añlaïorsyñyz kerem ediñ āt*

au marché aux chevaux. Je veux acheter un cheval.	بازارنه برابر کیده‌لم بـر آت آلایم	*pāzāryna berāber guïdèlim bir ât âlāym.*
Quel cheval voulez-vous acheter?	قنغی آتی آلمسنی استرسکز	*hanghy âty âlmacyny istersiñiz.*
Il me faut un cheval de selle et un cheval de somme.	بر بینه‌جك آتلد بر سایسخانه ایسترم	*bir bīnèdjek âtyla bir sāïshāné isterim.*
Allons, nous tâcherons de bien choisir.	بیورك کیده‌لم بر ایوسنی سچمکه سعی ایدرز	*bouïourouñ guïdèlim bir eïicini setchmeïè sa'y ederiz.*
Monsieur, avez-vous des chevaux à vendre ?	افندم صاتیلق آتلرکز وارمی	*efendim sātylyq âtlaryñyz vārmy.*
Oui, monsieur, j'en ai de races différentes.	اوت افندم جنس جنس آتلرم واردر	*evet efendim djins djins âtlarym vârdyr.*
Je veux d'abord un cheval ordinaire.	اوّل امرده بیاغی برآت استرم	*evvel emrdè baïāghy bir ât isterim.*
Je ne veux pas un cheval de prix ou de luxe.	قیمتلو حیوان استمم ـ دبدبه‌لو حیوان استمیورم	*qymetli haïvān istemem, debdebèli haïvān istemeïoroum.*
J'ai aussi des chevaux ordinaires.	بیاغی آتلرمده وار ـ عادی حیوانلرمده واردر	*baïāghy âtlarymdà vār, 'ādy haïvānlarym dà vārdyr.*
L'un de ceux-ci me conviendrait assez.	بونلردن بر دانه ایشمه الویرر	*bounlaradan bir tānè ichimè elverir.*
Je vais vous en montrer un dont vous serez satisfait.	سزه بر حیوان کوستره‌یم که خشنود اولورسکز	*sizè bir haïvān gueusterèïmki khochnoud oloursouñouz.*
Où est-il?	نوه‌ده در	*nerèdè dir.*
Il est dans cette écurie.	بو آخورده در	*bou âkhorda dyr.*
Entrons-y ensemble : il n'y aurait pas de mal que je visse sa tenue à l'écurie.	برابر کیرسك فـنا اولمز آخورده طورشنی سیر ایدرم	*berāber guïrsek fenā olmaz akhordà dhourochounou seïr iderim.*
Sa tenue est mauvaise, je n'en veux pas.	فنا طوریور ـ طورشی فنادر استمم	*fenā dhourïor, dhourouchou fenādyr, istemem.*

Français		
Il a la tête basse.	اشاغیيه باقیور ـ باشنی اشاغیيه طوتیور	achăghyïa băqyor, băchyni achăghyïa thoutouïor.
En voici plusieurs qui ont assez bonne apparence.	اشته بونلرك كورنشی فنا دكل	ichtè bounlaryñ gueurunuchu fenă deïl.
Celui-ci est un cheval entier ; celui-là est un cheval hongre.	بوآتدر اوتهكی باركیردر	bou ătdyr, eutèki beïguïr dir.
Voyons maintenant un cheval de race arabe.	شمدی بر عرب آتی جنسنه باقهلم	chimdi bir 'arab ăty djinsinè băqàlym.
En voici un fort beau.	اشته بر يك اعلاسی	ichtè bir pek a'lăcy.
Combien demandez-vous de ce cheval ?	نه استرسكز بوآته ـ بو حیوانه نقدر استرسكز	nè istersiñiz bou ătà, bou haïvănà neqadar istersiñiz.
J'en veux dix mille piastres.	اون بيك غروش استرم	on bïñ ghourouch isterim.
C'est bien cher !	يك بهالو	pek pahăly.
Non, monsieur, c'est un véritable cheval arabe.	خير افندم بو حیوان كرچكدن عربدر	khaïr efendim bou haïvăn guertchekden 'arabdyr.
Je puis vous prouver, par le certificat d'origine, qu'il est véritablement arabe.	اصل عرب آتی اولدیغنی سزه سجره سندن اثبات ايدرم	acyl 'arab ăty oldoughounou sizè sedjrècinden ispăt ederim.
Il a l'air maigre et fatigué.	یورغنلق وضعیفلق علامتی وار	iourghounlouq vè zaïflyq 'alămeti văr.
C'est qu'il vient de faire une longue route.	اوزون يولدن كلدکندندر	ouzoun ïoldan gueldiguindendir.
Voyez sa queue, sa crinière.	قویرغنه قفاسنه باقك	gouïroughounà qafăcinà băqyñ.
Voyez comme il dresse les oreilles.	باقك قولاقلرينی نصل ايو طوتیور	băqyñ qoulăqlaryny nacyl eïi thoutouïor.
Il est gris, et cette couleur ne me plaît pas.	قیر اولدیغندن حظ ايتمم	qyr oldoughoundan hazz etmem.

Voici une jument noire qui vous conviendra peut-être mieux.	اشته سزه بر یاغز قصراق حظّ ایدرمیسکز	*ichtè sizè bir ïāg͟hyz qysrāq hazz edermïçiñiz.*
Je veux la vendre avec son poulain.	طای ایله صائتمسنی استرم	*thāï ilè ṣātmacyny isterim.*
Quel âge a ce poulain ?	طای قاچ یاشندك	*thāï qātch ïāchynda.*
Trois mois.	اوچ آیلقدر	*utch äïlyqdyr.*
Combien voulez-vous de ce cheval turcoman?	بو ترکمن آتنه نه استرسکز	*bou turkmen âtyna nè istersiñiz.*
Neuf cents piastres.	طقوز یوز غروش استرم	*dhoqouz ïuz ghourouch isterim.*
C'est un très-beau cheval.	پك اعلا بر آتدر	*pek a'lā bir ātdyr.*
Il a les jambes bien grosses.	باجقلری پك قالك	*bādjaqlary pek qālyū.*
Il ne bronche pas.	سورچمز	*surtchmez.*
Voyons, que je le monte.	بینیم بقیم	*bínèïm baꞁaym.*
Il va très-bien l'amble.	آشمسی پك ایو	*echmèçi pek eïi.*
Il ne va pas bien au galop.	دورتلمه‌سی ایو دكلدر	*deurtlemèçi eïi deïldir.*
Il a le pas un peu lourd.	یوریشی پك اغردر	*ïurïuchu pek agher dyr.*
Il paraît ombrageux.	اوركك کورنیور	*eurkuk gueurunïor.*
Il a la bouche dure.	اغزی سرت	*aghzy sert.*
Je vous garantis que c'est un cheval sans défaut.	قصورسز بر آت اولدیغنه کفیل اولورم	*qouçoursouz bir ât oldoughouna kefïl olouroum.*
Je vous en donnerai sept cents piastres.	یدی یوز غروشم وار سزه	*ïedi ïuz ghourouchoum vār sizè.*
Je ne puis vous le donner à ce prix.	بو بهایه ویرهمم سزه	*bou behāïè verèmem sizè.*
Je vous le donnerai au même prix que la jument.	قصراغك بهاسنك ویررم	*qysrāghyñ behācindè vererim.*

Soit; faites-le conduire chez moi, je vous compterai votre argent.	ديديككز كبى اولسون اوه كوندرك پاره‌سنى ويره‌يم	*dedíguiñiz guibi olsoun evè gueunderiñ pāracyny verëim.*
Vous avez fait, monsieur, une belle acquisition.	بازارلغكز پك كوزل	*pāzārlyghyñyz pek guzel.*

DANS UN CAFÉ.

Français	قهوه ايچنك اولان مكالمه	*qahvè itchíndè olān mukiālemè.*
Entrons dans ce café.	بو قهوه‌يه كيره‌لم	*bou qahvèïè guírèlim.*
Je voulais vous le proposer, vous m'avez prévenu.	كرامت ايتديكز بن بونى سويله‌يه‌جكدم	*kerāmet etdíñiz ben bounou seuïleïëdjeïdim,*
Que prendrez-vous, messieurs ?	افنديلر نه ايسترسكز	*efendíler nè istersíñiz.*
Voulez-vous des glaces, de la limonade ou du café ?	طوكدرمه مى قهوه مى يوخسه ليمونانه مى ايسترسكز	*dhoñdourmà my qahvè my ïokhsa límonāta my istersíñiz.*
Je suis très-altéré, et je prendrai une limonade.	حرارتم چوق اولديغندن بر ليمونانه ايچرم	*harāretym tchoq oldoughounundan bir límonāta itcherim.*
Quand il fait bien chaud, je bois de la bière, rien ne me désaltère mieux.	هوا سجاق اولديغى وقتك بيره‌ده حرارتى سوندرديكى ايچون اكثريا انى ايچرم	*havā sydjāq oldoughou vaqitdè bírèdè harāreti seundurdugu itchin ekseriā any itcherim.*
Cette bière est fort bonne.	بو ارپه صويى پك جو در	*bou arpa souïou pek cü dir.*
Elle est mauvaise et chaude.	هم فنا هم سجاقدر	*hem fenā hem sydjāqdyr.*
Elle ne mousse pas ; elle ne mousse pas beaucoup.	كپورميور - چوق كوپكلنميور	*keupurmeïor, tchôq keupuklenmeïor.*
C'est qu'elle est nouvelle.	تازه اولديغندندر - يكى اولديغندندر	*tāzè oldoughoundandyr, ieñi oldoughoundandyr.*

Ne buvez pas trop vite: si vous avez chaud, cela pourrait vous faire mal.	اكر حرارتكز وار ايسه پك چابك ايچمیك زیرا ضررلودر	eïer hărăretiñiz văr iça pek tchăpouk itchmeïñ zîrā zararlydir.
Donnez-moi une tasse de café.	بكا بر فنجان قهوه ويركز	bañā bir fildjān qahvè veriñiz.
Comment pouvez-vous prendre du café dans cette chaleur?	بو هوا سجاقلغنك قهوه یی نصل ايچرسكز	bou havā sydjāqlyghyndà qahvèï nacyl itchersiñiz.
Je trouve que le café est bon dans tous les temps.	جميع زمانك بنجه قهوه ايو در ۔ جميع اوقاتنك قهوه برايو شیدر	djemï' zemāndè bendjè qahvè eïi dir, djemï' evqātdè qahvè bir eïi cheïdir.
Je ne prends ordinairement que du café à mon déjeuner.	اكثريا صباحلين فقط قهوه ايچرم	ekserā sabāhlaïn faqath qahvè itcherim.
Voulez-vous de la liqueur, de l'eau-de-vie, ou du rhum?	راقی ايله عنبريه می استرسكز يوخسه روم می	rāqy ilè 'amberïe mi istersiñiz ïokhsa roum mou.
Je vous remercie, cela m'échaufferait trop.	خير برشی استمم زيرا بنده كزه حرارت ويرر	khaïr, bir cheï istemem, zîrā bendèñizè harăret verir.
Après vous, monsieur, s'il vous plaît, ce journal quand vous l'aurez lu.	كرم ايدوب افندم بو غازتهیی اوقودق دنصكره بنده كزه ويريكز	kerem edip efendim bou ghăzetaïï oqouduqtansoñra bendèñizè veriñiz.
Disposez-en, monsieur, je l'ai lu.	بيورك افندم بنده كز اوقودم	bouïourouñ efendim, bendèñiz oqoudoum.
Faisons une partie de dames.	بر اويون داما اويناليم	bir oïoun dāmā oïnaïalym.
Volontiers.	پك ايو	pek eïi.
Vous êtes beaucoup plus fort que moi.	بندن كسكين سكز	benden keskîn siñiz.
Vous me gagnerez du premier coup.	سز بني بردن يكرسكز	siz beni birden ïeñersiñiz.
Je suis moins fort que vous; vous me rendez trois dames.	سزك قدر كسكين دكلم اوچ و يررسكز سزكله اوينرم	sizin qadar keskîn deïlim, utch verirseñiz siziñlè oïnarym.
Avant de sortir, voulez-vous allumer un cigare?	چيقمزدن اول سغاركزی يقارميسكز	tchyqmazdan evvel syghărañyzy ïaqărmycyñyz.

Pourquoi ne fumerions-nous pas ici ?	نيچون بوره‌ده ايچميورز	*nĭtchin bourådå itchmeĭorouz* (1).
Nous ne sommes pas ici en Turquie ; on ne fume pas, en France, dans tous les cafés.	بوره‌سی ترکستان دکل بوره‌ده هر بر قهوه‌ده چبوق ايچلمز	*bourácy turkistān dĕïl, bourada her bir qahvèdè tchoubouq itchilmez.*
Il y a même des promenades où il est défendu de fumer.	بعض سير يرنك بيله چبوق ايچلمز	*ba'zy seïr ïerindè bĭlè tchoubouq itchilmez.*
Il faut respecter les usages de tous les pays.	هر بر مملکتك عادتنه رعايت لازمدر	*her bir memleketiñ 'ādetinè ri'āïet lāzymdyr.*
Au reste, l'usage de fumer est aujourd'hui beaucoup plus général, en France, qu'autrefois.	شمدی فرانسه‌ده چبوق ايچمك خصوصنك سائر وقتدن زياده ايچيلور	*chimdi frānsàdà tchoubouq itchmek khouçouçoundà sāïr vaqitden zïādè itchĭlir.*
J'ai pris aussi le goût de la pipe pendant mon séjour à Constantinople.	چبوغك لذّتنی آستانه‌ده اولديغم اثناده آلدم	*tchouboughouñ lezzetini àcitānèdè oldoughoum esnādè âldym.*
Je fume encore de temps en temps ici, quand je puis trouver du tabac de votre pays.	بوره‌ده سزك مملکتكزك دوتننی بولدقجه بعض بعض ايچرم	*bourådà siziñ memleketiñiziñ tutununu bouldouqdja ba'zy ba'zy itcherim.*
Le tabac de France ne me convient pas.	فرانسه دوتننی بکنمم	*frānsà tutununu beïenmem.*
J'ai encore un peu de celui de Lataquiè, et je vous en offrirai.	بر از جبه‌ليم قالدی سزه براز ويره‌يم	*bir az djebelièm qāldy sizè bir az verèim.*
Ce sera un véritable cadeau que vous m'aurez fait.	طوغروسی بو هديّه‌كزه هيچ ديه‌جكم يوقدر	*dhoghrouçou bou hediïèñizè hĭtch deïèdjeguim ïoqdour.*
Fumez-vous quelquefois le narguilè ?	بعض وقت نارکيله ايچهرميسكز	*ba'zy vaqit nārguïlè itchermĭciñiz.*

(1) Le même mot signifie, en turc, *boire* et *fumer;* ex. دوتن ايچمك *tutun itchmek*, fumer du tabac, littéralement, boire de la fumée. On dit aussi : چبوق ايچمك *tchoubouq itchmek*, fumer une pipe.

Rarement, cela me fatigue la poitrine.

كوكسمى اغريتديغندن پك نادر ايچرم

gueuguçumu aghrytdyghyndan pek nādir itcherim.

Partons, si vous voulez.

استرسكز يولزه كيده‌لم

isterseñiz ïoloumouza guïdèlim.

J'ai payé.

قهوه پاره‌سنى ويردم

qahvè pārácyny verdim.

Pourquoi payez-vous? C'est moi qui vous
invite; vous ne deviez pas payer.

نيچون سزويريورسكز سزى بن دعوت ايتدم
سزك پاره ويرمكلككز ايجاب ايتهزايدى

*nĭtchin siz verĭorsouñouz sizi ben da'vet etdim,
siziñ pārà vermekliguiñiz idjãb etmez ĭdi.*

Cela ne fait rien entre amis.

دوستلر مابيننك بو بر شىء ديمك دكلدر

dostlar mā beĭnindè bou bir cheï demek deïldir.

—

DU VOYAGE EN VOITURE ORDINAIRE ET PAR
LE CHEMIN DE FER.

نمور يولى وعربه ايله سياحت ايتمكه دائر

demĭr ïolou vè 'arabà ilè seïãhet etmeïè dãïr.

Je pars demain pour tel endroit; si vous
voulez venir avec moi, nous voyagerons
à frais communs.

يارين فلان محله كيده‌چكمدر بنمله كيتمه‌سنى
استرايسه كزبول مصرفنى اورتاقلشورز

*ïãryn filãn mahallè guïdèdjeguimdir, be-
nimlè guïtmęcini istericèñiz ïol maṣrafyny
ortãqlachyryz.*

Très-volontiers; je ne saurais trouver une
meilleure occasion, et surtout un com-
pagnon de voyagé qui me convienne
mieux.

باش اوستنه بوندن ايوفرصت وعلى الخصوص
سزدن مناسب براِرقداش بولامم

*bãch ustunè, boundan ĕĭi fyrsat vè 'alel-
khouçous sizden munãcib bir arqadãch
boulamam.*

Quant à moi, je n'aime pas trop à voyager seul.

بنده‌كزجه يالكز سياحت ايتمكى پك سوم

*bendèñizdjè ïãlyñyz scïãhet etmegui pek
sevmem.*

Il y a du plaisir à se communiquer mutuellement ses observations de voyage.

يولده سير وتماشايه دائر ارقداشله مصاحبت
صفاليدر

*ïoldà seïr u temãchãïè dãïr arqadãchlà mu-
çãhabet ṣafãlydyr.*

N'oubliez pas, monsieur, que nous partons demain, à la pointe du jour.

افندم يارين سحر وقتى يوله چيقاجغمزى
اونوتميكز

*efendim ïãryn ṣeher vaqti ïolà tchyqãdja-
ghymyzy ounoutmaïñyz.*

Nous irons jusqu'à tel endroit par le chemin de fer, et nous ferons en voiture ordinaire le reste du chemin.

فلان يره قدر تيمور يوليله كيدوب اوتديه قالان يوله عادتا عربه ايله چيقاجغز

filān ïerè qadar demir ïolou ilè guïdip, eutèïè qālān ïolà 'ādetā 'arabà ilè tchyqàdjàghyz.

Vous êtes exact au rendez-vous. Je craignais que vous ne pussiez vous réveiller si matin.

بولشمغه سوز ويرمده صادق سكزدر بو قدر اركن اويقودن قالقامزسكز ديو قورقويوردم

boulouchmaghà seuz vermèdè sādyq siñiz dir, bou qadar erken ouïqoudan qàlqàmazsyñyz deï qorqouïourdoum.

La crainte seule de ne pas me réveiller m'a empêché de dormir toute la nuit.

اركن قالقامامق قورقوسى بتون كيجه اويومامقلغمه سبب اولدى

erken qàlqàmàmaq qorqoùçou bulun guedjè ouïoumàmaqlyghymà sebeb oldou.

Il n'y a pas de temps à perdre : prenons vite nos places, et faisons peser et enregistrer nos bagages.

وقت غائب ايتمامليز هايده اوتورهجق يريمزى طونالم ويوكلرمزى طارتديروب دفتره قيد ايتديره‌لم

vaqit ghāïb etmemeliïz hāïdè otouradjaq ïerīmizi thoutàlym vè ïuklerimizi thàrtdïrip defterè qaïd etdïrèlim.

Irons-nous aux premières ou aux secondes places ?

برنجى يرده مى كيده‌جكز يوخسه ايكنجيده مى

birindji ïerdè mi guïdèdjeguiz ïoqsà ikindjïdè mi.

Je pense que nous serons plus commodément dans les premiers wagons.

ظن ايدرمكه برنجى يرده راحت ايده‌رز

zann ederimki birindji ïerdè rāhat edèriz.

Comme il vous plaira, monsieur.

افندم نصل ذوقكزه كيدرسه

efendim nacyl zevqyñyzà guïdersè.

Ce chemin de fer est admirablement établi, et les salons de l'embarcadère en sont magnifiques.

بو تيمور يولى على الاعلى ياپلمش وبناسنك ايچنده‌كى ديوانخانه‌لر دخى پك نفيسدر

bou demir ïolou 'aly ul-a'là ïāpylmych vè bināċynyñ itchindèki dïvānkhānèler daha pek nefïsdir.

Nous marchons à grande vapeur. Il faut convenir que l'application de la vapeur aux chemins de fer, aux arts et à la navigation, est une bien grande et admirable chose.

شمدى واپور زياده شدتله كيديور واقعا واپورك تيمور يوللرنك وصنايعك وملاحتك استعمالى عقله حيرت ويرر بر بيوك شيدر

chimdi vāpour zïādè chiddetilè guïdïor, vâqy'à vāpourouñ demir ïollarynda vè sanāï'dè vè melāhatdè isti'māli 'aqlè haïret verir bir buïuk cheïdir.

C'est la plus grande et la plus importante découverte de ce siècle.

Les résultats pour le présent et l'avenir en sont incalculables.

Voyez que de beaux pays nous parcourons avec une incroyable rapidité !

A peine partis depuis quelques heures, nous avons déjà parcouru plus de quarante lieues.

Le chemin de fer n'aboutissant pas au lieu de notre destination, nous allons prendre maintenant une voiture ordinaire qui nous y conduira.

Les chevaux sont à la voiture, montons : on n'attend plus que nous pour partir.

Nous allons bien lentement ! Le chemin est raboteux et plein d'ornières.

C'est surtout après avoir quitté le chemin de fer, que la voiture ordinaire paraît lente, et ennuyeuse même, dans sa marche.

Quittons le pavé, si nous ne voulons pas verser.

عصرمزده كشف وايجاد اولنان شيلرك اك بيوكى واك مهمّيدر

كرك شمدى وكرك كله جكلده اولسون بو كشفك نتيجهلرى بيحسابدر

عقلدن خارج سرعت ايله كچديكمز شوكوزل مملكتلره باقكز دق

بز يوله چيقالى كوچ ايله برقاچ ساعت اولوب قرق ساعتدن زياده مسافه يول آلدق

تيمور يولى اصل وارهجق يريمزه قدر كيتمديكندن شمدى عادتا بر عربه طوتالكه بزى اورايدك كوتورسون

آتلر عربهيه قوشلمشدر هايدى بنهلم زيرا يالكز بزى بكليورلر

پك اغر كيدييورز يول چاقرلى چقورليدر وتكرلك ايزلريله طولودر

على الخصوص ديمور يولندن آيرلدقدنصكره عادى عربه يوريمهده اغروصقنديلى كليور

قالديرمى براقالم اكر دورلمهمزى استرايسك

'asrymyzdà kechf u idjâd olounàn chèïleriñ eñ buüugu vè eñ muhimmïdir.

guerek chimdi vè guerek guelèdjekdè olsoun bou kechfiñ netïdjèleri bïhyçâbdyr.

'aqyldan hâridj sur'at ilè guetchdïguimiz chou guzel memleketlerè bâqyñyz dyq.

biz ïolà tchyqàly gudj ulè bir qàtch sâ'at oloup qyrq sâ'atden zïâdè meçâfè ïol âldyq.

demir ïolou acyl vâradjaq ïerïmizè qadar guitmedïguinden chimdi 'âdetâ bir 'araba thoutâlymki bizi orâïadak gueutursun.

âtlar 'arabàïà qochoulmouchdour, hâïdi binèlim, zîrâ ïâlyñyz bizi beklèïorlar.

pek aghyr guïdiüorouz, ïol tchâqyrly tchouqourloudour vè tekerlek izlerilè dholoudour.

'alel-khouçous demir ïoloundan âïryldyqdan- soñra 'âdi 'arabà üurumèdè âghyr vè syqyntyly gueüor.

qâldyrymy brâqalym eïer devrilmemèmizi istersek.

Conducteur, nos malles sont-elles bien attachées?	عربه جى صندقلرٖمز ايو باغلنديمى	'arabàdji sandyqlarymyz eii bàghlandymy.
Oui, monsieur; les chaînes sont bien serrées.	اوت افندم زنجيرلر پك محكمدر	evet efendim, zindjirler pek muhkemdir.
N'y a-t-il, dans ces parages, rien à craindre des voleurs?	بو سمتلرده خرسز قوقوسى وارميدر	bou semtlerdè khyrsyz qorqouçou vàrmydyr.
Cette route, qui jour et nuit est parcourue par des voitures, est des plus sûres; elle traverse, en outre, un pays plat et dénué de forêts.	بو يول عربه لرك كيجه كوندز كچديكى يردر پك امٖندر بوندن ماعدا بر محلٖدن كچه جكز كه اورماندن مبرّا دوز اوادر	bou ïol 'arabàlaryñ guedjè gunduz guetchdigui ïerdir, pek emindir, boundan mà'dà bir mahallden guetchèdjeguiz ki ormàndan muberrà duz ovàdyr.
Nous n'avons rien pris depuis ce matin; nous ferions d'autant mieux de dîner, qu'il fera nuit close quand nous arriverons.	صباحدنبرى هيچ برشى۰ يمدك شمديدن اخشام طعامٖ ايتسك ايو اولور زيرا واريدغمزده كيجه قارانلغنه راست كله جكزدر	sabàhdanberi hitch bir cheï ïemedik chimdidèn aqchàm tha'àmyn etsek eii olour, zirà vàrdyghymyzda guedjè qàrànlyghyna ràst guelèdjeguizdir.
Ouvrez la portière et abaissez le marchepied; nous allons descendre et nous arrêter dans cette auberge.	عربه دنك قپوسنى آچكز واياق باصه جغنى ايندٖيرﻚز زيرا شو لوقانتايه اينوب اگله جكزدر	'arabànyñ qapyçyny àtchyñyz vè aïàq bàsadjaghyny endiriñiz zirà chou loqàntàïà enib eïlenèdjeguizdir.
Voulez-vous, messieurs, vous donner la peine d'entrer?	افنديلر ايچرى بيوررميسكز	efendilèr itcheri bouïourourmouçouñouz.
Pouvez-vous nous donner à dîner?	بزه اخشام طعامٖ تدارك ايده بيلورميسكز	bizè aqchàm tha'àmi tedàrik edè bilirmiciñiz.
Oui, monsieur. Que désirez-vous?	اوت افندم نه استك بيوررسكز	evet efendim nè istek bouïouroursouñouz.
Donnez-nous deux ou trois plats seulement, une bouteille de vin et du dessert.	بزه فقط ايكى اوچ قاپ يمك اٖله بر پرتقال شراب و بر از يمش ويرك	bizè faqath iki utch qàp ïemek ilè bir poutqàl charàb vè bir az ïemich veriñ.

Ne voulez-vous rien de plus ? — زياده برشى. استرميسكز — *ziādè bir cheï istermíciñiz.*

Non, mais servez-nous au plus vite, car nous sommes pressés de repartir. — خير لكن يـيـدجكلرى چار چاپك كتورك زيرا على العجله قالقه جغزدر — *khaïr, lakin ïeïèdjekleri tchār tchāpouk gueitriñ, zīrā 'alel-'adjelè qālqadjaghyzdyr.*

Dites-nous ce que nous devons. — سويله سكزه سزه نـقدر ويره جكمز واردر — *seuïlèceñizè sizè neqadar verèdjeguimiz vārdyr.*

Messieurs, c'est trois francs par tête. — افندم آدم باشنه اوچر فرانقه در — *efendim ādem bāchynà utcher frānqàdyr.*

Vous n'oublierez pas le garçon. — خدمتجى يى اونوتمييكز — *khizmetdjïï onoutmaïñyz.*

Remontons vite en voiture, et partons. — عربيه چاپك بنه لمك كيده لم — *'arabàïà tchāpouk binèlimdè guïdèlim.*

Conducteur, combien avons-nous encore de lieues à faire ? — عربه جى دها قاچ ساعت كيده جك مسافه مز واردر — *'arabadji dahà qàtch sā'at guïdèdjek mecāfemiz vārdyr.*

Nous avons encore trois heures de marche au plus. — نهايت اوچ ساعت كيديله جك يولز واردر — *nihāïet utch sā'at guïdïlèdjek ïoloumou vārdyr.*

Tâchons donc d'aller un peu plus vite, pour arriver de bonne heure. — بر از تيزجه كتمكه غيرت ايده ملكه اركن واره لم — *bir az tezdjè guitmeguè ghaïret edèlimki erken vāralym.*

TROISIÈME PARTIE.

تَكَلُّم

tekellum.

CONVERSATION.

—

SUR L'ORIGINE DES OTTOMANS, LEUR LANGUE ET LEUR LITTÉRATURE.

مبداء عثمانيانك لسانلريله علوم وفنونلرى بيانندەدر

mebdèï 'osmānïānyñ liçānlaryla 'uloum u funounlary beïānyndadyr.

Devant voyager en Turquie, je vous serai bien obligé, monsieur, de me donner quelques renseignements sur ce pays.

ممالك عثمانيەيە كتمك ايجاب. ايلديكندن سزه رجا ايدرمكه بو مهلكتك احوالندن بعض معلومات ويرەسكز

memāliki 'osmānïèïè guitmek idjāb eïledïguinden sizè ridjā ederimki bou memleketiñ ahvālinden ba'zy ma'loumāt verèciñiz.

Très-volontiers ; mais je vous donnerai ces indications d'une manière très-abrégée.

باش اوستنه سزه مختصرجه سويلرم

bāch ustunè sizè moukhtaçardjà seuïlerim.

Dites-moi, je vous prie d'abord, quelle est l'origine des Ottomans ?

اولا عثمانلولرك اصلنى بيان ايلمكلككز ايچون رجا ايدرم

evvelā 'osmānlylaryñ aşlyny beïān eïlemekliguïñiz itchin ridjā ederim.

Les Ottomans sont Turcs ou Tartares d'origine. Ils sont venus du Turkestan, leur ancienne patrie, située au nord de l'Asie, s'établir dans l'Anatolie en 1231 de Jésus-Christ, ou de l'hégire 629.

عثمانلولرك اصلى ترك ياخود تاتاردر اسيانك جانب شمالیسنك كاٰن قديم لاقامك وطن اصليلرى اولان تركستان دينلان ولايتدن كلوب تاريخ عيسوينك ١٢٣١ سنەسى يعنى تاريخ اسلامينك ٦٢٩ سنەسى اناطولى جانبنك وطن طوتدىلر

'osmānlylaryñ asly turk ïākhoud tātārdyr; aeïānyñ djānibi chimālīcindè kiāïn qadīm uleïïāmdà vathany aslylary olān turkistān denilān vilāïtden guelip tārīkhi 'icèvīniñ biñ iki ïuz otouz bir senèci ïa'ni tārīkhi islāmīniñ alty ïuz ïrmi dhoqouz senèci anātholou djānibdè vathan thoutdoular.

Un an avant la chute des Seldjoucides, c'est-à-dire en 1299 de Jésus-Christ, ou

آل سلجوقيانك انقراضندن بر سنه مقدم تاريخ عيسوينك ١٢٩٩ سنەسى يعنى تاريخ

āli seldjouqïānyñ inqyrāzyndan bir senè mouqaddem tārīkhi 'icèvīniñ biñ iki ïuz doq-

de l'hégire 699, Osman, fils d'Ertho-
groul, prit, le premier, le titre de Sultan
des Ottomans.

C'est aussi de cette époque que date
l'origine même de l'empire ottoman.

Combien compte-t-on de sultans dans
la dynastie ottomane?

Depuis sultan Osman 1er jusqu'au règne de sa majesté sultan Abdul-Medjid,
qui est aujourd'hui la gloire et l'ornement du trône, la dynastie ottomane
compte trente-deux glorieux sultans.

Quelle est la réligion des Ottomans?

Les Ottomans sont de la religion mahométane et du rite orthodoxe de l'imam
Abou-Hanifé.

Comment se compose la langue des
Ottomans?

La langue turque primitive se composait de l'ouïghour, du djagataï et autres
dialectes de la Tartarie.

(1) Littéralement, le petit Osman.

اسلامينك ٦٩٩ سنهسی عثمان ابن ارطوغرول
ابتدا پادشاهلق عنوانی ایله تختنه جلوس
ایلمشلردر

اول ایامدنبرو عثمانلو شهرتی تخصیص
اولمشدر
آل عثمانك سلسلۀ شجره‌سنك بوآنه قدر قاچ
پادشاه ظهور ایلمشدر
عثمانجق وقتندن حالا افتخار وزینتبخش
اورنك عثمانی اولان شوكتلو قدرتلو سلطان
عبد المجید خان حضرتلرینك زمان سعادت
حكومتنه قدر اوتوز ایکی پادشاه كلمشدر

عثمانلولر نه دینه اقتدا ایدرلر
دینلری دینی محمدی مذهبلری مذهب امام
ابو حنیفه‌در

عثمانلو لسانی نه‌دن عبارتدر

تركلرك اولکی لسانی اویغور جغاطای
وتاتارستانك بعض لسانلریله مركب ایدی

*sān dhoqouz senèci, ia'ni târikhi islâmîniñ
alty ïuz dhoqsān dhoqouz senèci, 'osmān ibni
erthoghroul iptidā pādichāhlyq 'unvāni ilè
takhta djuloús cilemichlerdir.*

*ol eüämdanberi 'osmānly cheuhreti takhsys
olmouchdour.*

*āli 'osmānyñ silsilèï chedjerocindè bou ânè
qadar qātch pādichāh zouhour cilemichdir.*

*'osmāndjyq (1) vaqtinden hālā iftikhār vè
zinetbakhchi evrengui 'osmāni olān chevketli
qoudretli soulthān 'abd ul-medjīd khān hazretleríniñ zemāni se'ādet hukioumetinè qadar otouz iki pādichāh guelmichdir.*

'osmānlylar nè dînè iqtidā ederler.

*dînleri dîni mouhammedi mezhebleri mez-
hebi imāni abou hanífèdir.*

'osmānli liçāny nèden 'ibāretdir.

*turkleriñ evvelki liçāny ouïghour djaghā-
thāï vè tātārjstānyñ ba'zy liçānlaryla murekkeb idi.*

La langue turque actuelle se compose de turc primitif, d'arabe, de persan, et de quelques mots polonais, hongrois, grecs, italiens et français.

علم الاداب يعنى معرفت ادبيّات

chimdīki hāldè seuïlenen turk liçāny acyl turk liçānyndan 'arabīden fāricīden leh ma-djār roum itālīān frānsyz liçānlarynyñ keli-māti mutenevvi'acyndan 'ybāretdir.

—

LITTÉRATURE.

Pourriez-vous me donner une légère idée de la littérature et de l'état des sciences chez les Ottomans?

Très-volontiers, monsieur.

Longtemps avant la conquête de Constantinople, les Ottomans possédaient des écrivains dans plus d'un genre.

Depuis cette époque ils ont eu des historiens, des astronomes, des mathématiciens, des géographes, des poëtes et des moralistes en très-grand nombre.

Existe-t-il une histoire ottomane complète?

Il existe une suite d'annales composées successivement par divers auteurs,

'ylm ul-adāb ïa'ni ma'rifeti edebiïāt.

milleti'osmānïānyñ 'ylmi adāb ilè 'uloum u funounlarynyñ ahvālinden bendèñizè ba'zy ma'loumāti djuzïè verè bīlirmīcïñiz.

bāch ustunè, efendim.

fethi qosthanthiniïèden mouqaddem 'os-mānlylaryñ edjnāci moukhtelifè muellifleri vār idi.

ol vaqitden bou ānè guelindjïè qadar mu-hendis rassād muverrikh chou'arā djoghrā-fïoun vè ādābè dāïr riçālè tasnīf etmich bir tchoq mouçannifler'osmānly beīnindè zouhour etmichdir.

mukemmel bir'osmānly tārīkhi boulounour mou.

silsilèi muellifiñ tasnīf eïledikleri tārīkh-leriñ medjmou'yndan āli 'osmānyñ ibtidā-

et dont la réunion forme une histoire complète de l'empire ottoman, depuis son origine jusqu'à l'année de Jésus-Christ 1775, ou de l'hégire 1189.

Ces annales se trouvent-elles imprimées?

Oui, pour la plupart.

Existe-t-il des traductions de cette histoire en langues européennes?

Oui, le célèbre orientaliste M. de Hammer en a donné une traduction très-étendue en allemand.

Cette dernière a été traduite en français par M. Heller.

Cet ouvrage est-il considérable?

Oui, il se compose de vingt volumes in-8°, et d'un très-bel atlas.

Indépendamment du Coran, qui sert de base à la législation de toutes les nations musulmanes, les Ottomans ont-ils un code de lois particulières?

cyndan tārīkhi 'icevīniñ biñ ïcdi ïuz ïetmich bech senèci ïa'ni tārīkhi hidjretiñ biñ ïuz seksen dhoqouz senècinè qadar tekmīlolmouch bir tārīkhleri vārdyr.

zikr olounān tārīkhleriñ başmàcy boulounour mou.

evet ekscrïä boulounour.

avroupā liçānlaryndà bou zikr olounān tārīkh kitābynyñ terdjumèci boulounour mou.

evet es-sinèï charqyïèdè ismi mechhour olān hămmer mu'ellifiñ liçāny nemtchedè djecîn bir terdjumèci vārdyr.

bou terdjumè dakhi heller nām dïguer bir chakhs frānsyz liçānynà terdjumè olmichdir.

bou kitābyñ téélïfi kullïietli mïdir.

evet bir athlas ïa'ni bir buïuk kharītha medjmou'acy·la ïrmi djildden 'ybāretdir.

bil-djumlè mileti islāmiïèniñ qānoun nāmèci olān qourāni cherīfdenbachqa 'osmānlylara makhsous dïguer bir cherï'at kitāby vārmydyr.

Oui, ce code est le *Multeca* (1), composé d'abord en arabe, en 1549 de Jésus-Christ ou 956 de l'hégire, par Ibrahim Halebi ; il a été traduit en turc par Mehemmed Mevcoufati.

Ce livre est encore aujourd'hui le véritable code universel en vigueur dans tout l'empire ottoman.

Depuis quand l'art de l'imprimerie existe-t-il en Turquie ?

Depuis le règne du sultan Ahmed, c'est-à-dire depuis 1728 de Jésus-Christ, ou de l'hégire 1141. L'introduction de cet art à Constantinople est due à Ibrahim-efendi.

Existe-t-il, comme en Europe, des journaux en Turquie ?

Oui, depuis 1830 de Jésus-Christ, ou 1246 de l'hégire seulement : tels sont, à

واردر بو كتابك اسمى مُلْتَقَا ديمكله مسمى وتاريخ عيسوينك ١٥٤٩ سندسى يعنى تاريخ هجرتك ٩٥٦ سندسنك ابراهيم حلبى نام مصنفك تاليفى اولوب صكره محمّد موقوفاتى ديمكله مشهور ذات لسان تركىيه ترجمه ايتمشدر

كتاب مذكور حالا دخى بالجمله ممالك عثمانيّهده جارى اولان قانون نامهٔ حقيقيدر

فن مستحسنهٔ طباعة ممالك عثمانيّهده نه وقتد نبرو پيدا اولدى دور سلطان احمدده تاريخ عيسوينك ١٧٢٨ سندسى يعنى تاريخ هجرتك ١١٤١ سندسنك آستانهٔ عليّهيه ابراهيم افندى معرفتيله ادخال اولمشدر

اوروپاده موجود اولان غزطهلر ممالك عثمانيّهده دخى بولنورمى اوت فقط تاريخ عيسوينك ١٨٣٠ سندسى يعنى تاريخ هجرتك ١٢٤٦ سندسنك شروع ايلديلر

vârdyr bou kitâbyñ ismi multeqâ demeguelè mucemma târîkhi'icevîniñ biñ bech ïuz qyrq dhoqouz senèci ïa'ni târîkhi hidjretiñ dhoqouz ïuz elli alty senècindè ibrâhîmi halebi nām mouçannifiñ téélîfi oloup soñra mehemmedi mevqoufâti demeglè mechhour zāt liçāni turkiïè terdjumè etmichdir.

kitâby mezkiour hālā daha bil-djumlè memāliki 'osmāniïèdè djāri olān qānoun nāmèï haqīqïdir.

fenni mustahsenèï thebā'at memāliki 'osmāniïèdè nè vaqitdenberi peïdā oldou.

devri soulthān ahmeddè tārîkhi 'icevîciniñ biñ ïedi ïuz ïirmi sekiz senèci ïa'ni târîkhi hidjretiñ biñ ïuz qyrq bir senècindè âcitânèï 'alïèïè ibrāhïm efendi ma'rifetilè idkhāl olmouchdour.

avroupāda mevdjoud olān ghazethâlar memāliki 'osmāniïèdè dakhi boulounourmou.

evet, faqath tārîkhi 'icevîniñ biñ sekiz ïuz otouz senèci ïa'ni târîkhi hidjretiñ biñ iki ïuz

(1) Ou *Multeqâ ul-ubhur*, le *Confluent des Mers*, titre pompeux qui fait allusion à l'immensité de livres de jurisprudence dont ce code est le résumé et la quintessence. Voy. le *Tableau général de l'Empire ottoman*, par M. d'Ohsson, p. 23, t. I, édit. in-8.

Constantinople, le *Moniteur Ottoman*, le *Djiridéï havddes*, en turc, le *Journal de Constantinople*, et le *Courrier de Constantinople*, en français; à Smyrne, un journal en grec et l'*Impartial* en français; au Caire, deux journaux, l'un en turc, et l'autre en arabe; à Alexandrie, le *Phare d'Alexandrie*, journal publié en français.

Ces journaux sont-ils quotidiens?

Non, chacun d'eux paraît une fois par semaine.

—

APERÇU GÉOGRAPHIQUE DE L'EMPIRE OTTOMAN.

Pourriez-vous me dire, je vous prie, quelle est l'étendue de l'empire ottoman?

L'étendue de cet empire de l'est à l'ouest est d'environ quatre cents lieues; et de six cents lieues environ du nord au sud.

L'empire ottoman s'étendant en Europe, en Asie et en Afrique, se divise en

بو حوادث نامه‌لر آستانه‌ده بری تقویم وقایع
ودیكری جریده حوادث اسمیله ایكیسی
تركجه ودیكر ایكی قطعه‌سی فرانسزجه غازته‌لر
طبع اولنور ازمیرده رومجه وفرانسزجه بولنان
ایكی قطعه غازته‌لردن بشقه اسكندریه‌ده دخی
دیكر بر فرانسز غازته‌سی موجوددر

بو غازته‌لر هر كون چیقار می
خیر فقط هر بری هفته‌ده بر كره چیقار

—

اجمال احوال ممالك عثمانیه بیاننده در

بالجمله ممالك عثمانیه قطعه‌سنك بعد
ومسافه‌سی نه اولدیغنی بنده‌كزه سویله‌یه
بیلورمیسكز
بو ممالكك جانب شرقیسندن طرف غربه
وارنجه تخمینا درت یوز وشمالدن جنوبه
كلنجه تقریبا التیوز ساعت بعد ومسافه‌سی
واردر
ممالك مذكورنك بر قطعه‌سی اوروپا وبر
قطعه‌سی اسیا ودیكر قطعه‌سی افریقده واقع

qyrq alty senècindè churou' eïledïler bou havàdis nàméler àcitànèdè biri taqvïmi vaqày' vè diguevi djerïdèï havàdis ismi ilè ikïci turkdjè vè dïguer iki qyth'acy frànsyzdja ghàzetalar thab' olounour, izmïrdè roumdja vè frànsyzdja boulounàn iki qyth'a ghàzetalardan bachqà iskenderïèdè dakhy diguer bir frànsyz ghàzetacy mevdjouddour.

bou ghàzetalar her gun tchyqàrmy.

khaïr faqath her biri haftàdà bir kerrè tchyqàr.

—

idjmàli ahvàli memàliki 'osmànïè beïànyndà dyr.

bildjumlè memàliki 'osmànïè qyth'acynyñ ba'd u mecàfeci nè oldoughounou bendèñizè seuïleïè bïlirmïciniz.

bou memàlikiñ djànibi charqycyndan tharafy gharbè vàryndja takhmïnen deurt ïuz vè chimàlden djenoubè guelindjè taqrïben alty ïuz sà'at ba'd u mecàfeci vàrdyr.

memàliki mezkiourèniñ bir qyth'acy avroupà vè bir qyth'acy acïà vè diguer qyth'acy afrï-

trois grandes parties appartenant à chacune de ces contrées.

Quelles sont les limites actuelles de la Turquie d'Europe?

Cette partie est limitée à l'ouest par l'Adriatique, ou le golfe de Venise ; au sud, par la mer Blanche (1) ; à l'est, par la mer Noire, et au nord, par la Russie, la Transylvanie et la Hongrie.

Quelles sont les latitude et longitude de la Turquie d'Europe?

La Turquie d'Europe est située entre les 13ᵉ et 27ᵉ degrés de longitude, et les 37ᵉ et 48ᵉ degrés de latitude.

Quelle est, en général, la nature du climat et du sol dans toute l'étendue de l'empire?

Bien que renfermant des contrées dont la situation varie, le climat est partout tempéré, et le sol est sur tous les points

اولق تقريبيله اوچ بيوك قسمه منقسمدر

الحالة هذه ممالك عثمانيّه اوروپاسنك حدودلرى نرهسيدر

ممالك مذكورهنك غربًا ونديك كورفزى وجنوبًا بحر سفيد وشرقًا بحر سياه وشمالًا ديار مسقو وأردل ومجار ايله محط ومحدوددر

ممالك عثمانيّه اوروپاسنك طولًا وعرضًا موقعى ندر

طولًا اون اوچ درجهدن يكرمى يدى درجهيه وارنجهده وعرضًا اوتوز يدى درجهدن قرق سكز درجهيه كيدنجه قدر ممتددر

بالجمله ممالك عثمانيّهنك آب وهواسيله اراضيسنك كيفيت عموميّهسى ندر

محيط اولديغى ايالتك مواقع متنوّعهسى جهتيله هواسى هر نقدر مختلف ايسه دخى لكن عمومًا معتدل اوروب اراضيسى هر طرفده

qada vāⱪⸯ' olmaq taqrîbîlè utch büük qysⱪⸯⸯ mungaⱪimdir.

elhâletu hazihi memâliki 'osmânîĕ avroupācynyñ hudoudlary nerèĕîdir.

memâliki mezkiourèniñ gharben venedik keurfezi vè djenoubⱪⸯⸯ bahri sefîd vè charqan bahri sîâh vè chimālen diâri mosqov vè erdel vè madjār ilè mouhathth u mahdouddour.

memâliki 'osmânîĕ avroupācynyñ thoulen vè 'arzan mevqa'ї nèdir.

thoulen on utch deredjĕden ĭermi ĭedi derèdjĕĭĕ vārindja vè 'arzan otouz ĭedi deredjĕden qyrq sekiz deredjĕĭĕ güîdindjĕ qadar mumteddir.

bildjumlĕ memâliki 'osmânîĕĕniñ âb u havāĕyla erāzyⱪⸯⸯⸯñ keîfîĕti 'oumoumîĕĕi nèdir.

mouhyth oldoughou eîāletiñ mevāqy'i mutenevvy'aⱪⸯ djĕhĕtilè havāĕy her neqadar moukhtelif iĕ dakhy lakin 'oumoumen mou'-

---

(1) Par ces mots les Turcs désignent la mer Égée, l'Archipel et toute la Méditerranée.

fertile et des plus productifs.

Quelle est la population générale de l'empire?

Elle s'élève à environ trente-cinq millions d'habitants.

Quels sont les plus grands fleuves de l'empire ottoman en Europe?

Ces fleuves sont au nombre de deux : l'un est le Danube, qui prend sa source en Allemagne, traverse la Turquie d'Europe, et, après s'être divisé en six branches, se jette dans la mer Noire ; l'autre est la Maritza (l'Ebre), qui prend sa source dans la Romélie, et se jette dans la mer Blanche.

Comment divise-t-on la Turquie d'Europe?

En deux parties : nord et sud. Le nord comprend six provinces, qui sont la Moldavie, la Valachie, la Bosnie, la Servie, la Bulgarie et la Romélie. Les chefs-lieux de ces provinces sont, savoir : pour

بسغايــب منبــت ومحــصـولـــداردر

ممالك عثمانيّه نك بالجمله سكنهسنك مقدار
وكميّتي ندر

بالجمله سكنهسي تخمينًا اوتوز بش ميليون
نفوسه بالغ اولور

ممالك عثمانيّه اوروپاسنك انهار كبيرهسي
ندر

بو ممالكك درونندن جريان ايدن انهار
كبيرهسي ايكيدر بري طونه نهري كه نمچه
ممالكنك نبع وممالك عثمانيّه اوروپايي بعد
القطع التي قول اولهرق بحرسياهه منصب
اولور واولبرى مريج صويي كه روم ايلنك
منبعى اولوب بحر شفيك جريان ايدر

ممالك عثمانيّه اوروپاسنك قطعهسى نوجهيله
تقسيم اولنور

ممالك عثمانيّه اوروپــا ايكى قسمه منقسم
اولوب بري شمالى وبري جنوبى جانب
شماليسى التى ايالتي محيطدر بغدان وافلاق
وبوسنه وصرب وبولغارلق ونفس روم ايليدر
ايالت بغدانك كرسيسى ياش قصبهسيدر كه

tedil oloup erāzycy her tharafda beghāīet munbit vè mahsouldār dyr.

memāliki 'osmānüeniñ bil-djumlè sekenèciniñ myqdār u kemmüeti nedir.

bil-djumlè sekenèci takhmīnen otouz bech milïon nufouèè bālygh olour.

memāliki 'osmānïè avroupācynyñ enhāri kebīrèci nèdir.

bou memālikiñ derouninden djereïān eden enhāri kebīrèci ikīdir, biri thouna nehri ki nemtchè memālikindè neb'vè memāliki 'osmānïèī avroupāïī ba'd el-qath' alty qol plaraq bahri sïāhà mounseb olour vè olbiri merīdj souïou ki roum elindè menba'y oloup bahri sefīdè djereïān eder.

memāliki 'osmānïè avroupācynyñ qyth-'acy nè vedjhīlè taqsīm olounour.

memāliki 'osmānïè avroupā iki qysmi munqacim oloup biri chimāli vè biri djenoubi, djānibi chimālīci alty eïāleti mouhythdyr boughdān vè eflāq vè bosna vè syrb vè boulghārlyq vè nefsi roumelidir, eïāleti boughdā-

la Moldavie, Yassi, résidence d'un hos-
podar, moldave de nation ; pour la Valachie, Bucharest, résidence d'un hospo-
dar valaque ; pour la Servie, Belgrade,
l'une des plus fortes places de guerre de
l'empire, et résidence d'un prince servien
tributaire ; pour la Bosnie, Travnick, résidence d'un visir-gouverneur ; pour la
Bulgarie, Sofi, ancienne résidence d'un
gouverneur-général de la Romélie, et
enfin, pour la Romélie, la capitale même,
Constantinople.

La partie sud de la Turquie d'Europe
se compose de deux grandes provinces,
et de quelques-unes des îles de l'Archipel. Ces provinces sont la Macédoine,
dont le chef-lieu est Salonique, et l'Albanie, dont le chef-lieu est Scutari.

DE L'ASIE-MINEURE.

Ne devant parcourir que les côtes de

بغدان طایفه‌سندن اولان بر ویوده‌سنك مقرّ
حكومتیدر ایالت افلاقك كرسیسی بكرش
قصبه‌سیدر كه افلاق طایفه‌سندن اولان بر
ویوده‌سنك قراركاهیدر صرب ایالتنك كرسیسی
بلغراد دار الجهاد در كه صرب طایفه‌سندن
اولان بر جزیه هذار بكك قراركاهیدر بوسنه
ایالتنك كرسیسی طراونیك بلده‌سی كه مقرّ
وزرادر بولغار ایالتنك كرسیسی مدینة صوفیه
در كه ولاة كرام روم ایلینك مقرّ حكومتیدر
نفس روم ایلینك كرسیسی محروسة
استانبولدر

ممالك عثمانیّه اوروپاسنك جانب جنوبیسی
ایكی بیوك ایالتی محیط واق دكز اطه‌لرینك
بعضیسنی شاملدر ایالات مرقومه‌نك اولكیسی
ماچدونیا ایالتی كه كرسیسی مدینة سلانیكدر
ایكنجیسی ارناودلق ایالتیدر كه كرسیسی
بلده اشقودره‌در

احوال اناطولی بیاننك در
اناطولینك سواحلندن غیری محلنه كیتمدیكهدن

*nyñ kursuçu iäch qaçabacydyr ki boughdān
thāïfècinden olān bir voïvodacynyñ maqarri
hukioumetïdir, ciäleti efläqyñ kursuçu bukrech
qaçabacydyr ki efläq thāïfècinden olān bir
voïvodacynyñ qarārguiähydyr; syrb ciäletiniñ
kursuçu beligrādi dār ul-djihād dyr ki syrb
thāïfècinden olān bir djeziè guzār beïñ qarārguiähydyr, bosna eïāletiniñ kursuçu thrāv-
nik beldèci ki maqarri vuzerādyr, boulghār
eïāletiniñ kursuçu medïnëi sofïadyr ki vu-
läti kirāmi roumelïniñ maqarri hukioumetïdir,
nefsi roumelïniñ kursuçu mahrouçèi istānbouldour.*

*memāliki 'osmāniïè avroupācynyñ djānibı
djenoublïci iki buüuk eïāleti mouhyth vè aq
deñiz adhalarynyñ ba'zycyny chāmildir, eïā-
läti merqoumèniñ evvelkïci mātchedonïā eïāleti ki kursuçu medïnëi selānïkdir, ikindjïci
arnāvoudlouq eïāleti dir, ki kursuçu beldëi
ichqodradyr.*

*ahvāli anātholou bëiänynda dyr.
anātholounouñ sevāhilindenghaïri maha-*

l'Asie-Mineure, je vous ferai peu de questions sur cette partie de l'empire.

ممالك عثمانيەنك بو قطعەسندن اوتورو سزه زياده سؤال اتمم.

linè guïtmedíguïmden memāliki 'osmānïenin bou qyth'acyndan uturu sizè zïādè sou'āl etmem.

Indiquez-moi d'abord ses limites.

ابتـداى امـرده بنـدەكزه بـو قطعـەنـك حدودلرينى بيان ايدك

ibtidāï emirdè bendèñizè bou qyth'anyñ hudoudlaryny beïān ediñ.

Les limites de l'Asie-Mineure ou de l'Anatolie sont, au nord, la mer Noire et le canal de Constantinople ; à l'ouest, la mer de Marmara, la Méditerranée et l'Archipel ; au sud, la mer d'Égypte (1) et la Syrie, et à l'est, l'Euphrate.

ديار اناطوليزك جانب شماليسى بحر سياه وقرەدكز بوغازى جانب غربيسى مرمرە دكزى واق دكزجانب جنوبيسى مصر دكزى وشام ايالتى وجانب شرقيسى نهر فرات ايله محدود در

dïāri anātholounouñ djānibi chimālïci bahri sïāh vè qaradeñiz boughāzy, djānibi gharbïci marmara deñizi vè aq deñiz, djānibi djenoubïci mycyr deñizi vè chām eïāleti vè djānibi charqïci nehri frāt ilè mahdoud dour.

En combien de provinces divise-t-on l'Anatolie ?

ديار اناطولى قاچ ايالته منقسمدر

dïāri anātholou qātch eïāletè munqacimdir.

En sept provinces, qui sont celles de Kutahia, de Sivas, de Trébizonde, de Caramanie, de Merach, d'Adana, et le gouvernement d'Itchili, qui comprend l'île de Chypre.

ديار اناطولى يدى ايالته منقسمدر بـرى كوتاهيه ايالتى ايكنجيسى ايالت سيواس اوچنجيسى ايالت طرابزون دردنجيسى ايالت قرمـان بشنجيسى ايالت مرعش والتنجيسى ايالت ادانه ويدنجيسى حكومت ايچ ايل كه قبرس جزيرەسنى شاملدر

dïāri anātholou ïedi eïāletè munqacimdir biri kutāhïa eïāleti ikindjïci eïāleti syvās utchundjuçu eïāleti thyrābzon deurdundjuçu eïāleti qaramān bechindjïci eïāleti mar'ach vè altyndjyçy eïāleti adāna vè ïedïndjïci hukioumeti itch el ki qybryz djezïrècini chāmildir.

Quelle est la nature du sol de l'Anatolie ?

ديار اناطولى اراضيسنك كيفيتى ندر

dïāri anātholou erāzycynyñ keïfïïèti nedir.

---

(1) C'est-à-dire, la partie de Méditerranée entre l'Asie-Mineure et l'Égypte.

Le sol est partout fertile et productif, et les arbres y produisent des fruits en abondance.

اراضيسى هر طرفدك منبت ومحصولدار واشجارى ثمر وميوه دار در

crâzycy her tharafda munbit vè mahsoul-dâr vè echdjâry musmir vè mçïvè dârdyr.

DE L'ARABIE.

Bien que, dans ce voyage, je n'aie pas l'intention de parcourir l'Arabie, je vous prie néanmoins de me donner quelques indications sommaires sur cette contrée?

Sous le rapport géographique, l'Arabie appartient également à l'Asie ; mais, politiquement parlant, elle est aujourd'hui une dépendance de l'Égypte et des provinces confiées à l'administration du vice-roi d'Égypte (1).

عربستان بيانندك در
كرچه بو دفعه عربستانه كتمكه نيّتم يوغيسهده بو ديارە داثر بعض مختصرجه معلومات ويرمكز ايچون سزه رجا ايدرم

جغرافيهيده نسبتهً عربستان اولكهسى افريقا قطعهسنه تابع اولوب لاكن پوليتيقهجه بعض ايالتلر كبى مصر واليسنك زير ادارهسنك در

'arabistân beïâninda dyr.

guertchi bou def'a 'arabistâna guitmeguè niïetim ïoghsada bou diâra dâïr ba'zy moukhtaçardja ma'loumât vermeñiz itchin sizè ridjâ ederim.

djoughrâfïaïa nisbeten 'arabistân culkèci afriqâ qyth'acyna tâb'y oloup lâkin polití-qadjè ba'zy eïâletler guibi mycyr vâliciniñ zîri idârècindè dir.

L'Arabie est une grande péninsule bornée, au nord, par l'isthme de Suez et la Syrie ; à l'est, par le golfe Persique et le golfe d'Oman, et au sud, par le détroit de Bab el-Mandeb et l'océan Indien.

جزيرة العرب شمالاً سويش بوغازى وايالت شام وشرقاً بصره كورفزى وبحر محيط وجنوباً ينه بحر محيط وباب المندب بوغازى ايله محط ومحدود برّه متصل بر بيوك جزيره در

djezîret ul-'arab chimâlen suveïch bou-ghâzy vè eïâleti châm vè charqan basra keurfezi vè bahri mouhîth vè djenouben ïenè bahri mouhîth vè bâb ul-mendeb boughâzy ilè mouhathth vè mahdoud berrè mouttacyl bir buïuk djezîrè dir.

Son étendue est d'environ cinq cent

مسافهً طولى تقريباً بش يوزيكرمى بش

meçâfèi thouli taqrîben bech iuz ürmi

(1) Balbi fait de l'Arabie une partie de l'Afrique ottomane. Voy. *Abrégé de Géographie*, p. 858 et 937.

vingt-cinq lieues en longueur, et quatre cent soixante-dix en largeur.

Les Arabes ont tous le teint basané, et professent la religion mahométane. Ils obéissent à des imams, à des émirs et à des cheïkhs de leur nation. Quelques-uns de ces derniers sont soumis au gouvernement de la Sublime-Porte, d'autres sont libres et indépendants.

Quoique généralement humains, braves et guerriers, les Arabes, pour la plupart, n'en sont pas moins adonnés au vol.

La plus grande partie de l'Arabie, se trouvant sous la zone torride, est soumise à de fortes chaleurs. Les plaines de sable, les montagnes et les déserts arides dont se compose l'intérieur du pays, joints au peu de courants d'eau qu'il renferme et à la rareté des pluies qui l'arrosent, font de cette contrée un territoire presque entièrement stérile et inculte.

Néanmoins, les bords de la mer sont couverts de fruits, de champs cultivés, et

ومسافهٔ عرضی درت یوز یتمش ساعته ممتددر

قوم عرب جمیعًا اسمر الون ودین اسلامك اولوب امام وامرا وشیوخ پایسنك بر قاچ حاكملره تبعیّت ایدر انجق ذكر اولنان حاكملرك بعضیسی دولت علیّهٔ عثمانیّه یه تابع وبعضیلری دخی سربست ومستقلدر

اهالئ عرب عمومًا اصحاب مروّت وارباب جنك وشجاعت اولوب امّا اكثریا مایل سرقتدر

ممالك مرقومهنك اعظم قطعهسی منطقهٔ حارّه تحتنك اولمق تقریبیله هواسنك شدّت كرما اولدیغندن بشقه داخلنك كثرت ریكستان وبر وبیابان وكوهستان وقلّت انهار وآب روان وندرت امطار وباران اولمق حسبیله اراضیسی اكثریا شوره وغیر منبتدر

مع مافیه سواحل دریاده اثمار ومزروعات واغنام واشتر مثللو حیوانات برکتی واردر

bech vè meçāfeï 'arzy deurt ïuz ïetmich sā-'atè mumteddir.

qavmi 'arab djemī'en esmer ul-levn vè dīni islāmdè oloup imām vè umerā vè chuïoukh pāïècindè bir qātch hākimlerè teba'ïèt eder andjaq zikr olounān hākimleriñ ba'zycy devleti 'alïèï 'osmānïïèïè tāby' vè ba'zylery dakhi serbest vè mustaqilldir.

ehālïï 'arab 'oumoumen ashābi muruvvet vè erbābi djenk u chedjā'at oloup ammā ekserïā māïli sirqatdir.

memāliki merqoumèniñ a'zamy qyth'acy minthaqaï hārrè tahtynda olmaq taqrībïlè havācynda chiddeti guermā oldoughoundan bachqa dākhilindè kesreti rīguistān vè birr u beïābān vè kiouhistān vè qilleti enhār vè ābi revān vè nedreti emthār u bārān olmaq hacebïlè arāzycy ekserïā chourè vè ghaïri munbitdir.

ma' māfīh sevāhili derïādè esmār vè mezrou'āt u aghnām vè uchtur micilli haïvānāt

riches en bestiaux, tels que moutons et chameaux.

Les produits naturels de l'Arabie sont les parfums les plus exquis et les plus variés, les épices, les drogues, tels que le poivre, la myrrhe, le musc, le baume de la Mecque, la gomme arabique, et divers genres de pierres précieuses. Mais, au premier rang de tous ces produits, il faut placer son café, dont la qualité supérieure en fait un article de commerce très-recherché.

Les principales contrées de l'Arabie sont le Hedjaz, l'Yémen, le Nedjed, l'O-man, le Hadramout et le Lahsa. Ses villes les plus considérables sont la Mecque et Médine, et ses ports les plus fréquentés, Yambo, Djeddè, Mokka et Mascate.

La Mecque est située entre les 37° 54' de longitude, et les 21° 28' de latitude.

اصل محصولاتنى روايح طيبة متنوعه وبخور وبوبر ومرّ وعنبر وصبر وبلسان وصمغ عربى واجناس جواهر مثللو اشيادن عبارت وعلى الخصوص زواجى اكثر اولان جنس اعلاى قهوهدن كنايتدر

عربستانك قطعات كبيرهسى حجاز يمن نجد حضرموت وعمان ولحسادر بلاد مشهورهسى مكّه مكرّمه ومدينهٔ منوّره وبنادر معمورهسى ينبوع وجدّه ومخا ومسقط بندرلريدر

مكّه مكرّمه طولًا اوتوز يدى درجه اللى درت دقيقه وعرضًا يكرمى بر درجه يكرمى سكز دقيقهده واقعدر

bereketi värdyr.

acyl mahsoulāti revāïhi thaïïbeï mutenev-vï'a vè boukhour vè buber vè murr u 'amber vè sabr vè belsän vè samghy 'arabi vè edj-nāci djevāhir micilli echiäden 'ibāret vè 'alel-khouçous revādji eker olän djinsi a'lāï qahvèdèn kinäietdir.

'arabistānyüqytk'āti kebïreci hidjāz ïemen nedjid hazramout vè 'ummān vè lahsädyr bilādi mechhoureci mekkeï mukerremè vè medïnèï munevverè vè benādiri ma'moureci ïenbou' vè djiddè vè moukhā vè masqath benderlerïdir.

mekkeï mukerremè thoulen otouz iedi de-redjè elli deurt daqyqa vè 'arzan ürmi bir deredjè ürmi sekiz daqyqada vāqy'dir.

AFRIQUE OTTOMANE.

Quelles sont les contrées de l'Afrique qui font encore aujourd'hui partie de l'empire ottoman ?

Ces contrées sont l'Égypte et les régences de Tunis et de Tripoli de Barbarie.

L'Égypte est administrée par un vice-roi sous la suzeraineté de la Sublime-Porte, et il en est de même pour les régences de Tunis et de Tripoli de Barbarie.

Quelles sont les limites de l'Égypte ?

Ces limites sont, au nord, la Méditerranée ; au sud, la Nubie ; à l'est, l'isthme de Suez et la mer Rouge, et à l'ouest, la Libye.

Quelles sont la latitude et la longitude de l'Égypte ?

L'Égypte est située entre les 22e et 41e degrés de longitude, et les 7e et 32e degrés de latitude.

Son étendue est d'environ cent vingt

ممالك عثمانيّة افريقه بياننك در

الحالة هذه ممالك عثمانيّه يه تابع اولان ديار افريقانك مملكتلرى ندر

بو مملكتلر مصر ايالتيله تونس وطرابلس غرب اوجاقلريدر

مصر ايالتى دولت عليّه يه تابع اولەرق بر والينك معرفتيله اداره اولنور ككذا تونس وطرابلس اوجاقلرى بو منوال اوزره اداره اولنورلر

مصر مملكتنك حدودلرى نره سيدر

مملكت مصر شمالا بحر سفيد وجنوبا ممالك نوبه شرقا سويش بوغازى وسويش دكزى وغربا بلاد البربر ايله محدوددر

مصر مملكتنك طولا وعرضا موقعى ندر

مصر ايالتى طولا يكرمى ايكنجى درجه دن قرق برنجى درجه يه وعرضا يدنجى درجه دن اوتوز ايكنجى درجه يه ممتددر

مسافة طولى تقريبا يوز يكرمى ومسافة عرضى

memāliki 'osmānïëi afrīqa beïānynda dyr.

elhāletu hazihi memāliki 'osmānïëïë tāby' olān dïāri afrīqānyñ memleketleri nedir.

bou memleketler mycyr eïāletïlë tounous vë tharāboulouçou gharb odjāqlurydyr.

mycyr eïāleti devleti 'alïëïë tāby' olaraq bir vālīnïñ ma'rifetilë idārë olounour kezā tounous vë tharāboulous odjāqlary bou minvāl uzrë idārë olounourlar.

mycyr memleketiniñ hudoudlary nerëcīdir.

memleketi mycyr chimālen bahri sefīd vë djenouben memāliki noubë vë charqan suveïch boughāzy vë suveïch deñizi vë gharben bilād ul-berber ilë mahdouddour.

mycyr memleketiniñ thoulen vë 'arzen mevqy'i nèdir.

mycyr eïāleti thoulen ïirmi ikindji deredjëden qyrq birindji deredjëïë vë 'arzen ïedindji deredjëden otouz ikindji deredjëïë mumteddir.

meçāfëi thouli taqrīben ïuz ïirmi vë me-

lieues en longueur, et de quatre-vingts en largeur.

Comment divise-t-on l'Égypte?

L'Égypte proprement dite se divise en trois parties, savoir, la basse, la moyenne et la haute Égypte.

Le chef-lieu de la basse Égypte est Alexandrie, ville de commerce et port célèbre sur la Méditerranée; le chef-lieu de la moyenne Égypte est la ville capitale même du Caire, et enfin celui de la haute Égypte est Djirdjé.

Quel est le fleuve principal qui arrose la contrée?

Le plus grand et le plus célèbre est le Nil sacré, qui a ses sources dans l'Abyssinie, et qui, après avoir traversé cette dernière contrée, la Nubie et l'Égypte, se jette par plusieurs embouchures dans la Méditerranée.

Quelle est la cause des débordements réglés du Nil?

سكسان ساعتدر

مملكت مذكوره قاچ قسمء منقسمدر

نفس مملكت مصر اوچ قسمه منقسمدر بری بحر مصروبری وسطانی مصر واوبری صعيد مصر

مصر بحرينك كرسيسی مدينهٔ اسكندريّه در كه بحر سفيدده واقع مشهور ليمان وتجرنگاهدر مصر وسطانينك كرسيسی نفس مصر قاهره در سعيد مصرك كرسيسی مدينهٔ جرجه در

بو مملكتك نهر كبيری ندر

مملكت مزبوره درونندن جريان ايـدن انهارك اكبر واشهری نيل مباركدركه عيون نيل تسميه اولنان منبعی ممالك حبشده واقع اولوب ذكر اولنان ممالك حبش ايله مملكت نوبه ومملكت مصری بعد القطع بر قاچ بوغازدن بحر سفيده منصب اولور

نيلك طاشمسی نه سببيله اولور

çāfeï 'arzy seksen sā'atdir.

memleketi mezkiourè qātch qysmè munqacimdir.

nefsi memleketi mycyr utch qysmè munqacimdir biri bahri mycyr vè biri vusthāni mycyr vè obiri sa'ïdi mycyr.

mycyry bahrĭnĭñ kursuçu medĭnëï iskendereïè dir ki bahri sefĭddè vāqy' mechhour lĭmān vè tidjāretguïāhdyr mycyr vusthānĭnĭñ kursuçu nefsi mycyry qāhirèdir sa'ïdi mycyryñ kursuçu medĭnëï djirdjè dir.

bou memleketĭñ nehri kebĭri nèdir.

memleketi mezbourè derouninden djerïān eden enhāryñ 'ekber u echheri nĭli mubārekdirki'ouïouni nĭl tesmïè olounān menba'ï memāliki habechdè vāqy' oloup zikr olounān memāliki habech ilè memleketi noubè vè memleketi mycyry ba'd el-qath' bir qātch boughāzdan bahri sefĭdè mounsab olour.

nĭliñ thāchmaçy nè sebeb ilè olour.

On a reconnu que le débordement de
ce fleuve est produit par les pluies abondantes qui se répandent, chaque année à
époque fixe, dans l'Abyssinie et les contrées environnantes.

Quel a été anciennement l'état de l'É-
gypte?

Dans l'antiquité, l'Égypte était un
grand et puissant État dont les habitants,
versés dans les sciences et les arts, devaient particulièrement leur célébrité à
l'invention de la géométrie.

Avec le temps, l'Égypte vit sa splendeur et sa prospérité se changer en un
véritable état de décadence et de dégéné-
ration. Tant que les Européens firent venir par la mer Rouge les marchandises
qu'ils tiraient de l'Inde, l'Égypte, et particulièrement le Caire, alors port célèbre
et florissant, furent le centre unique et
l'entrepôt général d'un vaste commerce.
Mais à partir du moment où la décou-

نهـر مرقومك طغياني انجق ممالك حبشك
ومماللك مذكوره نك اطراف واكنافنك بهرسنه
وقت معینده كثرت اوزره امطارك نزولی
سببندن نشأت ایتدیكی تحقیق اولنمشدر

مصر مملكتنك احوال قدیمهسی نه ایش

مصر مملكتی اوقات سالفده ذی قــدرت
ومكنت بـر دولت واهالیسی علوم وفـنونك
اصحاب لیاقت ومهارت وعلی الخصوص علم
هندسه‌یی ایجاد واختراع ایتمكلكله مكتسبان
نام وشهرت اولمشلردر

مرور دهور ایله بو مصرك رونق واقبالی مبدّل
ادبار اولد یغندن بشقه اوروپا دیاری اهالیسنك
مماللك هنددن جلب ایتدكلری اموال تجارتی
بحر سویشدن مصر طریقله امرار واحضار
ایله كلدكلرندن ناشی مملكت مرقومه وعلی
الخصوص دار الملكی اولان مصر قاهره بندركاه
معمور وشهرت آباد ومركز داد وستان ایكن
هندستانه طریق اوسط واسهل اولان ابید
بورنی یولی كشف اولنلید نبرو مار الذكر مصر
مملكتنك تجارتینه خلل كلی اولغله ملكت

verte du cap de Bonne-Espérance ouvrit à ce même commerce vers l'Inde une voie plus directe et plus facile, l'Égypte, privée de toute son importance commerciale, vit décroître, avec son immense population, l'état primitif de sa prospérité. Cependant, aujourd'hui que l'emploi de la vapeur permet de nouveau le transport des marchandises de l'Inde par la mer Rouge, cette circonstance ne peut manquer de rendre à l'Égypte sa première prospérité.

Quels sont les habitants primitifs de l'Égypte?

Les anciens habitants de l'Égypte sont les Coptes, nation chrétienne qui suit un rite particulier, et parle une langue qui lui est propre.

Quelle est aujourd'hui la capitale de l'Égypte?

Cette capitale est le Caire, grande ville florissante et commerçante, située à peu

مذكوره ده دركار اولان اولكى معمورييت
وكثرت اهالى درجهسى نا بود ونا بديددر
لكن واپور يعنى بخار قوتنك استعمالى تقريبله
الحالة هذه هندن وارد اولان اموال نجارتى
مجددًا بحر سويشدن مرور ايتمكله مصر
مملكتى ينه عن قريب اولكى اقبال
ومعموريتنى تكرار كسب وتحصيل ايده جكى
امر محققدر

bournou ïolou kechf olounaly danberi mär uz-
zikr mycyr memleketiniñ tidjãretïné khaleli
kulli olmaghlė memleketi mezkiourédė der-
kiăr olän evvelki ma'mourïet vė kesreti ehâli,
deredjėci nä boud u nä bedïddir lakin vãpor
ïa'ni boukhâr qouvvetiniñ istï'mäli taqrïbilė
elhăletu hazihi hindden värid olän emväli
tidjäreti mudjeddeden bahri suveïchden murour etmeguilė mycyr memleketi ienė'an qarïb
evvelki yqbâl u ma'mourïetini tekrär kesb u
tahsyl edėdjegui emri mouhaqaqdyr.

مصر مملكتنك اهالى قديمهسى ندر

mycyr memleketiniñ ehälii qadïmėci nėdir.

مملكت مزبوره نك اصل اهالى قديمهسى
نسبندن اولان سكانى طايفۀ قبطياندر كه
آيين عيسوى اولهرق كنديلرينه مخصوص
بر مذهبه اقتدا و برلسان مخصوصلرى واردر

memleketi mezbourèniñ asl ehälii qadïmėci necebinden olän sukkiäni thäïfėï qyb-
thyändyr ki ãïni 'icėvi olaraq kendïlerïnė
makhsous bir mezhebé iqtidä vė bir liçäni
makhsousleri värdyr.

حالا مصر مملكتنك دار الملكى ندر

hälä mycyr memleketiniñ där ul-mulki nedir.

مملكت مزبوره نك دار الملكى قاهرۀ مصر در
كه نيل نهرينك ساحل شرقيسى قربنك

memleketi mezbourèniñ där ul-mulki qä-
hirėï mycyr dyr ki nïl nehrïniñ sähili char-

de distance de la rive orientale du Nil.

La population de cette ville s'élève à environ trois cent soixante mille âmes.

A combien se monte la population de l'Égypte entière?

Cette population est aujourd'hui d'environ deux millions d'habitants, et se compose d'Ottomans, d'Arabes, de Coptes, de chrétiens et de juifs.

Quels sont les monuments antiques les plus remarquables de l'Égypte?

Ces monuments sont les pyramides, qu'on trouve à trois lieues environ du Caire, et qui sont regardées comme l'une des merveilles du monde. Ces antiques et remarquables constructions sont des édifices carrés d'une grandeur extraordinaire. On prétend qu'elles ont été élevées pour servir de tombeau aux anciens rois de l'Égypte.

Les deux principales, à raison de leur

اولوب معمـور وتجـارتنكاه بـر شهـر عظيم ـدر

شهـر مذكورك اهاليسى تقريبًا اوچ يـوز النمش بيك نفوسه بالغ اولور

بالجمله مصر مملكتنك اهاليسى نمقدار نفوسه بالغ او لور

الحالة هذه مملكت مذكورهنك بالجمله سكندسى تقريبًا ايكى ميليون نفوسه بالغ اولور بـو ايالتك اهاليسى عثمانلـو وعرب وقبطى ونصارا ويهوديدن عبارتدر

مصر مملكتنك اثار غريبه وعمارات عتيقهسى ندر

مصر قاهره نك اونه طرفنك كائن تقريبًا اوچ ساعت مسافهده جبال اهرام كه اعاجيب وغرايب روى زميندن اولوب چار كوشه لـو بر قاچ قلل كبيره الهيكل غريبه واثار عمارات عتيقهدر ومملكت مصرك عتيق پادشاهلرينك مرقدلرى ايچهون بنـا اولنمش اولدقلرى مرويدر

اهـرام مذكورهنك ايكيسى بغايت مرتفع

qĭci qourbindè oloup ma'mour vè tidjāret-guiäh bir chehri 'azīmdir.

chehri mezkiourouñ ehālĭci taqrīben utch ïuz altĭych biñ nufoucè bāligh olour.

bil-djumlè mycyr memleketiniñ ehālĭci nemyqdär nufoucè bāligh olour.

el-hāletu hazihi memleketi mezkiourèniñ bil-djumlè sekenèci taqrīben iki mīlion nufoucè bāligh olour bou eïāletiñ ehālĭci 'osmānly vè 'arab vè qypthy vè naçārā vè iehoudĭden 'ibāretdir.

mycyr memleketiniñ açāri gharībè vè 'imārāti 'atĭqacy nedir.

mycyry qāhirèniñ eutè tharafynda kiāin taqrīben utch sā'at meçāfèdè djibāli ehrām ki a'ädjĭbi vè gharāĭbi rouĭ zemīnden oloup tchār keuchèli bir qātch qonleli kebīret ul-heĭkeli gharībè vè açār u 'imārāti 'atĭqadyr vè memleketi mysryñ 'atĭq pādichāhlarynyñ marqadleri itchin binā olounmouch oldouqlary mervīdir.

ehrāmi mezkiourèniñ ikĭci beghāĭet mur-

grande élévation et de leur immense volume, sont généralement connues sous le nom de *El-Haraman*, ou les deux pyramides.

La plus élevée a 428 pieds 3 pouces 2 lignes de hauteur (1). On trouve, dans ces pyramides, un grand nombre de momies qui ont été déposées depuis deux à trois mille ans.

وتعظیم الجثّه اولوب مخصوصاً الهرمان اسمیله مسمّى ومشهوردردر

tefi' vè 'azîm ul-djussè oloup makhçouçã el-heramãn ismîlè mucemma vè mcchhourdour.

اك بیوكی درت یوز یكرمی سكز قدم اوچ پارمـق ایكی خط ارتفاعی اولوب اهـرام مذكورهده ایكی اوچ بیك سندنبرو محفوظ ومصون اولان قتی چوق مومیا بولنور

cñ buãugu deurt ïnz ürmi sekiz qadem utch pãrmaq iki khathth irtifã'y oloup chrãm mezkiourèdè iki utch bîñ senèdenberi mahfouz vè maçoun olãn qaty tchoq moumïã boulonnour.

TRIPOLI DE BARBARIE.

Quelles sont les limites actuelles de la régence de Tripoli de Barbarie?

La régence de Tripoli de Barbarie a pour limites, au nord, la Méditerranée; au sud, le Sahara, ou grand désert; à l'est, l'Égypte, et à l'ouest, l'État de Tunis.

Le chef-lieu de la régence de Tripoli est la ville de Tripoli même, cité célèbre, située sur le bord de la mer.

Quelle est sa population?

طرابلوس غرب بیاننك در

tharãboulouçou gharb beïãninda dyr.

شمدیكی حالك طرابلوس غرب اوجاغـنك حدودلری نرهسیدر

chimdîki hãldè tharãboulouçou gharb odjãghyniñ hudoudlary nerècîdir.

طرابلـوس غرب اوجاغی شمالاً بحر سفید وجنوبـاً صحرای كبیر وشرقاً مملكت مصـر وغربًا تونس مملكتی ایله محدوددر

tharãboulouçou gharb odjãghy chimãlen bahri sefîd vè djenouben sahrãï kebîr vè charqan memleketi mycyr vè gharben tounous memleketi ilè mahdouddour.

اوجاغ مذكورك كرسیسی طرابلوس شهزیدر كه لب دریاده واقع شهر شهیردر

odjãghy mezkiourouñ kursuçu tharãboulous chehrîdir ki lebi derïãdè vãqy' chehri chehîrdir.

بـو اوجاغك اهالیسی نقـمدار نفوسه بالغ اولور

bou odjãghyñ chãlîci nè myqdãr nufouçè bãligh olour.

---

(1) Cette indication est le résultat des mesures exactes prises par la commission d'Égypte, pendant l'occupation française.

Environ 1,660,000 habitants.

Quelle est la nature du sol ?

Le sol, entièrement pierreux et sablonneux, est partout stérile. Les bords de la mer seulement produisent des fruits, tels que des oranges, des citrons et des cédrats, ainsi que du safran d'une qualité supérieure.

ÉTAT DE TUNIS.

Quelles sont les limites de l'État de Tunis ?

Ses limites sont, au nord et à l'est, la Méditerranée et la régence de Tripoli ; au sud, le Sahara, et à l'ouest, la régence d'Alger.

Quelle est son étendue ?

Sa plus grande longueur du nord au sud est d'environ 123 lieues, et sa plus grande largeur de l'ouest à l'est est d'environ 53 lieues.

تخميناً بر ميليون التى يوز التمش بيك نفوسه بالغ اولور

اراضيسى ندر

اراضيسى عمومًا ريكستان وسنكستان اولديغندن غير منبتدر انجق سواحلنك تورنج وليمون واغاج قاوني مثللو ميوه لر وزعفرانك اعلاسى حاصل اولور

مملكت تونس بياننك در

تونس مملكتنك حدودلرى نره سيدر

مملكت تونس شمالًا وشرقًا بحر سفيد ومملكت طرابلوس وجنوبًا صحراى كبير وغربًا مملكت جزاير ايله محدوددر

بو مملكتك بعدو مسافهسى ندر

جانب شمالدن جنوبه كلنجه تخمينًا يوز يكرمى اوچ وشرقدن طرف غربه قدرتقريبًا اللى اوچ ساعت بعدو مسافهسى واردر

---

takhmīnen bir million alty iuz altmych bin nufoucè bāligh olour.

erāzycy nèdir.

erāzycy 'oumoumen rîguistān vè senguistān oldoughoundan ghaïri munbitdir andjaq sevāhīlindè touroundj vè līmon vè aghādj qāvounou micilli meïvèler vè za'frānyn'a-lāçy hāçyl olour.

memleketi tounnous beïānynda dyr.

tounnous memleketiniñ houdoudlary nerè-cïdir.

memleketi tounnous chimālen vè charqan bahri sefīd vè memleketi tharāboulous vè djenouben sahrāï kebīr vè gharben memleketi djezāïr ilè mahdouddour.

bou memleketiñ bu'du meçāfèci nèdir.

djānibi chimālden djenoubè guelindjè takhmīnen ïuz ïirmi utch vè charqdan tharafy gharba qadar taqrīben elli utch sā'at bu'du meçāfèci vārdyr.

Quelle est la population de l'État de Tunis?

بالجمله تونس مملكتنك اهاليسى نمقدار نفوسه بالغ اولور

bil-djumlè tounous memleketiniñ ghālīci nemyqdār bāligh olour.

Environ 1,800,000 habitants.

تخمينا بر ميليون سكز يوز بيك نفوسه بالغ اولور

takhmīnen bir mīlīon sekiz iuz bīñ nufoucè bāligh olour.

Cette population se compose d'Ottomans, d'Arabes, de Berbères et de juifs.

اهاليسى عثمانلو ايله عربدن بربردن يهوديدن عبارتدر

ehālīci 'osmānly ilè 'arabden berberden ïehoudīden 'ibāretdir.

Quels sont les produits de cette régence?

بو مملكتنك محصولاتى ندر

bou memleketiñ mahsoulāti nèdir.

Ses produits sont le blé, l'huile, les fèves, la cire, la laine, les cuirs et le miel. Tunis est aussi connu par la qualité supérieure de ses chevaux.

محصولات اصليه‌سى روغن زيت وحنطه باقله وبال مومى ويباق وتلاتين اولديغندن بشقه اول اقليمك بارگيرى توانا اولغله معتبر ومشهور در

mahsoulāti aslīēci roughan zeīt vè hyntha vè bāqla vè bāl moumou vè ïapāq vè telātīn oldoughoundan bachqa ol iqlīmiñ bārguīri tuānā olmaghlè mou'teber vè mechhourdour.

La capitale est Tunis, ville forte et célèbre, et place maritime de commerce.

مملكت مزبوره‌نك دار الملكى تونس شهريدر كه متين ومشهور بر بلده وتجارتگاه واسكله در

memleketi mezhourèniñ dār ul-mulki tounous cheherīdir ki metīn vè mechhour bir beldè vè tidjāretguiñāh vè iskelè dir.

Le gouvernement de cette régence, protégée par la Sublime-Porte, se compose d'un pacha.

تونس مماكتنك حكومتى دولت عليه‌نك زير حمايه‌سنك اولوب بر پاشادن عبارتدر

tounous memleketiniñ hukioumeti devleti 'alīēniñ zīri himāïècindè oloup bir pāchādan 'ibāretdir.

VOYAGE DANS LA MÉDITERRANÉE PAR LE BATEAU A VAPEUR.

اق دكزده واپور كميسيله سفر ايلمسى بابنك

aq deñizdè vāpour guemīcilè sefer eīlèmèci bābynda.

Je suis charmé, monsieur, de vous voir en bonne santé.

سزى صاغ سليم كوردكمه سونرم افندم

sizi sāgh selīm gueurdugumè sevinirim efendim.

Depuis quand êtes-vous à Marseille?

نه وقتدن برو مارسيليه‌ده سكز

nè vaqitdenberi mārsilïada syñyz.

Depuis trois jours seulement je suis dans cette ville.

Devez-vous faire un long séjour ici?

Non, je vais m'embarquer aujourd'hui même sur le bateau à vapeur qui part pour l'Italie et le Levant.

C'est aussi mon projet; nous voyagerons ensemble.

Pourriez-vous m'indiquer l'endroit où se trouve le bateau, et me dire quels sont les jours et les heures de départ?

Les bateaux stationnent à l'entrée du port et partent les 1ᵉʳ, 11 et 21 de chaque mois, à cinq heures du soir.

Quel est le prix du passage jusqu'à Constantinople?

Ce prix se règle d'après les places. Le prix de la première classe est de 430 francs, celui de la seconde de 250, et celui de la troisième de 130 francs (1).

Quelle est la durée ordinaire du trajet jusqu'à Constantinople?

فقط اوچ كوندنبرو بو شهرده يم

چ‌وق اوتوره‌جقميسكز بوره‌ده
خير افندم بو كون اتاليه وتركستانه كيدن
واپور كميسيله كيده‌جكم

بنم نيتم دخى بويله اولوپ برابر سياحت
ايدرز
واپور كميسي نره‌ده اولديغنى وقنغى كون
وقنغى ساعت كيده‌جكنى بنده كزه‌ديه
بيلورميسكز

خارج ليماندن هر ماهك برنك اون برنك
يكرمى برنك اخشام ساعت بشك كيدر

استانبوله قدر كمى كراسى ندر

بو قيمت كميله اولان يولجيلرك اوتوردقلرى
يرك رتبه‌سنه كوره‌در برنجى رتبه‌سنه درت
يوز اوتوز ايكنجيسنه ايكييوز اللى واوجنجيسنه
يوز اوتوز فرانق ويريلور

اكثريا استانذيه قدر مدّت سفر ندر

faqath utch gundenberi'bou chehirdè im.

tchoq otouradjaqmy·cyñyz bourada.
khaïr efendim bou gun itālīa vè turkistāna guīden vāpour guemīcilè guīdèdjeguim.

benim niietim dakhy beuïlè oloup berāber seïāhet ederiz.

vāpour guemīci nerèdè oldoughounou vè hanghy gun vè hanghy sā'at guīdèdjeguini bendèñizè deïè bilirmiciñiz.

khāridji līmāndan her māhyñ birindè on birindè vè iguirmi birindè aqchām sā'at bechdè guīder.

istānboula qadar guemi kirācy nèdir.

bou qīmet guemīdè olān ĭoldjoularyñ otourdouqlary ïeriñ rutbècinè gueurèdir birindji rutbècinè deurt ïuz otouz ikindjïcinè iki ïuz elli vè utchundjuçunè ïuz otouz frānq verīlir.

ekserīā ācitānèïè qadar muddeti sefer nèdir.

(1) Arrété du ministre des finances, concernant les paquebots à vapeur de la Méditerranée, en date du 17 juillet 1838.

Ce trajet est d'environ quatorze à quinze jours.

عادتا اون درت یاخود اون بش كونكه كیدیلور

'âdetâ on deurt ïâkhoud on bech gundè guîdïlir.

Vous, qui avez déjà fait ce voyage, pourriez-vous me dire, je vous prie, comment on se trouve à bord des bateaux ?

سز كه بو سفری ایلدیكزدن كمیك اولان یولجیلرك احوال وكیفیتنك نـه اولدیغنی بنده كزه دیه بیلورمیسكز

siz ki bou seferi eïledïguiñizden guemïdè olân ïoldjoularyñ ahvâl u keïfïïetiniñ nè oldoughounou bendèñizè deïè bïlirmïcïñiz.

Les voyageurs y trouvent tous les agréments désirables, des chambres commodes, des salons richement décorés, garnis de glaces et de tapis, une bibliothèque composée de livres choisis, et des pianos. Il y a, en outre, un salon particulier pour les dames.

كمیك یولجیلرك حظّ وحضورلرینه لازم اولان اوطـه لری وخالی وآینه ایلـه مزّین بیوك دیوانخانه لری وپیانودیدكلری چالغی آلاتی وانـواع كتب كزیده لری اولوب قادنلـره مستقلّ بر مزّین اوطه سی دخی واردر

guemïdè ïoldjoularyñ hazz u houzourlaryna lâzym olân odhalary vè khâly vè âïna ilè muzeïïen buïuk dïvânkhânèleri vè pïâno dedikleri tchâlghy alâty vè envâ'ï kutubu guzîdèleri oloup qâdynlara mustaqill bir muzeïïen odhacy dakhy vârdyr.

Quel est le prix de la nourriture ?

طعامك قیمت یومیه سی ندر

tha'âmyñ qïmeti ïevmïïeci nèdir.

Ce prix est de six francs par jour pour la première classe.

برنجی مرتبه سنه كونك التی فرانق ویرلور

birindji mertebècinè gundè alty frânq verilir.

Le bateau commence à chauffer, nous ferons bien de monter de suite à bord.

اشته افندم واپوردن دوتن چقمغه باشلادی هایك كمیه بینه لم

ichtè efendim vâpourdan tutun tchyqmagha bâchlâdy hâïdè guemïè bïnèlim.

Où sont nos places ?

اوتورهجق یریمز نره ده در

otouradjaq ïerïmiz nèrèdèdir.

Les premières places sont à l'arrière du bâtiment.

برنجی قمارا سی كمینك قیچنك در

birindji qamârâcy guemïñiñ qytchynda dyr.

Ce bateau est en effet magnifique.

واقعا بو یك اعلا واپور كمیسیدر

vâqy'â bou pek a'lâ vâpour guemïcïdir.

Combien le gouvernement français en a-t-il fait construire de cette sorte ?

بو طرز اوزره فرانسه حكومتنك انشا ایلدیكی كمیلر قاچدر

bou tharz uzrè frânsa nukioumetiniñ inchâ eïledïgui guemiler qâtchayr.

Il en existe dix pour le service de la Méditerranée. Ces bateaux, commandés par des officiers de la marine royale, sont de la force de cent soixante chevaux et montés chacun de quarante-deux hommes d'équipage.

Il faut convenir que c'est une bien belle et bien utile invention que celle de l'emploi de la vapeur !

Pourriez-vous me dire quel en est le premier inventeur ?

Jusqu'à ces derniers temps cette invention était attribuée aux Anglais. Cependant on vient de reconnaître que c'est un Français, du nom de Papin (1), qui, dès 1695, indiqua le premier tout le parti qu'on pourrait tirer de la force expansive de la vapeur pour les arts et la navigation.

Néanmoins le premier bateau à vapeur

اق دكز سفرلری ایچون بو مثللو كميلردن اون قطعه‌سی انشا اولنمشدر هر بری قرق نفر كميجی ایله بكلك بر قپودانك زیر ادارهسنك در مشیك هر بركمینك قوّتی یوز التمش باركیرك قوّتنه مساویدر

فی الحقیقت بو نو ظهور اولان بخار قوّتنك استعمالی فنون جلیله واثار مستحسنه‌لردندر

ابتدا بو شی ٠ اجاد ایدن كیم اولدیغنی بیلورمیسكز

بوانه قدر انكلیزلونك اولدیغنی قیاس ایامشلرایسه‌ده بیك التیوز طقسان بش سنه عیسویه‌سنك پاپین نام بر فرانسز كمسنه كرك صنایع وفنون وكرك امر ملاحت خصوصنه قینار صودن حاصل اولان بخارك قوّت انبساطیه‌سنك انتفاع كثیره‌سنی فهم واشارت ایلدیكی حالا امر محقق وغیر مشكوكدر

مع هذا یولجی واموال تجارت نقلنده

aq deñiz seferleri itchin bou miçilli guemilerden on qyth'acy inchā olouinmouchdour her biri qyrq nefer guemidji ilè beïlik bir qapoudāñyñ zîri idārècindè dir mechïdè her bir guemïniñ qouvveti ïuz altmyoh bārguiñä qouvvetinè muçāvïdir.

fil-haqyqat bou nev zouhour olāñ boukhār qouvvetiniñ isti"māli funouni djelîlè vè açāri mustahsenèlerdendir.

iptidā bou cheï idjād eden kïm oldoughounou bilirmïciñiz.

bou ânè qadar inguilïzliniñ oldoughounou qyās eilemichlericèdè bïñ altyïuz dhoqsān bech senèi 'icevïiècindè pāpïn nām bir frāncyz kimesnè guerek sanāï vu funounè vè guerek emri melāhat khouçouçouna qaïnār soudan hāçyl olāñ boukhāryñ qouvveti inbiçāthïïeciniñ intifâ'ï kecïrècini fehm u ichāret eïledïgui hālā emri mouhaqqaq vè ghaïri mechkioukdour.

ma' hazā ïoldjou vè emvāli tidjāret naq-

(1) Voyez la notice remarquable de M. Arago, sur les machines à vapeur, dans l'*Annuaire du Bureau des Longitudes*, année 1831, pag. 288 et suiv.

qui a été appliqué au transport des hommes et des marchandises est celui que
Fulton construisit en Amérique en 1807.

Le premier qui parut et servit au même
usage en Angleterre date de l'année 1812.
Depuis cette époque jusqu'en 1822, le
nombre des bateaux construits dans ce
pays fut de deux cent quatre vingt-quinze,
et depuis 1822 jusqu'en 1836, ce nombre s'est élevé à six cents. Aujourd'hui
il est bien plus considérable encore.

Le commerce de ce pays a considérablement gagné à ce genre de navigation.
Pour juger de cet accroissement, il suffit
de remarquer que le poids des marchandises transportées par ces bateaux depuis
1820 jusqu'à la fin de 1836, s'est rapide-
ment élevé de 915,696 quintaux à la
somme de 48,603,034 quintaux.

استعمال اولنان جميع واپورلرك اوّلكيسى بيك
سكز يوز يدى سنه‌سنك امريقه‌ده فولطون نام
شخصك انشا ايلديكى واپوربدر

انكلتره‌ده ظهور ايدن واپورك اوّلكيسى
بيك سكز يوز اون ايكى سنهٔ عيسويه‌سنك
انشا اولنان واپوربدر تاريخ مذكوردن بيك
سكز يوز يكرمى ايكى تاريخنه وارنجه
انكلتره‌ده انشا اولنان واپورلر ايكى يوز طقسان
بشه وينه بيك سكز يوز يكرمى ايكى
تاريخدن بيك سكز يوز اوتوز التى سنه‌سى
اواخرينه دكين التيپوزه بالغ اولمشدر شمديكى
حالك دخى بوكميلرك عددى زياده‌يه بالغ
اولمشدر

انكلتره‌نك باب تجارتى ازدياديه اشبو
واپورلر سبب مستقل اولديغى انيك بيان
ايديله‌جك ادلّه وبرهاندن معلوم اوله‌جقدر
شويله كه بيك سكز يوز يكرمى سنه‌سنك
واپورلرايله نقل اولنان حموله يالكز طقوز
يوز اون بش بيك التيپوز طقسان التى
قنطاردن عبارت ايكن اوتوز التى سنه‌سنك
اواخرنده يعنى اون التى سنه مرورنك قرق
سكز ميليون سكز يوز التمش اوچ بيك اوتوز

linde isty'māl olounān djemī' vāpourlaryñ
evvelkīci bīñ sekiz ïuz ïedi senècindè amery-
qada fulthon nām chakhsyñ inchā cïledïgui
vāpouroudour.

inguilterèdè zouhour eden vāpourouñ evvelkīci bīñ sekiz ïuz on iki senèï 'icèvïïecindè
inchā olounān vāpouroudour tārīkhi mez-
kiourden bīñ sekiz ïuz ïirmi iki tārīkhinè vāryndja inguilterèdè inchā olounān vāpourlar
iki ïuz dhoqsān bechè vè ïenè bīñ sekiz ïuz
ïirmi iki tārīkhinden bīñ sekiz ïuz otouz ally
senèci evākhyryna deguïn ally ïuzè bāligh olmouchdour chimdīki hāldè dakhy bou gue-
mileriñ 'adedi zïādèïè bāligh olmouchdour.

inguilterèniñ bābi tidjāreti izdïādyne ichbou vāpourlar sebebi mustaqyll oldoughou
atïdè beïān edïlèdjek edillè vè burhāndan
ma'loum oladjaqdyr cheuïlè ki bīñ sekiz ïuz
ïirmi senècindè vāpourlarlè nàql olounān
hamoulè ïālyñyz dhoqouz ïuz on bech bīñ
ally ïuz dhoqsān ally qanthārdan 'ibāret iken
otouz ally senèniñ evākhyryndè ïa'ni oñ
ally senè mourourundè qyrq sekiz mīlion sekiz

Quel est le plus fort bateau à vapeur qui ait été construit jusqu'en 1839?

C'était celui qui fut lancé à Londres, et qui porta le nom de la *Reine d'Angleterre*. Ce navire était le plus grand de tous ceux qui furent construits jusqu'alors. Sa capacité était de dix-huit cent soixante-deux tonneaux ; sa force dépassait celle de cinq cents chevaux ; sa longueur était de deux cent soixante-quinze pieds ; sa largeur, y compris celle de ses deux roues, était de soixante-quatorze pieds. La longueur de ce navire excède de trente-cinq pieds celle des vaisseaux de guerre anglais. Ce bateau à vapeur ayant été construit aux frais d'armateurs anglais et américains, fut destiné à faire les voyages de Londres à New-York.

Tout en causant ainsi, nous sommes sortis sans nous en apercevoir du port de Marseille.

درت قسطنطاره قدر يتشمش در

بيك سكز يوز اوتوز طوقوز سنه‌سنده دكين جميع انشا اولنمش اولان واپور كميلرينك اك بيوكى قنغيسى ايدى

انكلتره قراليچه‌سى اسمى ايله مسمى اولوب اول وقت لوندره‌ده انشا اولنان واپور كميسى‌در سفينهٔ مذكور بو عصرده بولنان واپورلرك اك بيوكى اولوب بيك سكز يوز التمش ايكى فوچى چكر ومشيك قوتى بش يوز راس بارکيرك قوتندن زياده‌در طولى ايکى يوز يتمش بش قدم وچرخلريله معا وسطنك اولان موضعى التمش درت قدم قدمدر وطولى انكلتره‌نك كبير بكلك سفاينندن اوتوز بش اياق زياده‌در وانشا ايدن ذوات امريقه‌لو وانكليزلو اولوب لوندره ايله امريقه‌نك جديد يورق بندرينه سفر ايتمك قصد ايله انشا ايتمشلردر

بويله لاقردى ايتمكله بلميه‌رك مارسيليه ليمانندن چقدق

Comment avez-vous trouvé cette ville pendant votre séjour ?

مدّت اقامتكزده بو شهری نصل بولدكز

muddeti iqāmetiñizdé bou chehri nacyl bouldouñouz.

Elle m'a plu beaucoup ; et, en effet, Marseille est une des plus florissantes et des plus jolies villes du midi de la France. Son port, qui est vaste, bien défendu et à l'abri des vents, peut passer pour l'un des ports marchands les plus beaux et les plus commodes de la Méditerranée. La population de Marseille est aujourd'hui de cent quatre-vingt-trois mille cent quatre-vingt-six âmes.

پك بگندم وفی الواقع مارسليه شهری فرانسه جنوبيسنك معمور ودلبر شهرلرندندر ليمانی بغايت واسع ومحفوظ وهبوب رياحدن مأمون اولق تقريبيله جميع اق دكز تجار ليمانلرندن أحسن واهوندر شمديكی حالك شهر مذكورك بالجمله سكنهسی يوز سكسان اوچ بيك يوز سكسان التی نفوسه بالغ اولور

pek beïendim vé fil-vāqy' mārsilïa chehri frānsa djenoubiciniñ ma'mour vé dilber che-hirlerindendir līmāny beghāïet vāci' vé mahfouz vé huboubi rïāhdan mèmoun olmaq taqrībilè djemï' aq deñiz tudjdjār līmānla-rindan ahsen vè ahvendir chimdīki hāldé chehri mezkiouruñ bil-djumlè sekenèci ïuz seksen utch bïñ ïuz seksen alty nufoucé bāligh olour.

Quel est ce golfe qui est à notre gauche ?

شو صاغ طرفه‌زده كی كورفز ندر

chou sāgh tharafymyzda ki keurfez nèdir.

C'est le golfe Juan, où débarqua inopinément, en 1815, Napoléon, venant de l'île d'Elbe.

بيك سكز يوز اون بش سنهٔ عيسويهسنك ناپوليون الّبا جزيرهسندن كلور ايكن بغتةً اونديكی دونژوان نام كورفزدر

bïñ sekiz ïuz on bech senèï 'icevïïècindé nāpoulïon elbā djezīrècinden guelir iken baghteten endīgui donjuān nām keurfezdir.

Quelles sont ces montagnes couvertes de neige qu'on voit dans le lointain ?

نه در بو اوزاقدن كورنن قارلی طاغلر

nè dir bou ouzāqdan gueurunen qārly dhāghlar.

C'est la haute chaîne des Alpes, qui sépare la France de l'Italie.

فرانسه مملكتی اتاليه مملكتندن فصل وتحديد ايدن الپس تسميه اولنان يوكسك طاغلردر

frānsa memleketi itālïa memleketinden fusl u tahdīd eden alpes tesmïè olounān ïuksek dhāghlardyr.

Êtes-vous allé en Italie ?

اتاليه مملكتنه واردكز می

itālïa memleketiné vārdyñyz my.

13

— 194 —

Oui, monsieur, j'y suis allé plusieurs fois.

Pourriez-vous me donner quelques explications sur la géographie et l'état de ce pays?

L'Italie est la plus belle et la plus douce de toutes les contrées de l'Europe. Son étendue en longueur, depuis le golfe de Gênes jusqu'aux confins des Calabres, dans le royaume de Naples, est de deux cent vingt-quatre lieues environ. Sa largeur est inégale dans toute son étendue.

Quelle est la nature du climat de ce pays?

La température de l'Italie, bien que chaude, est généralement (excepté dans les États du pape) partout saine et de la plus grande pureté.

Considérée sous le rapport de la beauté et de la pureté de son climat et de l'abondance de ses produits en tous genres, l'Italie peut être comparée à un jardin délicieux.

اوت افندم بر قاچ كره واردم

بو ديارك كيفيت واحوالنه دائر بنده كزه بعض افادات جزئيه ويره بيلورميسكز

اتاليه ممالكى اوروپانك جميع ممالكندن احسن واهوندر مسافة طولى جنويز كولندن بدأ ايله ناپولى مملكتنك واقع قالابره ايالتنك نهايتنه وارنجه تقريبا ايكى يوز يكرمى درت ساعت اولوب انجق مسافة عرضى هر طرفنك ناهموار وغير متساويدر

مملكت مزبورهنك آب وهواسى نصلدر

ممالك اتاليەنك هواسى اكرچه حار اولوب انجق ريم پاپانك مملكتى مستثنا اولەرق عمومًا صحيح وغايتيله سالمدر

كرك لطافت آب وهواسى سببيله كرك دروننك جميع محصولاتنك وجودى اولقلغله اتاليه اراضيسى بر باغچه دلكشا وبر حديقة صفا بخشايه تشبيه وتمثيل اولنسه سزادر

evet efendim bir qâtch kerré vârdym.

bou dïârïñ keïfiiet u ahvâlinè dâïr bendè-ñizè ba'zy ifâdâti djuz'ïiè verè bïlurmïeiñiz.

itâlïa memâliki avroupânyñ djemï' memâ-likinden ahsen vè ehvendir meçâfeï thouli djenevïz gueulundeñ bed' ilè nâpolou mem-leketindè vâqy' qâlâbra eïâletiniñ nihâïetinè vârindjè taqrïben iki ïuz ürmi deurt sâ'at oloup andjaq meçâfeï 'arzy her tharafynda nâhemvâr vè ghaïri mutecâvïdir.

memlekcti mezbourèniñ âb u havâcy nâ-cy/dyr.

memâliki itâlïanyñ havâcy eïertchi härr oloup andjaq roum pâpânyñ memleketi mus-tesnâ olaraq 'oumoumen sahïh vè ghâïetilè sâlimdir.

guerek lethâfeti âb u havâcy sebebilè gue-rek derouninde djemï' mahsoulâtynñvudjoudu olmaqlyghlè itâlïa arâzycy bir bâghtcheï dil-kuchâ vè bir hadyqaï safâ bakhchâïè techbïh vè temïsïl olounsa sezâdyr.

Ses habitants sont en général d'un caractère généreux, éveillé, spirituel, et
disposé naturellement aux arts et aux
sciences ; ils excellent surtout dans la
poésie, la musique et la peinture.

Ce pays se divise naturellement en trois
grandes parties, savoir : l'Italie septentrionale, l'Italie centrale, et méridionale.
L'Italie est soumise à l'autorité de plusieurs gouvernements absolus et indépendants les uns des autres. La population entière de cette contrée s'élève aujourd'hui à environ 24,400,000 habitants.

Quelle est cette chaîne de montagnes
que l'on voit de loin à notre droite ?

Ces montagnes sont les Apennins, qui
partagent et divisent l'Italie dans toute
sa longueur.

Quel est ce long cap qui se prolonge
à notre droite ?

C'est le cap Corse. L'île qui porte ce
nom a cinquante lieues d'étendue en

اتالیه سکنهسی علی العموم مکرم وخردمند
وذکی وهوشیار وجمیع فنون وعلومه استعداد
وقابلیت وخصوصا شعر وموسیقی وتصویر
صنعتنك مهارت وحذاقتلری بر کمال
واشکاردر

ممالك مرقومه اوچ بیوك قطعهیه منقسم
اولوب بری شمالی وبری وسطانی واوبری
جنوبی حکومتی مستقل بر قاچ حکمدارانك
ضبط وتصرفنك در بالجمله سکنهسی حالا تخمیناً
یکرمی بر بیك میلیون درت یوز بیك نفوسه
بالغ اولور

شو اوزاقك صول طرفمزده کورنن طاغلره نه
دیرلر

بونلر اپنین تعبیر اولنان جبالدر که اتالیه
مملکتی طولامن اولها الی اخرها قطع وتفریق
ایدر

قارشوده وصاغ طرفده کی کورنن اوزون
بورون ندر

بو قورسقه بورنیدر قورسقه جزیرهسنك مسافه
طولی اللی ومسافه عرضی اون بش ساعت

itālia sekenèci 'alel-'oumoum mukrim vè
khyredmend vè zekü vè houchiār vè djemī'
funoun u 'oloumè istī'dād u qābilīet vè
khouçouçã chi'r vè mouçīqi vè tasvīr sana'a-
tindè mehāret vè hazāqatleri ber kemāl vè
achikiārdyr.

memāliki merqoumè utch büïuk qyth'aïa
munqacim oloup biri chimāli vè biri vus-
thāni vè obiri djenoubi hukioumeti mustaqill
bir qātch hukumdārānyn zabth u teçarrou-
founda dyr bil-djumlè sekenèci hālā takh-
mīnen ürmi bir bin mīlïon deurt üz bin
nufoucè bāligh olour.

chou ouzāqda sol tharafymyzda gueuru-
nen dhāghlara nè derler.

bounlar appenīn ta'bīr olounān djibāldir
ki itālia memleketi thoulen min evvelihā ila
akhyryhā qath' u teçrīq eder.

qārchyda vè sāgh tharafdaki gueurunen
ouzoun bouroun nèdir.

bou qorsiqa bournoudour qorsiqa djezīrè-
cinin meçāfeï thouli elli vè meçāfeï 'arzy on

longueur et quinze en largeur. Le sol,
étaut presque partout montagneux et
pierreux, est peu productif. Ses habitants
sont vigoureux, robustes, vindicatifs et
belliqueux. La population entière de l'île
s'élève à 230,271 âmes. Depuis quatre-
vingt-quatre ans, la Corse est une dépendance de la France. Ajaccio, qui en est
le chef-lieu, est aussi la ville natale du
grand Napoléon.

Quelle est cette île qui se montre à nous
dans l'est du cap Corse?

C'est l'île d'Elbe, dépendante aujour-
d'hui du grand-duché de Toscane, qui
est devenue célèbre pour avoir été pendant un an le lieu d'exil de Napoléon.

Dites-moi, je vous prie, pourquoi le
bateau se rapproche-t-il maintenant de
la terre?

C'est parce que nous allons entrer à
Livourne.

Ce port me semble fort beau.

C'est qu'en effet Livourne est le port

اولوب اكثر اراضيسى كوهستان وسنكستان
اولوب سببيله محصولاتى قليل وهواسى غير
ســالم وثقيلدر اهاليسى زورمند وكيندار
وجنكاور اولقلغله موصوف اولوب ايكييوز
اوتوز نبك ايكيبيوز يتمش برنفوسه بالغ اولور
وجزيره مزبوره سكسان درت سنهدنبرو
فرانسه مملكتنك متعلقاتندندر كرسيسى
اولان ايـاشيـو شهرى نـاپـوليـون بهادرك
محــل ولادتيدر

شوقورسقه بورننك جانب شرقيسنك كورنن
نه اطهسى در
بو الحالة هذه توسقانه بيوك دوقدلغنه طابع
اولان البا جزيرهسيدركه ناپوليونك برسنه
مقدارى محل نفى واجلاسى اولقلغله شهرت
بولمشدر
شمدى واپور كميسى نيچون قريه يقين
كيدييور

ليوورنو ليمانه كيره جكمز سببندندر

صورت ظاهرهده بو پك اعلا بر ليماندر
فى الواقع ليوورنو كه اليغورنه دخى ديمكله

*bech sā'at oloup eksori erāzycy kiouhistān vè
senguistān olmaq sebebilè mahsoulāti qalîl
vè havācy ghaïri sālim vè saqîldir chālîci
zormend vè kindār vè djenguiāver olmaqlyghlè mevsouf oloup iki ïuz otouz bû iki
ïuz ïetmich bir nufoucè bāligh olour vè dje-
zîrëï mezbourè seksān deurt senèdenberi frānsa
memleketiñiñ mute'aliqātyndandyr kursuçu
olān aïātchïo chehri nāpoulïon behādyrjñ
mahalli velādetïdir.*

*chou qorsiqa bourounouñ djānibi charqî-
cindè gueurunen nè adhacy dyr.*

*bou el-hāletu hazihi tosqāna buïuk douqa-
lyghyna thābi' olān elbā djezîrècïdir ki nā-
poulïonouñ bir senè myqdāri mahalli nefi vè
idjlāci olmaqlyghla cheuhret boulmouchdour.*

*chimdi vāpour guemïci nïtchin qaraïa ïa-
qyn guïdïor.*

*lïvoturno lîmānyna guïrèdjeguimiz sebe-
bindendir.*

soureti zāhirèdè bou pek a'lā bir lîmāndyr.

fil-vāqy' lïvournò ki alîghourna dakhy de-

le plus important et la première place de commerce de la Toscane. La ville est aussi une des plus jolies et des mieux défendues de l'Italie. Elle renferme, avec une vaste synagogue juive, de jolies églises pour les Grecs et les Arméniens. Sa population s'élève maintenant à 68,000 âmes environ.

معروف اولوب توسقانه مملكتنك بيوك ومشهور ليمان ومعمور تجارتكاهيدر شهرى دخى اتاليه متين ودلبر شهرلرندن معدوددر شهرى مزبورده بر بيوك يهودى خاوراسيله ارمنى وروم طايفهلرينه مخصوص كوزل ومرصع كنيسهلر واردر شمديكى حالك بالجمله اهاليسى التمش سكز بيك نفوسه بالغ اولور

meguilè ma'rouf oloup tosqāna memleketiniñ buïuk vè mechhour lĭmāni vè ma'mour tidjāretguiāhydyr chehri dakhy itālïanyñ metĭn vè dilber chehirlerinden ma'douddour chehri mezbourdè bir buïuk ïehoudi khāvrācyla ermeni vè ouroum thāïfelerĭne makhsous guzel vè mourassa' kenïçalar vārdyr chimdĭki hāldè bil-djumlè ehālĭci altmych sekiz bĭñ nufoucè bālygh olour.

Florence, qui est la capitale de la Toscane, est-elle loin d'ici?

توسقانه مملكتنك دار الملكى اولان فيورنچه شهرى بوندن اوزاقميدر

tosqāna memleketiniñ dār ul-mulki olān fïorentcha chehri boundan ouzāqmydyr.

Non, monsieur, cette ville n'est qu'à dix-huit lieues de la mer.

خير افندم دكز كنارندن انجق اون سكز ساعت قدر اوزاقدر

khaïr efendim deñiz kenārinden andjaq on sekiz sā'at qadar ouzāqdyr.

Quel est le gouvernement de la Toscane?

بو توسقانه مملكتنك حكومتى كيمك يدنده در

bou tosqāna memleketiniñ hukioumeti kimiñ ïedindèdir.

La Toscane est soumise au pouvoir absolu d'un archiduc de la maison d'Autriche.

اوستريا خاندنندن اولان بالاستقلال ارحيدوقه پايد ولقبيله بر پرنچك تحت حكومت وتصرّفنك در

avoustrïā khānedanyndan olān bil-istyqlāl arhĭdouqa pāïè vè laqabilè bir printchiñ tahti hukioumet u taçarroufounda dyr.

Le bateau doit-il s'arrêter longtemps à Livourne?

كمى بو ليوورنو ليماننك چوق طوره جغمى

guemi bou livourno lĭmānynda tchoq dhouradjaqmy.

Non, monsieur, le bateau ne s'arrête dans chaque port de relâche que six ou huit heures, pour embarquer ou débarquer des voyageurs.

خير افندم فقط يولجيلرى قرهيه براقوب وقرهدن المق ايچون واپور هر بر اوغراديغى ليماننك عادتا التى سكز ساعتدن زياده طورماز

khaïr efendim faqath ïoldjoulary qaraïa brāqoup vè qaradan ālmaq itchin vāpour her bir oughrādyghy lĭmānda 'ādetā alty sekiz sā'atdan zïādè dhourmāz.

Pendant ce peu de temps, est-il permis aux voyageurs de descendre à terre?

Cette permission dépend de la volonté du capitaine, qui la donne ou la refuse, suivant les circonstances.

Le bateau vient de lever l'ancre et continue sa route.

Regardez: cette ville que vous voyez près du rivage, c'est Orbitello, place bien fortifiée.

Quelle est cette petite île qui se présente à notre droite?

C'est l'île de Giglio, connue par ses carrières de marbre.

Maintenant nous atteignons les côtes de l'État de l'Église ou du pape, pays dont l'étendue est d'environ cent lieues en longueur et trente-trois en largeur. Le sol, quoique fertile, est généralement nuisible et malsain.

Quel est ce port où nous allons entrer?

C'est Civita-Vecchia, l'arsenal de l'É-

بو از وقتلرده يولجيلره اذن وارمی قره يه اينمكه

بو اذن قپودانك ارادتنه منوطدر وقت و حالنه کوره بعض دفعه ويرر بعض کره ويرمز

دمر قالدردیلر واپور تکرار یولنه کیدیور

باقکز شو دکز کنارينه يقين اولان شهرينه بو اوربيتللو تسميه اولنور بلده متينهدر

صاغ يانمزده کی کوچك جزيره نه در

جيليو اطه سيدر که مرمر معدنلريله مشهور در

شمدی روم پاپا ملکتنك يقدسنه ياقلشدق بو مملکتك مسافه طولی تقريبا يوز ومسافه عرضی اوتوزاوچ ساعتدن عبارتدر واراضيسی کرچه منبت اولوب هواسی مضر وغير سالمدر

ينه اوغرايه جغمز ليمانك اسمنه نهديرلر

بو روما مملکتنك ترسانهسی که چيوناوکيا

bou az vaqitlerdè ïoldjoulara izin vàrmy qaraïa enmeguè.

bou izin qapoudànyñ irâdetinè menouthdour vaqt u hâlinè gueurè ba'zy def'a verir ba'zy kerrè vermez.

demir qâldyrdylar vâpour tekrâr ïolouna guidïor.

bàqyñyz chou deñiz kenàrïna ïaqyn olàn chehrïnè bou orbitello tesmïè olounour beldèï metïnèdir.

sâgh ïànymyzda ki kutchuk djezïrè nè dir.

djïlïo adhacydyr ki mermer ma'denlerlè mechhour dour.

chimdi roum pâpâ memleketiniñ ïaqacyna ïâqlachdyq bou memleketiñ meçâfeï thouli taqrïben ïuz vè meçâfeï 'arzy otouz utch sâ'atden 'ibâretdir vè arâzycy guertchè mumbit oloup havâcy mouzyrr vè ghaïri sâlimdir.

ïenè ôghrâïadjaghymyz lïmànyñ ismïnè nèderler.

bou româ memleketiniñ tersâneci ki tchï-

— 199 —

tat romain, place forte, située à quatorze lieues de Rome.

Quel est maintenant ce dôme élevé que l'on distingue de loin?

C'est la coupole de Saint-Pierre de Rome, église qui n'a pas sa pareille en Europe. Ce dôme est à cent soixante-quatre pieds d'élévation du sol.

Vous qui avez vu toute l'Italie, que me direz-vous de Rome?

Rome, aujourd'hui la capitale des États du pape, peut passer pour l'une des plus célèbres villes du monde. Construite depuis deux mille six cent quatre-vingt-quinze ans, et ayant été le centre de la puissance des Romains, peuple célèbre qui conquit jadis toute la partie du monde connu des anciens, elle conserve encore des monuments de sa grandeur et de sa splendeur dans l'antiquité. Tels sont les thermes, les arcs de triomphe, les obélisques, les théâtres, les cirques,

تعبير اولنور روما شهرندن اون درت ساعت مسافهده اولان ليمان مستحكمدر

بو اوزاقدن كورينان قبّة رفيعه نصل قبّه در

روما شهرينك اوروپا كليسه لرى بيننك مثل ونظيرى اوليان مشهور صان پترو كليسه سنك قبّه سيدر كه بر يوزندن ارتفاعى يوز التمش درت قدمدر

سزكه انالیانك هر طرفنى سير اتدكز رومايى نصل بولدكز

روما شهرى كه حالا روم پاپانك مقرّ حكومتيدر دنيانك اك بيوك ومشهور بلادندن معدوددر بوندن ايكى بيك التى يوز سنه مقدم احداث وبنا اولنوب قرون سالفه ده معلوم ومكشوف اولان ممالك روى زمينى فتح وتسخير ايدن مشهور رومانيانك مركز حكومتى اولمش اولديغندن دروننك ازمنه قدیمه ده احداث اولنمش اولوب رونق وعظمت قديمه سنك اثارى اولان حمّاملر وكمرلر وديكلى طاشلر وتماشاكاه ومعركه ومضمار وحياض ومراقد ومقابر وركن وستونلر مثللو ابنيّة وافره موجوددر وبوندن غيرى مصنّع

vitāvekīā ta'bīr olounour romā chehrinden on deurt sā'at meçāfèdè olān līmāni mustah-kemdir.

bou ouzāqdan gueurunen qoubbëï refy'a nacyl qoubbè dir.

romā chehrïnïñ avroupā kilīcèleri beïnindè micil vè nazïri olmaïän mechhour sän petro kilīcècinïñ qoubbècīdir ki ïer ïuzunden irtï-fā'i ïuz altmych deurt qademdir.

sizki itāliänyñ her tharafyny seïr ètdïñiz romāy nacyl bouldouñouz.

romā chehri ki hālā roum pāpānyñ maqarri hukioumetīdir duniänyñ eñ buïuk vè mechhour bilādindan ma'douddour boundan iki bïñ alty ïuz sené mouqaddem ihdās u binā olounoup qourouni sālifèdè ma'loum vè mek-chouf olān memāliki ronï zemïni feth u tes-khïr eden mechhour romāniänyñ merkezi hukioumeti olmouch oldoughoundan derou-nindè ezmenï qadīmèdè ihdās olounmouch oloup revnaq u 'azameti qadīmècinïñ açāri olān hammāmlar vè kemerler vè dïkili thāch-lar vè temāchāguiäh vè ma'rekè vè myzmār

les arènes, les bassins, les tombeaux, les colonnes, et autres constructions nombreuses qu'elle renferme dans son sein. Rome possède en outre aujourd'hui trois cent soixante-quatre églises, dont plusieurs richement décorées et ornées de peintures rares et précieuses, de nombreux palais et autres édifices remarquables. Sa population s'élève à cent cinquante-quatre mille âmes.

Quelle est cette embouchure de rivière que nous voyons à notre gauche ?

C'est l'embouchure du Tibre, fleuve célèbre, qui prend sa source dans l'Apennin et traverse la ville de Rome.

Quel est le petit village qui est près de l'embouchure ?

C'est Ostie, ville et port jadis célèbres et florissants, mais aujourd'hui presque entièrement détruits et abandonnés.

Nous voici parvenus sur les côtes du royaume des Deux-Siciles. Cette partie du midi de l'Italie, qui en est aussi la

---

ونادر تصاویر ایلـه مزیّن اوجیـوز التّمش درت کلیسهلری ومعتدّد سرایلـری وسائـر بنـالری مشهـوردر شمدیکی حالـده بلدهٔ مذکوره نك بالجمله سكنـسی یوزاللی درت بیـك نفوسدن عبارتندر

صول یانمزده کی بوغازه نه دیرلر

بو اپّیـن دیدیکلری طاغلرنك نبع ایدوپ روما شهرینك درونندن جریان ایدن تیبـر نام مشهور نهرك بوغازیدر

بوغازك قربنك اولان کوچك قریه نددر

حالا معطّل کبی قدیم الایّامك مشهور ومعمور اولان اوستیا لیمانیدر

شمدی سجلیاتین مملکتنك یقهسنه کلدك بو مملکت اتالیانك جانب جنوبیسنی محیط اولوب بالجمله اتالیا ممالکندن اوسع

---

vè hïāz vè merāqyd vè maqābir vè rukn vè sutounler micilli ebnïïèï vāfirè mevdjouddour vè boundan ghaïri mouçanna' vè nādir teçāvīr ilè muzeïien utch üuz altmych deurt kilīcèleri vè mute'addid sarāïlary vè sāïr binālary mechhourdour chimdïki hāldè beldèï mezkiourèniñ bil-djumlè sekenèoï üuz elli deurt bïñ nufousden 'ibāretdir.

sol ïānymyzdaki boughāza nè derler.

bou appenïn dedīkleri dhāghlarynda neb' idip romā chehrīniñ derouninden djereïāneden tiber nām mechhour nehriñ boughāzydyr.

boughāzyñ qourbindè olān kutchuk qarïè nèdir.

hālā mou'aththal guibi qadīm ul-cïïāmda mechhour vè ma'mour olān ostïā lïmānydyr.

chimdi sitchïlïātcïn memleketiniñ ïaqacyna gueldik bou memleket itālïānyñ djānibi djenoubïcini mouhīth oloup bil-djumlè itālïā

plus vaste, la plus belle et la plus ravissante, a quatre-vingts lieues en longueur et vingt-deux environ en largeur. Sa population actuelle est de sept millions quatre cent vingt mille âmes.

Par suite de la pureté et de la douceur du climat, et de la fertilité du sol, le royaume des Deux-Siciles produit en abondance tous les objets nécessaires à la vie. Cependant de nombreux torrents parcourent le pays en tous sens, et les tremblements de terre y sont très-fréquents.

Le royaume des Deux-Siciles est une monarchie absolue.

Le bateau à vapeur doit-il relâcher à Naples, la capitale de ce royaume?

Oui, monsieur.

Naples, vaste cité sur le bord de la mer, est, par sa position délicieuse, par le nombre et la richesse de ses palais, l'élévation de ses édifices, la beauté de ses promenades, la propreté de ses rùes et

واكبر واحسن وخوبتردر مسافة طولى سكسان ومسافة عرضى يكرمى ايكى ساعتدر حالا بالجمله اهاليسى يدى مليـون درت يوز يكرمى بيك نفوسه بالغ اولور

بو مملكتك آب وهواسى اطيف وصحيح واراضيسى بغايت منبت ومحصولدار اولوب محصولات ومأكولاتنك جميعسنله بركت واردر اراضيسى سيلاب ايله مملودر وحركات ارض اوطرفلد كثير الوقوعدر

سيچليانين مملكتنك حكومتى مستقل بـر قرالقدر
مملكت مذكورهنك دار الملكى اولان نابولى شهرينه واپور كيدرمى
اوت افندم
شهر مذكور لب درياده كائن ربع مسكونك الك بيوك ومشهور شهرلرندن بريدر موضعى كمال مرتبهده دلنشين ودروننك قتى چوق مكلف سرايلر وبلند بنا وفرحفزا مسيره لر اولوب زوقاقلرى دخى پاك اولق تقريبيله

memâlikinden evsa' vè ekber vè ahsen vè khobterdir meçâfëï thouli seksen vè meçâfëï 'arzy ürmi iki sâ'atdir hâlâ bil-djumlè ehâlïei ïedi mïlïon deurt ïuz ürmi bïñ nufoueè bâligh olour.

bou memleketiñ âb u havâcy· lathïf vè sahïh vè erâzyey beghâïet munbit vè mahsouldâr oloup mahsoulât u me'kioulâtynyñ djemï'eindè bereket vârdyr erâzyey sïlâb ilè memloudour vè harekiâti arz ol tharafda kecïr ul-vouqou'dour.

sitchiliâtëin memleketiniñ hukïoumeti mustaqill bir qrâllyqdyr.

memleketi mezkiourèniñ dâr ul-mulku olân nâpoli chehrïnè vâpour guïdermi.

evet efendim.

chehri mezkiour lebi derïâdè kiâïn roub'i meskiououñ eñ buïuk vè mechhour chehirelerinden birïdir mevzä'i kemâli mertebèdè dilnichïn vè derouninrdè qaty tchoq mukellef sarâïlar vè bulend linâ vè ferahfezâ meeï-

l'immensité de sa rade, l'une des villes
les plus remarquables et des places de
commerce les plus florissantes qui existent. Sa population s'élève dans ce moment à environ trois cent soixante-cinq
mille âmes.

Quelle est cette montagne qu'on dé-
couvre de loin, et du sommet de laquelle
s'élève la fumée ?

C'est le Vésuve, volcan situé à trois
lieues de Naples, d'où s'échappe souvent
une fumée très-épaisse, et qui, quelquefois aussi, éclatant avec violence et fracas,
lance le feu et la flamme, et vomit des
matières en fusion qui s'écoulent en torrents. Ces irruptions du volcan ont eu
lieu dans différents temps, notamment
depuis 1536, époque où elles continuè-
rent de se manifester avec la plus grande
violence, durant plusieurs années successives. Il y a maintenant cinquante-huit
ans (1) qu'une irruption soudaine du Vé-

(1) Irruption du 15 juin 1794.

بو شهر اشهر وواسع اولان كشتیگاهی حسبیله
بغایت ومعمور ومعتبر تجارتگاهدر الحالة
هذه سكنه‌سی تقریباً اوچیوز التمش بش
بیك نفوسه بالغ اولور

بو اوزاقدن كورینان ودپه‌سندن توتون
چیقان طاغك اسمنه نه دیرلر

بو ناپ‌ولی شهرنـدن اوچ ساعت بعیـد
مسافه‌ده ویـزوویـو دیمكله معروف معدنلی
جبلدركه درونندن اكثریا كثیف دوخان
صدور وبعضاً كمال شدّت وحدّت ایله بر
طرفـدن چاك وكسیسته اولـوب ایچندن
آتش شعله فشان وسوزان وریزان معدن
اجزاسی سیـل كبی جریان وخروج ایـدر
جبل مرقوم تواریخ مختلفه‌ده بالدّفعات جوش
وخروش ایله شقّ اولنمش اولـوب از جمله
بیك بشیوز اوتوز التی سنه‌سنك بدأ ایـدن
انتشفشانلغی كمال مرتبه شدید ومتوالیًا بـر
قاچ سنه مدید اولمشدر وبوندن اللی سكز

rèler oloup zoqāqlary dakhi pāk olmaq taqrībilè bir chehri echher vè vāsy' olān kech-
tīguiāhi haccbīlè beghāïet vè ma'mour vè
mu'teber tidjāretguiāhdyr el-hāletu hazihi
sekenèci taqrīben utchïuz altmych bech bïn
nufoucè bāligh olour.

bou ouzāqdan gueurunen vè tepècinden
tutun tchiqān dāghyñ isminè nè derler.

bou nāpoli chehrinden utch sā'at ba'ld
meçāfedè vizuvio demeguilè ma'rouf ma-
denli djebeldirki derouninden eksèrā kèsīf
doukhān soudour vè ba'zen kemāli chiddet
vè hiddet ilè bir tharafdan tchāk vè kutïsè
oloup itchinden ātech chen'lè fechān vè son-
zān vè rīzān vè ma'den edjzāci sèïl guibi
djerïān vè khouroudj eder djebeli merqoum
tavārykhy moukhtelifedè bid-defa'āt djouch
u khourouch ilè chaqq olounmouch oloup ez
djumlè bïn bech ïuz otouz alty senècindè bed
eden ātechfechānlyghy kemāli meriebè che-
dīd vè mutevālïan bir qātch senè medīd ol-

suve consuma et détruisit un grand nombre de bourgs et de villages des environs,
et couvrit entièrement de cendres la ville
de Bénévent, dans le voisinage de Naples.
On a remarqué que les cendres du volcan, qui contiennent des sels et du nitre,
fertilisent et ajoutent considérablement
à la végétation des terres sur lesquelles
elles se répandent.

En 1713, lorsqu'on creusait la terre
pour établir les fondements du palais
que le roi faisait construire dans le village
de Portici, à deux lieues de Naples, on
découvrit une ville ensevelie sous terre à
quatre-vingts pieds de profondeur. En
pénétrant dans l'intérieur, on en retira
un grand nombre de statues et de peintures d'un travail incomparable ; on vit
en même temps des rues longues et larges, garnies de trottoirs aux deux côtés,
des temples magnifiques ornés et revêtus
des marbres les plus précieux, des théâ-

سنه مقدّم دخی فجأة چاتلیوب الطراف
واکنافنده کائن کبیر العدد قصبات وقرا
سوزان وخراب وپریشان وذکر اولنان
ناپولی شهری قربنك واقع بنونتو شهری رماد
ایله مستور ایلمشدر جبل مرقومدن خروج
ایدن رماد طوز وکوهرجلهدن مرکب اولق
تقریبیله دوکلدیکی الطراف واکناف
اراضیسینك فرط انبات برکتنه باعث اولور

بیك یدی یوز اون اوچ سنهسی تاریخ
عیسویسنك ناپولی شهرندن ایکی ساعت بعید
مسافهده واقع پورتیچی دیمکله معروف
قریهده قرالی طرفندن بركوچك بنا واحداث
ایتدرلمك اوزره زمین حفر اولنورکن سكسان
ایاق درنلکده یر التنده مدفون بر شهر
کشف اولندی دروننده کیرلدکده قتی
چوق مصنع اصنام وبینظیر تصویرلر میدانه
چیقوب معاینه وعریض وطویل وایکی طرف
قالدرملو زقاقلر وغایتله دلبر مرمرلرایله مزیّن
ومصنع بتخانه وپرستشخانهلر وتماشاکاه
ومسیره کاهلر وبر قاچ بیوت ودکاکین وقفسه

mouchdour vè boundan elli sekiz senè mou-
qaddem dakhi fudjeten tchâtlaïyp ethrâf u
eknâfindè kiāïn kecír ul-'aded qaçabāt vè
qonrā souzān vè kharāb vè perīchān vè zikr
olounān nāpoli chehri qourbindè vāqy' benc-
vento chehri remâd ilè mestour eïlemichdir
djebeli merqoumden khouroudj eden remâd
thouz vè guherdjilèden murekkeb olmaq taqrī-
bilè deukuldugui ethrâf u eknâf erāzycynyñ
ferthy enbāt bereketinè bā'is olour.

bũ ïedi ïuz on utch senèci tārykhy 'ice-
vīcindè nāpoli chehrinden iki sā'at ba'íd me-
çāfèdè vāqy' portītchi dîmeguilè ma'rouf qa-
rièdè qyráli tharafyndan bir keuchk binā vè
ihdās etdirilmek uzrè zemīn hafr olounouriken
seksān aïāq dernlikdè ïer altynda medfoun
bir chehir kechf oloundou derouñindè guīril-
dikdè qati tchoq mouçanna' esnām vè bīnazīr
tasvīrler meïdāna tchyqyp mou'āïenè vè 'aryz
vè thavīl vè iki tharafi qāldyrymly zoqāqlar
vè ghāïetlè dilber mermerlerilè muzeïïen vè
mouçanna' poutkhānè vè peristichkhāneler vè
tamāchāguïāh vè mecīrèguïāhler vè bir qātch

tres, des musées, des maisons, des boutiques, et des squelettes humains. On
trouva en outre plusieurs manuscrits
écrits sur écorces d'arbre d'un seul côté.
Très-anciennement cette ville fut abîmée
sous les cendres et les matières enflam-
mées du Vésuve à la suite d'une terrible
irruption du volcan, en l'année soixante-
dix-neuf de Jésus-Christ. Depuis elle
était restée cachée sous terre. La preuve
incontestable que le nom de cette ville
était Herculanum est évidemment con-
firmée par les documents historiques et
les ouvrages des auteurs anciens. Quarante ans après avoir retrouvé Herculanum, on découvrit également, dans le
voisinage de Naples et sous les cendres
du Vésuve, l'Ancienne Pompéia, ville
dont les fouilles ont été continuées jusqu'à présent, et d'où l'on retire chaque
jour les objets les plus curieux.

Tout ce que vous venez de me dire de

دونمش انسان لاشهلری وبوندنبشقه دست
خط ایله بر طرفندن محرر اولەرق اغاج
قبوغندن بر قاچ پاره صحایف مشاهده
اولنمشدر شهر مزبور قدیم الایامك بنا واحداث
اولنمش اولوپ یتمش طقوز سنۀ عیسویّەسی
نارینخنك سالف الذكر ویزووبو طاغنك كمال
شدّت ایله خروشان اولدیغی آتش كرم
التهابی سببیله دیبی دوز چوكمش ویر التنك
قالمش وبوندنغیری شهر مزبورك اسمی
هركولانوم اولمش اولدیغی كیفیاتی مصنّفین
متقدّمین مؤلفات وتوارینخنك مضبوط ومقید
اولان احوالندن مستبان ودلایل ایله اثبات
اولنمشدر شهر مزبورك كشف اولندیغندن
قرق سنه صكره یبه ناپولی وجوارنك وكذلك
رماد التنك قالمش پومپیّا نامنك دیكر بر شهر
قدیم بولمشلردر شمدیكی حالده شهر مزبوری
حفر ایلملك ودرونندن هر كون غرایب نسنەلر
چیقارمده درلر

ناپولی شهری واطرافی تعریفكزه گوره

buïout vè dekiäkin vè qafecè deunmuch insān
lächèleri vè boundanbachqa desti khathth ilè
bir tharafdan mouharrer olaraq aghādj qa-
boughoundan bir qātch pārè sahāïf muchāhedè
olounmouchdour chehri mezbour qadīm ul-
eüāmda binā vu ihdās olounmouch oloup iet-
mich dhoqouz senë 'icevüèci tārīkhindè sālif
uz-zikr vïzouvïo dhāghynyñ kemāli chiddetlè
khourouchān oldoughou ātechi guerm iltihābi
sebebilè dībi deuz tcheukmuch vè ier altynda
qālmych vè boundan ghaïri chehri mezbourouñ ismi herkulānoum olmouch oldoughou
keïf ïāti mouçannïfini muteqaddemïn muelli-
fāt vè tavārīkhindè mazbouth vè mouqaüèd
olān ahvālinden mustebāu vè delāïl ilè ispāt
olounmouchdour chehri mezbourouñ kechf
oloundoughoundan qyrq senè soñra ïenè nāpoli djivārindè vè kezalik remād altynda
qālmych pompeïā nāmynda dïguer bir chehri
qadīm boulmouchlardyr chimdïki hāldè chehri
mezbouri hafr eïlemedè vè derouninden her
gun gharāïb nesnèler tchiqārmada dyrlar.

nāpoli chehri vè ethrāfy ta'rïfñizè gucerè

Naples et de ses environs m'inspire le désir de revoir encore cette ville à mon retour de Constantinople.

Nous voici maintenant à l'entrée du golfe de Salerne, qui tire son nom d'une ville considérable du royaume de Naples.

Cette flamme que nous apercevons au milieu de la nuit, s'élevant dans l'air à des intervalles presque réguliers, provient du Stromboli, petit volcan situé dans une des îles qui sont à l'entrée du détroit de Messine.

Nous voici parvenus à ce détroit ou canal qui sert de limite entre le continent d'Italie et la côte de Sicile.

On remarque sur les rives de ce détroit un flux et reflux qui s'opère constamment, de six en six heures, avec une grande impétuosité. Sa rapidité est telle, qu'elle inquiète les marins et les expose quelquefois à des dangers. Ce détroit a quelque ressemblance avec le bosphore de Thrace ou Canal de la mer Noire. La

آستانەدن عودتمده شهر مذكوری بر دخی كورمكه ارزو ايدرم

اشته سألرنه كورفزينه واصل اولدق بو كورفز ناپولی شهرلرندن بر جسيم شهرك اسمنی اخذ ايلمشدر

كيجه وقتنده مشاهده ايلديكمز واوقات معيّنده صعود ايدن علو مسينا بوغازی داخلنك استرومبولی نام كوچك يانار طاغدن نشأت ايدر

شمدی مسينا بوغازنه كلدك كه جزيرهٔ سيچليا ايله مملكت اتاليا اراضيسی اراسنك حدّ فاصل اولان بوغازيدر

بوغاز مذكورك سواحلنده مشاهده اولنورکه التی ساعتدن التی ساعته مستمرّا كمال شدّت وسرعت ايله مدّ وجزر وقوع بولمق حسبيله درونندن مرور ايدن سفاين اصحابی محن ومشاقه دوچار وبعضا مخاطرهيه دخی كرفتار اولورلر بوغاز مذكورك نوعا قره دكز بوغازيله مشابهتی واردر صول يانمزده اولان اراضی قلابره ايالتنك يقه سيدر قرشوسنده مسينا

dcitānèden 'avdetimdè chehri mezkiouri bir dakhi gueurmeguiè arzou ederim.

ichtè sālerna keurfezīnè vācyl oldouq bou keurfez nāpoli chehirlerinden bir djecīm chehriñ ismini akhz cīlemichdir.

guedjè vaqtindè muchāhedè cīlediguimiz vè evqāti mou'aïïcnèdè sou'oud eden 'alev mecīnā boughāzy dākhilindè istromboli nām kutchuk iānār dhāghdan nech'et eder.

chimdi mecīnā boughāzyna gueldik ki djezīrèï sītchiliā ilè memleketi itālïā erüzycy arācynda haddy fācyl olān boughāzydyr.

boughāzy mezkiourouñ sevāhilinda muchāhedè olounourki alty sā'atden alty sā'atè mustemirren kemāli chiddet vè sur'at ilè medd u djezr vuquo' boulmaq hacebilè derouninden murour eden sefāïn ashāby mehen u mechāqqa doutchār vè ba'zan moukhātharaïa dakhi gueriftār olourlar boughāzy mezkiou-rouñ nev'en qara deñiz boughāzy ilè muchā-

côte qui se prolonge à notre gauche appartient à la Calabre. Sur la rive opposée, vous voyez le phare de Messine.

Quelle est cette grande ville devant laquelle nous sommes maintenant ?

C'est Messine, chef-lieu de la province sicilienne de Demona, ville bien fortifiée, et qui, à raison de l'étendue de son port, est une des places de commerce de la première importance. Sa population s'élève à quarante mille âmes environ.

Quelle est cette haute montagne à notre gauche ?

C'est l'Etna, grande et fameuse montagne, appelée également le *Mont Gibel*, du sommet de laquelle s'échappent des torrents de flamme et, qui quelquefois aussi lance des pierres au loin. Les terres qui environnent ce volcan sont remarquables par leur fertilité. Au sommet se trouve une énorme brèche, précipice épouvantable et véritable vallée de la mort et de la destruction. La lave enflammée qui

فــــمــرى كــوريـــورســكـــــز

شمديكى اوكنده بولنديغمز ببيوك شهر ندر

دمونه ايالتنك كرسيسى اولان مسينا شهريدر كه متين ومستحكم بر بلده اولوب واسع وببيوك بر ليمانى اولمق تقريبيله تجارتكاه مشهوردر اهاليسى تخمينًا قرق بيك نفوسه بالغ اولور

صول طرفمزده كورنن جبل رفيع ندر

بو اتنا جبلى ديمكله معروف بر جبل جسيم الهيكلدركه ذروه سنك انش فشان وبعضًا دخى سنك انداز اولمق تقريبيله بغايت مشهور وجبل مرقومك اطراف واكناف اراضيسى كمال مرتبه منبت ومحصولدار اولوب چالقنك عظيم بر رخنه واردركه هولناك وادى هلاكدر جبل مرقوم درونندن خروج ايــدن نيران شعلهزن اولحوالىيه ريزان واولطرفك كبير الوقــوع اولان زلازل شديده ونمايـان اولدقجه اكثريا باعث مصيبت

beheti vàrdyr sol ïànumuzdè olàn eràzy qalàbra eïàletiniñ ïaqacydyr qarchycynda mecïnà feneri gucurulorsounouz.

chimdiki euñundè bouloundoughoumouz buïuk chehir nèdir.

demona eïàletiniñ kursueu olàn mecïnà chehrïdir ki metïn vè mustahkem bir beldè oloup vàcy' vè buïuk bir lïmàni olmaq taqrïbilè tidjàretguiàhi mechhourdour khàlycy takhmïnen qyrq bïñ nufoucè bàligh olour.

sol tharafymyzda gucurunen djebeli refi' nèdir.

bou etnà djebeli demirguïlè ma'rouf bir djebeli djecïm ul-heïkeldir ki zervècindè àtech fechàn vè ba'zen dakhy señk endàz olmaq taqrïbilè beghàïet mechhour vè djebeli merqoumouñ ethràf u eknàf eràzycy kemàli mertebè menbit vè mahsouldàr oloup chàlyqynda 'azïm bir rakhnè vàrdyr ki bir varthay hevilnàk vè vàdiï helàkdyr djebeli merqoum derouninden khouroudj eden nïràni chou'lèzen ol havàliïè rïzàn vè ol tharafda kecïr ul-vu-

s'écoule de ce goufre et se répand aux environs occasionne souvent, ainsi que de violents et fréquents tremblements de terre, des malheurs et des désastres dans toute la contrée.

Cette ville que nous apercevons au pied de l'Etna est Catane, l'une des villes et l'un des ports les plus importants de la Sicile.

La capitale de cette île est Palerme, grande et magnifique ville maritime dont la population s'élève à 168,000 âmes.

Quel est en général le climat de la Sicile ?

Ce climat est doux et salubre, et l'extrême fertilité du sol fait que la Sicile est considérée comme le véritable grenier d'abondance de l'Italie. Cette île renferme aussi des mines nombreuses, et ses rivages poissonneux suffisent à la pêche la plus abondante ; mais le produit le plus avantageux est la soie. Fortifiée

وخسران واطراف واكناف تالان وويران اولور

انـنا طاغنك ديبنده كوردیکمز بلده قاتانيـا شهری که کذلك سیچیلیا اطـهسنك متعین شهر وليمانلرندندر

سیچیلیا جزیرهسنك كرسیسی پالرمو شهریدر كه ببوك وغایتله معمور بر بلده واسكله در اهاليسی يوز التمش سكزبیك نفوسه بالغ اولور

جزیره مزبورهنك هواسی ندر

سیچیلیا جزیرهسنك آب وهواسی لطیف وسالم واراضیسی وجوهله منبت ومحصولدار اولديغندن اتاليهنك کیلاری تعبیر اولنور اولطرفله معادن متنوعهنك كثرتی وسواحلنك صید ماهی نك بركتی واردر انجق جزیره مزبورهنك انفع اولان محصولی حریر در جزیرهنك موقع وموضعی تقریبیله متانت واستحكامی كامل وتعاطی وتجارته وجوهله

qou' olān zelāzili chedīdè zouhour vè nou-
māïān oldouqtcha ekseriā bā'ici mouetbet u
khousrān vè ethrāf u eknāfi tālān vè vīrān
olour.

etnā dhāghynyñ dībindè gueurdugumuz
beldè qātāniā chehri ki kezalik sītchiliā adha-
cynyñ mute'aïn chehir vè līmānlaryndan-
dyr.

sītchiliā djezīrèciniñ kursuçu pālermo
chehrīdir ki buīuk vè ghāietilè ma'mour bir
beldè vè iskelè dir chālīci ūz altmych sekiz
bīn nufoucè bāligh olour.

djezīrèï mezbourèniñ havācy nèdir.

sītchiliā djezīrèciniñ āb u havācy lathyf
vè sālim vè erāzycy vudjouhilè menbit vè
mahsouldār oldoughoundan itālīanyñ kīleri
ta'bīr olounour oltharafda me'ādeni mute-
nevvī'anyñ kesreti vè sevāhrylynda saïd mā-
hiniñ bereketi vārdyr andjaq djezīrèï mez-
bourèniñ enfa' olān mahsouli harīr dir dje-
zīrèniñ mevqa' vu mevzy'i tuqrībilè metānet

et bien défendue par sa position, la Sicile est aussi la plus heureusement située pour les avantages du commerce. Sa population totale s'élève à environ un million d'âmes.

قابلدر سكنه‌سی تخمیناً بر میلیون نفوسه بالغ اولور ·

vė istihkiāmi kiāmil vė te'āthy vė tidjāretė vudjouhilė qābildir sekenėci takhmīnen bir milion nufoucė bāligh olour.

Comment la Sicile est-elle gouvernée?

Soumise au pouvoir du roi des Deux-Siciles, l'île est confiée à un délégué qui réside à Palerme, et qui administre et gouverne en qualité de vice-roi.

سیچیلیا جزیره‌سنك اداره‌سی نوجهیله در سیچیلیا جزیره‌سی سیچیلیاتین قرالنك تحت ضبط وتصرفنك اولوب قرال وكیلی پایه‌سیله طرفندن بر نفر مأمور پالرمو شهرنده اقامت و امور اهالی · جزیره‌یی تنظیم و رویت ایدر

sītchiliā djezīreciniñ idārėci nevedjhilėdir. sītchiliā djezīrėci sītchiliāteïn qrāljnyñ tahti zabth u teçarroufounda oloup qrāl vekīli pāïėctlė tharafyndan bir nefer méémour pālermo chehrindė iqāmet vė oumouri ehālü djezīrėü tanzīm vė rouïet eder.

Maintenant que nous avons dépassé la Sicile, dans combien de temps serons-nous à Malte?

Dans vingt-quatre heures.

سیچیلیایی کچدیکمز حالده مالطه‌یه قاچ کونده واره بیلورز

sītchiliāü guetchdīguimiz hāldė mālthaïa qātch gundė vāra bīliriz.

hītch olmazsa iïrmi deuri sā'atdė vāryryz.

Tant que nous avons été près des côtes, je n'ai pas souffert du mal de mer; mais à présent que nous sommes au large, j'en suis incommodé.

هیچ اولزسه یكرمی درت ساعتنده واریرز کـناره‌ده اولدقچه بنده‌كزی دكز طوتماز انكینه واردقچه زیاده‌سیله دكز طوتار

kenārda oldouqtchė bendėñizi deñiz thoutmāz engüïnė vārdyqtcha ziādèctlė deñiz thoutār.

S'il en est ainsi, vous ferez bien de ne pas rester dans la chambre, mais de monter sur le pont.

بویله ایسه قامره‌ده طورمكز كورنده یه چقمقلغكز اولادر

benülė icė qāmarada dhourmaüyz kuvertėïė tchyqmaqly ghyñyz evlādyr.

Il faut remarquer qu'on souffre plus

یلكـن كمیلرندن زیاده واپور كمیلربنك

ielken guemīlerinden ziādė vāpour gue-

de la mer sur les bateaux à vapeur que sur les navires à voile.

Cela a lieu surtout quand les bateaux à vapeur prennent la mer par le travers : ils souffrent alors beaucoup, à cause de leurs tambours qui sont heurtés par les vagues, et parce que la mâture n'est pas assez élevée pour faire balancier.

Nous voici arrivés à Malte : vous qui la connaissez, que me direz-vous de cette île ?

Située entre l'Afrique et la Sicile, l'île de Malte a environ sept lieues en longueur, quatre en largeur, et vingt de circonférence. Elle produit du miel, du coton et du cumin. Cependant, sa récolte et ses produits étant insuffisants pour les besoins de sa population, elle tire ce qui lui manque, à cet égard, de la Sicile. On supplée à l'extrême rareté du bois, dans cette île, en y brûlant, au lieu de charbon, des herbes sèches et du fumier. Il est reconnu qu'il n'existe dans l'île de

اضطرابى چوق ـــــــ در

دالغه لر يان طرفندن كلديكى حالك چرخ صندوقلرينك مناسبتيله وديكرى ديركلرى اولمديغى جهتيله ساير كميلردن اضطرابى زياده در

اشته مالطه يه كلدك سز كه بو جزيره يى بيلورسكز اندن نديرسكز

مالطه جزيره سى افريقه ديارى يله سيچليا اطه سى مياننده واقع اولوب مسافة طولى تقريبا يدى وعرضى درت وچوره سى يكرمى ساعتدر جزيرة مزبوره ده عسل وپنبه وكميون حاصل اولوب انجق اهاليسنك تعيش وترفهنه وفا ايدر ذخاير ومحصولاتى اولمديغندن اهالى مرقومه حوايج ضروريه لرينى سيچليا اطه سندن جلب واشترا ايتمكده در واولطرفده احطاب بغايت نادر اولديغندن كومر يربنه دكنلو اوت قوريسى وكوبره ياقارلر جزيره مزبوره ده حيوانات سامه دن هيچ بر

mîlerîniñ izthyrābi tchoqdour.

dālghalar īān tharafyndan gueldîgui hāldè tcharq sandouqlarynyñ munācebetilè vè dîgueri dîrekleri olmadyghy djehetilè sāïr guemîlerden yzthyrāby zīādè dir.

ichtè mālthaïa gueldik siz ki bou djezîrèï bîlirseñiz anden nèderseñiz.

māltha djezîrèci afrîqa diāri ilè sîtchilïā adhacy meānindè vāqy' oloup meçāfeï thouli taqrīben ïedi vè 'arzy deurt vè tchevrèci irmi sā'atdir djezîrèï mezbourèdè 'acel vè pembè vè kimïon hācyl oloup andjaq ehālîciniñ te-'aïïuch vè tureffuhunè vefā eder zakhāïr vè mahsoulāti olmadyghyndan ehālïï merqoumè havāydjy zarourïèlerîni sîtchilïā adhacyndan djelb u ichtirā etmekdèdir vè olltharafda ah-thāb beghāïet nādir oldoughoundan kumur ïcrînè dikenli ot qourouçou vè gubrè ïāqārlar djezîrèï mezbourèdè haïvānāti sāmïèden hîtch

Malte aucune espèce d'insecte ou d'ani-mal venimeux. Depuis l'année 1800, Malte est au pouvoir des Anglais. Sa population actuelle s'élève à environ 170,000 âmes. Cette population, composée d'individus d'origine différente, parle une langue qui est un mélange d'arabe corrompu et d'italien. La capitale de l'île de Malte est la Valetta, ville belle et considérable, bâtie sur le rocher, et composée elle-même de cinq petites villes séparées. Ce groupe, défendu par de nombreux ouvrages de fortification, forme une forteresse inabordable en temps de guerre. Malte renferme en outre deux ports vastes, bien fortifiés, pouvant contenir plusieurs flottes, et est réputée l'une des premières places maritimes de la Méditerranée.

C'est dans l'île de Malte que les bateaux à vapeur venant de Constantinople ont jusqu'à présent fait quarantaine.

حیواناتك وجودی اولمدیغی مشهوردر مالطه
جزیره‌سی بیك سكز یوز سنهٔ عیسویه‌سی
تاریخندن بو آنه كلنجه انكلیزلوڭك ضبط
وتصرفنده‌در الحالة هذه بالجمله اهالیسی
تخمیناً یوز ییتمش بیك نفوسه بالغ اولور عامهٔ
ناسی اجناس مختلفه واخلاط اولوب تكلم
ایتدیكی لسان غلط عربی واتالیان لسانی
ایله مخلوط ومركب بر لساندر حالا مالطه
جزیره‌سنك متعین شهری وكرسیسی لاوالته
شهریدر كه قیا اوزرنه بنا اولنمش و بش
كوچك شهردن مركب وبغایت دلبر ومتعین
بر بلده واستحكامات عدیده وطابیه وحصارلر
ایله مستحكم ومحفوظ وحربا متعسر الوصول
بر قلعه‌در جزیرهٔ مزبورهنك بر قاچ دوننما
استیعاب ایده‌جك ایكی بیوك ومستحكم
لیمانلری اولمق تقریبیله اق دكزك مشهور
تجارتكاهلرندن معدود در

شمدیه قدر آستانه‌دن كلن واپور كمیلری
مالطه جزیره‌سنك قرانتنه‌لرینی اجرا ایلمشلردر

Quelle est la durée ordinaire de cette quarantaine?

Lorsqu'il n'y a pas de peste en Turquie, cette quarantaine est de six jours.

Quelle distance y a-t-il entre Malte, que nous venons de quitter, et le cap Matapan en Morée?

Celle distance est de 380 milles, que l'on parcourt en cinquante-cinq heures.

Quelle direction le bateau suit-il maintenant?

Il se dirige sur les îles Sapienza, comme point de reconnaissance.

Il me semble que j'aperçois la terre de loin.

Oui, ce sont les côtes de la Morée, ancienne province de l'empire ottoman, et qui fait aujourd'hui partie du nouvel État de la Grèce.

Quelle est la population de cet État?

Sa population totale est de 800,000 âmes environ.

اكثريا بو قرانتينهدنك مدّتنى ندر

تركستانده خستهلك اولديغى وقتنده عادتًا بو قرانتينهدنك مدّتنى اون كوندر

دمين اوغرادیغمز مالطه جزیره‌سنك موره‌ده بنفشه بورونه قدر مسافه‌سى ندر

بو اوچ يوز سكسان ميل مسافه‌بى اللى بش ساعتده قطع اولنور

شمدى كمينك استقامتى قنغى طربقله در

ساپينسه جزيره‌لرينى طوغرى راه استقامتنى دوزلدر

اوزاقدن طوپراغ كورنيور قياس ايدرم

اوت دولت علّيه‌نك قديم ايالتلرندن اولان موره جزیره‌سى وحالا روم مملكتنك قيلريدر

روم مملكتنك اهاليسى نيه بالغدر بالجمله اهاليسى سكز يوز بيك نفوسه بالغدر

ekseriā bou qarāntīnaniñ muddeti nèdir.

turkistāndè khastalyk olmadyghy vaqitdè 'ādeten bou qarāntīnaniñ muddeti on gundur.

demīn oghrādyghymyz māltha djezīrècinin morada benefchè bournounè qadar meçāfèci nèdir.

bou utch ïuz seksān mīl meçāfeïï, elli bech sā'atdè qath' olounour.

chimdi guemīniñ istiqāmeti hanghy tharyqyïlè dir.

sāpïensa djezīrèlerīni ghoghrou rāhi istiqāmetini duzeldir.

ouzāqdan thoprāghy gueurunuïor qyās ederim.

evet devleti 'alïïèniñ qadīm eïāletlerinden olān mora djezīrèci vè hālā roym memleketiniñ qyïlarydyr.

ouroum memleketiniñ ehālīci neïè bālighdir.
bil-djumlè ehālīci sekiz ïuz bīñ nufoucè bālighdir.

Quelle est cette île à notre droite où je vois un pavillon anglais ?

C'est Cérigo (1), l'une des îles de la république des Sept-Iles réunies, placée actuellement sous la protection de l'Angleterre.

L'île que nous laissons maintenant à bâbord est Hydra, le véritable chantier maritime de la Grèce, et l'une des îles les plus florissantes de cet État. Hydra compte aujourd'hui environ vingt mille âmes de population.

Nous voici parvenus maintenant à l'entrée du golfe d'Athènes, au fond duquel se trouve l'antique et célèbre ville de ce nom, aujourd'hui place maritime et la capitale du royaume de Grèce.

Quelle est cette île dont nous approchons ?

C'est Syra, aujourd'hui la première place commerçante de la Grèce, et dont

(1) Cythère.

شو صاغ طرفمزده انكليز بيراغيله كورنن
جزيره ندر

بو حالا انكلتره حمايه‌سنده اولان جزاير سبعهٔ
مجتمعه جمهورينك چوقه اطه‌سی تسميه
اولنان اطه‌لرندن بريسيدر

كمينك صول ياننده طوران جزيره ايدره
یاخود چامليجه اطه‌سی که یكی روم مملكتنك
ترسانه‌سی اولوب معمور ودلبر اطالرندندر
الحالة هذه جزيرهٔ مزبورهنك بالجمله
اهاليسی يكرمی بيك نفوسه بالغ اولور

شمدی آتينه كورفزينك داخلنه كلدك بو
كورفزك ايچنده آتينا شهری كاندر كه قديم
الايامك بلدهٔ مشهوره اولوب حالا روم مملكتنك
دار الملكی واسكله‌سيدر

يانشد يغمز اطه ندر

شيره جزيره‌سيدر كه بوندن اول اهاليسی
انجق بش بيك نفوسه بالغ اولوب بو

chou sâgh tharafymyzda inglîz laïrâghyla gueurunen djezirè nèdir.

bou hâlâ inguilterè himâïècindè olân djezâïri seb'aï mudjtemy'a djoumhourounouñ tchoha adhacy tesmiè olounân adhalaryndan birîcîdir.

guemîniñ sol ïânynda dhourân djezîrè idra ïâkhoud tchâmlydja adhacy ki ïèñi ouroum memleketiniñ tersânèci oloup ma'mour vè dilber adhâlaryndandyr el-hâletu hazihi djezîrèï mezbourèniñ bil-djumlè châlîci irmi bîñ nufoucè bâligh olour.

chimdi âtyna keurfeziniñ dâkhilinè gueldik bou keurfeziñ itchindè âtynâ chehri kiâündir ki qadîm ul-eüâmdè beldëï mechhourè oloup hâlâ ouroum memleketiniñ dâr ul-mulku vè iskelècîdir.

ïânachdyghymyz adha nèdir.

chîra djezîrècîdir ki boundan eevel châlîci andjaq bech bîñ nufoucè bâligh oloup bou

la population, qui n'était anciennement que d'environ cinq mille âmes, s'élève maintenant à plus de vingt-cinq mille. Le bateau s'arrête ordinairement quelques heures dans cette île.

Quel est ce petit canal qui se présente devant nous?

C'est celui qui sépare les îles de Tine et de Miconi, entre lesquelles nous allons passer.

Maintenant nous avons à notre gauche Ipsara, et à notre droite l'île de Chio. Ces deux îles appartiennent à la Turquie d'Asie. Chio (1), qui a beaucoup souffert dans la guerre de l'insurrection grecque, ne compte plus aujourd'hui qu'environ quatorze mille âmes de population.

Quel est ce cap qui s'avance à notre droite?

C'est le cap Carabournou (2), situé à

(1) Chios.
(2) Cap Melaena.

كونكى كون يكرمى بش بيك نفوسدن زياده اولوب روم مملكتنك باش تجارتكاهيدر اكثريا واپور كميسى برقاچ ساعت مقدارى جزيرهٔ مزبورهنك ليماننده طورر

اوكمزده كورنن كوچك بوغاز ندر

استندبل جزيرهسياه ميقونى اطهسنى فصل ايدن كپهجكمز بوغازدر

شمدى صول طرفمزده ابصاره جزيرهسى وصاغ طرفمزده ساقز جزيرهسيدر جزيرهتين مزبورهتين دخى دولت عليّهنك اسيا قطعهسنه تابعدر ساقز جزيرهسنك روملرك اختلالنده چكديكى اذا وجفاسندنبرو اهاليسى شمديكى حالده انجق اون درت بيك نفوسدن عبارتدر

صاغ طرفمزده دكزه چقان بورون ندر

شمدى كيرهجكمز ازمير كورفزينك داخلنده

gunku gun ïirmi bech bïñ nufousdan zïādé oloup ouroum memleketiniñ bāch tidjāret-guiāhydyr ekserïā vāpour guemïci bir qātch sā'at myqdāry djezīrëï mezbourouñ līmānynda dhourour.

euñumuzdè gueurunen kutchuk boughāz nèdir.

istendīl djezīrècīlè mïqoni adhacyny fasl eden guetchèdjeguimiz boughāz dyr.

chimdi sol tharafymyzda ipsāra djezīrëci vè sāgh tharafymyzda sāqyz djezīrècidir djezīrèteïni mezbourèteïn dakhi devleti'alïïè-niñ acïā qyth'acyna tāby'dyr sāqyz djezīrè-ciniñ ouroumlaryñ ihtilālindè tchekdïgui ezā vu djefācindanberi ehālïci chimdīki hāldè andjaq on deurt bïñ nufousdan'ibāretdir.

sāgh tharafymyzda deñïzè tchiqān bou-roun nèdir.

chimdi guïrèdjeguimiz izmīr keurfezīniñ

l'entrée du golfe de Smyrne, où nous entrons dans ce moment.

Ces petites îles, que nous laissons à notre droite, sont les îles d'Ourla, où mouillent souvent les escadres européennes.

Ce fort bâti à l'extrémité d'une langue de terre qui s'avance à notre droite, est le fort Sandjak (1), qui défend l'entrée de la rade de Smyrne.

Déjà nous apercevons le fond du golfe et les maisons de Smyrne.

Smyrne, qui s'étend en partie sur la pente septentrionale d'une montagne (2) et le bord de la mer, est la ville la plus florissante et la place de commerce la plus importante de toute l'Asie-Mineure. C'est une ville très-ancienne, dont les restes des vieilles murailles et de l'antique forteresse renferment encore de nom-

(1) Le fort du drapeau.
(2) Le mont Pagus.

اولان قره بوروندر

صاغ طرفه‌ـزده براقديغمـز كوچك اورلـه اطـهلرىـدركه اككثريا اوروپـا دولترينـك دونانمالرى انده دمر براقرلر

شو صاغ طرفمزده كورنن دلك نهايتنده بنا اولنمش اولان قلعه ازمير كورفزينى محافظه ايدن سنجاق قلعه‌سيدر

ايشه كورفزك ديبنده ازميرك اولرينى كوريورز

مدينهٔ ازمير بر طاغك ذيل شماليسنك دريا كنارنك واقع اولوب بالجمله اناطولينـك غايت معمور ومشهور تجارتگاه واسكله‌سيدر بلده مرقومه قديم اولغله اسكى سورى اثارى واسكى حصارى اماكن كثيره احاطه ايدر ليمانك وسعت وامنيتى واقطار بعيد ايله تعلقات كثيره‌سى نظر يبيله مركز تجارت جميع ممالك شرقيه اولنشدر بو اسكله‌نك اكرچه

breuses constructions. Par l'étendue et la sûreté de sa rade, et la multiplicité de ses communications avec les contrées éloignées, Smyrne peut être considérée comme le point central de tout le commerce du Levant. Si depuis quelque temps le négoce des cotons, de la soie et des cuivres, y a éprouvé de la diminution, l'exportation des figues, des raisins secs et d'autres articles y est toujours considérable. Régie par un pacha, cette ville est aujourd'hui le chef-lieu d'un petit gouvernement ou eïâlet, et le siége d'un molla ou juge de première classe. Smyrne possède trois châteaux ; l'un est situé au midi, sur le sommet de la montagne, et les deux autres la défendent du côté de la terre et du côté de la mer. Les eaux du golfe s'étendent au nord et à l'ouest de la ville. A l'est sont des plaines, des vallons et des coteaux de vigne. Les deux édifices les plus remarquables sont le grand bazar ou bezesten, et le vizir-khan, construits l'un

مدّت قليلهدنبرو پنبوق وحریر ونحاس مثللو مواد تجارتی نوعًا تنزیل اولمش ایسهده ینه انجیر واوزم قوروسیله اموال تجارت سایرهسنی اطراف واکنافه کتوررلر مدینه مزبوره بر ایالتك كرسیسی وملالق اولوب حالا بر پاشانك معرفتیله اداره اولنور ازمیرك اوچ قلعهسی واردر بری جنوب طرفنك بر یوکسك دپه اوزرنك دیكر ایكیسی قره ودریا طرفنكدر شهرك جانب غرب وشمالیسی دریا وشرقیسی صحره ودره ودپه باغلردر بنای اكبری اق مرمردن بنا اولنمش اولان وزیر خانی وبزستاندر بر نهر صغیر دخی طاغ انتكندن شهرك طرف شرقیسنی دور ایدوب دریایه قریب اولدقك شهرك ایچندن كچهرك دوكیلور الیوم شهر مزبورك بالجمله اهالیسی مسلمان روم ارمنی فرنك یهودی اولوب تخمینًا یوز اوتوز بیك نفوسدن عبارتندر

et l'autre en marbre blanc (1). Du penchant de la montagne s'échappe un petit courant d'eau (2) qui, après avoir entouré la ville à l'est, y rentre en partie avant d'atteindre la mer où il se jette ensuite. La population entière de Smyrne, composée de Musulmans, de Grecs, d'Arméniens, de Francs et de Juifs, peut s'élever aujourd'hui à environ cent trente mille âmes.

Quel est ce petit golfe que nous voyons à l'extrémité de cette langue de terre (3), et à la gauche de la ville?

C'est le golfe de Bournabat, au fond duquel est le joli village de ce nom, et où les Européens, et particulièrement les Français, ont leur maison de campagne.

Quelles sont ces jolies maisons qui bordent le rivage?

Ce sont celles du quartier des Francs, partie considérable de la ville, habitée en

شـو دلك نهايتنلك وشهرك طرف شرقيسنك كورديكمز كوچك كورفز ندر

بو بيرون آباد كورفزبدركه ابيروسنك فرنك وعلى الخصوص فـرانسزلـرك مسـاكن صيفيهسى اولان دلبر ومعمور قرية بيرون آباددر

يالىك اولان بو كوزل وتكلّفلى ولر ندر

مدينة ازميرك قسم كبيرهسى اولان فرنك محلهسنك بايلوسلريله فرنكلرك اوتوردقلرى

chou diliñ nihāīetindè vè chehriñ tharafí charqícynda gueurdugumuz kutchuk keurfez nèdir.

bou bīroun âbâd keurfezídir ki itchericindè frenk vè 'alel-khouçous frānsyzlaryñ meçâkin saïfíìci olān dilber vè ma'mour qarïèī bournovâdyr.

īālyda olān bou guzel vè tekelluflu evler nèdir.

medīnèī izmīriñ qysmi kebīrèci olān frenk mahallèciniñ bāïloslaryla frenkleriñ otour-

(1) Les marbres de l'ancien théâtre.

(2) Le Mélès.

(3) Cette langue de terre, appelée *la Pointe* par les Européens, sert de promenade ordinaire aux habitants du quartier des Francs.

grande partie par les Européens et leurs consuls. Sur les maisons de ces derniers vous voyez flotter le pavillon des principales nations de l'Europe, et celui des États-Unis d'Amérique.

Pourriez-vous d'ici me montrer la maison consulaire de France ?

Oui, c'est cette grande et belle maison que vous voyez à gauche du quai, et où flotte le pavillon tricolore.

Me serait-il possible de descendre un peu à terre ?

Vous le pouvez ; mais rappelez-vous que dans six heures le bateau repart pour Constantinople.

Monsieur, vous avez tardé un peu à revenir.

Que voulez-vous ? la curiosité m'a retenu à terre.

C'est qu'en effet on ne trouve qu'à Smyrne, au milieu des mœurs et des usages de l'Orient, toutes les coutumes, les amusements et les occupations qui appar-

اولریدر هـو بیر قونسلـوسك اوی اوزرنـده
اوروپیانـك ملل کبیره‌سیله امریقه دولتنك
بیراقلری کوریورسكز

بورادن فرانسز قونسلوسـك قوناغی بنده کزه
کوستره بیلورمیسكز
اوت شو صول یانـنده واوزرنده فرانسـز
بیراغك اولدیغی کوزل وبیوك قوناغیدر

ازاجق قره‌یه چیقه بیلورمیم

چیقه بیلورسكز اما واپورك التی ساعتدنصكره
تکرار استانبوله کیده‌جکنی مقلدن چیقارمیك

بر از کچ قالدكز افندم

نه یباییم شهرك تحفلغی کلمه مانع اولدی

فی الواقع جمیع اخلاق وعادات بلاد شرقیّه
ایله بالجمله مروانست اوروپایه دائر معتاد
واشغال وذوق وصفاسنك اختلاطی فقط مدینهٔ
ازمیرده بولنور

douqlary evleridir her bir qonsoloçouñ evi uzerindè avroupānyñ milleli kebîrècilè ameryqa devletiniñ baïrāqlary gueuriorsouñouz.

bourādan frānsyz qonsoloçouñ qonāghy bendèñizè gueusterè bîlirmîciñiz.
evet chou sol iānyndā vè uzerindè frānsyz baïrāghyñ oldoughou guzel vè buük qonāghydyr.
azydjyq qaraïa tchyqa bîlirmi im.

tchyqa bîlirsiñiz ammā vāpourouñ alty sā'atdensoñra tekrār ystānboula guîdèdjegnini 'aqyldan tchyqārmaïñ.
bir az guetch qāldyñyz efendim.

nè iapāym chehriñ tohaflyghy guelmemè māny' oldou.

fil-vāqy' djemî' akhlāq vè 'ādāti bilādi charqîè ilè bil-djumlè mu'vāneceti avroupāïa dāïr mu'tād vè echghāl vè zevq vè safācynyñ ykhtilāthy faqath medînèï izmîrdè bou-

tiennent à la civilisation européenne.

Les priviléges dont jouissent ici les Européens, comme dans toutes les Echelles du Levant, doivent nécessairement les attacher au pays.

D'après les capitulations (1), leurs personnes et leurs propriétés sont affranchies de la domination turque, et ils ne connaissent d'autre autorité que celle de leurs consuls, chargés également de les protéger.

On m'a fait voir en ville deux magnifiques casins où l'on trouve les principaux écrits périodiques de l'Europe, et un théâtre où l'on joue des comédies italiennes. Smyrne possède aussi une gazette publiée en français (2).

جمله اسكله‌لرده كبی ازمیرده دخی فرنك طایفه‌سنه اولان كافهٔ حقوق وامتیازات ومعافیات بو مملكتك میل وارتباطلرینه موجب مستقلدر

بر مقتضای عهد نامهٔ همایون ممالك عثمانیّه‌ده اولان فرنك طایفه‌سی كرك كندولری كرك اموال‌لری دولت عثمانیّه‌نك حكم وإداره‌سنك اولیوب فقط ملتلرندن اولان قونسلوسلرینك حكم وحمایه‌سنده درلر

ازمیرده اثنای سیرملك بنده كزه اتالیان اویونی اوینار بر تیاترو ایله قازینو تسمیه اولنور وایچنده جمیع اوروپا غزطه‌لری بولنور ایكی بیوك جمعیتگاه كوستردیلر وبوندن غیری شهر مذكورده فرانسزجه بر قطعه غزطه دخی باصلور

lounour.

djumlè iskelèlerdè guibi izmîrdè dakhy frenk thāïfecinè olàn kiāfèï houqouq vè imtiāzāt u mou'āfiāt bou memleketiñ mèïl u irtibāthlaryna moudjibi mustaqilldir.

ber mouqtezāï 'ahd nāmèï humāïoun memāliki 'osmānüèdè olàn frenk thāïfeci guerek guenduleri guerek emvālleri devleti 'osmānïèniñ hukm u idārècindè olmaïoup faqath milletlerinden olàn qonsoloslarynyñ hukm u himāïècindè dirler.

izmîrdè esnāï seïrimdè bendèñizè itālïān oïounou oïnār bir tïātro ilè qāzino tesmiè olounour vè itchindè djemi' avronpā ghazetalary boulounour iki buūk djemi'etgnāh gueusterdïler vè boundan ghaïry chehri merkiourda frānsyzdja bir qyth'a ghazetha dakhy bāçylyr.

---

(1) Ces capitulations, qui tiennent lieu de traité de paix, d'amitié et de commerce entre les deux puissances, se composent : 1° De quatre-vingt-cinq articles, dont les premiers datent de l'année 1535, origine des relations entre la France et la Porte ottomane; 2° de dix articles supplémentaires obtenus par Napoléon, en 1802, pour l'établissement du commerce et de la navigation française dans la mer Noire; 3° et enfin du traité du 25 novembre 1838, formant un dernier appendice des capitulations, composé de dix nouveaux articles. Voyez la traduction de ces traités p. 259 et suiv., à la fin de ce volume.

(2) L'*Impartial*, et quatre autres feuilles en langues du pays.

Je ne puis me lasser d'admirer la beauté du golfe de Smyrne, et je lui trouve quelque ressemblance avec celui de Naples.

La rade est presque dans tous les temps couverte de bâtiments de guerre français, anglais et autrichiens, et des navires marchands qui y affluent de toutes les parties du monde.

Le bateau a levé l'ancre, et nous partons pour Constantinople.

Quelle est la distance entre Smyrne et la capitale ?

Cette distance est d'environ soixante-quinze lieues, que le bateau parcourt ordinairement en vingt-quatre heures en allant, et en moins de temps en revenant, à cause des courants de la mer de Marmara et du canal des Dardanelles, qui y accélèrent sa marche.

Nous voilà tout à l'heure en dehors du golfe de Smyrne. Ce golfe a dix ou douze lieues de longueur. Regardez à droite : là

أزمير كورفزينك كوزللكنه بر وجهيله طويه مدم واناپولى كورفزيله نوعاً مشابهتنى بولورم

اكثريا ازمير ليمانى فرانسز انكليز واوستريالو بكلك كميلرى وبالجمله دنيا اقطارندن كلن تجار سفينه لريله معلودر

اشته واپور كميسى دمر آلدى واستانبوله طوغرو كيديورز
ازمير ايله استانبولك بعد ومسافه سى ندر

مسافه سى يتمش بش ساعتدن عبارت ايسه ده واپور كميسى ايله يكرمى ساعتده قطع اولنور عودتنده كرك مرمره صولرى كرك كليبولى بوغازينك اقنديسنه نسبتةً اندن دخى اقل مدتنده قطع اولنور

بر ازدن صكره ازمير كورفزينك طشره سنده بولنه جغز كورفز مذكورك طولى اون ساعتدر ديورلر باقكز صاغ يأنمزده فوچه قصبه سيدر

izmīr keurfezīniñ guzelliguinè bir vedjhilè dholamadym vè anāpolou keurfezilè nev'en muchābehatini boulouroum.

ekseriā izmīr līmāny frānsyz inglīz vè austriāli beīlik guemīleri vè bil‑djumlè duniā aqthāryndan guelen tudjdjār sefīnè‑lerilè memloudour.

ichtè vāpour guemīci demir āldy vè istānboula dhoghrou guīdīorouz.

izmīr ilè istānboulouñ bu'd u meçāfèci nèdir.

meçāfèci ïetmich bech sā'atden 'ibārel icèdè vāpour guèmīci ilè ïirmi sā'atdè qath' olounour 'avdetindè guerek marmara soulary guerek guelībolou boughāzynyñ aqyndycyna nisbeten anden dakhi aqalli muddetdè qath' olounour.

bir azdansoñra izmīr keurfezīniñ thachra‑cynda boulounadjaghyz keurfezi mezkiou‑rouñ thouli on sā'atdir deïorlar bāqyñyz

se trouve Fokia ou Folieri (1), petite ville assez florissante, bâtie à l'extrémité d'une langue de terre. Fokia, dont la plupart des habitants sont Grecs, possède beaucoup de vignes et de jardins.

Nous voici présentement dans le golfe de Sandarli; de là nous allons traverser le canal formé par l'île de Mytilène et le continent. Quelle que puisse être la force du vent, la mer est toujours belle et calme dans ce passage.

Mytilène (2), que nous laissons à notre gauche, est une île importante par sa grande fertilité, sa population assez nombreuse, et la beauté de ses ports militaires. La capitale de l'île est la ville même de Mytilène.

Au-delà de Mytilène se trouve le golfe d'Adramytte (3). Ce cap qui s'avance à notre droite, et à la hauteur duquel

كه بو دلك نهايتنده بنا اولنمش بلده معموره اولوب باغ وباغچهسى فراوان وسكانى اكثر نصاراى رومدر

اشته شمدى صاندرلى كورفزينه واصل اولدق بوندن قره ايله مدللى جزيره سنى تفريق ايدن بوغازدن كچيورز هر نقدر روزكارلر شديد اولسه ينه بوغاز مذكورك حسن واستراحتنه خلل ويرمز

صول يانمزده طوران مدللى اطهسيدر كه بغايت معمور ومحصولدار واهاليسى وحربيه ليمانلرى واسع وكبير بر جزيره در كرسيسى نفس مدللى شهريدر

مدللو جزيره سنك اوتهسنك ادرميت كورفزيدر صاغ طرافمزده اوغراديغمز بورنو بابا بورنودر

sâgh iânymyzda fotcha qaçabacydyr ki bir diliñ nihâïetindè binâ olounmouch beldè ma'mourè oloup bâgh u bâghtchèci firâvän vè sukkiâny ekseri naçârâï roumdour.

ichtè chimdi sândarli keurfezïnè vâcyl oldouq boundan qara ilè midilli djezîrècini tefrîq eden boghâzdan guetchüorouz her neqadar rouzguiârlar chedîd olsa ïenè boughâzy mezkiourouñ husn u istirâhatinè khalel vermez.

sol iânymyzda dhourän midilli adhacydyr ki beghâïet ma'mour vè mahsouldâr vè ehâlîci vè harbiïèi limânlary vâcy' vè kebîr bir djezîrè dir kursuçu nefsi midilli chehrîdir.

midilli djezîrèciniñ eutècindè edremüt keurfezîdir sâgh tharafymyzda oghrâdyghymyz bournou bâbâ bournoudour.

---

(1) L'ancienne Phocée, d'où partit la colonie grecque qui fonda la ville de Marseille, environ six cents ans avant l'ère vulgaire.

(2) L'ancienne Lesbos, patrie de Sapho, d'Érinne, de Pittacus, un des sept sages de la Grèce; d'Alcée, de Théophraste et d'Arion.

(3) Autrefois Adramitteneus. Là était la ville d'Antandros, d'où partit la flotte d'Énée.

nous nous trouvons, est le cap Baba (1).

A notre droite, et presque en face de l'île de Ténédos, sont les ruines d'une grande ville qui a été bâtie par ordre d'Alexandre le Grand. Cet endroit porte aujourd'hui le nom d'Eski-Istamboul (2).

Un peu plus loin nous apercevons Ténédos, île dont la capitale est bâtie sur la côte orientale, et possède un bon port défendu par un château. La population de l'île est d'environ six mille habitants.

Après avoir dépassé le Cap des Janis-saires (3) qui est à notre droite, nous allons entrer dans le détroit des Darda-nelles ou de Gallipoli.

Ces deux châteaux que vous voyez, l'un à notre gauche, sur la côte d'Eu-rope, et l'autre à droite, sur celle d'Asie, s'appellent les Nouveaux-Châteaux.

Ils furent construits l'un et l'autre en

(1) Anciennement le cap Lectos.
(2) Alexandria Troas.
(3) L'ancien promontoire de Sigée où Achille fut enterré.

بنه صاغ يانمزده وبوزجه اطهسی محاذيسنك اسكندر ذوالقرنين امريله بنا اولنوب وحالا اسكى استانبول تسميه اولنان بر بيوك شهرك قديم اثرلری بولنور

اوزاقدن بوزجه اطهسینی كورريورزكه كرسيسی اولان بلده بر طاغك ذيلنده بنا اولنوب ليمانی دخی بر قلعه ايله محفوظدر جزيره نك بالجمله اهاليسی تخمیناً التی بيك نفوسه بالغ اولور

صاغ يانمزده اولان ينکچری بورننی كچدكدنصکره كليبولی بوغازينه كيره جكز

صول يانمزده كورنن قلعه روم ايلی طرفنده در وصاغ يانمزده كی اناطولی جانبنك در كه ايكيسنه بردن يكی قلعه ديرلر

بو قلعه لر تاريخ عيسويهدنك ١٦٥٨ يعنی

1658 de Jésus-Christ (1069 de l'hégire), sous le règne de Mahomet IV, par le grand-visir Mehemmed Keuprili, pour s'opposer à l'invasion des flottes vénitiennes. La largeur du détroit entre ces deux châteaux est d'environ un quart de lieue.

Le nouveau château d'Europe porte aussi le nom de *Kelîd ul-bahr* (2), et celui d'Asie *Sedd ul-bahr* (3) et *Qoum qal'é* (4).

Ce petit courant d'eau dont l'embouchure est à droite du château d'Asie se nomme *Mindéré sou* (5). C'est à environ trois lieues de son embouchure, au village de Bounar-bachi (6), qu'était, à ce que l'on croit, la célèbre Troie, ville qui,

هجرتك ١٠٦٩ سنه‌سنك رابعك سلطان محمد
وزيرى كوپريلى محمد پاشا معرفتيله وندیك
دونانمالرينك هجومندن احترازاً بنا اولنمشدر
بو ايكى قلعه‌يى تفريق ايدن بوغازك
مسافه‌سى بر چاريكدن عبارتدر

روم ايلى ايكى حصارينه كليد البحر واناطولى
حصارينه سدّ البحر وقوم قلعه ديرلر

شو اناطولى حصاريڭ صاغ ياننك جريان
ايدن كوچك نهرك اسمنه مندره صويى ديرلر
بو صويك بوغازندن اوچ ساعت مسافه‌ده
وبيكار باشى تسميه اولنان قريه‌ده ظن
اولنديغنه كوره اوچ بيك سنه‌دن مقدّم موجود

elli sekiz ïa'ni hidjretiñ bïñ altmych dhoqouz senècindè rābi'iñ soulthān mehemmed vezïri keuprulu mehemmed pāchā ma'rifetilè venedik donanmālarynyñ hudjoumounden ihtirāzen binā olounmouchdour bou iki qal'èÏ tefrïq eden boughāzyñ meçāfèci bir tchārïekden (1) 'ibāretdir.

roumeli ïeni hyçāryna kelïd ul-bahr vè anādhoulou hyçāryna sedd ul-bahr vè qoum qal'è derler.

chou anādholou hyçārynyñ sāgh ïānynda djerdïān eden kutchuk nehriñ ismiñè menderè souïou derler bou souïouñ boughāzyndañ utch sā'at meçāfèdè vè bounār bāchy tesmïè olounān qarïèdè zann oloundoughounou gucurè utch bïñ senèden mouqaddem mev-

(1) Vulgairement on écrit چیرك, et l'on prononce *tcheïrek*, un quart.

(2) Le cadenas ou le verrou de la mer.

(3) La digue de la mer.

(4) Le château du sable.

(5) Le Simoïs.

(6) La tête ou l'origine de la source. C'est qu'en effet c'est près du village de Bounar-bachi que l'on trouve des eaux chaudes naturelles, et les

selon la tradition des poëtes, existait il y a plus de trois mille ans, et qui fut prise après avoir été assiégée dix années de suite.

Nous voici maintenant arrivés aux Vieux-Châteaux, appelés l'un le château de Roumélie, et l'autre le château d'Anatolie. Ce dernier, ainsi que la ville qui en dépend, se nomment *Tchanaq qal'a* (1). La situation de cet endroit est agréable ; son territoire est fertile, et ses productions sont abondantes et variées. La population de Tchanaq qal'a peut être d'environ cinq mille âmes. Les deux vieux châteaux ont été construits par

مشهوره قديم شعرانك روايتي اوزره اون سنه
مقداري محاصره متوليه دنصكره فتح اولنمش
اولديغي اعتقاد اولنور

شمدى برى روم ايلى وديكرى اناطولى
تسميه اولنان بوغازك اسكى حصارلربنه
واصل اولدق اناطولى حصارى واتصالنك
بولنان شهرينه دخى چناق قلعه‌سى ديرلر
شهر مزبورك موقع لطيف اولوب اراضيسى
منبت ومحصولات مختلفه‌سى كثيردر
اهاليسى تخمينا بش بيك نفوسه بالغ اولور
اسكى حصارلرى فاتح استانبول اولان
سلطان محمد خان ثانينك امر وفرمان
ايله بنا اولنمشدر قلعتين مذكورتينى تفريق

djoud vè hälä näbedíd olän troïä dedikleri medínèï mechhourè qadím chou'aränyñ riväïeti uzrè on senè myqdäry mouhäcerèï mutevalièdensoñra feth olounmouch oldoughou i'tiqäd olounour.

chimdi biri ouroumeli vè díguéri anädholou tesmiè olounän boughäzyñ eski hyçärlaryna väcyl oldouq änädholou hyçäri vè ittiçälindè boulounän chehrínè dakhi tchanäq qal'èci derler chehri mezbourouñ mevqy'i lathyf oloup eräzycy munbit vè mahsouläti moukhtelifèci kecïrdir ehälïci takhmínen bech bíñ nufouçè bäligh olour eski hyçärlary fätihi istämboul olän soulthän mehemmed khäny sänïniñ emr u fermän y la binä olounmouchdour qal'ateïni mezhiouretèïni tefríq

sources du Scamandre, ruisseau qui d'un côté forme un embranchement du Simoïs, et de l'autre se jette à la mer non loin du cap de Troie. Voyez les plans de la Troade, par Olivier et Lechevalier.

(1) La forteresse des poteries. Ce nom lui vient probablement de ce qu'on fabrique depuis longtemps aux Dardanelles beaucoup de poterie grossière, dont la plus grande partie est envoyée à Constantinople. *Tchanaq qal'a* est la ville moderne, que les Européens ont nommée *les Dardanelles*, nom qui lui est transmis de l'ancienne Dardana, Dardania ou Dardanus, située jadis à quelques milles plus bas ; car, selon les géographes anciens, cette ville était à huit milles au sud d'Abidos, vers le cap *Trapeza*, vulgairement désigné sous le nom de *la Pointe des Barbiers*. Le fleuve Rhodius, sur lequel est bâtie la ville moderne, coulait à une distance à peu près égale d'Abydos et de Dardanus.

Mahomet II, le conquérant de Constantinople. La largeur du canal qui les sépare n'est que d'une demi-lieue; c'est, comme vous voyez, l'endroit le plus resserré du détroit.

Le château d'Europe est armé de cent cinquante-cinq pièces de canon, dont plusieurs de très-gros calibre. Vis-à-vis, sur la côte d'Asie, s'élèvent les batteries de Sultaniè qal'aci, armées de cent quatre-vingt-seize pièces; un peu plus loin, sur la côte d'Europe, se trouve une batterie de cinquante canons (1), et presque en face de cette dernière est située la pointe appelée Nagara-bournou (2), armée de quatre-vingt-quatre canons.

On estime que le total de l'artillerie

ايدن بوغازك عرضى بومكانك انجق بر يارم ساعت اولوب بالتمام بوغاز مرقومك دار اولان محلّيدر

روم ايلى طرفنك بولنان اسكى قلعـنك طوپلرى يوز اللى بشه بالغ اولوب بعضيسى دخى قنطارلقدر قلعة مزبوره نك مقابلهسنك سلطانيه قلعهسى يوز طقسان التى طوب واردر بوندن جزئى مسافهده روم ايلى يقهسنك اللى طوپلو برطابيه وانك قارشوسنك نغره بورننك دخى سكسان درت طوب بولنور

بوغازك كرك روم ايلى كرك اناطولى كذارنك

'eden boughāzyn 'arzi bou mekiānda andjaq bir ïārym sā'at oloup bit-tamām boughāzi merqoumoun dār olān mehallïdir.

ouroumeli tharafynda boulounān eski qal'ènyn thoplary ïuz elli bechè bāligh oloup ba'zycy dakhi qanthārlyqdyr qal'aï mezbourènïn mouqābelindè soulthānïè qal'aci ïuz dhoqsān alty thop vārdyr boundan djuz'i meçāfèdè ouroumeli ïaqacynda elli thoplou bir thabïa vè anyn qārchycynda naghra bournounda dakhi seksān deurt thop boulounour.

boughāzyn guerck roumeli guerck anā-

(1) Sur l'emplacement des ruines de Sestos.

(2) Un peu au delà des décombres d'Abydos. Selon les poëtes et la plupart des historiens grecs, Sestos était situé en face d'Abydos. Ces deux villes rappellent les amours vraies ou fabuleuses de Léandre et de Héro. Léandre habitait Abydos; Héro était, à Sestos, prêtresse de Vénus. Guidé par la lumière d'un flambeau que sa maîtresse allumait au sommet d'une tour, Léandre, pour échapper à tous les regards, se rendit longtemps auprès d'elle en traversant l'Hellespont à la nage; mais dans une nuit orageuse il ne put atteindre la rive opposée, et périt au milieu des flots. Dans son désespoir, Héro se précipita dans la mer afin de partager son sort.

qui garnit les deux rives du canal, tant en Europe qu'en Asie, s'élève à huit cent quatorze pièces de canon et huit mortiers.

Le bateau à vapeur ne s'arrête ordinairement que trois ou quatre heures à Tchanaq-qal'a.

Lampsaque, devant laquelle nous nous trouvons dans ce moment, est sur un territoire charmant, extrêmement fertile, et bien arrosé. Dans ce lieu, qui n'est plus aujourd'hui qu'un pauvre village, était jadis un ville considérable, renommée par ses jardins, ses vignes, la bonté de ses vins et la richesse de ses temples (1).

Quelle est cette grande ville que nous apercevons à notre droite?

C'est Gallipoli, la plus considérable de toutes celles qui sont sur l'Hellespont, et la première conquête importante que firent les Ottomans en Europe. Cette ville fut prise par Soliman-bey, fils du sultan Orkhan. Gallipoli est située sur un banc

موجود اولان طوپلرك جملهسی یکز یوز اون درت قطعه طوپ وسکز هاوندن عبارتدر

عادتنا واپور کمیسی چناق قلعهسنك اوچ درت ساعت قدر طوررر

شمدیکی حالده لاپسکی دینان یرك اوکنك بولندیغمز موقع کوزل وارأضیسی منبت وصولق بركوچك قریه ایسهده قدیم الایامده باغ وباغچهسی وشرابی ومزئن ومرصع عبادتكاهلریله مشهور وبیوك برشهر ایمش

شو صول یانمزده طوران بیوك شهر ندر

کلیبولی شهریدركه بوغازده بولنان جمله شهرلرك مشهوری اولوب وعثمانلولرك اك اول دارك بیوك روم ابلیك فتح ایادکلری شهردر شهر مزبورك فاتحی دخی سلطان اورخانك اوغلی سلیمان نام شهزادهدر

dholou kenārynda mevdjoud olān thoplaryñ djumlèci sekiz üz on deurt qyth'a thop vè sekiz hāvandan 'ibāretdir.

'ādetā vāpour guemíci tchanāq qal'ècynda utch deurt sā'at qadar dhourour.

chimdīki hāldè lāpseki denilen 'eriñ euñundè bouloundoughoumouz mevqa' guzel vè arāzy'cy munbit vè soulaq bir kutchuk qarïè icédè qadīm ul-eiiāmda bāgh vè bāghtchèci vè charāby vè muzeïn vè mourassa' 'ibādetguiāhlaryla mechhour vè buïuk bir chehir imich.

chou sol iānymyzda dhourān buïuk chehir nèdir.

guelîbolou chehrídirki boughāzda boulounān djumlè chehirleriñ mechhourou oloup vè 'osmānlylaryñ eñ evvel vè eñ buïuk ouroumelídè feth eïlédikleri chehirdir chehri mezbourouñ fātihi dakhi soulthān orkhānyñ oghlou seuleïmān nām chehzādèdir guelîbolou chch-

(1) Lampsaque était aussi renommée par le culte que ses habitants rendaient au dieu Priape.

15

de rochers et forme une espèce de cap à l'extrémité duquel est placé un fanal pour servir de guide aux vaisseaux qui entrent la nuit dans le canal. Sur la côte en face, vous en voyez un second qui sert au même usage. Le port est situé au sud de la ville. Par ses fabriques de maroquin, qui jouissent d'une grande célébrité, par son commerce assez étendu, ses magasins pour l'approvisionnement de la flotte ottomane et ses quatre-vingt mille habitants (1), Gallipoli peut être placée au rang des principales villes de l'empire. Cette ville a aussi donné son nom au canal sur lequel elle est bâtie, et qui, par cette raison, est appelé le détroit de Gallipoli. La longueur de celui-ci, depuis les Nouveaux-Châteaux jusqu'à Gallipoli, est d'environ quinze lieues.

Maintenant que le bateau est entré dans la mer de Marmara (2), nous allons

(1) Balbi, *Abrégé de Géographie*, p. 323.
(2) La Propontide.

كليبولى شهرينك موقعى قيا اوزرنك بولندبغندن بر بورون كبى تشكيل ايدر وكميلرك دخولنه سهولت ايچون نهايتنه بر فنار وضع اولنمشدر ومقابلنك اوته يقهسنك بونك بر عينى دخى واردر وليمانى شهرك طرف جنوبيسنك كاٸندر شهر مزبورك كرك مشهور سختيان دباغ خانهلرى وكرك جسيملو تجارتى ايله دونانماى همايونك ذخيره انبارلرى وسكسان بيك نفوسه بالغ اولان اهاليسنه نسبة ممالك عثمانيهنك بيوك شهرلرندن معدود اولمغه شايستهدر ذكر اولنان كليبولى شهرى مرمره دكزينك بوغازنك واقع اولوب بوغاز مرقوم كليبولى بوغازى ديمكله معروفدر طولى يكى حصارلردن بداٸ ايله كليبولى شهرينه كلنجيه قدر تخمينا اون بش ساعتدر

واپور شمدى مرمره دكزينه كيردى بر قاچ ساعته قدر انكينه چيقارز

riniñ mevqi'i qaïã uzerindè boulóundou-ghoundan bir bouroun guibi techkïl eder guemïlcriñ dukhoulunè souhoulet itchïn nihãïetinè bir fener vaz' olounmouchdour vè mouqãbilindè eutè ïaqacynda bounuñ bir'aïny dakhi vãrdyr vè lïmãny chehriñ tharafy djenoubïcindè kiãïndir chehri mezbourouñ guerek mechhour sakhtïãn debbãgh khãnèlary vè guerek djecïmli tidjâreti ilè donãnmãy humãïounnouñ zakhïrè ambãrlary vè seksen bïñ nufoucè bãligh olãn ehãlïcinè nisbeten memãliki 'osmãnïèniñ buïuk chehirlerinden ma'doud olmagha chãïestèdir zikr olounãn guelïbolou chehri marmara deñizïniñ bou-ghãzynda vãqy' oloup boughãzy merqoum guelïbolou boughãzy demeïlè ma'roufdour thouli ïcñi hiçãrlardan bedã' ilè guelïbolou chehrïnè guelindjïè qadar takhmïnen on bech sã'atdir.

vãpour chimdi marmara deñizïnè guïrdi bir qãtch sã'atè qadar enguïnè tchyqãryz.

nous trouver au large durant quelques heures.

Cette mer tire son nom de Marmara de celui d'une grande île que nous laissons à notre droite, et qui elle-même est appelée ainsi à cause des carrières de marbre blanc qu'elle renferme.

Quelle est cette haute montagne que nous découvrons dans le lointain à notre droite?

C'est le mont Olympe, au pied duquel est située la ville de Brousse, l'une des anciennes capitales de l'empire ottoman.

Nous nous rapprochons maintenant de la côte d'Europe et de la petite ville de Silivri, qui reste à notre gauche. En face, et un peu à droite, nous apercevons les îles des Princes, nommées ainsi parce qu'elles servirent plusieurs fois de prison ou de lieu d'exil aux princes sous le bas-empire. Ces îles, que les Turcs nomment les îles Rouges, à cause de la

بو دكزك مرمره اسميله تسميه اولنمسنك وجه
سببى صاغ طرفمزده براقديغمز اطه نك
اسمندن اخذ ايلمشلردر وبو دكزك دخى
بويله تسميه سى اق مرمر معادنلرى
اولديغندن بو اسمى نسبت ايلمشلردر

بو صاغ يانمزده اوزاقدن كورديكمز يوكسك
طاغ ندر

كشيش طاغى در انك ذيلنده بروسه شهرى
واقعدر كه دولت عثمانيه نك قديم پاى
تختلرندن بريدر
شمدى ينه روم ايلى يقهسنه وصول يانمزده
طوران سلورى قصبهسنه يناشدق اوكمزده
دخى فرنكلر بيننك بكلر اطهلرى دينلان
جزيرهلرى دخى كوريورز بو اطهلرك بو اسميله
تسميه اولنديغنك سببى زمان دولت قياصره ده
چوق كره بكلرك محل حبس واجلاسى
اولديغنه مبنيدر بو جزيرهلره دخى ترابنك
رنكنه نسبة مسلمانلر قزل اطه ديرلر طقوز
قطعه در دردى بيوك وبشى كوچك در

bou deñiz marmara ismilè tesmïè oloun-macynyñ vedjhi sebebi sāgh tharafymyzda brāqdyghymyz adhanyñ isminden akkz eïle-michlerdir vè bou deñiziñ dakhi beuïlè tes-mïèci aq mermer ma'ādenleri oldoughoundan bou ismi nisbet eïlemichlerdir.

bou sāgh ïānymyzda ouzāqdan gueurdu-gumuz ïuksek dhāgh nedir.

kechïch dhāghy dyr anyñ zeïlindè brouça chehri vāqy'dyr ki devleti 'osmānïïeniñ qa-dīmi pāï takhtlaryndan birīdir.

chimdi ïenè ouroum eli ïaqacyna vè sol ïānymyzda dhourān silivri qaçabacyna ïa-nāchdyq euñumuzdè dakhi frenklar beïnindè beïler adhalary denilān djezīrèleri dakhi gueuruïorouz bou adhalaryñ bou ismilè tes-mïè oloundoughounouñ sebebi zemāni devleti qaïācerèdè tchoq kerrè beïleriñ mahalli haps u idjlācy oldoughouna mebnïdir bou djezïrè-lerè dakhi turābynyñ renguinè nisbeten mus-

couleur du sol de quelques-unes d'entre elles, sont au nombre de quatre grandes et cinq petites (1). Leur distance de Constantinople est de quatre lieues environ. En été, les habitants de la capitale, et particulièrement les Grecs et les Francs, viennent y jouir des agréments de la campagne et des plaisirs de la chasse.

Ce château que nous avons dépassé à notre gauche est celui des Sept-Tours, qui servait anciennement de prison aux ambassadeurs des puissances européennes en temps de guerre.

Nous voyons maintenant devant nous, sur la côte d'Asie, un peu à gauche, Fener-baghtchèci (2), promenade charmante où les Turcs vont s'asseoir, et fumer, et au bout de laquelle on a élevé un

استانبولدن تخميناً درت ساعت مسافهده اولدقلرندن يازين استانبول سكنهسی وعلی الخصوص روم وفرنك طايفهسی بو اطهلرك بعضيسنك كوی واو صفاسيله وقتنی كچورلر

دمين صول طرفمزده اوغراديغمز قلعه يدی قله ديدكلری در كه اوائلك حين محاربهده اوروپا دولتلری ایاچيلرينه تخصيص اولنمش محبس ایدی

شمدی اوكمزده اناطولی يقهسنك بر از صول طرفمزده فنار باغچهسنی كوريورز بو مفرّح محله اسلام اوتورمغه وچبوق ایچمكه كيدرلر وبونك دخی بردلك نهايتنك اق دكزدن كلن سفاينه يول آشارتی اولق اوزره بر فنار واردر فنار

lumānlar qyzyl adha derler dhoqouz qyth'a dyr deurdu buïuk vè bechi kutchuk dur istānbouldan takhmīnen deurt sā'at mecāfèdè oldouqlaryndan ïāzyn istānboul sekenèci vè 'alel-khouçous ouroum vè frenk thāïfèci bou adhalaryñ ba'zycynda keuv vè áv safācyla vaqtini guetchirler.

demīn sol tharafymyzda oghrādyghymyz qal'è ïedi qoullè dedikleri dir ki eväïldè hīni mouhārebèdè avroupā devletleri iltchīlerīnè takhsīs olounmouch mahbes idi.

chimdi euñumuzdè anādholou ïaqacynda bir az sol tharafymyzda fener bāghtchècini gueuruïorouz bou muferrih mahallè islām otourmagha vè tchoubouq itchmeïè guiderler vè bounouñ dakhi bir diliñ nihāïetindè aq de-

(1) La première se nomme *Prota*, en turc *Kinali-adhacy* ; la seconde *Antigone*, ou *Boghazli-adhacy* ; la troisième *Khalkis* ou *Heïbéli-adhacy*, et la quatrième *Prinkipos*. Au sud de celle-ci se trouve la petite île des Lapins ; à l'ouest sont deux petites îles, dont l'une est connue sous le nom d'*Oxya*, et l'autre sous celui de *Plata*. Les deux dernières ne sont que des rochers arides. Voyez, pour les noms et la position de ces îles, le plan de Constantinople, dans l'atlas de l'Histoire de l'Empire ottoman de Hammer.

(2) Le jardin du Fanal.

phare pour guider les navires qui arrivent
de la Méditerranée. Plus à notre droite
est le village de Cadhi-Keuï, sur l'emplacement de l'ancienne Calcédoine (1).

Il faut convenir qu'il n'y a dans le
monde aucune perspective plus belle et
plus ravissante que celle de l'entrée de
Constantinople par mer. On ne se lasse
pas d'admirer le coup d'œil magnifique
que présentent la ville et la beauté natu-
relle de ses environs.

Constantinople forme un triangle, dont
un des côtés est limité par la terre et les
deux autres par la mer. C'est à l'extrémité de la pointe que forme maintenant
ce triangle à notre gauche, que s'élève le
palais du sultan.

A notre droite, vous voyez la ville de
Scutari et l'entrée du Bosphore, ou canal
de la mer Noire. En face de nous, vous
découvrez en même temps le quartier de
Fondouqli, Thop-khana, ou le dépôt de

(1) Ville célèbre où il s'est tenu un concile.

باغچهسنك اوته ياننك قاضی کوبدرکه قديم
قالچادونیا نام شهرك بولنديغی محلكدر

فی الحقيقت اق دكزدن استانبوله دخوله
جهانك اويله حسن منظره ونظارت اولهماز
كرك بيوكلكنه كرك حواليسنك اولان يرلرك
طبيعی كوزللكنه نـقدر باقلسه بـر وجهيله
طويلمز

شهر مذكور مثلث الشكل اولوب برطرفدن
قره وديكر ايكی جانبلرندن دكز ايله محدوددر
شمدی صول يانمزده اولان بومثلك اوجنده كه
اسمنه سرای بورنی ديرلر سرای همايون
كاٸندر

صاغ طرفمزده اسكدار شهريله قره دكز
بوغازينك مدخلی وقارشومزده دخی فندقلی
طوپخانه وغلطه قلهسی وفرنك بازركانلرينك
مغازهلری ومسكنلرينی شامـل اولان غلطه
محلهسی واونه ديدسنك بالجمله اوروپــا

*ñizden guelen sefāïna ïol ichāreti olmaq uzrè
bir fener vārdyr fener bāghtchèciniñ euïè ïānynda qādhi keuvudir ki qadïmi qāltchedonïā
nām chehriñ bouloundoughou mahalldèdir.*

*fil-haqïqat aq deñizden istānboula dou-
khouldè djihānda euïlè husni manzara vè
nazāret olamāz guerek buïukliguinè guerek
havālïcindè olān ïerleriñ thabï'i guzelliguinè
neqadar bāqylsa bir vedjhilè dhoïoulmaz.*

*chehri mezkiour mucelles ul-chekil oloup
bir tharafdan qara vè dïguer iki djānible-
rinden deñiz ilè mahdouddour chimdi sol
ïānymyzdu olān bou mucelleciñ oudjounda
ki isminè sarāï bournou derler sarāï humāïoun kiāïndir.*

*sāgh tharafymyzda uskudār chehrilè qara
deñiz boughāzynyñ medkhali vè qārchy-
myzda dakhi findyqly thopkhānè vè ghalatha qoullèci vè frenk bāzyrguiānlarynyñ
maghāzalary vè meskenlcrïni chāmil olān*

l'artillerie, la tour et le faubourg de Galatha, dans lequel sont les habitations et
les magasins des négociants francs, et
un peu plus haut, sur le coteau, Péra,
autre faubourg où sont les hôtels des
ambassadeurs européens.

Le port, où nous entrons dans ce moment, a une lieue et demie d'étendue;
c'est le plus vaste, le plus beau, le mieux
abrité, le plus commode et le mieux défendu qui existe au monde.

A droite et au-delà des deux grands
ponts que vous voyez, on trouve les ar-
senaux, les chantiers de construction et
tout ce qui appartient au matériel de la
marine. Le port renferme en outre aujourd'hui une flotte d'à peu près cent navires de guerre de tout rang et de tout
échantillon.

La ville, qui se divise en trente-six
quartiers ou mahallês, peut avoir à peu
près cinq lieues de circonférence. Les for-
tifications dont elle est entourée consis-

ایلچیلرینك محلّ اقامتی اولان بك اوغلو
دیدیكلری مكانی كوریورسكز

شمدی كیردیكمز لیمانك طول مسافه‌سی
بر بچّق ساعت اولوب بغایت محفوظ
وحبوب ریاحدن وجوهله مأمون اولمق
تقریبیله جمیع دنیا لیمانلرندن احسن
واهوندر
صاغ طرفك كوردیككز ایكی اوزون كوپرینك
اوتّه‌سنك ترسانهٔ عامره كاندركه بالجمله
قزاقك اولان كمیلر ایله جمیع ادوات واوازمات
بحریهیی شاملدر بوندن بشقه حالا لیمان
مذكورده هر جنس اولەرق تخمیناً یوز
اوتوز قطعه سفایندن عبارت بر دونَنمای
همایون موجوددر

شهرك چوره‌سی تخمیناً بش ساعت اولوب
محلّاتی دخی اوتوز التی در الحالة هذه
دائرًا مادار اولان جمله استحكاماتی ارالق
ارالق بر قلعه‌سی اولەرق ایكی یوكسك

*gâlatha mahallèci vè eutè tepècindè bil-
djumlè avroupâ eltchîlerîniñ mahalli iqâmeti
olān beg oghlou dedikleri mekiâni gueu-
ruïorsouñouz.*

*chimdi guïrdîguimiz lîmānyñ thouli me-
çāfèci bir boutchouq sā'at oloup beghāïet
mahfouz vè houboubi rïāhdan vudjouhilè
mè'moun olmaq taqrîbilè djemî' dunïā lî-
mānlaryndan ahsen vè ahvendir.*

*sāgh tharafda gueurduguñuz iki ouzoun
keuprunuñ eutècindè tersānèï 'āmirè kiāïndir
ki bil-djumlè qyzāqda olān guemîlerilè djemî' edevāt u levāzimāti bahrïèïï chāmildir
boundan bachqa hālā lîmāny mezkiourdè
her djins olaraq takhmînen ïuz otouz qyh'a
sefāïndan 'ibāret bir donanmāï humāïoun
mevdjouddour.*

*chehriñ tchevrèci takhmînen bech sā'at
oloup mahallāti dakhi otouz alty dyr el-hāletu hazihi dāïren mādār olān djumlè istih-
kiāmāti arālyq arālyq bir qoullèci olaraq iki*

tent aujourd'hui en une double et haute muraille, flanquée de tours de distance en distance, et en un fossé. Constantinople est percée de vingt-cinq portes, sept donnant sur la mer de Marmara, dix sur le port, sept ouvrant du côté de terre, et une située à la Pointe-du-Sérail. Plusieurs faubourgs couvrent les approches de la ville. Les quatre principaux sont ceux d'Eioup-ensari, Galatha, Péra et Scutari.

Constantinople reçut d'abord le nom de Byzance, et ce ne fut qu'en l'année 330 de Jésus-Christ, que l'empereur Constantin l'ayant choisie pour la capitale de l'empire romain, cette ville prit le nom qu'elle porte aujourd'hui. Prise par les Français et les Vénitiens en 1204 de Jésus-Christ, ceux-ci la possédèrent pendant cinquante-quatre ans. En 1258 de Jésus-Christ, les Grecs s'en emparèrent de nouveau. Prise par sultan Mahomet II, en 1453 de Jésus-Christ, ou 857 de l'hégire, elle devint la capitale de l'Empire

ديوار و دبر خندقدن عبارتدر قپوسى دخى يكرمى بشدر يديسى مرمره دكزى جانبنك بريسى سراى بورننك اونى ليمان جانبنك ويديسى دخى قره طرفنك در شهرك خارجنك درت بيوك واروش كاندر اولكيسى ايوب انصارى ايكنجيسى غلطه واوچنجيسى بك اوغلوودردنجيسى اناطولى يقدسنك شهر اسكدار در

شهر مزبورك عتيق اسمى بيزانسه ايمش بعك تاريخ عيسوينك اوچ يوز اوتوز سنه‌سنك قسطنطين نام قيصر شهر مذكورى بالجمله روما مملكتنك مقر حكومتى ايدوب قسطنطنيه اسميله شهرت بولمشدر تاريخ عيسوينك بيك ايكيوز سنه‌سنك شهر مزبورى فرانسزلر ايله معاً وندیكلولر تسخير ایدوب اللى درت سنه مقدارى بونلرك ضبطنك قالدى وينه بيك ايكيوز اللى سكز سنه ميلاديه‌سنك روم طايفه‌سنك النه كيردى صكره تاريخ عيسوينك بيك درت يوز اللى اوچ سنه‌سى يعنى تاريخ هجرتنك سكز يوز اللى يدى سنه‌سنك شهر مزبورك بالاخره سلطان محمد خان ثانينك

chehri mezbourouñ 'atíq ismi bízānsa imich ba'dehou tārīkhi 'ícevíniñ utch íuz otouz se-nècindè qosthanthíñ nām qaïcer chehri mez-kiouri bil-djumlè romā memleketiniñ maqarri hukioumeti idip qosthanthiníïè ismilè cheuh-ret boulmouchdour tārīkhi 'ícevíniñ bíñ iki íuz senècindè chehri mezbouri frānsyzlar ilè ma'en venedíklilar teskhyr idip elli deurt senè myqdāry bounlaryñ zabthynda qāldy vè íenè bíñ iki íuz elli sekiz senè mílàdüècindè ouroum thāïfeciniñ elinè guírdi soñra tārīkhi 'ícevíniñ bíñ deurt íuz elli utch senèci ïa'ni tārīkhi hidjretiñ sekiz íuz elli íedi senècindè

ottoman, et prit également le nom d'Istamboul.

Selon l'ouvrage intitulé : *Tadj uttavárykh* «la Couronne des Chroniques» (1), la partie du port située entre Constantinople et Galatha était, à cette époque, fermée par une chaîne qui empêchait l'entrée des navires. L'ordre ayant été donné (par le sultan) de transporter les vaisseaux du Nouveau-Château, où ils se trouvaient mouillés, jusqu'au port, en passant derrière Galatha, d'habiles ingénieurs parvinrent à les mettre à terre par des procédés aussi admirables qu'étonnants. Placés ensuite sur des rouleaux enduits de graisse, et poussés ainsi sur un sol sec et solide, on réussit à les lancer

دست مظفر بله فتح وتسخيری میسر اولدقك پاینخت آل عثمان اولغله استانبول اسمیله شهرت بولمشدر

تاج التواریخ نام كتاب روایتی اوزره اول زمان استانبول ایله غلطه میاننی قطع ایدن خلیج اوزرینه زنجیر چكیلوب سفاینك دخولنه مانع اولغین یكی حصار اوكنك لنكر انداز اولان سفاینك لیمانه قدر غلطه اردندن امرارلرینه طرف سلطانیدن فرمان اولندقك مهارتلو مهندسلر صنایع عجیبه وغریبه اجراسیله سفاینب مذكورهنك قروبه وضع واخراجنه دسترس اولدیلر وصكره قزاقلر اوزرینه الورق قورو یر اوزرنك كمیلری یوریدوب لیمانه ایندرمكه موفق اولدیلر بو كمیلرك درونی كافه تداركات حربیه ایله احضار اولندیغی مثللو نجه بهادر غزات ایله مالامال اولغین بونلر حصاره هجوم ایدرك شدّت محاربه ایله

chehri mezbouroũ bil-akhyrè soulthãn mehemmed khãni sãnĩnin desti mouxaffer ilè feth u teskhĩri muïesser oldouqda pãïtakhti âli 'osmãn olmaghla istãnboul ismilè cheuhret boulmouchdour.

tãdj ut-tavãrĩkh nãm kitãb riväïeti uxrè ol zemãn istãnboul ilè ghalatha meïãnyny qath' eden khalĩdj uzerĩnè zindjĩr tchèkĩlip sefãïnyã doukhoulinè mãny' olmaghyn ïeñi hyçãr euñundè lenguer endãz olãn sefãïnyã lĩmãna qadar ghalatha ardyndan imrãrlaryna tharafy soulthãnĩden fermãn oloundouqda mehãretli muhendisler sanãy' 'adjĩbè vu gharĩbè idjrãcila sefãïni mezkiourèniñ qaraïa vaz' vè ikhrãdjyna destres oldourlar vè soñra qyzãqlar uzerĩnè âlaraq qourou ïer uzerindè guemĩleri ïurudup lĩmãnè endirmeguè muveffaq oldoular bou guemĩleriñ derouni kiãffëï tedãrikiãti harbiïè ilè ihzãr oloundoughou micilli nĩdjè behãdir ghouxãt

(1) Par Sa'ad-eddin, l'un des meilleurs et des plus célèbres historiens ottomans, appelé également Khodja-efendi, historiographe de l'Empire et mufti sous Amurat III. Les annales écrites par cet auteur commencent à l'origine de l'Empire, et s'arrêtent à l'an de l'hégire 926 (1520 de Jésus-Christ).

dans les eaux du port. Toutes les dispositions d'attaque avaient été faites à bord de ces vaisseaux, qui étaient en outre remplis de valeureux combattants ; ceux-ci assaillirent les remparts et glacèrent les assiégés d'épouvante par l'impétuosité des combats qu'ils leur livrèrent. Ce fut en dernier résultat à cette admirable opération qu'on dut la prise de la ville (1).

Constantinople est en même temps le chef-lieu de la Romélie, la capitale de l'empire, la résidence du sultan, du mufti, des ministres et de tous les grands dignitaires de l'État. Les Grecs ont aussi dans cette ville un patriarche, les Arméniens un archevêque, et les juifs un grand-rabbin.

Par la pureté et la beauté de son climat, par son immense étendue et par sa position vraiment unique entre la mer Noire et la mer Blanche, Constantinople

محصور اولان اعدايي شاشرديلر بالاخره بو تدبير دلپذير شهري تسخيره باعث اولدى

ile mālāmāl olmaghyn bounlar hyçarè hudjoum ederek chiddeti mouhārebè ilè mahsour olān a'dāï chāchyrdylar bil-akhyra bou tedbîri dilpezîr chehri teskhîrè bā'is oldou.

نفس روم ايلينك كرسيسى محروسهٔ استانبولدر كه پادشاه آل عثمان حضرتلرينك پايتخت سلطنت وقراركاه خلافتلرى اولوب شيخ الاسلام ايله رجال سلطنت وبالجمله مدبّران دولت عليّهنك محل اقامتيدر شهر مزبورده دخى روم طايفهسنك بطريقى وارمنى پسقوپسى ايله يهوديلرك برخاخام باشيسى واردر

nefsi ouroumelīniñ kursuçu mahroucëi istānbouldour ki pādichāhi āli 'osmān hazretlerîniñ pāïtahti salthanet vè qarārguiāhi khilāfetleri oloup cheīkh ul-islām ilè ridjāli salthanet vè bil-djumlè mudebbirāni devleti 'alïïèniñ mahalli iqāmetīdir chehri mezbourda dakhi ouroum thāïecìniñ pathrîqi vè ermeni pisqopoçou ilè ïehoudïleriñ bir khākhām bāchycy vārdyr.

شهر مزبورك صفوت ولطافت هواسى ووسعت مسافهسى وبحر سياه ايله بحر سفيد مياننده وقوعى جهتيله فى الحقيقه غايت اعلا موضعدا بولنهرق امر تجارتنك توسّع وانتشارينه

chehri mezbouroñ safvet u lethāfeti havācy vè vus'ati meçāfèci vè bahri sïāh ilè bahri sefïd meïānynda vuqou'i djehetilè filhaqyqa ghāïet a'lā mevzy'dè boulounaraq

(1) *Histoire des guerres maritimes des Ottomans*, par Hadj-Khalfa, page 6.

est réellement dans la situation la plus heureuse et la mieux appropriée aux besoins et au développement du plus vaste des commerces. Si les édifices que renferme cette capitale, tels que le sérail impérial, ses nombreuses et magnifiques mosquées (1), ses riches bazars encombrés de marchandises précieuses, ses caravansérails, ses bains, ses écoles, ses places publiques (2) et ses monuments anciens (3), contribuent essentiellement à son ornement, on doit ajouter que l'état

قابليّت وصلاحيّت تامّسى دركار دردروننك موجود اولان سراى همايون وجوامع شريفهٔ عديدك وحمّام ومدرسه وخانلر واموال كثيره ونفيسه ايله مملو اولان بزستان وميدان و كاروانسرايلر وآثار عتيقه مثللو ابنيّهٔ متعدّده ايله مزيّن وموضع واطراف وحواليسنك واقع قصبــات وقـرا وباخصوص روم ايلى ايلـه اناطولى مياننك كاين استانبول بوغازينك صواحلنك نيجه كويلر ايله آبــادان اولمــق حسبيله شهر مزبورك جميع بلاد ربع مسكونه تفوّق نمايان ومشهور ومتفّق عليه جمهور در

emri tidjāretiñ tevessu' vè intichāryna qābilüet vè salāhüeti tāmmèci derkiārdyr derounindè mevdjoud olān sarāī humāïoun vè djevāmy' cherīfèï 'adīdè vè hammām vè medrecè vè khānlar vè emvāli kecīrè vè nefīcè ilè memlou olān bedesten vè maïdān vè kiārvansarāïlar vè açāri 'atīqa micilli ebnüèï mute'addidè ilè muzeïen vè murassa' vè ethrāf u havālīcindè vāqy' qaçabāt vè qourā vè bākhouçous ouroumeli ilè anātholou meïānynda kiāīn istānboul boughāzynyñ sevāhÿlindè nīdjè keuvler ilè âbādān olmaq hacebilè

(1) On en comptait, il y a peu d'années, trois cent quarante-quatre. Les principales sont celles de Sainte-Sophie, de sultan Ahmed, de sultan Soleïman, de sultan Osman, de sultan Baïazid, et celle de la Validé, ou sultane mère de Mahomet IV. Les colonnes de cette dernière mosquée ont été tirées en partie des ruines d'Alexandria-Troas.

(2) La plus célèbre est l'At-meïdany (ات ميداني) ou place aux chevaux, parce que de jeunes Turcs s'y exercent encore à monter à cheval; c'est l'ancien hippodrome. Il est orné d'un obélisque égyptien en granit, de soixante pieds de haut, ainsi que des débris de la Colonne aux trois serpents, qu'on croit avoir jadis supporté le fameux trépied offert au temple de Delphes par les Grecs vainqueurs à Platée. C'est sur ce même hippodrome que Bélisaire, après son heureuse expédition d'Afrique contres les Vandales, fut conduit en triomphe. Anciennement les quatre angles de l'hippodrome étaient ornés des quatre chevaux antiques de bronze que nous avons vus, durant les années de l'empire, sur la place du Carrousel à Paris, et qui aujourd'hui ornent pour la seconde fois celle de Saint-Marc, à Venise. La seconde place de Constantinople, après l'At-meïdany, est celle de Thop-khana, qui est décorée d'une belle fontaine.

(3) Les plus remarquables de ces débris qui restent encore de la domination des Césars, sont la Colonne dite *historique*, et représentant les exploits de l'empereur Arcadius ; les vestiges du Palais des Blaquernes ; la Colonne brûlée, située près de l'At-meïdany, et dont les dé-

riant et prospère des bourgs et des villages qui embellissent ses environs, particulièrement ceux des deux rives du Bosphore, magnifique détroit situé entre l'Europe et l'Asie, placent incontestablement cette ville au-dessus de toutes celles du monde habité.

Indépendamment des réformes indispensables dont l'Empire est redevable à la persévérance du sultan Mahmoud II, et à son auguste fils sultan Abd-ul-Medjid actuellement régnant, de ce souverain dont les qualités ajoutent à la grandeur du pouvoir et entourent le trône des califes de toutes les splendeurs de la gloire et de la majesté, la capitale doit aussi à la munificence et au règne bienfaisant de ce prince la création d'institutions importantes et l'élévation de nombreux monuments d'utilité publique (1). Puisse le

مقدّما سلطان محمود خان ثانيدنك ايّام حكومتلرنك وحالا دخى رونق افزاى سرير سلطنت عظمى واورنك پيراى خلافت كبرى شوكتلو عظمتلو قدرتلو غازى سلطان عبد المجيد خان حضرتلرينك زمان پر ميمنتلرنك حصول بولان وهمم عليّه ومداومت حميده‌لرينك ثمرهٔ خيريه‌لرى اولان ادارهٔ جميع امور ملكيهٔ‌نك تبدّلاتندنبشقه محروسهٔ قسطنطنيه‌ده دخى بو پادشاه عدالت پناهك آثار مستحسنه‌لرى اولهرق عمارات خيريه وابنيّهٔ عظيمه‌لرى كثيردر الله تعالى منفعت اهالى. ملكت واقبال واجلال سلطنت

mouqaddemá soulthãn mahmoud khãni sãníniñ eüãmi hukioumetlerindè vè hãlã dakhi revnaq efzãï seréri salthanety 'ouzma vè evrenk pírãï khilãfeti kubra chevketlou 'azametlou qoudretlou ghãzy soulthãn 'abd ulmedjíd khãn hazretleríniñ zemãni pur meïmenetlerindè houçoul boulãn vè himmemi 'alïè vè mudãvemeti hamídèleríniñ semerëï khaïrïèleri olãn idãrëï djemí'i oumouri milküèniñ tebeddulãtyndanbachqa mahroucèï qosthanthinïëdè dakhi bou pãdichãhi 'adãlet penãhyñ açãri mustahsenèleri olaraq 'imãrãti khaïrïïè vè ebnïëï 'azímèleri kęçírdir allah

---

bris ont encore quatre-vingt-dix pieds de haut; la Colonne corinthienne, érigée en mémoire d'une victoire remportée sur les Goths, et qui est placée dans les jardins du sérail; et enfin les bas-reliefs qui ornent l'ancienne porte du Château des Sept-Tours.

(1) Tels sont, entre autres, la fondation de l'école de médecine, d'une école de mathématiques, une école de navigation, une école mili-

Dieu très-haut, pour le bien des peuples et pour la gloire et la prospérité de l'Empire ottoman, accorder encore à ce monarque équitable des années nombreuses et prospères !

La population actuelle de Constantinople, composée en partie de Musulmans, de Grecs, d'Arméniens, de Francs, de Juifs et autres, peut s'élever à environ huit cent cinquante mille âmes. Cette ville est située entre les 26° 35' de longitude et le 41° 1' 27' de latitude.

Pourriez-vous enfin me dire quelle est aujourd'hui la force de l'armée ottomane ?

D'après l'organisation militaire de l'année de l'hégire 1259, l'armée ottomane se compose aujourd'hui de trois cents mille hommes de troupe de ligne, cent

ايچون بو شهريار معادلتشعارك ايّام عمر وسعادتلرينى مستدام ايليه امي‌ن

شمديكى حالك محروسة استانبولك اهاليسى مسلمان روم ارمنى فرنك ويهودى ايله سائره‌دن مركب اولوب تخمينًا سكز يوز اللى بيك نفوسه بالغ اولور شهر مزبور دخى يكرمى التنجى درجه اوتوز بش دقيقه وعرضًا قرق بر درجه بر دقيقه ويكرمى يدى ثانيّه‌ده واقعـدر

بو كونكى كونك عثمانلو عسكرينك نه اولديغنى بنده كزه ديه بيلورميسكز دولت عليّه‌نك ١٢٥٩ سنهٔ هجريّه‌سنك اجرا بيورديغى تنسيقات عسكريّه دنبرو اليوم اوچيوز بيك منتظم ويوز اللى بيك مرتب رديف واللى بيك بـاشى بوزق عسكرى

te'āla menfa'ati chālii memleket vè iqbāl u idjlāli salthanet itchin bou chehrïāri mou'ādeletchi'āryñ eïāmi 'eumr u se'ādetlerīni mustedām eïleïė amīn.

chimdīki hāldė mahroucèï istānboulouñ ehālici muslumān ouroum ermeni frenk vè ïehoudi ilè thavāïfi sāïrèden murekkeb oloup takhmīnen sekiz ïuz elli bīñ nufoucè bāligh olour chehri mezbour dakhi thoulen ïirmi altyndjy deredjė otouz bech daqīqa vè 'arzen qyrq bir deredjė bir daqīqa vè ïirmi ïedi sānïïèdė vāqy'dyr.

bou gunku gundė 'osmānli' askerïniñ qouvveti nè oldoughounou bendéñizè deïè bilirmïcïñiz.

devleti 'alïèniñ bīñ iki ïuz elli dhoqouz senèï hidjrïècindė idjrā bouïourdoughou tensīqāti 'askerïiè denberi el-ïevm utch ïuz bīñ mountazem vè ïuz elli bīñ muretteb redif vè

taire, une académie des sciences, la construction d'une mosquée qui porte le nom de feu sultan Mahmoud, et celle de trois ponts fort remarquables situés dans le port, et par lesquels la ville communique avec le faubourg de Galatha, et l'arsenal maritime. Mais ce qui honore surtout le règne de Sa Majesté, c'est le don spontané du *Khaththi-cheréf*, ou acte constitutif de Gul-khanè. Voyez, à la fin de ce volume, la traduction et le texte turc de cet important document.

cinquante mille hommes de réserves or-
ganisées, et de cinquante mille hommes
de troupes irrégulières.

واردر

elli bïñ bāchi bozouq 'askeri vārdyr.

DESCRIPTION ABRÉGÉE DE LA FRANCE.

اجمال احوال ممالك فرانسه بیاننك در

idjmāli ahvāli memāliki frānsa beïānynda dyr.

On m'a dit, monsieur, que vous vous
proposiez de faire un voyage.

افندم سیاحت ایتمکه نیتکز وارمش دیو ایشتدم

efendim seïāhet etmeïé nïetiñiz vārmych deïi ichitdim.

C'est, en effet, mon intention : je veux
juger par moi-même de l'état de la civilisation et de la prospérité européennes.

فی الواقع نیتم بویله در کندو کوزمله اوروپانك انسیت ومعموریتی کیفیتنی کورمك استرم

fil-vāqy' nïetim beuïlé dir kendi guzumlé avroupānyñ unsïet u ma'mourïeti keïfïetini gueurmek isterim.

Quelle contrée me conseillez-vous de
parcourir la première ?

اول امرده اوروپانك قنغی طرفنی کورمکلکی مناسب کوررسکز

evvel emirdé avroupānyñ hanghy thara-fyny gueurmekligui munācib gueurursuñuz.

Je pense qu'en pareil cas c'est par la
France qu'il convient de commencer.

بو خصوصده ظن ابدرمکه اولا فرانسه یی کورمك مناسبدر

bou khoucousda zann ederimki evvelā frānsaï gueurmek munācibdir.

En effet, ce pays passe généralement
pour le centre des lumières et de la civilisation européennes.

فی الواقع مملکت مذکوره منبع علوم ومرکز ادبیت ومعموریت اوروپا اسمیله بین الناس معلوم ومشهور در

fil-vāqy' memleketi mezkiouré menba'i 'uloum vè merkezi edebïeti vè ma'mourïeti avroupā ismilé beïn en-nās ma'loum vè mechhour dour.

Vous qui avez déjà parcouru et habité
la France, pourriez-vous me donner
quelques idées générales sur la géographie et l'état actuel de ce pays ?

سزکه فرانسه ده اسکان وکشت وکذار ایتمش اولدیغکزدن بو مملکتك جغرافیه سنه وشمدیکی احوالنه دائر بنده که کزه بعض معلومات عمومیه ویره بیلورمیسکز

siz ki frānsada iskiān vè guecht u guzār etmich oldoughouñouzdan bou memleketiñ djoghrāfïacyna vè chimdiki ahvālinè dāïr bendèñizè ba'zi ma'loumāti 'oumoumïè verè bïlirmiciñiz.

Très-volontiers, monsieur. La France est un royaume très-vaste et très-florissant, situé à l'occident de l'Europe.

Quelle est l'étendue de ce pays relativement à sa latitude et à sa longitude?

La France étant située entre les 42ᵉ degré et demi et 51° degré de latitude, et entre 7° 9′ de longitude occidentale et 5° 56′ orientale, son étendue du nord au sud est de 575 milles, et sa largeur de l'est à l'ouest de 499 milles.

Quelles sont les limites de la France?

Ses limites sont, au nord, le royaume de Belgique et la Bavière-Rhénane ; à l'ouest, l'Océan et la Manche ; à l'est, le grand-duché de Bade, la Suisse et la Sardaigne, et au midi l'Espagne et la Méditerranée.

باش اوستنه افندم فرانسه مملكتى اورپانك جانب غربيسنك واقع اولوب بغايت معمور وواسع بر مملكتدر

طول وعرضنه دائر ممالك مذكورهنك بعد ومسافهسى ندر

فرانسه مملكتى عرضا قرق ايكنجى بچق درجهدن اللى برنجى بش دقيقه درجهيه وطول غربيسنك يدى درجه طقوز دقيقهدن طول شرقيسنك بش درجه اللى التى درجهيه وارنجه ممتد اولمق تقريبيله ممالك مذكورهنك شمالدن جنوبه طوغرو مسافهٔ طولى بش يوز يتمش بش وشرقدن غربه طوغرو مسافهٔ عرضى درت يوز طقسان طوقوز ميلدر

فرانسه مملكتنك حدودلرى نهلريدر

حدودى شمالده بلجيقه مملكتى ايله باويره اولكهسى غربك بحر محيط ايله انكلتره بوغازى شرقك باد بيوك دوقدلغى ايله اسويچهر جمهورى وساردنيا مملكتى جنوبده اسپانيا مملكتى ايله بحر سفيددر

bāch ustunè efendim frānsa memlèketi avroupānyñ djānibi gharbīcindè vāqy' öloup beghāïet ma'mour vè vācy' bir memlèketdir.

thoul u'arzyna dāïr memāliki mezkiourèniñ bou'd u meçāfèci nèdir.

frānsa memleketi 'arzen qyrq ikindji boutchouq deredjèden elli birindji bech daqīqa deredjèïè vè thouli gharbīciniñ ïedi deredjè dhoqouz daqīqadan thouli charqyeynyñ bech deredjè elli alty deredjèïè vāryndja mumted olmaq taqrībilè memāliki mezkiourèniñ chimālden djenoubè dhoghrou meçāfèi thouli bech ïuz ïetmich bech vè charqdan gharba dhoghrou meçāfèi 'arzy deurt ïuz dhoqsān dhoqouz mīldir.

frānsa memleketiniñ hudoudlary nerèleridir.

hudoudi chimāldè beldjīqa memlèketi ilè bāvïera eulkèci gharbda bahri mouhīth ilè inguilterè boughāzy charqda bād buïuk doqalyghy ilè isvuītcherè djumhourou vè sārdounïā memleketi djenoubda ispānïā memlèketi ilè bahri sefīddir.

Quelles sont ses plus hautes montagnes?

جبال كبيره‌سی ندر

djibāli kebīrèci nèdir.

Ses principales montagnes sont celles des Ardennes, des Vosges, du Jura, les Alpes, le Puy-de-Dôme, le Mont-d'Or, le Cantal et les Pyrénées.

جبال مشهوره‌سی اردنس ووژس ژورا الپس پویی دودوم موندور قانتال وپیره‌نه نام جبالدر

djibāli mechhourèci ardenes vojes jourā alpes pouïï dedom mondor qāntāl vè pírènè nām djibāldir.

Quels sont ses principaux fleuves?

انهار كبيره‌سی ندر

enhāry hebīrèci nèdir.

Ces fleuves sont la Seine, la Loire, le Rhône, la Saône et la Garonne.

كبير انهاری سن لوار رون صاون وغارون نام انهاربدر

kebír enhāry sen louār ron sāon vè ghā-ron nām enhārdir.

De quelle nature est le climat de la France?

مملكت مذكوره‌نك آب وهواسی نصلدر

memleketi mezkiourèniñ āb u havācy na-cyldyr.

Ce climat est doux, sain et tempéré.

هواسی سالم لطيف ومعتدلدر

havācy sālim lathīf vè mou'tedildir.

Quelle est la nature du sol, et quels en sont les produits?

ترابی ومحصولاتی ندر

turābi vè mahsoulāty nèdir.

Le sol de la France, étant généralement fertile et productif, donne en abondance des grains, de la vigne, des fruits de toute espèce, et renferme des mines d'argent, de plomb, de cuivre et de fer.

ترابی غایتله منبت اولوب محصولاتنك ذخایر حبوبات وكروم ومیوها وكموش وقورشون وباقر ودمر معدنلرینك بركتی واردر

turābi ghāïetlè munbit oloup mahsoulā-tynda zakhāïr vè houboubāt vè kuroum vè meïvèhā vè gumuch vè qourchoun vè bāqyr vè demir ma'denlerîniñ bereketi vārdyr.

Quel est le caractère des habitants?

فرانسزلرك طبیعتی ندر

frānsyzlaryñ thabī'ati nèdir.

Les Français sont généralement instruits, spirituels, actifs, braves, et adonnés à tous les genres de sciences et d'arts. Cependant, par caractère, ils sont connus

بو مملكتك اهالیسی علی العموم هنرمند وفراستمند ومقدم ومجد وجمیع فنون وعلومه مستعد اولوب الحق بالطبع سبكسار ومتفاخر دبی قرار اولدقلری مشهوردر

bou memleketiñ chālíci 'alel-'oumoum hu-nermend vè firācetmend vè mouqdim vè mudjidd vè djemī'i funoun u 'ouloumè mus-ta'idd oloup andjaq bith-thab' subuksār vè

pour être légers, présomptueux et in-
constants.

Quelle est aujourd'hui la population
de la France?

Cette population s'élève maintenant à
environ trente-cinq millions d'habitants.

Comment le territoire de la France est-
il divisé?

Avant la révolution française, c'est-à-
dire antérieurement à l'année 1789, la
France était divisée en trente-deux provinces, savoir : huit au nord, treize au
centre, et onze au midi; mais, depuis la
révolution, l'ancienne division fut rem-
placée par celle qui partage aujourd'hui
la France en quatre-vingt-six départe-
ments. Chacun de ceux-ci porte un nom
particulier et a pour chef-lieu la ville la
plus considérable du département.

Quelles sont les causes de l'influence
de la France et de ses rapports multi-
pliés avec les autres nations?

La première de ces causes, c'est que, la

شمديكى حالك مملكت مذكورونك اهاليسى
نمقدار نفوسه بالغ اولور الحالة هذه عدد سكنه‌سى تخمينًا اوتوز بش
ميليون نفوسه بالغ اولور
مملكت مذكوره نه منوال اوزره تقسيم
اولنمشدر
فرانسه اختلالى ظهورندن اول يعنى تاريخ
عيسوينك ۱۷۸۹ سنه‌سندن مقدّم ممالك
مذكوره اوتوز ايكى ايالته منقسم اولوب
سكزى شمالك واون اوچى وسطك واون برى
جانب جنوبيسنك ايدى لكن اول اختلالدن
صكره اشبو اوتوز ايكى ايالت شمديكى
منوال اوزره سكسان التى اقسامه تقسيم
اولنمشدر هر بر قسمك اسم مخصوصى اولوب
كرسيسى دخى شهر اعظمى در

ملل سائره ايله فرانسه‌لونك نفوذ ومناسبات
كثيره‌سنك سببلرى ندر

علّل مذكوره‌نك اولكيسى فرانسه ممالكى

*mutefākhyr vè bi qarār oldouqlary mechhour
dour.*

*chimdĭki hāldè memleketi mezkiourèniñ
chālĭci nemyqdār nufoucè bāligh olour.*

*el-hālet hazihi 'adedi sekenèci takhmĭnen
otouz bech mĭlïon nufoucè bāligh olour.*

*memleketi mezkiourè nè minvāl uzrè taq-
sĭm olounmouchdour.*

*frānsa ikhtilāli zouhourounden evvel ïa'ni
tārĭkhi 'ïcevĭniñ biñ ïedi ïuz seksen dhoqouz
senècinden mouqaddem memāliki mezkiourè
otouz iki cïāletè munqacim oloup sekizi chimāldè vè on utchu vacathdè vè on biri djànibi djenoubĭcindè idi lakin ol ikhtilālden
soñra ichbou otouz iki cïālet chimdĭki minvāl
uzrè seksen alty aqsāmè taqsĭm olounmouchdour her bir qismiñ ismi makhsouçou oloup
kursuçu dakhi chehri 'azamydyr.*

*mileli sāïrè ilè frānsalynyñ nufouz u mu-
nācebāti kecïrèniñ selebleri nèdir.*

'illeli mezkiourèniñ evvelkĭci frānsa me-

France étant située au milieu de l'Europe et possédant des ports nombreux sur l'Océan et la Méditerranée, éprouve, par ce motif même, plus de facilité pour l'extension de son commerce et de ses rapports avec les autres nations. La seconde de ces causes est la suprématie de la langue française, langue généralement répandue en Europe, et qui est également celle de presque tous les cabinets. Telle est, en outre, la puissance politique de la France, que, quel que soit le côté vers lequel elle penche dans la balance de l'Europe, ce côté doit nécessairement l'emporter sur l'autre.

Donnez-moi, je vous prie, quelques renseignements sur la capitale de ce pays.

La capitale de la France est Paris, ville immense, florissante et très-peuplée, qui renferme dans son sein un grand nombre d'édifices magnifiques et richement décorés, des fabriques, des biblio-

اوروپانك وسطنك بولنمق وبحر محيط وبحر
سفيـد اوزرنك متعدّد ليمانلره نائـل اولمق
حسبيله ملل سائره ايله اولان مناسبات
وتجارتـنك توسيعنه سهولتي واردر ايكنجى
سبب بالجمله اوروپاده زبانزد اولان لسانلره
فرانسه لسانـنك تفوّق ودول نصارا عندنك
استعماليدر بوندنغيرى فرانسهنك قوّتى دخى
اولغله اوروپا موازنهسى خصوصنك هر قنغى
طرفه ميل ايتسه اول طرفك دكرينه نسبتله
اغـرلغى زياده اولـق اقـتضا ايده جكى
معلومـدر

سزه رجا ايدرمكه بو مملكتك پاى تختنه دائر
بنده كزه بر از معلومات ويره سكز

مملكت مركومهنك دار الحكومتى پـاريس
شهـريدر كه بغايت واسع ومعمور اولوپ
داخلنـك قتى چوق كبير ومصنع ومزين ومرصّع
ابنيه وكارخانه وكتابخانه وبيوت رفيعه ودى
قيمت اموال عديك ومتنوّعه ايله مملو دكاكين

*māliki avroupānyñ vaçathindè boulounmaq
vè bahri mouhíth vè bahri sefíd uzerindè
mute'addid límānlara nāïl olmaq hacebilè
mileli sāïrè ilè olān munācibāt vè tidjāreti-
niñ tevsí'nè suhouleti vārdyr ikindji sebeb
bil-djumlè avroupāda zebānzed olān liçān-
lara frānsa liçānynyñ tefevvuqi vè duveli
naçārā 'indindè isti'mālídir boundanghaïri
frānsanyñ qouvveti dahi olmaghla avroupā
muvāzenèci khouçouçounda her hanghy tha-
rafa meïl etsè ol tharafyñ diguerínè nisbetlè
aghyrlyghy zïādè olmaq iqtizā edèdjegui
ma'loumdour.*

*sizè ridjà ederimki bou memleketiñ pāï
tahtyna dāïr bendèñizè bir .az ma'loumāt
vereciñiz.*

*memleketi merqoumèniñ dār el-hukioumeti
pārís chehírdir ki beghāïet vāci' vè ma'mour
oloup dākhilindè qaty tchoq kebír vè mouçanna' vè muzeüen u murassa' ebnïè vè kiār-
khānè vè kitābkhānè vè buïout refy'a vè zi-*

16

thèques, des établissements d'instruction publique, des musées, des maisons très-élevées, des boutiques et des bazars remplis de marchandises précieuses et variées, des églises magnifiques et richement ornées, des rues larges, et de vastes et belles promenades. Sur la Seine, qui traverse la ville, plusieurs ponts magnifiques et solidement construits facilitent les communications d'une rive à l'autre. Paris, dont la circonférence est d'environ sept lieues, renferme plus d'un million d'habitants. Sa latitude est de 48° 50' 14", et sa longitude de 20° 30'.

Paris était la résidence habituelle du roi des Français, dont le palais, appelé les Tuileries, est un des plus beaux et des plus vastes du monde.

Dans ces derniers temps, Paris a dû particulièrement à Napoléon, à Louis-Philippe et au Président actuel de la République Louis-Bonaparte, une grande partie de ses embellissements.

ورعنا وزینتلی كلیسه لر وواسع اسواق وزوقاقلر
ومیدان ومسیره لر واردر درونندن سنا نهری
جریان ایتمكله ممرّ اولەرق اوزرنك بر قاچ
مصنع ومتین جسرلر موجوددر شهر مذكورك
چوره‌سی یـدی ساعت اولوب بالجمله
اهالیسی بر میلیون نفوسدن منجاوز در طولاً
یكرمنجی درجەده وعرضاً قـوق سكزنجی
درجه اللی دقیقه واون درت ثانیەده واقع در

پاریس شهری مقدّما فرانسه پادشاهنك
مسكن مـالوفەسی ایدی تـویلوری اسمیله
مسمی اولان سرایی ابنیّە دنیانك اك
وسعتلیسی وكوزللرندن معدوددر
كچن سنەلرده پاریس شهریتك تزیینانندن
بر طاقمی نـاپولیون ولـویی فلیب ایلە
شمدیكی جمهور رئیسی لویی بوتاپارتەنك
همتیدر

qĭmet emvâli 'adĭdè vè mutenevvi'a ilè memlou dekiâkĭn vè ra'nâ vè zĭnetli kĭlĭélèr vè vâcy' esvâq vè soqâqlar vè meïdân vè mecrèler vârdyr derouninden senâ nèherĭ djeriân etmeguilè memerr olaraq uzerindè bir yatch moucanna' vè metîn djicirler mevdjouddour chehri mezkiourouñ tchevrèci iedi sâ'at oloub bil-djumlè châlĭci bir million nufousden mutedjâviz dir thoulen ürmindji deredjèdè vè 'arzen qyrq sekizindji deredjè elli dâqĭqa vè on deurt sânüèdè vâqy' dir.

pârĭs chehri mouqaddemâ frânsa pâdichâhynyñ meskeni mèloufèci idi tuïleri ismĭll mucemma olân sarâĭï ebnüèï dunïânyñrâ vus'atĭci vè guzellerinden ma'douddour.

guetchen senèlerdè pârĭs chehrĭnĭñ tezïïnâtinden bir thâqoumou nâpolïon vè louï filĭp ilè chimdĭki djumhour rèïci louï bonâpârtenyñ himmetĭdir.

Ce qui contribue essentiellement à la prospérité de la France, ce sont ses belles routes et les canaux qui la traversent dans tous les sens.

La France ne possède-t-elle pas aussi plusieurs de ces chemins de fer dont l'invention est toute récente?

Oui, elle en possède déjà un grand nombre, et en construit dans ce moment d'autres encore.

Quelles sont, dites-moi, les principales villes commerçantes de la France?

Ces villes sont : Paris, Lyon, Rouen, le Havre, Bordeaux, Marseille, Lille, Nantes, Strasbourg et Dunkerque.

Quelles sont ses premières places fortes?

Les principales sont, au nord, Lille, Douai, Cambrai, Valenciennes, Condé, Maubeuge, Mézières, Thionville, Metz et Weissembourg; à l'est, Haagueneau, Strasbourg, Schelestadt, Belfort et Be-

ممالك مذكورهنك دروننده موجود اولان شاهراه عظیمهسی وصو یوللرینك وفرتی اقبال ومعموریتنه سبب مستقلدر

بو نو ظهور دمر یوللرندن بعضیسی فرانسهده دخی بولنمز می

اوت بونلردن مقدار وافر واردر الان بشقهلری دخی یاپیلیور

فرانسه مملكتنك محل تجارتی اولهرق اعظم شهرلری قنغیسیدر مشهور ومتعین تجارتكاهلری پاریس لیون روان لوهاور بوردو مارسیلیه لیل نانط استراسبورغ ودونكرك نام شهرلردر

اك جسامتلو قلعه وحصن حصینلری نهدر

مشهور وكبیر اولانلری طرف شمالك لیل دوه قامبره والانسیان قونده موبوژ مازیر طیونویل مس وایسنبورغ وشرقده هاغنو استراسبورغ شلستاد بلفور وبزانسون جنوبك

memāliki mezkiourèmiñ derouninde mev- djoud olān chāhrāhi 'azīmèci vè sou ïollary- nyñ vefreti iqbāl u ma'mourïetinè sebebi moustaqildir.

bou nev zouhour demir ïollaryndan ba'- zycy frānsada dakhi boulounmaz my?.

evet bounlardan miqdāri vāfir vārdyr elān bachqalary dakhi ïāpylïor.

frānsa memleketiniñ mahalli tidjāreti olq- raq a'zemi chehirleri hanghycydyr.

mechhour vè mute'aïn tidjāretguiāhlary pārīs lïoun rouvān lenhāver bordo mārsilïa lïl nānth istrāsbourgh vè dunkerk nām che- hirlerdir.

eñ djeçāmetli qal'è vè hysni hacynlary nèdir.

mechhour vè kebīr olānlary tharafy chi- māldè līl dou'è qāmbrè vālānsïen qondè mobeuj mèzïer thionvīl mès vāïcenbourgh vè charqda hāghno istrāsbourgh chelestād belfor vè bezānson djenoubda perpīnïän belghārd

sançon; au sud, Perpignan, Bellegarde, Mont-Louis et Bayonne.

پرپینیان بلغارد مونت لویی وبایون نام شهرلردر

mont louï vè bāyon nām chehirlerdir.

Quels sont ses ports militaires ?

فرانسه مملکتنك ترسانه ولیمان حربیه لری نه در

frānsa memlektiniñ tersānè vè līmāny harbiièleri nèdir.

Les principaux sont : Brest, Toulon, Rochefort, Cherbourg et Lorient.

متعینلری برست تولون روشفور شربور لوریان بندرلریدر

mute'aiïnleri bresth toulon rochfor cherbour loriān benderleridir.

Quelle est la force de l'armée française ?

فرانسه عسکرینك قوتی نه در

frānsa 'askerîniñ qouvveti nèdir.

Cette armée s'élève à environ quatre cent cinq mille hommes de troupes réglées et soldées, en temps de guerre; et à deux cent quatre-vingt mille hommes environ en temps de paix.

فرانسه نك قوت حربیه سی اثنای سفرده تخمینا درت یوز بش بیك وصلح وقتنده ایکیوز سکسان بیك موظف ومعلم عسکردن عبارتدر

frānsanyñ qouvveti harbiièci esnāi seferdè takhmīnen dcurt ïuz bech bîñ vè soulh vaqtindè iki ïuz seksen bîñ mouvazzaf vè mu'allem 'askerden 'ybāretdir.

Indépendamment de cette armée régulière, la France possède un million de gardes nationaux armés.

بو عسکردن ماعدا بر میلیون مسلح ردیف عسکری دخی موجوددر

bou 'askerden mā'dā bir mīlion muçallah redîf 'askeri dakhi mevdjouddour.

Quelles sont présentement les forces navales de la France?

شمدیکی حالك فرانسه نك قوت بحریه سی نه دن عبارتدر

chimdīki hāldè frānsanyñ qouvveti bahriièci nèden 'ybāretdir.

La flotte française se compose aujourd'hui de deux cent quatre-vingt-un bâtiments de ligne à flot, de tout rang et de tout échantillon. Il y a, en outre, sur chantier un grand nombre de vaisseaux,

الحالة هذه فرانسه دوننماسی بیوك وكوچك هر جنس اولهرق ایکیوز سکسان بر بكلك سفاینندن عبارتندر بونلردن بشقه قزاقله دخی قپاق وفرقتین ایله بر قاچ کوچك کمیلر واردر

el-hāletu hazihi frānsa donanmācy buüuk vè kutchuk her djins olaraq iki ïuz seksen bir beïlik sefāïnyndan 'ibāretdir bounlardan bachqa qyzāqda dakhi qapāq vè fırqatîn ilè bir qātch kutchuk guemīler vārdyr.

frégates et autres bâtiments d'un rang inférieur.

Quel est l'état annuel des dépenses et des recettes de la France?

Sa dépense s'élève annuellement à environ un milliard quatre cent trente et un millions, et sa recette à un milliard cinq cent millions de francs.

Quelle est la forme actuelle du gouvernement français?

Avant la révolution de 1789, la France était sous l'autorité d'un monarque absolu. Depuis, le gouvernement de ce pays devint successivement une république, un empire et une monarchie constitutionnelle, fondée sur la charte donnée par Louis XVIII, en 1814, et modifiée, en 1830, par les représentants de la nation.

Cet état de choses dura tout le règne

ممالك فرانسه‌نك واردات ومصارفات سنویه‌سی نه‌در

مصارفات سنویه‌سی تخمیناً بیك درت یوز بر میلیون وواردات بیك بش یوز میلیون فرانغه بالغ اولور

شمدیكی حالتْ فرانسه‌نك اصول دولتی نه شكلدر

فرانسه مملكتی بیك یدی یوز سكسان طقوز سنهٔ عیسویه‌سنك اختلالی ظهورندن اوّل مستقل بر قرال حكمنك اولوب بعدهٔ مملكت مذكوره‌نك صورت حكومتی بر بربنی متعاقباً جمهور وپادشاهلق اوله‌رق ۱۸۱٤ سنه‌سنك اون سكزنجی لوئس نام قرالك طرفندن اعطا اولنان وصكره‌لری بیك سكز یوز اوتوز سنه‌سنك وكلای ملت واسطه‌سیله تسویه وتعدیل قلنان قانون نامه‌سنه مبنی تجدید اولنمش بر قرالیت مشروطه اولمش

بو شینك اصولی لوئس فیلیپ نام قرالك

memāliki frānsanyñ vārydāt vé meçārifāti senevïïéci nèdir.

meçārifāti senevïïéci takhmīnen bïñ deurt ïuz mīlion vé vāridāti bïñ bech ïuz mīlion frāngha bāligh olour.

chimdīki hāldè frānsanyñ ouçouli devleti nè chekildir.

frānsa memleketi bïñ ïedi ïuz seksen dhoqouz senèï ïcevïïécinïñ ykhtilāli zouhouroutunden evvel mustaqyll bir qrāl heukmindé oloup ba'dehou memleketi mezkiourénïñ soureti hukioumeti bir birïni mute'āqiben djumhour vé pādichāhlyq olaraq bïñ sekiz ïuz on deurt senècindé on sekizindji louïs nām qrālyñ tharafyndan y'thā olounān vé soñralary bïñ sekiz ïuz otouz senècindé vukelāï millet vācithacilé tesvïïè vé ta'dīl qylynān qānoun nāmècinè mebni tedjdīd olounmouch bir qrālïïeti mechroutha olmouch.

bou cheïñ ouçoulou louïs filīp nām qrālyñ

de Louis-Philippe ; mais, en 1848, à la
suite d'une nouvelle révolution, la France,
de monarchie qu'elle était, redevint une
république dont le gouvernement se
composait d'une chambre des représentants et d'un Président rééligibles l'un et
l'autre tous les quatre ans.

Cependant, depuis le mois de décembre
1851, le gouvernement de la République
française, ayant été soudainement soumis
à des modifications nécessaires, se compose aujourd'hui d'un Président investi
d'un pouvoir décennal, et de deux chambres, dont l'une est le sénat, qui est ina-
movible, et l'autre le corps législatif ou
les députés de la nation, rééligibles tous
les six ans par le suffrage universel.

حكومتى اوانــنك ممتــد اولـدى لكن ۱۸۴۸
سنه‌سنــلــك اولان اختلال جديدك عقيبنــك
فرانسه قراللغى تكرار حال جمهوريته تحوّل
ايده‌رك حكومتى درت ييلك بر دفعه يكيسى
انتخاب اولنمق شوطيله ملت وكيللرينك بو
مجلسندن وبـر رئيس جمهوردن عـبارت
اولمشيدى

بو كره كچن ۱۸۵۱ سنه‌سنك ماه كانون اوّلنك
بغــتــة وقوعه كلان تبدّلات وتعديلاتك
اقتضاسنجه اليوم صورت دولت جمهوريت
فرانسويه شويله در كه اون سنه مقدارى
حكومت مستقله ضبط وتصرّفنده اولمق شوطيله
بررئيس جمهوردن وايكى مجلسدن عبارت
اولوب مجلس اولى كه سنّاتو اسميله مسمّادر
اعضالوى برىّ من العزلدر مجلس ثانيسى كه
وكلاى ملتدن عبارت اولوب اعضالوى هـر
التى سنه حلولنده بـر دفعه كثرت ارا ايله
انتخاب اولنورلر

hukioumeti avāninde mumted oldou lakin bīñ
sekiz iūz qyrq sekiz senècindè olān *ikhtilāli
djedĭdiñ* 'aqïbindè frānsa qrāllyghy tekrār
hāli djoumhourĭetè tehavvul edèrek hukioumeti deurt ildè bir def'a ïeñĭci intikhāb
olounmaq charthĭlè millet vekĭllerĭniñ bir
medjlicinden vè bir rèïci djoumhourden
'ybāret olmouchoudou.

bou kerrè guetchen bīñ sekiz īuz elli bir
senèciniñ māhi kiānoun evvelindè *baghteten
vouqou'a* guelān tebeddulāt u ta'dīlātyñ
yqtyzācindjè el-ïevm soureti devleti djoum-
hourĭeti frānsèvĭè cheuïlè dir ki on senè
myqdāry hukioumeti mustaqillè zabth u te-
çarroufoundè olmaq charthylè bir rèïci
djoumhourden vè iki medjlisden 'ybāret oloup
medjlici oula ki senāto ismilè mucemmādir
a'zālary beriï min el-'azldir medjlici sānĭci
ki vukelāï milletden 'ybāret oloup a'zālary
her alty senè houloulindè bir def'a kesret arā
ilè intikhāb olounourlar.

COLLECTION COMPLÈTE

DES CAPITULATIONS OU TRAITÉS DE PAIX,

DE COMMERCE ET D'AMITIÉ

ENTRE LA FRANCE ET LA PORTE OTTOMANE,

DEPUIS 1535 (HÉG. 942),

C'EST-A-DIRE DEPUIS L'ORIGINE DES RELATIONS ENTRE LES DEUX ÉTATS, JUSQUES ET COMPRIS
LE DERNIER TRAITÉ, OU CONVENTION DU 25 NOVEMBRE 1838.

NOTIONS PRÉLIMINAIRES.

L'ensemble des capitulations ou traités de commerce entre la France et la Porte ottomane se divise en trois parties, savoir :

1° Les anciens traités depuis 1535 jusqu'en 1740, traduits par Deval, secrétaire-interprète du roi et premier drogman de l'ambassade française à Constantinople en 1761 : cette première partie comprend 85 articles ;

2° Le traité de paix dit de Paris, du 6 messidor an x (26 juin 1802), entre la République française et la Sublime Porte, en dix articles ;

3° Enfin, la convention de Constantinople, ou traité de commerce entre la France et la Porte ottomane, en date du 25 novembre 1838, en dix articles et une conclusion.

L'indication des matières dont se compose la première partie de ces traités se trouve expliquée en détail dans l'Index qui suit immédiatement la préface du traducteur, page 254. La seconde partie est relative au rétablissement de la paix après la guerre d'Égypte : elle détermine et règle l'établissement des consulats et la navigation du commerce français dans la mer Noire. La troisième partie, en confirmant tous les droits, privilèges et immunités stipulés dans les anciennes capitulations, traite essentiellement des nouveaux droits de douane et de commerce intérieur tant à l'entrée qu'à la sortie, et de l'abolition des monopoles dans toutes les parties de l'Empire ottoman. Voyez, à la fin du volume, les textes turcs de cette collection de traités, dont la totalité a été collationnée sur les originaux ou copies légalisées du dépôt des archives du Ministère des Affaires étrangères.

Malgré l'exactitude et le profond savoir même dont Deval fit preuve en traduisant la première partie de ces capitulations, il y a maintenant quatre-vingt-dix ans, c'est-à-dire à une époque où la connaissance des langues orientales et particulièrement celle du turc n'étaient pas aussi avancées qu'elles le sont de nos jours, l'expérience a prouvé, depuis, que quelques rares mais pourtant assez graves erreurs lui étaient encore échappées.

Les mêmes motifs d'utilité qui portèrent jadis Deval à corriger les fautes de ses prédécesseurs, nous ont déterminé à signaler à notre tour les inexactitudes que contient encore aujourd'hui la traduction officielle de nos capitulations. Ces rectifications, double résultat des observations de M. Ducaurroy et des miennes dans l'exercice de nos anciennes fonctions de drogman et de secrétaire-interprète du roi, composent en partie la substance des notes qu'on trouvera au bas des pages de cette traduction. Celles de ces notes qui appartiennent en propre au traducteur sont marquées des lettres D-v.; les autres proviennent de M. Ducaurroy et de moi. Je dois faire observer, toutefois, qu'en empruntant une grande partie de ces notes à un travail inédit sur les capitulations que mon savant et honorable confrère a bien voulu mettre à ma disposition, j'ai souvent regretté que les bornes trop circonscrites de ce Guide ne m'aient pas toujours permis de leur donner toute l'étendue qu'elles comportaient. Ce même motif m'a également empêché d'extraire du mémoire de M. Ducaurroy les nombreux rapprochements et comparaisons qu'il renferme entre nos capitulations et celles qui lient la Turquie avec les autres puissances européennes. A défaut de cette précieuse corrélation des traités entre eux, et jusqu'à la publication du mémoire de M. Ducaurroy, on pourra consulter utilement pour une étude plus approfondie des capitulations, 1° l'aperçu de ces mêmes traités jusqu'en 1774, par M. de Hammer dans le tome XVII de son *Histoire de l'Empire ottoman*, page 104 et suivantes; 2° le *Tableau général de l'Empire ottoman* par Mouradgea d'Ohsson, tome VII, page 439 et suivantes ; 3° enfin, pour les diverses traductions des capitulations de la Porte avec les Puissances européennes, la Collection des traités de Martens.

PREMIERE PARTIE.

PRÉFACE DU TRADUCTEUR.

Les traités de la France avec la Porte étant le fondement de la sûreté des Français dans les États du grand-seigneur, la règle du commerce qu'ils y font, et la base de l'exercice de la religion en Turquie, les Français qui résident dans le Levant ne sauraient trop connaître le fort et le faible de ces traités, pour y proportionner, chacun suivant son état, ses démarches et ses opérations. On ne doit pas attendre pour cela des circonstances difficiles ni des affaires de discussion, d'autant plus qu'il arrive souvent qu'après avoir trouvé chez les officiers turcs certaines facilités, on est ensuite exposé, même dans des cas semblables, à éprouver de leur part des difficultés contre lesquelles on ne s'était rassuré que sur des préjugés peu fondés : si cette alternative dans les procédés des Turcs provient souvent de leur part, elle ne trouve pas moins d'appui dans la tournure quelquefois louche, et dans les expressions plus ou moins faibles de certains articles des capitulations (1), qui, n'étant pas rendus bien exactement dans la traduction, engagent les négociants, et plus encore les missionnaires, dans des licences auxquelles ils se croient autorisés par les capitulations, et peuvent compromettre les ambassadeurs et les consuls dans des contestations désagréables vis-à-vis des officiers turcs. Il était bien difficile que ces observations échappassent à l'attention particulière que M. le chevalier de Vergennes a constamment donnée aux affaires relatives à son ministère à la Porte : c'est pourquoi, voulant prévenir les abus et les embarras qui étaient une suite nécessaire de quelques défectuosités répandues dans la traduction des capitulations, qui, par elles-mêmes, ne donnent que trop de prise aux subtilités de la chicane, cet ambassadeur a désiré qu'il en fût fait une nouvelle qui pût servir de règle à toutes les personnes qui sont dans le cas de soutenir ou de jouir des priviléges qu'elles renferment.

C'est par l'ordre de cet ambassadeur, et pour seconder ses vues, que j'ai travaillé à celle-ci avec l'exactitude la plus scrupuleuse; les experts en langue turque s'apercevront aisément que, dans l'exécution de cet ouvrage, j'ai eu pour principe que la traduction d'un traité n'est véritablement bonne qu'autant qu'elle est littérale ; et c'est pour la même raison que j'ai laissé dans celle-ci

(1) Ce traité, auquel l'ancien usage a donné le nom de *Capitulations*, n'est autre chose que des lettres de priviléges, et, suivant l'expression orientale, un diplome impérial portant serment. D-v.

plusieurs noms turcs, soit de charges, soit de droits, dans la crainte d'en altérer le sens par des noms français qui n'en auraient rendu qu'imparfaitement la signification.

M'étant ensuite aperçu que dans différents exemplaires les articles étaient séparés arbitrairement, j'ai eu la précaution de collationner le mien sur l'original des capitulations gardé dans la chancellerie de cette ambassade ; j'y ai observé que les articles y sont sans alinéa et sans numéro, mais distingués seulement par deux gros points en or ; ce qui conséquemment ne formant qu'un corps de priviléges renouvelés et augmentés en différents temps, j'ai cru devoir en numéroter les articles dans ma traduction, sans distinction d'anciennes et de nouvelles, en me conformant simplement aux points d'or de l'original, et en ajoutant des notes marginales pour en faire connaître les renouvellements principaux avec leurs additions. Enfin, comme l'ordre des matières est fort peu suivi dans la disposition des articles, et qu'il est aisé de n'en pas apercevoir certains qui sont touchés plus ou moins avantageusement sur des objets égaux, j'ai formé un Index relatif aux quatre états des personnes spécifiées dans l'article 84 ; j'y ai rapproché, autant qu'il était possible, les différentes matières suivant leur relation réciproque, et j'ai marqué d'une étoile à la marge certains points qui portent sur un objet différent de l'article dont ils font partie, afin que, comme on le pratique déjà, on puisse les démembrer dans les requêtes, pour ne pas multiplier les êtres, ou pour telle autre fin que de raison.

Quelques curieux auraient peut-être vu ici avec plaisir un abrégé historique des capitulations ; mais, outre que cette digression serait inutile au but qu'on s'est proposé, il suffit de savoir que François Ier (1) a été le premier de nos rois qui ait fait des traités avec la Porte, et qu'il obtint, en 1535, de Soliman le Canoniste (2), les premières capitulations en faveur du commerce et de la religion catholique dans les États du grand-seigneur (3) ; qu'en 1604, Henri IV en obtint du sultan Ahmed Ier le renouvellement avec quelques additions ; qu'en 1673 elles furent renouvelées et augmentées sous le règne du sultan Mehemmed IV, à la réquisition de Louis XIV ; et qu'enfin, en 1740, le roi a obtenu du sultan Mah-

(1) Extrait de l'histoire manuscrite des traités de la France avec les puissances étrangères. D-v.

(2) Les auteurs grecs appellent ce prince Soliman II, et les Turcs l'appellent Soliman tout court, celui que les Grecs appellent Soliman Ier n'étant cité dans les histoires turques que sous le nom de Soliman-bey, l'un des fils de Bajazet, qui disputa pendant quelques années, avec ses frères Yssa et Moussa-bey, un trône dont ils ne jouirent ni les uns ni les autres, et qui resta à sultan Mehemmed Ier, leur quatrième frère, lequel mit fin à cette anarchie. Soliman, dont il est question ici, étant l'auteur des canons de l'Empire ottoman, je l'ai surnommé *le Canoniste*, d'après Démétrius Cantimir. D-v.

(3) Suivant M. de Hammer, un premier traité négocié par le capitaine Rinçon aurait précédé de deux ans les capitulations obtenues en 1535 par La Foret, le premier ambassadeur de France en Turquie. Voyez la traduction française de l'*Empire ottoman*, t. XVII, p. 115.

moud le renouvellement et les additions considérables qui forment aujourd'hui la moitié des articles de ce traité (1).

Les ambassadeurs de France à Constantinople, auxquels il peut importer de connaître les particularités de ces négociations, en trouveront un abrégé dans la chancellerie de cette ambassade, dans un volume *in-folio*, intitulé : *Mémoires sur les capitulations et les traités*. Ils y liront aussi avec satisfaction les commentaires sur les articles obtenus lors du dernier renouvellement, et des observations sur différentes révolutions concernant les Saints Lieux, tous articles intéressants pour cette ambassade, dont il n'est pas hors de propos que MM. les ambassadeurs soient ici prévenus.

(1) Au lieu de quatre renouvellements de traités de la France auxquels se borne Deval, d'Ohsson et M. de Hammer en comptent, le premier huit, et le second dix, jusqu'en 1740. Voyez *Tableau de l'Empire ottoman*, t. VII, p. 471 à 478, et *Histoire de l'Empire ottoman*, t. XVII, p. 115 à 130.

INDEX

SUIVANT L'ORDRE DES QUATRE ÉTATS DE PERSONNES DÉSIGNÉES DANS L'ARTICLE 84.

ARTICLES

CONCERNANT LES AMBASSADEURS, LES CONSULS, LES DROGMANS, ET
LA JURIDICTION OU PROTECTION POUR LA TRANQUILLITÉ DES
FRANÇAIS DANS LES ÉTATS DU GRAND-SEIGNEUR, IMPRIMÉS EN
CARACTÈRES ITALIQUES DANS LE PRÉAMBULE.

ARTICLES

CONCERNANT LES NÉGOCIANTS ET LES ARTISANS, COMMERCE, DROITS, EXEMPTIONS.

17

ARTICLES

CONCERNANT LES ÉVÊQUES, RELIGIEUX ET ÉGLISES.

*

L'empereur sultan MAHMOUD, fils de sultan MOUSTAFA, toujours victorieux.

Voici ce qu'ordonne ce signe glorieux et impérial, conquérant du monde, cette marque noble et sublime dont l'efficacité procède de l'assistance divine.

Moi qui, par l'excellence des faveurs infinies du Très-Haut, et par l'éminence des miracles remplis de bénédictions du chef des prophètes (à qui soient les saluts les plus amples, de même qu'à sa famille et à ses compagnons), suis le sultan des glorieux sultans, l'empereur des puissants empereurs, le distributeur des couronnes aux Cosroès qui sont assis sur les trônes, l'ombre de Dieu sur la terre, le serviteur des deux illustres et nobles villes de la Mecque et de Médine, lieux augustes et sacrés, où tous les Musulmans adressent leurs vœux; le protecteur et le maître de la sainte Jérusalem; le souverain des trois grandes villes de Constantinople, Andrinople et Brousse, de même que de Damas odeur de paradis, de Tripoli de Syrie, de l'Égypte, la rareté du siècle et renommée pour ses délices; de toute l'Arabie, de l'Afrique, de 'Barca, de Caïrovan, d'Alep, des Irak, Arab et Adgen (2), de Bassora, de Lahsa, de Dilem, et particulièrement de Bagdad, capitale des khalifes; de Rakka, de Mossoul, de Chehrezour, de Diarbekir, de Zulkadriè, d'Erzerum la délicieuse, de Sébaste, d'Adana, de la Caramanie, de Kars, de Tchildir, de Van; des îles de Morée, de Candie, Cypre, Chio et Rhodes; de la Barbarie, de l'Éthiopie; des places de guerre d'Alger, de Tripoli et de Tunis; des îles et des côtes de la mer Blanche et de la mer Noire; des pays de Natolie et des royaumes de Romélie, de tout le Kurdistan, de la Grèce, de la Turcomanie, de la Tartarie, de la Circassie, du Cabarta et de la Géorgie; des nobles tribus des Tartares et de toutes les hordes qui en dépendent, de Caffa et autres lieux circonvoisins, de toute la Bosnie et dépendances; de la forteresse de Belgrade, place de guerre; de la Servie, de même que des forteresses et châteaux qui s'y trouvent; des pays d'Albanie, de toute la Valachie, de la Moldavie, et des forts et fortins qui se trouvent dans ces cantons; possesseur enfin de nombre de villes et de forteresses, dont il est superflu de rapporter et de vanter ici les noms: moi qui suis l'empereur, l'asile

---

* Mots entrelacés dans le thoughra ou monogramme du grand seigneur. D-v.

(1) Lisez 'Adjem.

de la justice et le roi des rois, le centre de la victoire, le sultan fils de sultan, l'empereur Mahmoud le Conquérant, fils de sultan Moustafa, fils de sultan Mahmoud ; moi qui par ma puissance, origine de la félicité, suis orné du titre d'empereur des deux terres, et, pour comble de la grandeur de mon khalifat, suis illustré du titre d'empereur des deux mers.

La gloire des grands princes de la croyance de Jésus , l'élite des grands et magnifiques de la religion du Messie, l'arbitre et le médiateur des affaires des nations chrétiennes, revêtu des vraies marques d'honneur et de dignité, rempli de grandeur, de gloire et de majesté, l'empereur de France et d'autres vastes royaumes qui en dépendent, notre très-magnifique, très-honoré, sincère et ancien ami Louis XV, auquel Dieu accorde tout succès et félicité, ayant envoyé à notre auguste cour, qui est le siége du khalifat, une lettre contenant des témoignages de la plus parfaite sincérité et de la plus particulière affection , candeur et droiture, et ladite lettre étant destinée pour notre sublime Porte de félicité, qui , par la bonté infinie de l'Être suprême incontestablement majestueux , est l'asile des sultans les plus magnifiques et des empereurs les plus respectables ; le modèle des seigneurs chrétiens, habile, prudent, estimé et honoré ministre Louis-Sauveur, marquis de Villeneuve, son conseiller d'État actuel, et son ambassadeur à notre Porte de félicité (dont la fin soit comblée de bonheur), aurait demandé la permission de présenter et de remettre ladite lettre , ce qui lui aurait été accordé par notre consentement impérial, conformément à l'ancien usage de notre cour ; et conséquemment ledit ambassadeur ayant

été admis jusque devant notre trône impérial environné de lumière et de gloire, il y aurait remis la susdite lettre, et aurait été témoin de notre majesté, en participant à notre faveur et grâce impériale ; ensuite la traduction de sa teneur affectueuse aurait été présentée et rapportée, selon l'ancienne coutume des Ottomans, au pied de notre sublime trône, par le canal du très-honoré El-hadjy Mehemmed Pacha, notre premier ministre , l'interprète absolu de nos ordonnances, l'ornement du monde, le maintien du bon ordre des peuples, l'ordonnateur des grades de notre Empire, l'instrument de la gloire de notre couronne, le canal des grâces de la majesté royale, le très-vertueux grand-visir , mon vénérable et fortuné ministre, lieutenant-général , dont Dieu fasse perpétuer et triompher le pouvoir et la prospérité.

Et comme les expressions de cette lettre amicale font connaître le désir et l'empressement de sa majesté à faire , comme par ci-devant, tous honneurs et ancienne amitié jusqu'à présent maintenus depuis un temps immémorial entre nos glorieux ancêtres (sur qui soit la lumière de Dieu) et les très-magnifiques empereurs de France, et que dans ladite lettre il est question, en considération de la sincère amitié et l'attachement particulier que la France a toujours témoignés à notre maison impériale, de renouveler encore, pendant l'heureux temps de notre glorieux règne, et de fortifier et éclaircir, par l'addition de quelques articles , les capitulations impériales , déjà renouvelées l'an de l'hégire 1084, sous le règne de feu sultan Mehemmed, notre auguste aïeul, noble et généreux pendant sa vie, et bienheureux à sa mort ; lesquelles capitulations avaient pour but (1) *que les ambassadeurs, consuls, interprètes, negociants et autres sujets de la France, soient protégés et maintenus en tout repos et tranquillité;* et qu'enfin il est parvenu à notre connaissance impériale, qu'il a été conféré sur ces points entre ledit ambassadeur et les ministres de notre sublime Porte : les fondements de l'amitié qui, depuis un temps immémorial, subsiste avec solidité entre la cour de France et notre sublime Porte, et les preuves convaincantes que sa majesté en a données particulièrement du temps de notre glorieux règne, faisant espérer que les liens d'une pareille amitié ne peuvent que se resserrer et se fortifier de jour en jour, ces motifs nous ont inspiré des sentiments conformes à ses désirs ; et voulant procurer au commerce une activité et aux allants et venants une sûreté qui sont les fruits que doit produire l'amitié, non-seulement nous avons confirmé par ces présentes, dans toute leur étendue, les capitulations anciennes et renouvelées, de même que les articles insérés lors de la susdite date ; mais, pour procurer encore plus de repos aux négociants et de vigueur au commerce, nous leur avons accordé l'exemption du droit de *mézeterie* (2) qu'ils ont payé de tout temps, de même que plusieurs autres points concernant le commerce et la sûreté des allants et venants, lesquels ont été discutés, traités et réglés en bonne et due forme dans les diverses conférences qui se sont tenues à ce sujet entre le susdit ambassadeur, muni d'un pouvoir suffisant, et les personnes préposées de la part de notre sublime Porte. Après l'entière conclusion de tout, mon suprême et absolu grand-visir en aurait rendu compte à notre étrier impérial ; et notre volonté étant de témoigner spécialement en cette occasion le cas et l'estime que nous faisons de l'ancienne et constante amitié de l'empereur de France, qui vient de nous donner des marques particulières de la sincérité de son cœur, nous avons accordé notre signe impérial pour l'exécution des articles nouvellement conclus ; et conséquemment les capitulations anciennes et renouvelées ayant été transcrites et rapportées exactement mot pour mot au commencement, et suivies des articles nouvellement réglés et accordés, ces présentes capitulations impériales auraient été remises et consignées dans l'ordre susdit, entre les mains dudit ambassadeur ; et pour l'exécution d'icelles, le présent commandement impérial serait émané dans les termes suivants ; savoir :

ARTICLE 1er.

On n'inquiétera point les Français qui vont et viendront pour visiter Jérusalem, de même que les religieux qui sont dans l'église du Saint-Sépulcre, dite *Kamama* (3).

(1) Ce passage étant la base de tous les priviléges des Français en Turquie, il sert souvent de motifs dans les requêtes des ambassadeurs, et de foudement aux firmans du grand seigneur : c'est pourquoi il sera noté dans l'index. D-v.

(2) Corruption de *masdariïè*, ancien droit de douane supprimé.

(3) Quand la traduction officielle de Deval paraît étendre indistinctement à tous les religieux qui sont dans l'église du Saint-Sépulcre la protection voulue par cet art. 1er, le texte turc la borne à ceux qui sont Français : *Firantchéluden qoudsi cherïf ziaretinè guelip guidenlerè*, etc.... Il ne faudrait pas

ARTICLE 2.

Les empereurs de France n'ayant eu aucun procédé qui pût porter atteinte à l'ancienne amitié qui les unit avec notre sublime Porte, sous le règne de feu l'empereur sultan Selim, d'heureuse mémoire, il aurait été accordé aux Français un commandement impérial pour la levée ci-devant prohibée des cotons en laine, cotons filés et cordouans : maintenant, en considération de cette parfaite amitié, comme il a déjà été inséré dans les capitulations, que personne ne puisse les empêcher d'acheter des cires et des cuirs, dont la sortie était défendue du temps de nos magnifiques aïeux, ce privilége leur est confirmé comme par le passé.

ARTICLE 3.

Et comme, par ci-devant, les marchands et autres Français n'ont point payé de droit sur les piastres qu'ils ont apportées de leur pays dans nos États, on n'en exigera pas non plus présentement ; et nos trésoriers et officiers de la monnaie ne les inquiéteront point sous prétexte de fabriquer des monnaies du pays avec leurs piastres.

ARTICLE 4.

Si des marchands français étaient embarqués sur un bâtiment ennemi, pour trafiquer (comme il serait contraire aux lois de vouloir les dépouiller et les faire esclaves, parce qu'ils se seraient trouvés dans un navire ennemi (1), on ne pourra, sous ce prétexte, confisquer leurs biens, ni faire esclaves leurs personnes, pourvu qu'ils ne soient point en acte d'hostilité (2) sur un bâtiment corsaire, et qu'ils soient dans leur état de marchand.

ARTICLE 5.

Si un Français, ayant chargé des provisions de bouche en pays ennemi, sur son propre vaisseau, pour les transporter en pays ennemi, était rencontré par des bâtiments musulmans, on ne pourra prendre le vaisseau, ni faire esclaves les personnes, sous prétexte qu'ils transportent des provisions à l'ennemi.

ARTICLE 6.

Si quelqu'un de nos sujets emportait des provisions de bouche chargées dans les États musulmans, et qu'il fût pris en chemin, les

cependant conclure de là que la Porte tienne rigoureusement à cette restriction. Les religieux catholiques qui sont à Jérusalem sont néanmoins protégés de la France, quoique tous soient Espagnols ou Italiens. Voy. les art. 33 et 82, qui sont encore plus explicites à cet égard.

(1) Le mot de *harby*, employé ici et dans plusieurs autres endroits des capitulations, ne veut pas dire tout à fait ennemi réel ou effectif (*duchmen*), et signifie littéralement *militaire* ou *relatif à la guerre* ; il s'entend particulièrement des nations chrétiennes qui ne sont point en traité avec la Porte, et généralement de toutes les nations ennemies ou amies chez lesquelles le musulmanisme n'est pas professé ouvertement. Il reviendrait assez au titre de *barbare* que les Grecs et les Romains donnaient à toutes les nations étrangères. D-v.

(2) Nous ferons observer ici que les mots *feçad uzrè* du texte turc indiquent plutôt l'intention que l'*acte* réel d'hostilité. D'après ce défaut de précision de la traduction, on ne pourrait en tirer la conséquence que le Français réellement embarqué et enrôlé sur un navire ennemi pourrait trouver un motif suffisant de sûreté en ce qu'il n'aurait pas été pris les armes précisément à la main.

Français qui se trouveraient à la solde dans le vaisseau ne seront point faits esclaves.

ARTICLE 7.

Lorsque des Français auront acheté, de plein gré, des provisions de bouche des navires turcs, et qu'ils seront rencontrés (1) par nos vaisseaux, tandis qu'ils s'en vont dans leur pays, et non en pays ennemi, ces vaisseaux français ne pourront être confisqués, ni ceux qui seront dedans faits esclaves; et s'il se trouve quelque Français pris de cette manière, il sera élargi, et ses effets restitués.

ARTICLE 8.

Les marchandises qui, sous le bon plaisir de l'empereur de France, seront apportées de ses États dans les nôtres par leurs marchands, de même que celles qu'ils emporteront, seront estimées au même prix qu'elles l'ont été anciennement pour l'exaction de douane, qui se percevra de la même façon, sans qu'il soit fait aucune augmentation sur l'estime desdites marchandises.

ARTICLE 9.

On n'exigera la douane que des marchandises débarquées pour être vendues, et non de celles qu'on voudra transporter dans d'autres Échelles; à quoi il ne sera mis aucun empêchement (2).

ARTICLE 10.

On n'exigera d'eux, ni le nouvel impôt de *kassabie*, ni *reft*, ni *bādj*, ni *yassāk goulou*, et pas plus de trois cents aspres pour le droit de bon voyage, dit *selamellik resmi* (3).

ARTICLE 11.

Quoique les corsaires d'Alger soient traités favorablement, lorsqu'ils abordent dans les ports de France (4), où on leur donne de la poudre, du plomb, des voiles et autres agrès; néanmoins, ils ne laissent pas de faire esclaves les Français qu'ils rencontrent, et de piller le bien des marchands, ce qui leur ayant été plusieurs fois défendu sous le règne de notre aïeul, de glorieuse mémoire, ils ne se seraient point amendés; bien loin de donner mon consentement

(1) Le texte turc porte *rencontrés et pris : ehli islam guemîleri rast gueldiklerindè akhzdansonra guemii guerift.* Ce dernier mot n'a pas été traduit, et c'est ce qui, dans le français, ne permet pas de prononcer avec certitude sur le sort du chargement. En sachant, au contraire, que tout est pris, personnes, navire, effets et chargement, et voyant que notre art. 7 n'ordonne que la liberté des personnes et la restitution du navire et des effets, il est évident que le chargement reste confisqué.

(2) Voir l'art. 7 de la Convention de 1838.

(3) D'anciennes traductions, sans autorité du texte, ont attribué ces droits à la boucherie, aux cuirs, aux buffles et à la garde des ports. Cependant l'expérience ayant fait voir que ces droits ne sont pas restreints à ces articles seulement, et que les Français ont joui de ces immunités indistinctement, il est bien plus naturel et plus avantageux d'expliquer l'article littéralement, et conséquemment sans restriction. D-v.

(4) On comprendra que, depuis notre conquête d'Alger en 1830, cet art. 11 ne figure ici que comme complément de l'ancien traité, historiquement ou pour mémoire.

impérial à une pareille conduite, nous voulons que, s'il se trouve quelque Français fait esclave de cette façon, il soit mis en liberté, et que ses effets lui soient entièrement restitués ; et si, dans la suite, ces corsaires persistent dans leur désobéissance, sur les informations par lettre qui nous en seront données par sa majesté, le beglerbey qui se trouvera en place sera dépossédé, et l'on fera dédommager les Français des agrès qui auront été déprédés. Et comme, jusqu'à présent, ils ne se sont pas beaucoup souciés des défenses réitérées qui leur ont été faites à ce sujet, au cas que dorénavant ils n'agissent pas conformément à mon ordre impérial, l'empereur de France ne les souffrira point sous ses forteresses, leur refusera l'entrée de ses ports ; et les moyens qu'il prendra pour réprimer leurs brigandages ne donneront aucune atteinte à notre traité, conformément au commandement impérial émané du temps de nos ancêtres, dont nous confirmons ici la teneur, promettant encore d'agréer les plaintes de même que les bons témoignages de sa majesté sur cette matière.

ARTICLE 12.

Nos augustes aïeux, de glorieuse mémoire, ayant accordé aux Français des commandements pour pêcher du corail et du poisson dans le golfe d'Usturgha dépendant d'Alger et de Tunis (1), nous leur permettons pareillement de pêcher du corail et du poisson dans lesdits endroits, suivant l'ancienne coutume, et on ne les laissera inquiéter par personne à ce sujet.

ARTICLE 13.

Leurs interprètes qui sont au service de leurs ambassadeurs seront exempts du tribut dit *kharatch*, du droit de *kassabié*, et des autres impôts arbitraires (2) dits *tekialif-urfié*.

ARTICLE 14.

Les marchands français qui auront chargé des effets sur leurs bâtiments, et ceux de nos sujets qui trafiqueront avec leurs navires, en pays ennemi, payeront exactement aux ambassadeurs et aux consuls le droit de consulat et leurs autres droits, sans opposition ni contravention quelconque.

ARTICLE 15.

S'il arrivait quelque meurtre ou quelque autre désordre entre les Français (3), leurs ambassadeurs et leurs consuls en décideront

(1) Le golfe de Stora, autrement Skikdè ou Skihad, que le texte turc appelle à tort *Oustourgha*, n'a rien de commun avec Tunis, puisqu'il est à l'ouest de nos anciennes concessions d'Afrique, qui elles-mêmes étaient à l'ouest de la régence de Tunis. La pêche du corail s'étendait depuis cette régence jusqu'à Bougie.

(2) Les mots *impôts arbitraires* ne sont mis ici par le traducteur que comme équivalents des mots *tekialtfi 'ourfié* qui suivent; mais ils ont l'inconvénient de pouvoir induire en erreur. Le mot *'ourfié* signifié en réalité « émané de l'autorité du prince », et est opposé à *cher'iè* « émané de Dieu ». L'*ourf* est le complément du *cher'i*, et n'est pas plus arbitraire que nos lois et règlements.

(3) Voir l'art. 26.

selon leurs us et coutumes , sans qu'aucun de nos officiers puisse les inquiéter à cet égard.

ARTICLE 16.

En cas que quelque personne intente un procès aux consuls établis pour les affaires de leurs marchands, ils ne pourront être mis en prison, ni leur maison scellée, et leur cause sera écoutée à notre Porte de félicité ; et si l'on produisait des commandements antérieurs ou postérieurs contraires à ces articles, ils seront de nulle valeur, et il sera fait en conformité des capitulations impériales.

ARTICLE 17.

* Et outre que la famille des empereurs de France est en possession des rênes de l'autorité souveraine avant les rois et les princes les plus renommés parmi les nations chrétiennes , comme, depuis le temps de nos augustes pères et de nos glorieux ancêtres , elle a conservé, avec notre sublime Porte , une amitié plus constante et plus sincère que tous les autres rois, sans que , depuis lors, il soit rien survenu entre nous de contraire à la foi des traités, et qu'elle a témoigné à cet égard toute la constance et la fermeté possibles, nous voulons que, lorsque les ambassadeurs de France, résidant à notre Porte de félicité, viendront à notre suprême divan, et qu'ils iront chez nos visirs et nos très-honorés conseillers, ils aient, suivant l'ancienne coutume, le pas et la préséance sur les ambassadeurs d'Espagne et des autres rois (1).

ARTICLE 18.

On n'exigera d'eux ni douane ni droit de *bādj* sur ce qu'ils feront venir à leurs dépens pour leurs présents et habillements et pour leurs besoins (2) et provisions de boire et de manger ; et les consuls de France qui sont dans les villes de commerce auront pareillement la préséance sur les consuls d'Espagne et des autres rois, ainsi qu'il se pratique à notre Porte de félicité.

ARTICLE 19.

Comme les Français qui commercent en tout temps , avec leurs biens, effets et navires , dans les Échelles et dans les ports de nos états, y vont et viennent sur la bonne foi et sur l'assurance de la paix ; lorsque leurs bâtiments seront exposés aux accidents de la mer, et qu'ils auront besoin de secours, nous ordonnons que nos vaisseaux de guerre et autres qui se trouveront à portée , aient à leur donner toute l'assistance nécessaire, et que les commandants, chefs, capitaines ou lieutenants ne manquent pas envers eux aux moindres égards, donnant tous leurs soins et leur attention à leur faire fournir pour leur argent les provisions dont ils auront besoin ; et si, par la violence du vent, la mer jetait à terre leurs bâtiments,

---

* Renouvellement et additions accordés par sultan Ahmed Ier à M. de Brèves, ambassadeur de Henri IV, en 1604.

(1) Voy. l'art. 44.

(2) « Pour leurs besoins » ne se trouve pas dans le texte turc. Ce qui a trompé le traducteur, c'est qu'il y a : « Pour le besoin, le nécessaire de leurs présents, » etc., *hedaïa vé libaslary vé mekioulat u mechroubatlary muhimmi itchin,* expression qui n'a d'autre signification que celle de « pour présents, » etc.

les gouverneurs , juges et autres les secourront, et tous les effets et marchandises sauvés du naufrage leur seront restitués sans difficulté.

ARTICLE 20.

Nous voulons que les Français, marchands, drogmans et autres, pourvu qu'ils soient dans les bornes de leur état, aillent et viennent librement (1) par mer et par terre , pour vendre, acheter et commercer dans nos États ; et qu'après avoir payé les droits d'usage et de consulat, selon qu'il s'est toujours pratiqué, ils ne puissent être inquiétés ni molestés en allant et venant par nos amiraux, capitaines de nos bâtiments et autres, non plus que par nos troupes.

ARTICLE 21

On ne pourra forcer les marchands français à prendre, contre leur gré, certaines marchandises, et ils ne seront point inquiétés à cet égard (2).

ARTICLE 22.

Si quelque Français se trouve endetté, on attaquera le débiteur, et l'on ne pourra rechercher ni prendre à partie aucun autre, à moins qu'il ne soit sa caution (3).

Si un Français vient à mourir, ses biens et effets, sans que personne puisse s'y ingérer, seront remis à ses exécuteurs testamentaires (4) ; et, s'il meurt sans testament, ses biens seront donnés à ses compatriotes, par l'entremise de leur consul, sans que les officiers du fisc et du droit d'aubaine , comme *beitulmåldjy* et *cassâm*, puissent les inquiéter.

ARTICLE 23.

Les marchands, les drogmans et les consuls français, dans leurs achats , ventes, commerce , cautionnements et autres affaires de justice, se rendront chez le kadi, où ils feront dresser un acte de leurs accords, et le feront enregistrer (5), afin que si, dans la suite,

---

(1) Ce n'est que dans les traités étrangers, et par suite dans notre traité de 1838, art. 2 et 5, qu'est réellement stipulée la liberté du commerce. Le mot que le traducteur a rendu ici par « librement » ne signifie que « sur la foi des traités, » *emn u aman uzrè*. Le mot *serbestüet ilé* de l'art. 5 du traité de 1838 est bien plus explicite à cet égard.

(2) Voir les art. 23, 42, 53 et 66.

(3) Voir l'art. 57.

(4) Les mots turcs *kimè vacïïet edericè* sont traduits inexactement par « exécuteur testamentaire ». L'exécuteur testamentaire n'est pas un légataire ; or, les mots turcs sus-mentionnés signifient littéralement « celui en faveur de qui il aura testé, » et sont la traduction turque du *mevsioun leh* arabe, qui signifie exactement « légataire ». Le *mevsioun leh* est celui à qui on a donné par testament la propriété d'une chose ; car *vacïïet* est l'action de donner la propriété d'une chose après sa mort, autrement le testament.

(5) Les mots « ils feront dresser un acte de leurs accords » ne se trouvent pas dans le texte turc ; par contre, l'on trouve, après « le feront enregistrer, » *septi sidjill eldirip*, ces mots, « ou bien ils s'en feront délivrer l'acte original, » et cette circonstance, jointe à celle de recommander l'enregistrement, sup-

il survenait quelque différend, on ait recours à l'acte et aux registres, et qu'on juge en conformité ; et si, sans s'être muni de l'une ou de l'autre de ces formalités, on veut intenter quelque procès contre les règles de la justice, en ne produisant que de faux témoins, on ne permettra point de pareilles supercheries, et leur demande *, contraire à la justice, ne sera point écoutée (1) ; et si, par pure avidité, quelqu'un accusait un Français de lui avoir dit des injures, on empêchera que le Français ne soit inquiété contre les * lois de la justice ; et si un Français venait à s'absenter pour cause de dette ou de quelque faute, on ne pourra saisir et inquiéter à ce sujet aucun autre Français qui serait innocent et qui n'aurait point été sa caution (2).

ARTICLE 24.

S'il se trouve dans nos États quelque esclave dépendant de la France, et qu'il soit réclamé comme Français par leurs ambassadeurs ou leurs consuls, il sera amené avec son maître ou son procureur à ma Porte de félicité, pour que l'affaire * y soit décidée. On n'exigera point le *kharatch* ou tribut des Français établis dans mes États (3).

ARTICLE 25.

Lorsqu'ils enverront de leurs gens capables, pour remplacer leurs consuls établis à Alexandrie, à Tripoli de Syrie (4) et dans les autres Échelles, personne ne s'y opposera, et ils seront exempts des impôts arbitraires dits *tekiālifi-ourfiè* (5).

ARTICLE 26.

Si quelqu'un avait un différend avec un marchand français, et qu'ils se portassent chez le kadi, ce juge n'écoutera point leur procès, si le drogman français ne se trouve présent ; et si cet inter-

---

pose en effet la formalité préalable de l'acte dressé. Si donc l'on ne peut critiquer cette addition supplémentaire au texte, l'on a droit de reprocher au traducteur d'avoir omis l'ordre de se faire délivrer l'acte original, appelé en turc *heudjdjet* (*ia heudjdjet dialar*), puisque, en cas de procès, cet acte doit être reproduit. Au reste, cet art. 23 est assez mal rédigé : l'expression trop générale de *si l'on veut intenter*, etc., pouvant se rapporter aussi bien aux Français qu'aux sujets de la Porte, l'on ne peut y voir le but réel de l'article, qui était de mettre le Français à l'abri de toute production de faux témoins.

(1) Voir l'art. 71.

(2) Voir les art. 22, 42, 53 et 66.

(3) Le texte turc ne porte exemption que du kharadj, en sorte que le mot « tribut » qui suit n'est qu'une addition du traducteur explicative du *kharadj*, qui est la capitation. Ces mots *ou tribut* ne présentent donc point ici le sens de *ou tout autre tribut*, comme on pourrait le croire. Voyez, du reste, l'art. 67.

(4) Le traducteur a omis *et à Alger*, qui est dans le texte. Cette omission, du reste, qui aurait eu de l'importance autrefois, n'en a plus aujourd'hui que pour l'exactitude du texte même.

(5) Voir la note de l'art. 13. L'exécution des *tekialifi 'ourfiè* ne peut être applicable qu'à des consuls raïas ; s'ils étaient français, ils en seraient exempts à ce dernier titre, et la stipulation en serait inutile à leur égard comme consuls.

prête est occupé pour lors à quelque affaire pressante, on différera jusqu'à ce qu'il vienne; mais aussi les Français s'empresseront de le représenter, sans abuser du prétexte de l'absence de leur drogman *. Et s'il arrive quelque contestation entre les Français, les ambassadeurs et les consuls en prendront connaissance, et en décideront selon leurs us et coutumes, sans que personne puisse s'y opposer (1).

ARTICLE 27.

Il était d'un usage ancien que les bâtiments français qui partaient de Constantinople après y avoir été visités, l'étaient encore aux châteaux des Dardanelles, après quoi on leur permettait de partir. On a introduit depuis, contre l'ancienne coutume, une autre visite à Gallipoli : dorénavant, conformément à l'ancien usage, ils poursuivront leur route après qu'on les aura visités aux Dardanelles (2).

ARTICLE 28.

Quand nos vaisseaux, nos galères et nos armées navales se rencontreront en mer avec les vaisseaux français (3), ils ne feront aucun mal ni dommage ; mais, au contraire, ils se donneront réciproquement toute sorte de témoignages d'amitié ; et si, de leur plein gré, ils ne font aucun présent, on ne les inquiétera point, et on ne leur prendra par force ni agrès, ni hardes, ni jeunes garçons, ni aucune autre chose qui leur appartienne.

ARTICLE 29.

Nous confirmons aussi pour les Français tout ce qui est contenu dans les capitulations impériales accordées aux Vénitiens (4), et défendons à toute sorte de personnes de s'opposer par aucun empêchement, contestation ni chicane, au cours de la justice et à l'exécution de mes capitulations impériales.

ARTICLE 30.

Nous voulons que les navires et autres bâtiments français qui viendront dans nos États y soient bien gardés et soutenus, et qu'ils puissent s'en retourner en toute sûreté ; et si l'on pillait quelque chose de leurs hardes et de leurs effets, non-seulement on se donnera toute sorte de mouvements pour le recouvrement tant des biens que

----

(1) Voir l'art. 15.

(2) Les capitulations russes de 1783, art. 34, et de 1829, art. 7, n'admettent dans ce cas, la première, qu'une visite exceptionnelle pour s'assurer qu'il n'y a pas de raïas à bord, et la seconde n'en admet aucune. La France se trouvant, en vertu de l'art. 9 du traité de Paris du 20 juin 1802, placée en Turquie sur le pied de la puissance la plus favorisée, peut toujours revendiquer au besoin, non-seulement le bénéfice de ces articles du traité russe, mais tous les autres avantages *qui pourraient être ou avoir été accordés* par la Porte aux autres puissances étrangères. Cette base du droit international, une fois connue, nous dispense dans la suite d'autres citations à ce sujet. Voir, à la fin du volume, la traduction du traité de Paris, ainsi que l'art. 1er de la convention du 25 novembre 1838.

(3) Voir l'art. 78.

(4) Voir l'art. 83, et l'art. 9 du traité de Paris.

des hommes . mais même on punira rigoureusement les malfaiteurs, quels qu'ils puissent être.

ARTICLE 31.

Commandons à nos gouverneurs, amiraux, vice-rois, kadis, douaniers, capitaines de nos navires, et généralement tous autres habitants de nos États, d'exécuter ponctuellement tout ce qui est contenu dans cette capitulation impériale, symbole de la justice, sans y apporter la moindre contravention ; de sorte que, si quelqu'un ose s'opposer et s'opiniâtrer contre l'exécution de mon commandement impérial, nous voulons qu'il soit regardé comme criminel et rebelle, et que, comme tel, il soit châtié sans aucune rémission ni délai, pour servir d'exemple aux autres. Enfin, notre volonté est qu'on ne permette jamais rien de contraire à la bonne foi et aux accords conclus par les capitulations accordées sous les augustes règnes de nos magnifiques aïeux de glorieuse mémoire.

ARTICLE 32.

* Comme les nations ennemies (1) qui n'ont point d'ambassadeurs décidés à ma Porte de félicité allaient et venaient ci-devant dans nos États, sous la bannière de l'empereur de France, soit pour commerce, soit pour pèlerinage, suivant la permission impériale qu'ils en avaient eue sous le règne de nos aïeux de glorieuse mémoire, de même qu'il est aussi porté par les anciennes capitulations, accordées aux Français ; et comme ensuite, pour certaines raisons, l'entrée de nos États avait été absolument prohibée à ces mêmes nations, et qu'elles avaient même été retranchées desdites capitulations ; néanmoins, l'empereur de France ayant témoigné, par une lettre qu'il a envoyée à notre Porte de félicité, qu'il désirait que les nations ennemies, auxquelles il était défendu de commercer dans nos États, eussent la liberté d'aller et venir à Jérusalem, de même qu'elles avaient coutume d'y aller et venir, sans être aucunement inquiétées ; et que si, par la suite, il leur était permis d'aller et venir trafiquer dans nos États, ce fût encore sous la bannière de France, comme par ci-devant, la demande de l'empereur de France aurait été agréée en considération de l'ancienne amitié qui, depuis mes glorieux ancêtres, subsiste de père en fils entre sa majesté et ma sublime Porte ; et il serait émané un commandement impérial * dont suit la teneur, savoir : Que les nations chrétiennes et ennemies qui sont en paix avec l'empereur de France, et qui désireront de visiter Jérusalem, puissent y aller et venir, dans les bornes de leur état, en la manière accoutumée, en toute liberté et sûreté, sans que personne leur cause aucun trouble ni empêchement (2) ; et si, dans la suite*, il convient d'accorder auxdites

* Renouvellement et additions accordées par sultan Mehemmed IV à M. de Nointel, ambassadeur de Louis XIV, en 1673. D-v.

(1) Il y a, dans le texte turc, *harbi thaïfè*, mots turcs qui ne répondent pas à *ennemi*, comme nous pourrions l'entendre. Voyez la note (1) du traducteur sur l'art. 4. Il faut savoir, en outre, que le droit général d'entrer sur le territoire ottoman est acquis, indépendamment des traités et en vertu des seules lois musulmanes, à tout harbi qui y vient avec passeport ou sous le pavillon d'un pays ami de la Porte.

(2) Voir les art. 1er et 34.

nations la liberté de commercer dans nos États, elles iront et viendront pour lors sous la bannière de l'empereur de France, comme auparavant, sans qu'il leur soit permis d'aller et de venir sous aucune autre bannière (1).

* Les anciennes capitulations impériales qui sont entre les mains des Français depuis les règnes de mes magnifiques aïeux jusqu'aujourd'hui, et qui viennent d'être rapportées en détail ci-dessus, ayant été maintenant renouvelées avec une addition de quelques nouveaux articles, conformément au commandement impérial émané en vertu de mon khatt-chérif. Le premier de ces articles porte que les évêques dépendants de la France et les autres religieux qui professent la religion franque, de quelque nation (2) ou espèce qu'ils soient, lorsqu'ils se tiendront dans les bornes de leur état, ne seront point troublés dans l'exercice de leurs fonctions dans les endroits de notre Empire où ils sont depuis longtemps (3).

ARTICLE 33.

Les religieux francs qui, suivant l'ancienne coutume, sont établis dedans et dehors la ville de Jérusalem, dans l'église du Saint-Sépulcre, appelée *Kamama*, ne seront point inquiétés pour les lieux de visitation qu'ils habitent et qui sont entre leurs mains, lesquels resteront encore entre leurs mains comme par ci-devant (4), sans qu'ils puissent être inquiétés à cet égard, non plus que par des prétentions d'impositions (5); et, s'il leur survenait quelque procès qui ne pût être décidé sur les lieux (6), il sera renvoyé à ma sublime Porte.

ARTICLE 34.

Les Français, ou ceux qui dépendent d'eux, de quelque nation (7)

(1) Voir l'art. 38.

(2) L'on ne saurait trop se tenir en garde contre cette traduction. En effet, dans le texte turc, les religieux doivent, tout aussi bien que les évêques, être dépendants de la France ; aussi n'y trouve-t-on pas, comme dans le français, les mots « de quelque nation, » mais seulement « de quelque genre ou espèce, » *her nô djinsden olouriça*, c'est-à-dire de quelque ordre religieux qu'ils soient.

L'addition du mot *nation*, en induisant des ambassadeurs en erreur, les a souvent portés à de fausses et de bien regrettables démarches.

(3) Voir l'art. 82.

(4) Il est nécessaire d'observer que, dans le texte turc, il y a : « qui sont actuellement entre leurs mains, » et ces mots se lient parfaitement à ce qui suit : *lesquels resteront encore entre leurs mains de la manière* DONT ILS Y SONT, et non pas, comme dans la traduction, *lesquels resteront encore entre leurs mains comme par ci-devant.* Cette différence est essentielle pour la discussion de nos droits par les capitulations, moyen plus positif et moins sujet à contestation que le recours à tout autre document.

(5) Voir les art. 1er et 82.

(6) Il n'y a point, dans le turc, « qui ne pût être décidé, » mais « qui ne fût pas décidé, » *fasl olounmaz iça.* Voir l'art. 71.

(7) Ici il faut encore, comme dans l'art. 32, retrancher le mot *nation*, qui n'est pas dans le texte turc.

ou qualité qu'ils soient, qui iront à Jérusalem, ne seront point inquiétés en allant et venant (1).

ARTICLE 35.

Les deux ordres de religieux français qui sont à Galata, savoir : les Jésuites et les Capucins, y ayant deux églises, qu'ils ont entre leurs mains *ab antiquo*, resteront encore entre leurs mains, et ils en auront la possession et jouissance (2); et comme l'une de ces églises a été brulée, elle sera rebâtie avec permission de la justice, et elle restera, comme par ci-devant, entre les mains des Capucins, sans qu'ils puissent être inquiétés à cet égard. ˮ On n'inquiétera pas non plus les églises que la nation française a à Smyrne, à Seyde, à Alexandrie et dans les autres Échelles; et l'on n'exigera d'eux aucun argent sous ce prétexte.

ARTICLE 36.

On n'inquiétera pas les Français, quand, dans les bornes de leur état, ils liront l'Évangile dans leur hôpital de Galata (3).

ARTICLE 37.

Quoique les marchands français aient de tout temps payé cinq pour cent de douane sur les marchandises qu'ils apportaient dans nos États et qu'ils en emportaient; comme ils ont prié de réduire ce droit à trois pour cent, en considération de l'ancienne amitié qu'ils ont avec notre sublime Porte, et de le faire insérer dans ces nouvelles capitulations, nous aurions agréé leur demande, et nous ordonnons qu'en conformité on ne puisse exiger d'eux plus de trois pour cent; et, lorsqu'ils payeront leur douane, on la recevra en monnaie courante dans nos États pour la même valeur qu'elle est reçue au trésor inépuisable (4), sans pouvoir être inquiétés sur la plus ou la moins value d'icelle.

ARTICLE 38.

Les Portugais, Siciliens, Catalans, Messinois, Anconois, et autres nations ennemies qui n'ont ni ambassadeurs ni consuls, ni agents à ma sublime Porte, et qui, de leur plein gré, comme ils faisaient anciennement, viendront dans nos États sous la bannière de l'empereur de France, payeront la douane comme les Français, sans que personne puisse les inquiéter, pourvu qu'ils se tiennent dans les bornes de leur état et qu'ils ne commettent rien de contraire à la paix et à la bonne intelligence.

(1) Voir les art. 1ᵉʳ et 32.

(2) L'on n'ignore pas, dit M. Ducaurroy, dans son mémoire déjà cité, qu'il existe, à Galata, une église de Saint-Pierre qui est, ainsi que les religieux qui la desservent et qui en habitent le couvent, sous la protection de la France; mais cette protection, on ne sait trop comment la soutenir, parce qu'on n'en connaît pas la base : elle repose sur un firman accordé, en 1731, à M. de Villeneuve, et sur un khaththi-cherif obtenu au mois de sefer 1218 (1804), sous l'ambassade du maréchal Brune, qui rétablit cette même église sous la protection de la France. Le droit est donc formel à la protection d'une troisième église à Galata.

(3) Voir l'art. 82 de ces capitulations et l'art. 5 de la convention de Constantinople du 25 novembre 1838.

(4) Ce mot « inépuisable » n'est pas dans le texte. La vraie signification du mot *'amiré* est « riche, abondant, » etc. Les mots *khazinéï 'amiré* du texte se traduisent, selon l'usage, par « trésor impérial ».

ARTICLE 39.

Les Français payeront le droit de *mézeterie* sur le pied que le payent les marchands anglais ; et les receveurs de ce droit qui seront à Constantinople et à Galata ne pourront les molester pour en exiger davantage * (1). Et si les receveurs de la douane, pour augmenter leurs droits, veulent estimer les marchandises à plus haut prix, ils ne pourront refuser de la même marchandise au lieu * d'argent ; et quand ils auront été payés de la douane sur les soies et les indiennes, ils ne pourront l'exiger une seconde fois ; et * lorsque les douaniers auront reçu leur douane, ils en donneront l'acquit, et n'empêcheront point les Français de porter leurs marchandises dans une autre Échelle, où l'on ne pourra non plus les inquiéter par la prétention d'une seconde douane (2).

ARTICLE 40.

Les consuls de France et ceux qui en dépendent, comme religieux, marchands et interprètes, pourront faire faire du vin dans leurs maisons, et en faire venir de dehors pour leur provision ordinaire, sans qu'on puisse les inquiéter à ce sujet (3).

ARTICLE 41.

Les procès excédant quatre mille aspres (4) seront écoutés à mon divan impérial, et nulle part ailleurs (5).

ARTICLE 42.

S'il arrivait quelque meurtre dans les endroits où il y a des Français, tant qu'il ne sera point donné de preuves contre eux, on ne pourra désormais les inquiéter ni leur imposer aucune amende dite *djerimé* (6).

ARTICLE 43.

Les priviléges ou immunités accordées aux Français auront aussi lieu pour les interprètes (7) qui sont au service de leurs ambassadeurs (8).

(1) Voir l'art. 55.

(2) Voir les art. 9 et 57.

(3) Voir l'art. 51.

(4) On comprendra que la réduction actuelle de la piastre turque à moins d'un quart de franc rend impossible aujourd'hui l'application de cet article.

(5) Voir l'art. 69.

(6) Il est évident que, s'il était *constaté* que le Français fût coupable d'un meurtre, ce serait une peine autre qu'une amende qu'il dévrait encourir. Le but n'est donc pas ici de lier la peine de l'amende au cas où il serait donné des preuves contre lui. Pour bien comprendre cet article, il faut savoir qu'en Turquie, quand un homme mort est trouvé dans un endroit, que ce soit à la suite d'un meurtre, d'un suicide, ou même quand il serait constant que cet homme aperçu au fond de l'eau d'où on l'a retiré s'est engagé lui-même, l'autorité turque qui intervient frappe d'une amende le village ou le quartier où le mort a été trouvé. C'est donc de la part de cette amende que l'art. 42 exempte les Français.

(7) Ici encore, comme nous l'avons fait pour les consuls, à l'art. 26, nous ferons observer qu'il ne peut s'agir que des interprètes pris parmi les raïas.

(8) Voir les art. 13 et 22.

* Non-seulement j'accepte et confirme les présentes capitulations anciennes et renouvelées, ainsi qu'il a été rapporté ci-dessus, sous le règne de mon auguste aïeul de glorieuse mémoire ; mais encore les articles demandés et renouvellements réglés et accordés ont été joints à ces anciennes capitulations dans la forme et teneur ci-après ; savoir :

ARTICLE 44.

Outre le pas et la préséance portés par le sens des précédents articles, en faveur des ambassadeurs et des consuls du très-magnifique empereur de France ; comme le titre d'empereur a été attribué *ab antiquo* par ma sublime Porte à sadite majesté, ses ambassadeurs et ses consuls seront aussi traités et considérés par ma Porte de félicité avec les honneurs convenables à ce titre (1).

ARTICLE 45.

Les ambassadeurs du très-magnifique empereur de France, de même que ses consuls, se serviront de tels drogmans qu'ils voudront, et emploieront tels janissaires qu'il leur plaira, sans que personne puisse les obliger de se servir de ceux qui ne leur conviendraient pas (2).

ARTICLE 46.

Les drogmans véritablement Français étant les représentants des ambassadeurs et des consuls, lorsqu'ils interpréteront au juste leur commission, et qu'ils s'acquitteront de leurs fonctions, ils ne pourront être ni réprimandés ni emprisonnés ; et s'ils viennent à manquer en quelque chose, ils seront corrigés par leurs ambassadeurs ou leurs consuls, sans que personne autre puisse les molester.

ARTICLE 47.

Des domestiques raïas ou sujets de ma sublime Porte, qui sont au service de l'ambassadeur dans son palais, quinze seulement seront exempts des impositions, et ne seront point inquiétés à ce sujet (3).

ARTICLE 48.

Ceux qui sont sous la domination de ma sublime Porte, musulmans ou raïas, quels qu'ils soient, ne pourront forcer les consuls de France, véritablement Français (4), à comparaître personnellement en justice, lorsqu'ils auront des drogmans ; et en cas de besoin, ces musulmans ou raïas plaideront avec les drogmans qui auront été commis à cet effet par leurs consuls.

---

* Renouvellement et additions accordés par sultan Mahmoud à M. de Villeneuve, ambassadeur de Louis XV, en 1740. D-v.

(1) Voir les art. 17 et 18.

(2) Voir l'art. 50.

(3) Bien que l'art. 5 du traité autrichien de 1718 (V. la note de l'art. 27) étende cette exemption à *tous* les domestiques attachés au service des consuls, interprètes et négociants, la Porte ne remet, chaque année, qu'un nombre de cartes d'exemption tellement insuffisant, qu'après la distribution aux gens de l'ambassadeur et à ceux des officiers de l'ambassade, l'on est encore obligé d'en demander un nombre supplémentaire.

(4) Donc les consuls de France peuvent quelquefois n'être pas véritablement Français : confirmation de la note mise à la suite de l'art. 25.

18

ARTICLE 49.

Les pachas, kadis et autres commandants, ne pourront empêcher les consuls, ni leurs substituts, par commandement, d'arborer
leur pavillon, suivant l'étiquette, dans les endroits où ils ont coutume
d'habiter depuis longtemps (1).

ARTICLE 50.

Il sera permis d'employer, pour la sûreté des maisons des consuls, tels janissaires qu'ils demanderont (2) ; et ces sortes de janissaires seront protégés par les odabachis et par les autres officiers,
sans que pour cela on puisse exiger desdits janissaires aucun droit
ni reconnaissance.

ARTICLE 51.

Lorsque les consuls, les drogmans et les autres dépendants de la
France, feront venir du raisin pour leur usage, dans les maisons
où ils habitent, pour en faire du vin, ou qu'il leur viendra du vin
pour leur provision, nous voulons que, tant à l'entrée que lors du
transport, les janissaires, aga, bostandgy-bachy, toptchy-bachy,

vaivodes et autres officiers, ne puissent demander aucun droit ni
donative, et qu'on se conforme, à cet égard, au contenu des commandements qui ont été donnés à ce sujet par les empereurs nos
prédécesseurs, et qu'il a été dans l'usage de donner jusqu'à présent (3).

ARTICLE 52.

S'il arrive que les consuls et les négociants français aient quelques contestations avec les consuls et les négociants d'une autre
nation chrétienne, il leur sera permis, du consentement et à la
réquisition des parties, de se pourvoir par-devant leurs ambassadeurs qui résident à ma sublime Porte (4) ; et tant que le demandeur et le défendeur ne consentiront pas à porter ces sortes de procès
par-devant les pachas, kadis, officiers ou douaniers, ceux-ci ne
pourront pas les y forcer, ni prétendre en prendre connaissance.

ARTICLE 53.

Lorsque quelque marchand français, ou dépendant de la France,
fera une banqueroute avérée et manifeste, ses créanciers seront

---

(1) Il importe peu, pour que les consuls puissent arborer le pavillon, qu'ils habitent *depuis longtemps* la maison sur laquelle il flottera. S'il en était ainsi, les consuls seraient réduits à ne pas changer de maison, ce qui n'est pas. En effet, cette traduction est inexacte. Il y a, dans le turc, « qu'il leur sera permis d'arborer, conformément à l'étiquette, leur pavillon dans les endroits où ils résident *habituellement et depuis longtemps (ez qadim mu'tad uzrè sakin ol-douglary ïerlerdè)*, c'est-à-dire qui sont leur résidence ancienne et habituelle. Il ne s'agit pas de *maisons*, mais de résidences, telles que Constantinople, Smyrne et autres Échelles.

(2) Voir l'art. 45.

(3) Voir l'art. 40.

(4) Les consuls étant, aussi bien que les ambassadeurs, appelés à juger les procès entre Français, ce même droit paraîtrait également leur être attribué dans les Échelles où il surviendrait un procès entre un Français et un étranger qui seraient sous leur juridiction respective.

payés sur ce qui restera de ses effets ; et pourvu qu'ils ne soient pas munis de quelque titre valable de cautionnement, soit de l'ambassadeur, des consuls, des drogmans, ou de quelque autre Français, on ne pourra rechercher à ce sujet lesdits ambassadeurs, consuls, drogmans, ni autres Français, et l'on ne pourra les arrêter en prétendant de les en rendre responsables (1).

ARTICLE 54.

Lorsque les corsaires et autres ennemis de ma sublime Porte auront commis quelque déprédation sur les côtes de notre Empire, les consuls et les négociants français ne seront point inquiétés ni molestés, conformément au contenu des commandements ci-devant accordés ; et comme, pour la sûreté réciproque, il est nécessaire de reconnaître les scélérats appelés *forbans*, afin qu'ils soient tous connus dorénavant, lorsque des bâtiments barbaresques ou autres corsaires viendront dans les Échelles de notre Empire, nos commandants et autres officiers examineront leurs passe-ports avec attention, et les commandements ci-devant (2) accordés à ce sujet seront exécutés comme par le passé, à condition néanmoins que les consuls français (3) examineront avec soin et feront savoir si les bâtiments qui viendront dans nos ports avec le pavillon de France sont véritablement français ; et après les perquisitions dûment faites de la manière ci-dessus spécifiée, tant nos officiers que les consuls de France s'en donneront réciproquement des avis de bouche et même par écrit, si le cas le requiert pour la sûreté réciproque des parties (4).

ARTICLE 55.

La cour de France étant, depuis un temps immémorial, en amitié et en bonne intelligence avec ma sublime Porte, et le très-magnifique empereur de France, de même que sa cour, ayant particulièrement donné ses soins dans les traités de paix qui sont survenus depuis peu, il a paru que quelque faveur dans certaines affaires de convenances était un moyen de fortifier l'amitié, et un sujet d'en multiplier de plus en plus les témoignages ; c'est pourquoi nous voulons que dorénavant les marchandises qui seront embarquées dans les ports de France, et qui viendront à notre capitale chargées sur des bâtiments véritablement français, avec manifeste et pavillon

(1) Voir les art. 22, 23 et 66.

(2) Voyez le firman accordé en 1144 de l'hégire, et de Jésus-Christ 1731, qui depuis a servi de modèle à plusieurs autres. D-v.

(3) Si, il y a déjà quelques années, la Porte, voulant s'assurer de la nationalité de tous les bâtiments qui se trouvaient alors dans le port de Constantinople, n'avait pas voulu en faire elle-même la visite et n'avait refusé ce droit à l'ambassadeur de France, au mépris de l'art. 54, sous le vain prétexte que cet article ne donne ce droit qu'aux consuls, nous n'aurions pas à rappeler ici que la France, n'ayant pas toujours eu de consul à Constantinople, l'ambassadeur y a été revêtu de tout temps, de droit et de fait, des pouvoirs consulaires, aussi bien que du caractère diplomatique. DUCAURROY, Mémoire précité sur les Capitulations.

(4) Voir les art. 11 et 81.

de France, de même que celles qui seront chargées dans notre capitale sur des bâtiments véritablement français, pour être portées en France, après qu'elles auront payé le droit de douane et celui de bon voyage, dit *selamitlik-resmy*, conformément aux capitulations antérieures, lorsque les Français négocieront ces sortes de marchandises avec quelqu'un, on ne puisse exiger d'eux, sous quelque prétexte que ce soit, le droit de *mézeterie*, dont l'exemption leur est pleinement accordée pour l'article de la *mézeterie* seulement.

ARTICLE 56.

Comme il a été accordé aux marchands français et aux dépendants de la France de ne payer que trois pour cent de douane sur les marchandises qu'ils apporteront de leur propre pays dans les États de notre domination (1), non plus que sur celles qu'ils emportent d'ici dans leur pays (2); quoique, dans les précédentes capitulations, on n'ait compris que les cotons en laine, coton filés, maroquins, cires, cuirs et soieries (3), nous voulons qu'indépendamment de ces marchandises, ils puissent, en payant la douane suivant les capitulations impériales, charger sans opposition toutes celles qu'ils ont coutume de charger pour leur pays, et qui, pour cet effet, sont spécifiées dans le tarif bullé du douanier, à l'exception toutefois de celles qui sont prohibées.

ARTICLE 57.

Les marchands français, après avoir payé la douane aux douaniers, à raison de trois pour cent (4), conformément aux capitulations, et après en avoir pris, suivant l'usage, l'acquit dit *eda teskeressy*, lorsqu'ils le produiront, il y sera fait honneur, et l'on ne pourra leur demander une seconde douane. Et attendu qu'il nous aurait été représenté que certains douaniers, portés par leur esprit d'avidité, n'exigent en apparence que trois pour cent, tandis qu'ils en perçoivent réellement davantage, et que, par la différence qui existe dans l'appréciation des marchandises, il se trouve que sur les diverses qualités de drap, insérées dans le tarif de la douane de Constantinople, de même que dans les tarifs de quelques Échelles, et notamment dans celle d'Alep, la douane excède les trois pour cent; pour faire cesser toute discussion à cet égard, il sera permis de redresser les tarifs, de façon que la douane des draps que l'on ap-

---

(1) Ici la traduction omet une condition importante que l'on trouve dans le texte turc, celle que la douane, pour être due, doit porter sur des marchandises « devant être objet de commerce, » *tidjaretè mute'allyq echïa olmaq uxrè*, en sorte qu'elle ne serait pas due pour effets destinés à l'usage personnel de celui qui les apporterait ou à qui elles seraient adressées. La traduction littérale est : « Marchandises qu'ils apporteront pour... et ayant rapport au commerce. » Et, en effet, le mot turc que partout on a rendu par « marchandise, » indique « la chose dont on doit tirer profit ». Ce n'est donc que la marchandise proprement dite qu'il s'agit de soumettre à la douane.

(2) Voir l'art. 57.

(3) Voir art. 2 et 39.

(4) Voir la modification apportée à cet article par l'art. 5 de la Convention du 25 novembre 1838.

portera à l'avenir ne puisse excéder les trois pour cent, conformément aux capitulations * impériales (1); et lorsqu'ils voudront vendre les marchandises qu'ils auront apportées, à tels de nos sujets et marchands de notre Empire qu'ils jugeront à propos, personne autre ne pourra les inquiéter ni quereller, sous prétexte de vouloir les acheter de préférence (2).

ARTICLE 58.

Lorsque les *fess* ou bonnets que les négociants français apportent de France ou de Tunis, arrivent à Smyrne, le douanier de la douane des fruits de Smyrne forme toujours des contestations à ce sujet, prétendant que c'est lui qui est l'exacteur de la douane des *fess*: étant donc nécessaire de mettre cet article dans une bonne forme, nous voulons qu'à l'avenir ledit douanier ne puisse exiger la douane des *fess*, que les négociants français apporteront, lorsqu'ils ne se vendront pas à Smyrne; et en cas qu'ils s'y vendissent, le droit de douane sur ces bonnets sera, selon l'usage, exigé par ledit douanier; et s'ils viennent à Constantinople, le droit de douane en sera payé, selon l'usage, au grand douanier.

ARTICLE 59.

Si les marchands français veulent porter, en temps de paix, des marchandises (3) non prohibées, des États de mon Empire, par terre ou par mer, de même que par les rivières du Danube et du Tanaïs, dans les états de Moscovie, Russie et autres pays, et en apporter dans mes États: dès qu'ils auront payé la douane et les autres droits, quels qu'ils soient, comme les payent les autres nations franques, lorsqu'ils feront ce commerce, il ne leur sera fait sans raison aucune opposition (4).

ARTICLE 60.

Ayant été représenté que certains envieux et vindicatifs, voulant molester les négociants français contre les capitulations, et ne pouvant pas exécuter leur dessein, attaquent de temps en temps sans raison et inquiètent leurs censaux pour troubler le commerce desdits négociants; nous voulons qu'à l'avenir les censaux qui vont et viennent parmi les marchands, pour les affaires desdits négociants, ne soient inquiétés en aucune façon, et que, de quelque nation que soient les censaux dont ils se servent, on ne puisse leur faire violence ni les * empêcher de servir. Si certains de la nation juive et autres prétendent d'hériter de l'emploi de censal, les marchands français se serviront de telles personnes qu'ils voudront; et lorsque ceux qui se trouveront à leur service seront chassés ou

(1) Voir art. 8.

(2) Voir art. 21.

(3) L'on a traduit ici avec raison par *marchandises* les mots effets et objets de commerce, et nous appelons l'attention sur cette manière de spécifier les marchandises soumises de droit au payement de la douane. L'on y trouvera la confirmation de la note 1re de l'art. 56.

(1) Voir la note de l'art. 7.

viendront à mourir, on ne pourra rien exiger ni prétendre de ceux qui leur succéderont, sous prétexte d'un droit de retenue nommé *ghédik*, ou d'une portion dans les censeries, et l'on châtiera ceux qui agiront contre la teneur de cette disposition.

ARTICLE 61.

Bien qu'il soit expressément porté, par les articles précédents, que les droits de consulat et de bailage seront payés aux ambassadeurs et aux consuls de France, sur les marchandises (1) qui seront chargées sur les bâtiments français : cependant, comme il a été représenté que ce point rencontre des difficultés de la part des marchands et des raïas sujets de notre Empire, nous ordonnons que lorsque les marchands et raïas sujets de notre sublime Porte chargeront sur des bâtiments français des marchandises sujettes à la douane, il soit donné des ordres rigoureux pour que les marchandises dont le droit de consulat n'aura pas été compris dans le nolis lors du nolissement, ne soient point retirées de la douane, à moins qu'au préalable ledit droit de consulat n'ait été payé conformément aux capitulations (2).

ARTICLE 62.

Comme l'Empire ottoman abonde en fruits, il pourra venir de France, une fois l'année, dans les années d'abondance des fruits secs, deux ou trois bâtiments pour acheter et charger de ces fruits, comme figues, raisins secs, noisettes et autres fruits semblables quelconques ; et après que la douane en aura été payée conformément aux capitulations impériales, on ne mettra aucune opposition au chargement ni à l'exportation de cette marchandise.

* Il sera aussi permis aux bâtiments français d'acheter et de charger du sel dans l'île de Chypre et dans les autres Échelles de notre Empire, de la même manière que les musulmans y en prennent, sans que nos commandants, gouverneurs, kadis et autres officiers puissent les en empêcher, voulant qu'ils soient protégés conformément à mes anciennes capitulations, à présent renouvelées.

ARTICLE 63.

Les marchands français et autres dépendants de la France pourront voyager avec les passeports qu'ils auront pris, sur les attestations des ambassadeurs ou des consuls de France ; et pour leur sûreté et commodité, ils pourront s'habiller suivant l'usage du pays, et faire leurs affaires dans mes États, sans que ces sortes de voyageurs, se tenant dans les bornes de leur devoir, puissent être inquiétés pour le tribut nommé *kharatch*, ni pour aucun autre impôt ; et lorsque, conformément aux capitulations impériales, ils auront des effets sujets à la douane, après en avoir payé le droit, suivant l'usage, les pachas, kadis et autres officiers ne s'opposeront point à leur passage ; et de la façon ci-dessus mentionnée, il leur sera fourni des passeports en conformité des attestations dont ils seront

(1) Ici encore l'on retrouve, dans le turc, les marchandises désignées deux fois par « choses, objets de commerce, » *tidjaretè mute'allyq tahmîl olounan echïaden*, parce que les droits de consulat et de bailage ne sont dus que pour *les objets sujets à la douane*. Voir les notes des art. 56 et 59.

(2) Voir art. 3.

munis, leur accordant toute l'assistance possible, par rapport à leur sûreté.

ARTICLE 64.

Les négociants français et les protégés de France ne payeront ni droit ni douane sur les monnaies d'or et d'argent qu'ils apporteront dans nos États, de même que pour celles qu'ils emporteront ; et on ne les forcera point de convertir leurs monnaies en monnaie de mon Empire (1).

ARTICLE 65.

Si un Français ou un protégé de France commettait quelque meurtre ou quelque autre crime, et que l'on voulût que la justice en prît connaissance, les juges de mon Empire et les officiers ne pourront y procéder qu'en présence de l'ambassadeur et des consuls ou de leurs substituts, dans les endroits où ils se trouveront ; et afin qu'il ne se fasse rien de contraire à la noble justice ni aux capitulations impériales, il sera procédé de part et d'autre, avec attention, aux perquisitions et recherches nécessaires (2).

ARTICLE 66.

Lorsque notre *miry* ou quelqu'un de nos sujets, marchand ou autre, sera porteur de lettres de change sur les Français, si ceux sur qui elles sont tirées, ou les personnes qui en dépendent, ne les acceptent pas, on ne pourra sans cause légitime les contraindre au payement de ces lettres, et l'on en exigera seulement une lettre de refus, pour agir en conséquence contre le tireur ; et l'ambassadeur, de même que les consuls, se donneront tous les mouvements possibles pour en procurer le remboursement (3).

ARTICLE 67.

Les Français qui sont établis dans mes États, soit mariés, soit non mariés, quels qu'ils soient, ne seront point inquiétés par la demande du tribut nommé *kharatch* (4).

---

(1) Voir art. 3.

(2) L'on a cru trouver quelquefois, dans cet article, et particulièrement dans ces mots : *et que l'on voulût que la justice en prît connaissance*, la preuve que les tribunaux turcs n'avaient sur les Français aucune espèce de compétence, puisqu'il fallait, pour qu'ils *prissent connaissance* des causes où un Français serait intéressé, que, nous Français, *nous le voulussions*. Nous nous bornerons à dire que, d'après le texte turc, la seule interprétation vraie et littérale est que, lorsque la justice voudra *en prendre connaissance*, etc. Cette interprétation est d'ailleurs parfaitement conforme à l'article identique 41 des capitulations anglaises, et à l'art. 74 du traité russe de 1783.

(3) Pour compléter les renseignements sur les lettres de change, nous ajouterons qu'il existe un firman daté du commencement de mouharrem 1218 (avril 1803), l'on y trouve : 1° la non-responsabilité du tiré non-acceptant ; 2° dans ce cas, le recours contre le tireur ; 3° l'obligation du tiré acceptant de payer à l'échéance et sans différer ; 4° la contrainte par corps, s'il s'y refuse ; 5° dans le cas de faillite, le classement de la lettre de change avec les autres créances sur le failli. (Voir les capitulations anglaises.) DUCAURROY, *Mémoire sur les Capitulations.*

(4) Voir art. 24.

ARTICLE 68.

Si un Français, marchand, artisan, officier ou matelot, embrasse la religion musulmane, et qu'il soit vérifié et prouvé qu'outre ses propres marchandises il a entre ses mains des effets appartenant à des dépendants des Français, ces sortes d'effets seront consignés à l'ambassadeur ou aux consuls, dans les endroits où il y en aura, pour être ensuite remis aux propriétaires; et dans les endroits où il n'y aura ni consul ni ambassadeur, ces effets seront consignés aux personnes qu'ils enverront de leur part avec des pièces justificatives.

ARTICLE 69.

Si, un marchand français voulant partir pour quelque endroit, l'ambassadeur ou les consuls se rendent sa caution, on ne pourra retarder son voyage, sous prétexte de lui faire payer ses dettes; et les procès qui les concernent, excédant quatre mille aspres, seront renvoyés à ma sublime Porte, selon l'usage, et conformément aux capitulations impériales (1).

ARTICLE 70.

Les gens de justice et les officiers de ma sublime Porte, de même que les gens d'épée, ne pourront, sans nécessité, entrer par force dans une maison habitée par un Français; et lorsque le cas requerra d'y entrer, on en avertira l'ambassadeur ou le consul, dans les endroits où il y en aura, et l'on se transportera dans l'endroit en question, avec les personnes qui auront été commises de leur part; et si quelqu'un contrevient à cette disposition, il sera châtié.

ARTICLE 71.

Comme il aurait été représenté que les pachas, kadis et autres officiers, voulaient quelquefois revoir et juger de nouveau des affaires survenues entre les négociants français et d'autres personnes, quoique ces affaires eussent déjà été jugées et terminées juridiquement et par *hudjet*, et même que le cas était souvent arrivé; de sorte que non-seulement il n'y avait point pour eux de sûreté dans un procès déjà décidé, mais même qu'il intervenait, dans un même lieu, des jugements contradictoires à des sentences déjà rendues; nous voulons que, dans le cas spécifié ci-dessus, les procès qui surviendront entre les Français et d'autres personnes, ayant été une fois vus et terminés juridiquement et par *hudjet*, ils ne puissent plus être revus (2); et que si l'on requiert une révision de ces procès, on ne puisse donner de commandement pour faire comparaître les parties, ni expédier commissaire ou huissier, qu'au préalable il n'en ait été donné connaissance à l'ambassadeur de France, et qu'il ne soit venu, de la part du consul et du défendeur, une réponse avec des informations exactes sur le fait; et il sera permis d'accorder un temps suffisant pour faire venir des informations sur

---

(1) Voir art. 41.

(2) Pour plus de clarté, de précision et d'exactitude, le traducteur, aux mots, « ne puissent plus être revus, » aurait dû ajouter cette restriction : « dans le même lieu, » *ol mahalldè*, qui se trouve dans le texte turc.

ces sortes d'affaires. Enfin, s'il émane quelque commandement pour revoir un procès de cette nature, on aura soin qu'il soit vu, décidé et terminé à ma sublime Porte ; et dans ce cas, il sera libre à ceux qui sont dépendants de la France, de comparaître en personne, ou de constituer à leur place un procureur juridiquement autorisé ; et lorsque les dépendants de ma sublime Porte voudront intenter procès à quelque Français, si le demandeur n'est muni de titres juridiques ou de billets, leur procès ne sera point écouté.

ARTICLE 72.

On nous aurait aussi représenté que, dans les procès qui surviennent, les dépenses qui se font pour faire comparaître les par- et pour les épices ordinaires, étant supportées par celui qui a le bon droit, et les avanistes qui intentent injustement des procès n'étant soumis à aucuns frais, ils sont invités par là à faire toujours de nouvelles avanies ; sur quoi nous voulons qu'à l'avenir il soit permis de faire supporter les susdits dépens et frais par ceux qui oseront intenter, contre la justice, un procès dans lequel ils n'auront aucun droit ; mais lorsque les Français ou les dépendants de la France poursuivront juridiquement des sujets ou des dépendants de ma sublime Porte, en recouvrement de quelque somme due, on n'exigera d'eux pour droits de justice ou *makhémé*, de commissaire ou *mubachirié*, d'assignations ou *tahzarié*, que deux pour cent sur le montant de la somme recouvrée par sentence, conformément aux anciennes capitulations, et on ne les molestera point par des prétentions plus considérables.

ARTICLE 73.

Les bâtiments français qui, selon l'usage, aborderont dans les ports de mon Empire, seront traités amicalement ; ils y achèteront avec leur argent, leur simple nécessaire, pour leur boire et leur manger ; et l'on n'empêchera ni l'achat et la vente, ni le transport desdites provisions, tant de bouche que pour la cuisine, sur lesquelles on n'exigera ni droits ni donatives.

ARTICLE 74.

Dans toutes les Échelles, ports et côtes de mon Empire, lorsque les capitaines ou patrons des bâtiments français auront besoin de faire calfater, donner le suif et radouber leurs bâtiments, les commandants n'empêcheront point qu'il leur soit fourni, pour leur argent, la quantité de suif, goudron, poix et ouvriers qui leur seront nécessaires ; et s'il arrive que, par quelque malheur, un bâtiment français vienne à manquer d'agrès, il sera permis, seulement pour ce bâtiment (1), d'acheter mâts, ancres, voiles et matériaux pour les mâts, sans ' que pour ces articles il soit exigé aucune donative ;

---

(1) Nous pensons que, pour la clarté et la précision de cet article, le traducteur a eu tort de placer, après « permis, » les mots « seulement pour ce bâtiment. » Tout bâtiment qui sera dans la position de manquer d'agrès pourra en acheter, mais seulement ceux qui lui manqueront, sans outrepasser : tel est l'esprit et le but de l'article. C'était donc après l'énumération des objets à acheter que devaient être ajoutés les mots qui forment la restriction, ainsi que cela se trouve dans le texte même.

et lorsque les bâtiments français se trouveront dans quelque Échelle, les fermiers, *musselems*, et autres officiers, de même que les *kharatchi* ne pourront les retenir, sous prétexte de vouloir exiger le *kharatch* de leurs passagers, qu'il leur sera libre de conduire à leur destination ; et s'il se trouve dans le bâtiment des raïas sujets au *kharatch*, ils le payeront audit lieu, ainsi qu'il est de droit, afin qu'à cette occasion il ne soit point fait de tort au fisc.

ARTICLE 75.

Lorsque les Musulmans ou les raïas, sujets de ma sublime Porte, chargeront des marchandises sur des bâtiments français, pour les transporter d'une Échelle de mon Empire à une autre, il n'y sera porté aucun empêchement ; et comme il nous a été représenté que les sujets de notre sublime Porte qui nolisent de ces bâtiments, les quittent quelquefois pendant la route, et font difficulté de payer le nolis dont ils sont convenus ; si, sans aucune raison légitime, ces sortes de nolisataires viennent à quitter en route les bâtiments nolisés, il sera ordonné et prescrit au kadi et autres commandants de faire payer en entier le nolis desdits bâtiments, ainsi qu'il en aura été convenu par le *temessuk* ou contrat, comme faisant un loyer formel.

ARTICLE 76.

Les gouverneurs, commandants, kadis, douaniers, vaivodes, *musselems*, officiers, gens notables du pays, gens d'affaires et au-

tres, ne contreviendront en aucune façon aux capitulations impériales : et si de part et d'autre on y contrevient en molestant quelqu'un, soit par paroles, soit par voies de fait ; de même que les Français seront châtiés par leur consul ou supérieur (1), conformément aux capitulations, il sera aussi donné des ordres, suivant l'exigence des cas, pour punir les sujets de notre sublime Porte, des vexations qu'ils auraient commises, sur les représentations qui en seraient faites par l'ambassadeur et les consuls, après que le fait aura été bien avéré.

ARTICLE 77.

Si, par un malheur, quelques bâtiments français venaient à échouer sur les côtes de notre Empire, il leur sera donné toute sorte de secours pour le recouvrement de leurs effets ; et si le bâtiment naufragé peut être réparé, ou que la marchandise sauvée soit chargée sur un autre bâtiment, pour être transportée au lieu de sa destination, pourvu que ces marchandises ne soient pas négociées sur les lieux, on ne pourra exiger, sur lesdites marchandises, ni douane ni aucun droit (2).

ARTICLE 78.

Outre que le capitan-pacha, les capitaines de nos vaisseaux de guerre, les beys de galères, les commandants de galiotes et les autres bâtiments de notre sublime Porte, et notamment ceux qui font le commerce d'Alexandrie, ne pourront détenir ni inquiéter les bâ-

(1) Voir la fin de l'art. 79.
(2) Voir art. 19.

timents français contre la teneur des capitulations impériales, ni en exiger par force des présents sous quelque prétexte que ce soit ; lorsqu'ils rencontreront en mer des bâtiments français, soit de guerre, soit marchands, ils se donneront réciproquement, suivant l'ancien usage, des marques d'amitié.

ARTICLE 79.

Lorsque les bâtiments marchands français voient nos vaisseaux de guerre, galères, sultanes et autres bâtiments du sultan, il arrive que, quoiqu'ils soient dans l'intention de leur faire les politesses usitées depuis longtemps, ils sont cependant inquiétés pour n'être pas venus sur-le-champ à leur bord, par l'impossibilité où ils sont quelquefois de mettre avec promptitude leur chaloupe à la mer ; ainsi, pourvu qu'on voie qu'ils se mettent en état de remplir les usages pratiqués, on ne pourra les molester, sous prétexte qu'ils auront tardé de venir à bord.

Les bâtiments français ne pourront être détenus sans raison dans nos ports, et on ne leur prendra par force ni leur chaloupe, ni leurs matelots ; et la détention surtout des bâtiments chargés de marchandises, occasionnant un préjudice considérable, il ne sera plus permis à l'avenir de rien * commettre de semblable. Lorsque les commandants des bâtiments de guerre susdits iront dans des Échelles où il y a des Français établis, pour empêcher leurs levantis et leurs gens de faire aucun tort aux Français, et de les inquiéter, ils ne les laisseront aller à terre qu'avec un nombre suffisant d'officiers, et ils établiront une garde pour la sûreté des Français et de leurs commerce ; et lorsque les Français iront à terre, les commandants des places ou des Échelles, et les autres officiers de terre, ne les molesteront en aucune façon contre la justice et les usages ; de sorte que si l'on se plaint qu'à ces égards il ait été commis quelque action contraire aux capitulations impériales, ceux qui seront en faute seront sévèrement punis, après la vérification des faits ; et pareillement de la part des Français, il ne sera nullement permis aucune démarche peu modérée contraire à l'amitié (1).

ARTICLE 80.

Lorsque, pour cause de nécessité, on sera dans un cas urgent de noliser quelque bâtiment français de la part du *miry*, les commandants ou autres officiers qui seront chargés de cette commission, en avertiront l'ambassadeur ou les consuls, dans les endroits ou il y en aura, et ceux-ci destineront les bâtiments qu'ils trouveront convenables ; et dans les endroits où il n'y aura ni ambassadeur ni consul, ces bâtiments seront nolisés de leur bon gré, et l'on ne pourra, sous ce prétexte, détenir les bâtiments français ; et ceux qui seront chargés, ne seront ni molestés ni forcés de décharger leurs marchandises.

ARTICLE 81.

Comme il a été représenté que, malgré l'assistance souvent accordée aux Français, conséquemment à l'exacte observation des articles des précédentes capitulations concernant les corsaires de Bar-

(1) Voir art. 76.

barie, ceux-ci, non contents de molester les bâtiments français qu'ils rencontrent en mer, insultent et vexent encore les consuls et les négociants français qui se trouvent dans les Échelles où ils abordent ; lorsqu'à l'avenir il arrivera des procédés irréguliers de cette nature, les pachas, commandants et autres officiers de notre Empire, protégeront et défendront les consuls et les marchands français ; et sur les témoignages que rendront les ambassadeurs et les consuls, que les bâtiments qui viendront sous les forteresses et dans les Échelles de nos États sont véritablement français, on empêchera de toutes manières que ces corsaires ne les prennent, et l'on ne prendra aucun bâtiment sous le canon ; et si ces corsaires causent quelque dommage aux Français, dans les endroits de notre Empire où il y aura des pachas et des commandants, il sera permis, pour intimider, de donner des ordres rigoureux pour leur faire supporter les pertes et les dommages qui seront survenus (1).

ARTICLE 82.

Lorsque les endroits dont les religieux dépendants de la France ont la possession et la jouissance à Jérusalem, ainsi qu'il en est fait mention dans les articles précédemment accordés et actuellement renouvelés, auront besoin d'être réparés pour prévenir la ruine à laquelle ils seraient exposés par la suite des temps, il sera permis d'accorder, à la réquisition de l'ambassadeur de France résidant à ma Porte de félicité, des commandements pour que ces

(1) Voir art. 11 et 54.
(2) Voir art. 33.
(3) Voir art. 32.

réparations soient faites d'une façon conforme aux tolérances de la justice ; et les kadis, commandants et autres officiers ne pourront mettre aucune sorte d'empêchement aux choses accordées * par commandement. Et comme il est arrivé que nos officiers, sous prétexte que l'on avait fait des réparations secrètes dans les susdits lieux, y faisaient plusieurs visites dans l'année et rançonnaient les religieux, nous voulons que de la part des pachas, kadis, commandants et autres officiers qui s'y trouvent, il ne soit fait qu'une visite par an dans l'église de l'endroit qu'ils nomment le *Sépulcre de Jésus*, de même que dans leurs autres églises et * lieux de visitation (2). Les évêques et religieux dépendants de l'empereur de France, qui se trouvent dans mon Empire, seront protégés tant qu'ils se tiendront dans les bornes de leur état, et personne ne pourra les empêcher d'exercer leur rit suivant leur usage, dans les églises qui sont entre leurs mains, de même que dans les autres lieux ou ils habitent (3) : * et lorsque nos sujets tributaires et les Français iront et viendront les uns chez les autres, pour ventes, achats et autres affaires, on ne pourra les molester contre les lois sacrées, pour cause de cette fréquentation ; et comme il est porté par les articles précédemment stipulés, qu'ils pourront lire l'évangile dans les bornes de leur devoir, dans leur hôpital de Galata, cependant, cela n'ayant pas été exécuté, nous voulons que dans tel endroit où cet hôpital pourra se trouver à l'avenir, dans une forme juridique, ils puissent, conformément aux anciennes capitulations, y lire l'évangile dans les bornes du devoir, sans être inquiétés à ce sujet (1).

ARTICLE 83.

Comme l'amitié de la cour de France avec ma sublime Porte est plus ancienne que celle des autres cours, nous ordonnons, pour qu'il soit traité avec elle de la manière la plus digne, que les privi-léges et les honneurs pratiqués envers les autres nations franques aient aussi lieu à l'égard des sujets de l'empereur de France (2).

ARTICLE 84.

L'ambassadeur, les consuls et les drogmans de France, ainsi que les négociants et artisans qui en dépendent (3) ; plus, les capitaines des bâtiments français et leurs gens de mer, enfin leurs religieux et leurs évêques, tant qu'ils seront dans les bornes de leur état, et qu'ils s'abstiendront de toutes démarches qui pourraient porter at-teinte aux devoirs de l'amitié et aux droits de la sincérité, jouiront dorénavant de ces anciens et nouveaux articles ci présentement stipulés, lesquels seront exécutés en faveur des quatre états ci-des-sus mentionnés; et si l'on venait à produire même quelque com-mandement d'une date antérieure ou postérieure, contraire à la teneur de ces articles, il restera sans exécution, et sera supprimé et biffé, conformément aux capitulations impériales.

(1) Voir l'art. 36.

(2) Voir art. 9 du Traité de Paris.

(3) Il importe de faire remarquer que le sens ici est : « ainsi que les négociants et artisans qui dépendent de la France, » et non pas « les artisans *qui dépendent* des négociants. »

ARTICLE 85.

Ma généreuse et sublime Porte ayant à présent renouvelé la paix ci-devant conclue avec les Français, et pour donner de plus en plus des témoignages d'une sincère amitié, y ayant à cet effet ajouté et fortifié certains articles convenables et nécessaires, il sera expédié des commandements rigoureux à tous les commandants et officiers des principales Échelles et autres endroits où besoin sera, aux fins qu'à l'avenir il soit fait honneur aux articles de ma capitulatiou impériale, et qu'on ait à s'abstenir de toute démarche contraire à son contenu, et il sera permis d'en faire l'enregistrement dans les *makhémé* ou tribunaux publics. * Conséquemment, tant que de la part de sa majesté le très-magnifique empereur de France et de ses successeurs, il sera constamment donné des témoignages de sincé-rité et de bonne amitié envers notre glorieux Empire le siége du khalifat; pareillement de la part de notre majesté impériale, je m'engage, sous notre auguste serment le plus sacré et le plus invio-lable, soit pour notre sacrée personne impériale, soit pour nos au-gustes successeurs, de même que pour nos suprêmes visirs, nos honorés pachas, et généralement tous nos illustres serviteurs qui ont l'honneur et le bonheur d'être dans notre esclavage, que jamais il ne sera rien permis de contraire aux présents articles; et afin que de part et d'autre on soit toujours attentif à fortifier et cimen-

ter les fondements de la sincère amitié et de la bonne correspon-
dance réciproques, nous voulons que ces gracieuses capitulations
impériales soient exécutées selon leur noble teneur. Écrit le quatre
de la lune de rebiul-ewel, l'an de l'hégire onze cent cinquante-
trois (1).

Dans la résidence impériale de Constantinople la bien gardée.

(1) Juillet 1740.

DEUXIÈME PARTIE.

TRAITÉ DE PAIX DIT DE PARIS

DU 6 MESSIDOR AN X (26 JUIN 1802), HÉGIRE 1217, 24 DE LA LUNE DE SEFER,

ENTRE LA RÉPUBLIQUE FRANÇAISE ET LA SUBLIME PORTE.

—

Le présent Traité a été ratifié par Notre Majesté Impériale, pour qu'il soit agi en conséquence.

Mots écrits sur l'original turc de la propre main du sultan (1).

Le Premier consul de la République française, au nom du peuple français, et le sublime Empereur ottoman, voulant rétablir les rapports primitifs de paix et d'amitié qui ont existé de tout temps entre la France et la sublime Porte, ont nommé dans cette vue pour ministres plénipotentiaires, savoir :

Le Premier consul, au nom du peuple français, le citoyen Charles Maurice Talleyrand, ministre des relations extérieures de la République française,

Et la sublime Porte ottomane, Esseïd Mehemmed Saïd Ghalib Efendi, rapporteur actuel, secrétaire intime et directeur des affaires étrangères,

Lesquels, après avoir échangé leurs pleins pouvoirs, sont conve_ des articles suivants :

ARTICLE 1er.

Il y aura à l'avenir paix et amitié entre la République française et la sublime Porte ottomane. Les hostilités cesseront désormais et pour toujours entre les deux États.

ARTICLE 2.

Les traités ou capitulations qui, avant l'époque de la guerre, déterminaient respectivement les rapports de toute espèce qui existaient entre les deux puissances, sont entièrement renouvelés.

En conséquence de ce renouvellement, et en exécution des arti-

(1) Entre ces mots et le préambule qui, dans le texte original, précède les articles, se trouve le chiffre ou monogramme du sultan Selim III. Ce préambule n'étant qu'une répétition presque textuelle de celui qui se trouve en tête de la première partie, nous avons cru pouvoir nous dispenser de le traduire en entier.

cles des anciennes capitulations, en vertu desquels les Français ont le droit de jouir, dans les États de la sublime Porte, de tous les avantages qui ont été accordés à d'autres puissances (1), la sublime Porte consent à ce que les vaisseaux du commerce français, portant pavillon français (2), jouissent désormais sans aucune contestation du droit d'entrer et de naviguer librement dans la mer Noire. La sublime Porte consent de plus à ce que lesdits vaisseaux français, à leur entrée et à leur sortie de cette mer, et pour tout ce qui peut favoriser leur libre navigation, soient entièrement assimilés aux vaisseaux marchands des nations qui naviguent dans la mer Noire.

La sublime Porte et le gouvernement de la République prendront de concert des mesures efficaces pour purger de toute espèce de forbans les mers qui servent à la navigation des vaisseaux marchands des deux États. La sublime Porte promet de protéger, contre toute espèce de pirateries, la navigation des vaisseaux marchands français sur la mer Noire.

Il est entendu que les avantages accordés aux Français par le présent article dans l'Empire ottoman sont également assurés aux sujets et au pavillon de la sublime Porte, dans les mers et sur le territoire de la République française.

ARTICLE 3.

La République française jouira, dans les pays ottomans qui bordent ou avoisinent la mer Noire, tant pour son commerce que pour les agents et commissaires des relations commerciales qui pourront être établis dans les lieux où les besoins du commerce français rendront cet établissement nécessaire, des droits, privilèges et prérogatives dont la France jouissait avant la guerre dans les autres parties des États de la sublime Porte, en vertu des anciennes capitulations.

ARTICLE 4.

La sublime Porte accepte, en ce qui la concerne, le traité conclu à Amiens entre la France et l'Angleterre le 4 germinal an x (1216, zil-cadè 22), (25 avril 1802). Tous les articles de ce traité, qui sont relatifs à la sublime Porte, sont formellement renouvelés dans le présent traité.

ARTICLE 5.

La République française et la sublime Porte se garantissent mutuellement l'intégrité de leurs possessions. (Voir la note placée à la fin de ce traité.)

ARTICLE 6.

Les restitutions et compensations dues aux agents des deux puissances, ainsi qu'aux citoyens et sujets dont les biens ont été confisqués ou séquestrés pendant la guerre, seront réglées avec

(1) Voir l'art. 83 de la première partie, et l'art. 9 du présent Traité.

(2) Il semble résulter de cette condition du Traité de Paris, que les navires français sous pavillon étranger, ou étrangers sous pavillon français, étaient exclus de l'entrée de la mer Noire. Nous remarquerons qu'à cet égard le Traité d'Andrinople a créé, en faveur de toutes les nations, le droit incontestable d'entrer dans la mer Noire et d'y naviguer librement. Voyez l'art. 7 de la Convention de Constantinople de 1838, qui confirme également cette disposition.

équité par un arrangement particulier qui sera fait à Constantinople entre les deux gouvernements.

ARTICLE 7.

En attendant qu'il soit pris de concert de nouveaux arrangements sur les discussions qui ont pu s'élever relativement aux droits de douane, on se conformera à cet égard, dans les deux pays, aux anciennes capitulations.

ARTICLE 8.

S'il existe encore des prisonniers qui soient détenus par suite de la guerre dans les deux États, ils seront immédiatement mis en liberté sans rançon.

ARTICLE 9.

La République française et la Sublime Porte ayant voulu, par le présent traité, se placer dans les États l'un de l'autre sur le pied de la puissance la plus favorisée, il est entendu qu'elles s'accordent respectivement, dans les deux États, tous les avantages qui pourraient être ou avoir été accordés à d'autres puissances, comme si lesdits avantages étaient littéralement stipulés dans le présent traité (1).

ARTICLE 10.

Les ratifications du présent traité seront échangées à Paris dans l'espace de quatre-vingts jours, ou plus tôt, si faire se peut (2).

Fait à Paris, le 6 messidor an x de la République française (24 safer ul-khaïr de l'année de l'hégire 1217, 26 juin 1802) (3).

(1) Voir art. 83 de la première partie.

(2) Nous croyons devoir faire remarquer que, dans le texte turc, cet art. 10 est immédiatement suivi d'une conclusion (*khatemé*) dont le traducteur officiel n'a donné ni la traduction, ni même l'indication. Par cette conclusion, qui n'est, à quelques différences de termes près, qu'une reproduction de l'art. 85 des anciennes capitulations, et qui tient ici lieu de ratification, le sultan, après avoir confirmé, ratifié, signé et scellé le nouveau traité, déclare que, tant que de la part du premier consul de la République française, ou de ses successeurs, ce traité continuera d'être observé, et qu'il n'y sera porté aucune atteinte, il promet également (lui le sultan) que, tant de sa part que de celle de ses successeurs, des grands vizirs, des hauts dignitaires de l'Empire, des généraux, des troupes, et généralement de toutes les personnes soumises à l'obéissance impériale, ce traité sera strictement observé, et qu'il n'y sera porté aucune infraction.

(3) Cette date est celle du traité préliminaire signé par les plénipotentiaires à Paris. La ratification que nous venons d'indiquer porte, dans le texte turc, la date du 24 de rebi' ul-evvel 1217 (juillet 1802).

Nous dirons aussi, en terminant, qu'il a existé, du Traité de Paris de 1802, un article additionnel et secret dont la teneur, par une sorte de modification à l'art. 5, portait que la France s'engageait à ne pas obliger contre son gré la Sublime Porte à prendre part dans les guerres qu'elle pourrait avoir à soutenir contre d'autres puissances.

TROISIEME PARTIE

CONVENTION

CONCLUE ENTRE LA FRANCE ET LA SUBLIME PORTE

LE 25 NOVEMBRE 1838 (MILIEU DE ZIL-HIDJDJÈ DE L'ANNÉE DE L'HÉGIRE 1254).

—

Le présent Traité a été ratifié par Notre Majesté Impériale, pour qu'il soit agi en conséquence (1).

(Mots écrits sur l'original en turc de la propre main du sultan.)

Pendant le long intervalle d'alliance qui a heureusement subsisté entre la France et la Sublime Porte, des capitulations obtenues de la Porte, et des traités conclus entre les deux puissances ont réglé le taux des droits payables sur les marchandises exportées de Turquie, comme sur celles importées dans les domaines du Grand Seigneur, et ont établi et consacré les droits, priviléges, immunités et obligations des marchands français trafiquant ou résidant dans l'étendue de l'Empire ottoman. Cependant depuis l'époque où les capitulations ont été révisées pour la dernière fois (2), des changements de différente nature sont survenus tant dans l'administration intérieure de l'Empire turc que dans ses relations extérieures avec les autres puissances, et Sa Majesté l'Empereur des Français et Sa Hautesse le Sultan sont convenus de régler de nouveau, par un acte spécial et additionnel, les rapports commerciaux de leurs sujets, le tout dans le but d'augmenter le commerce entre leurs États respectifs, comme dans celui de faciliter davantage l'échange des produits de l'un des deux pays avec ceux de l'autre. A cet effet, ils ont nommé pour leurs plénipotentiaires, Sa Majesté l'Empereur des Français, monsieur Albin-Reine baron Roussin, vice-amiral, pair de France, membre de l'Académie des Sciences, grand'croix de

(1) Après ces mots se trouve placé, dans le texte turc original, le chiffre ou monogramme du sultan Abdul-Medjid, actuellement régnant. Voyez ce même chiffre placé en fleuron au grand titre de ce volume. Voyez, en ce qui concerne le préambule de cette troisième partie, la note mise au bas de la page 287 du Traité de Paris.

(2) Traité de Paris de 1802.

l'ordre impérial de la Légion-d'Honneur, décoré du grand ordre du *Nichani-Iftikhar*, grand'croix de l'ordre grec du Sauveur, commandeur de l'ordre de la Croix du Sud du Brésil, son ambassadeur près de la Sublime Porte ; et Sa Hautesse le Sultan, le très-excellent et très-distingué Méhemmed Nouri Efendi, conseiller d'État au département des affaires étrangères, tenant le portefeuille de ce ministère par intérim, décoré de l'ordre du *Nichani-Iftikhar* de première classe, grand'croix de l'ordre belge de Léopold ; et le très-excellent et très-distingué Moustafa Kiani bey, membre du conseil suprême d'Etat, président du conseil d'utilité publique et du commerce, ministre d'État de première classe, revêtu des décorations affectées à ces deux emplois ; lesquels, après s'être donné réciproquement communication de leurs pleins pouvoirs, trouvés dans la bonne et due forme, sont tombés d'accord sur les articles suivants :

ARTICLE PREMIER.

Tous les droits, priviléges et immunités qui ont été conférés aux sujets ou aux bâtiments français par les capitulations et les traités existants (1), sont confirmés aujourd'hui et pour toujours, à l'exception de ceux qui vont être spécialement modifiés par la présente convention, et il est en outre expressément entendu que tous les droits, priviléges et immunités que la Sublime Porte accorde aujourd'hui, ou pourrait accorder à l'avenir aux bâtiments et aux sujets de tout autre puissance étrangère, seront également accordés aux sujets et aux bâtiments français, qui en auront de droit l'exercice et la jouissance.

ARTICLE 2.

Les sujets de Sa Majesté l'Empereur des Francais, ou leurs ayants cause, pourront acheter dans toutes les parties de l'Empire ottoman, soit qu'ils veuillent en faire le commerce à l'intérieur, soit qu'ils se proposent de les exporter, tous les articles sans exception provenant du sol ou de l'intérieur de ce pays. La Sublime Porte s'engage formellement à abolir tous les monopoles qui frappent les produits de l'agriculture et les autres productions quelconques de son territoire, comme aussi elle renonce à l'usage des *tezkérés* demandés aux autorités locales pour l'achat de ces marchandises, ou pour les transporter d'un lieu à un autre quand elles étaient achetées. Toute tentative qui sera faite par une autorité quelconque pour forcer les sujets français à se pourvoir de semblables permis ou *tezkérés*, sera considérée comme une infraction aux traités, et la Sublime Porte punira immédiatement avec sévérité tous vizirs ou autres fonctionnaires auxquels on aurait une pareille infraction à reprocher ; et elle fera indemniser les sujets français des pertes ou vexations dont ils pourront prouver qu'ils ont eu à souffrir.

ARTICLE 3.

Les marchands français, ou leurs ayants cause, qui achèteront un objet quelconque produit du sol ou de l'industrie de la Turquie, dans le but de le revendre pour la consommation dans l'intérieur de

(1) Voir la première et la deuxième partie de ces traités, pages 251 et 287.

l'Empire ottoman, payeront, lors de l'achat et de la vente, les mêmes droits qui sont payés dans les circonstances analogues par les sujets musulmans, ou par les rayas les plus favorisés parmi ceux qui se livrent au commerce intérieur.

ARTICLE 4.

Tout article produit du sol ou de l'industrie de la Turquie, acheté pour l'exportation, sera transporté libre de tout espèce de charge et de droits, à un lieu convenable d'embarquement, par les négociants français ou leurs ayants cause; arrivé là, il payera à son entrée un droit fixe de 9 pour 100 de sa valeur, en remplacement des anciens droits de commerce intérieur supprimés par la présente convention ; à sa sortie, il payera le droit de 3 pour 100 anciennement établi, et qui demeure subsistant. Il est toutefois bien entendu que tout article acheté au lieu d'embarquement pour l'exportation, et qui aura déjà payé à son entrée le droit intérieur, ne sera plus soumis qu'au seul droit primitif de 3 pour 100.

ARTICLE 5.

Tout article produit du sol ou de l'industrie de la France et de ses dépendances, et toutes marchandises, de quelque espèce qu'elles soient, embarquées sur des bâtiments français et étant la propriété de sujets français, ou apportées par terre et par mer d'autres pays par des sujets français, seront admis comme antérieurement dans toutes les parties de l'Empire ottoman, sans aucune exception, moyennant un droit de 3 pour 100 calculé sur la valeur de ces articles (1).

(1) Voir l'art. 37 des anciennes capitulations.

En remplacement de tous les droits de commerce intérieur qui se perçoivent aujourd'hui sur lesdites marchandises, le négociant français qui les importera, soit qu'il les vende au lieu d'arrivée, soit qu'il les expédie dans l'intérieur pour les y vendre, payera un droit additionnel de 2 pour 100. Si ensuite ces marchandises sont revendues à l'intérieur, il ne sera plus exigé aucun droit ni du vendeur ni de l'acheteur, ni de celui qui les ayant achetées désirera les expédier au dehors.

Les marchandises qui auront payé l'ancien droit d'importation de 3 pour 100 dans un port pourront être envoyées, dans un autre port, franches de tout droit ; et ce n'est que lorsqu'elles y seront vendues ou transportées de celui-ci dans l'intérieur du pays que le droit additionnel de 2 pour 100 devra être acquitté.

Il demeure entendu que le gouvernement de Sa Majesté l'Empereur des Français ne prétend pas, soit par cet article, soit par aucun autre du présent traité, stipuler au delà du sens naturel et précis des termes employés, ni priver en aucune manière le gouvernement de Sa Hautesse de l'exercice de ses droits d'administration intérieure, en tant toutefois que ces droits ne porteront pas une atteinte manifeste aux stipulations des anciens traités, et aux priviléges accordés, par la présente convention, aux sujets français et à leurs propriétés.

ARTICLE 6.

Les sujets français, ou leurs ayants cause, pourront librement trafiquer, dans toutes les parties de l'Empire ottoman, des marchandises apportées des pays étrangers ; et si ces marchandises n'ont payé à leur entrée que le droit d'importation, le négociant français, ou son ayant cause, aura la faculté d'en trafiquer en payant le droit additionnel de 2 pour 100, auquel il serait soumis pour la vente des propres marchandises qu'il aurait lui-même importées, ou pour leur transmission faite dans l'intérieur avec l'intention de les y vendre. Ce payement une fois acquitté, ces marchandises seront libres de tous autres droits, quelle que soit la destination ultérieure qui sera donnée à ces marchandises.

ARTICLE 7.

Aucun droit quelconque ne sera prélevé sur les marchandises françaises, produit du sol ou de l'industrie de la France et de ses dépendances, ni sur les marchandises provenant du sol ou de l'industrie de tout autre pays étranger, quand ces deux sortes de marchandises embarquées sur des bâtiments français, appartenant à des sujets français, passeront par les détroits des Dardanelles, du Bosphore, ou de la mer Noire (1) ; soit que ces marchandises traversent ces détroits sur les bâtiments qui les ont apportées, ou qu'elles soient transbordées sur d'autres bâtiments, ou que, devant être vendues ailleurs, elles soient, pour un temps limité, déposées à terre pour être mises à bord d'autres bâtiments et continuer leur voyage.

Toutes les marchandises importées en Turquie pour être transportées dans d'autres pays, ou qui, restant entre les mains de l'importateur, seront expédiées par lui dans d'autres pays pour y être vendues, ne payeront que le premier droit d'importation de 3 pour 100, sans que, sous aucun prétexte, on puisse les assujettir à d'autres droits.

ARTICLE 8.

Les fermans exigés des bâtiments marchands français, à leur passage dans les Dardanelles et dans le Bosphore, leur seront toujours délivrés de manière à leur occasionner le moins de retard possible.

ARTICLE 9.

La Sublime Porte consent à ce que la législation (2), créée par la présente convention, soit exécutable dans toutes les provinces de l'Empire ottoman (c'est-à-dire dans les possessions de Sa Hautesse situées en Europe, en Asie et en Égypte, et dans les autres parties de l'Afrique appartenant à la Sublime Porte), et qu'elle soit applicable à toutes les classes de sujets ottomans.

La Sublime Porte déclare aussi ne point s'opposer à ce que les autres puissances étrangères cherchent à faire jouir leur commerce des stipulations contenues dans la présente convention.

ARTICLE 10.

Suivant la coutume établie entre la France et la Sublime Porte, et afin de prévenir toutes difficultés et tout retard dans l'estimation

(1) Voir la note 2 de l'art. 2 du Traité de 1802.

(2) Il y a de plus, dans le texte turc, le mot *commerciale* ou *de commerce*, dont la traduction ne fait pas mention.

de la valeur des articles importés en Turquie ou exportés des États ottomans par les sujets français, des commissaires, versés dans la connaissance du commerce des deux pays, ont été nommés, tous les quatorze ans, pour fixer, par un tarif, la somme d'argent, en monnaie du Grand-Seigneur, qui devra être payée sur chaque article. Or, le terme des quatorze ans pendant lequel le dernier tarif devait rester en vigueur étant expiré, les hautes parties contractantes sont convenues de nommer conjointement de nouveaux commissaires, pour fixer et déterminer le montant en argent qui doit être payé par les sujets français, comme droit de 3 pour 100 sur la valeur de tous les articles de commerce importés et exportés par eux. Lesdits commissaires s'occuperont de régler avec équité le mode de payement des nouveaux droits auxquels la présente convention soumet les produits turcs destinés à l'exportation, et détermineront les lieux d'embarquement dans lesquels l'acquittement de ces droits sera le plus facile.

Le nouveau tarif établi restera en vigueur pendant sept années, à dater de sa fixation ; après ce terme, chacune des hautes parties contractantes aura le droit d'en demander la révision ; mais si, pendant les six mois qui suivront l'expiration des sept premières années, ni l'une ni l'autre n'usent dé cette faculté, le tarif continuera d'avoir force de loi pour sept autres années, à dater du jour où les premières seront expirées, et il en sera de même à la fin de chaque période successive de sept années.

CONCLUSION.

La présente convention sera ratifiée ; les ratifications en seront échangées à Constantinople dans l'espace de trois mois, ou plus tôt si faire se peut ; et elle ne commencera toutefois à être mise à exécution qu'au mois de mars 1839.

Les dix articles qui précèdent ayant été arrêtés et conclus, le présent acte a été signé par nous, et il est remis à Leurs Excellences les plénipotentiaires de la Sublime Porte en écha nge de celui qu'ils nous remettent eux-mêmes.

Fait à Constantinople, le vingt-cinq novembre mil huit cent trente-huit, et de l'hégire, le 9 de ramazan de l'année 1254.

Signé : Méhemmed Nouri Efendi, conseiller d'état au département des affaires étrangères, et Moustafa Kiani bey, membre du conseil suprême d'État.

KHATHTHI-CHÉRIF DE GULKHANE,

ou

CHARTE CONSTITUTIONNELLE DE L'EMPIRE,

OCTROYÉE PAR SULTAN ABDUL-MEDJID A SES PEUPLES,

LE 3 NOVEMBRE 1839 (HÉGIRE, 1235).

La traduction suivante que nous donnons de cet important acte politique est celle qui a été insérée au *Moniteur ottoman* et communiquée officiellement à toutes les ambassades des puissances européennes résidant à Constantinople. Le texte turc, qu'on en trouvera également à la fin de ce volume, est celui qui a été lu par Rechid pacha (le grand vizir actuel) dans l'assemblée solennelle tenue le 3 novembre 1839 à Gulkhanè (1), en présence du sultan, des grands de l'Empire, des ulémas, du corps diplomatique et d'une partie de l'armée et de la population de Constantinople, réunis pour cette solennité (2).

Ce document, expression d'un acte qui immortalise à jamais le jeune successeur de Mahmoud II, assure désormais aux populations nombreuses et aux croyances religieuses si variées de la Turquie une existence politique et des garanties sociales qui doivent en peu de temps les élever au niveau de la civilisation du reste de l'Europe.

D'après l'influence salutaire qu'il a déjà exercée sur la position des chrétiens en général et sur celle des Français même que leurs intérêts fixent ou appellent temporairement en Turquie, nous avons cru faire une chose utile en plaçant dans cet ouvrage l'acte de Gulkhanè immédiatement, et comme complément nécessaire, à la suite de nos Capitulations, cet égide tutélaire de tous nos priviléges depuis plus de trois siècles dans ces riches et belles contrées.

---

(1) Partie des jardins du palais impérial de Top-Capou. Le nom de *Gulkhanè* donné à ce lieu lui vient de ce qu'il renferme un office considérable destiné à la préparation des sucreries, et principalement à celle de la conserve de roses.

(2) Voyez, pour les détails de cette imposante solennité, l'*Univers pittoresque*, vol. de Turquie, par M. Jouannin, p. 445 et suiv.

TRADUCTION DU KHATHTHI-CHÉRIF

Tout le monde sait que, dans les premiers temps de la monarchie ottomane, les préceptes glorieux du Coran et les lois de l'Empire étaient une règle toujours honorée.

En conséquence, l'Empire croissait en force et en grandeur, et tous les sujets (2), sans exception, avaient acquis au plus haut degré l'aisance et la prospérité. Depuis 150 ans, une succession d'accidents et des causes diverses ont fait qu'on a cessé de se conformer au code sacré des lois et aux réglements qui en découlent, et la force et la prospérité antérieures se sont changées en faiblesse et en appauvrissement : c'est qu'en effet un Empire perd toute stabilité quand il cesse d'observer ses lois.

Ces considérations sont sans cesse présentes à notre esprit, et, depuis le jour de notre avénement au trône, la pensée du bien public, de l'amélioration de l'état des provinces et du soulagement des peuples n'a cessé de l'occuper uniquement. Or, si l'on considère la position géographique des provinces ottomanes, la fertilité du sol, l'aptitude et l'intelligence des habitants, on demeurera convaincu qu'en s'appliquant à trouver les moyens efficaces, le résultat, qu'avec le secours de Dieu nous espérons atteindre peut être obtenu dans l'espace de quelques années (3). Ainsi donc, plein de

---

(1) Ce titre, que, d'après son peu d'importance, le traducteur officiel n'a pas mentionné, n'est, dans le texte turc, qu'un simple exposé en trois lignes du but politique et religieux que le sultan s'est proposé par la promulgation bienveillante et spontanée du Khaththi-chérif même. A cette occasion, nous ferons remarquer qu'il existe de cet acte politique une autre traduction que M. Belin a insérée dans le *Journal Asiatique* (janvier 1840, 3ᵉ série). A défaut de caractère officiel, cette traduction ne nous paraît pas moins digne de l'attention des orientalistes, soit par le mérite qu'elle a d'être très-littérale, soit comme étant mise en regard d'un contexte dont la division des paragraphes rend la lecture comparée plus claire et plus facile.

(2) Le mot qui est ici traduit par « sujets » est *tebaa'*. Ce mot, qui n'existe pas encore dans les dictionnaires avec cette signification, est nouveau. C'est le pluriel arabe de *tabi'*. Il a exactement la signification de « sujet » dans l'acception de « soumis à une autorité qui gouverne, roi ou république. » Ex. *Fransa devleti tebaa'ci*, « les sujets français ; » *devleti 'osmaniïë tebaa'ci*, « les sujets ottomans. » Cette désignation annule complètement aujourd'hui, en Turquie, la distinction qui existait autrefois entre les musulmans *muslemín*, et les *re'aïa*, ou peuples conquis et infidèles.

(3) Le texte turc dit « de cinq ou dix ans. »

confiance dans le secours du Très-Haut, appuyé sur l'intercession de notre Prophète, nous jugeons convenable de chercher, par des institutions nouvelles, à procurer aux provinces qui composent l'Empire ottoman le bienfait d'une bonne administration.

Ces institutions doivent principalement porter sur trois points, qui sont : 1° les garanties qui assurent à nos sujets une parfaite sécurité quant à leur vie, leur honneur et leur fortune ; 2° un mode régulier d'asseoir et de prélever les impôts ; 3° un mode également régulier pour la levée des soldats et la durée de leur service.

Et, en effet, la vie et l'honneur ne sont-ils pas les biens les plus précieux qui existent ? Quel homme, quel que soit l'éloignement que son caractère lui inspire pour la violence, pourra s'empêcher d'y avoir recours et de nuire par là au gouvernement et au pays, si sa vie et son honneur sont mis en danger ? Si, au contraire, il jouit à cet égard d'une sécurité parfaite, il ne s'écartera pas des voies de la loyauté, et tous ses actes concourront au bien du gouvernement et de ses frères.

S'il y a absence de sécurité à l'égard de la fortune, tout le monde reste froid à la voix du Prince et de la patrie ; personne ne s'occupe du progrès de la fortune publique, absorbé que l'on est par ses propres inquiétudes. Si, au contraire, le citoyen possède avec confiance ses propriétés de toute nature, alors, plein d'ardeur pour ses affaires, dont il cherche à élargir le cercle afin d'étendre celui de ses jouissances, il sent chaque jour redoubler en son cœur l'amour du Prince et de la patrie, le dévouement à son pays. Ces sentiments deviennent en lui la source des actions les plus louables.

Quant à l'assiette régulière et fixe des impôts, il est très-important de régler cette matière ; car l'État, qui est, pour la défense et son territoire, forcé à des dépenses diverses, ne peut se procurer l'argent nécessaire pour ses armées et autres services, que par les contributions levées sur ses sujets. Quoique, grâces à Dieu, ceux de notre Empire soient depuis quelque temps délivrés du fléau des monopoles, regardés mal à propos autrefois comme une source de revenu, un usage funeste subsiste encore, quoiqu'il ne puisse avoir que des conséquences désastreuses ; c'est celui des concessions vénales connues sous le nom d'*iltizam*. Dans ce système, l'administration civile et financière d'une localité est livrée à l'arbitraire d'un seul homme ; c'est-à-dire, quelquefois à la main de fer des passions les plus violentes et les plus cupides ; car, si ce fermier n'est pas bon, il n'aura d'autre soin que son propre avantage.

Il est donc nécessaire que désormais chaque membre de la société ottomane soit taxé pour une quotité d'impôt déterminée, en raison de sa fortune et de ses facultés, et que rien au delà ne puisse être exigé de lui. Il faut aussi que des lois spéciales fixent et limitent les dépenses de nos armées de terre et de mer.

Bien que, comme nous l'avons dit, la défense du pays soit une chose importante, et que ce soit un devoir pour tous les habitants de fournir des soldats à cette fin, il est devenu nécessaire d'établir des lois pour régler les contingents que devra fournir chaque localité, selon les nécessités du moment, et pour réduire à quatre ou cinq ans le temps du service militaire ; car c'est à la fois faire une chose injuste et porter un coup mortel à l'agriculture et à l'industrie, que de prendre, sans égard à la population respective des lieux, dans l'un plus, dans l'autre moins d'hommes qu'ils n'en peuvent fournir ; de même que c'est réduire les soldats au désespoir, et contribuer à la dépopulation du pays, que de les retenir toute leur vie au service.

En résumé, sans les diverses lois dont on vient de voir la nécessité, il n'y a pour l'Empire ni force, ni richesse, ni bonheur, ni tranquillité ; il doit, au contraire, les attendre de l'existence de ces lois nouvelles.

C'est pourquoi, désormais, la cause de tout prévenu sera jugée publiquement, conformément à notre loi divine, après enquête et examen ; et, tant qu'un jugement régulier ne sera point intervenu, personne ne pourra, secrètement ou publiquement, faire périr une autre personne par le poison ou par tout autre supplice.

Il ne sera permis à personne de porter atteinte à l'honneur de qui que ce soit.

Chacun possédera ses propriétés de toute nature, et en disposera avec la plus entière liberté, sans que personne puisse y porter obstacle ; ainsi, par exemple, les héritiers innocents d'un criminel ne seront point privés de leurs droits légaux, et les biens du criminel ne seront pas confisqués.

Ces concessions impériales s'étendant à tous nos sujets, de quelque religion ou secte qu'ils puissent être, ils en jouiront sans exception. Une sécurité parfaite est donc accordée par nous aux habitants de l'Empire, dans leur vie, leur honneur et leur fortune, ainsi que l'exige le texte sacré de notre loi.

Quant aux autres points, comme ils doivent être réglés par le concours d'opinions éclairées, notre conseil de justice (augmenté de nouveaux membres, autant qu'il sera nécessaire) auquel se réuniront, à certains jours que nous déterminerons, nos ministres et les notables de l'Empire, s'assemblera à l'effet d'établir des lois réglementaires sur ces points de la sécurité de la vie et de la fortune, et sur celui de l'assiette des impôts. Chacun, dans ces assemblées, exposera librement ses idées et donnera son avis.

Les lois concernant la régularisation du service militaire seront débattues au conseil militaire, tenant séance au palais du séraskier.

Dès qu'une loi sera finie, pour être à jamais valable et exécutoire, elle nous sera présentée ; nous l'ornerons de notre sanction, que nous écrirons en tête de notre main impériale.

Comme ces présentes institutions n'ont pour but que de faire refleurir la religion, le gouvernement, la nation et l'Empire, nous nous engageons à ne rien faire qui y soit contraire. En gage de notre promesse, nous voulons, après les avoir déposées dans la salle qui renferme le manteau glorieux du Prophète, en présence de tous les ulémas, et des grands de l'Empire, faire serment par le nom de Dieu et faire jurer ensuite les ulémas et les grands de l'Empire.

Après cela, celui d'entre les ulémas ou les grands de l'Empire, ou toute autre personne que ce soit, qui violerait ces institutions, subira, sans qu'on ait égard au rang, à la considération et au crédit de personne, la peine correspondant à sa faute, bien constatée. Un code pénal sera rédigé à cet effet.

Comme tous les fonctionnaires de l'Empire reçoivent aujourd'hui un traitement convenable, et qu'on régularisera les appointements de ceux dont les fonctions ne seraient pas encore suffisamment rétribuées, une loi rigoureuse sera portée contre le trafic de la faveur et des charges (*richvet*) que la loi divine réprouve, et qui est une des principales causes de la décadence de l'Empire.

Les dispositions ci-dessus arrêtées étant une altération et une rénovation complète des anciens usages, ce rescrit impérial sera publié à Constantinople et dans tous les lieux de notre Empire, et devra être communiqué officiellement à tous les ambassadeurs des puissances amies résidant à Constantinople, pour qu'ils soient témoins de l'octroi de ces institutions, qui, s'il plaît à Dieu, dureront à jamais.

Sur ce, que Dieu très-haut nous ait tous en sa sainte et digne garde !

Que ceux qui feront un acte contraire aux présentes institutions soient l'objet de la malédiction divine, et privés pour toujours de toute espèce de bonheur !

FIN.

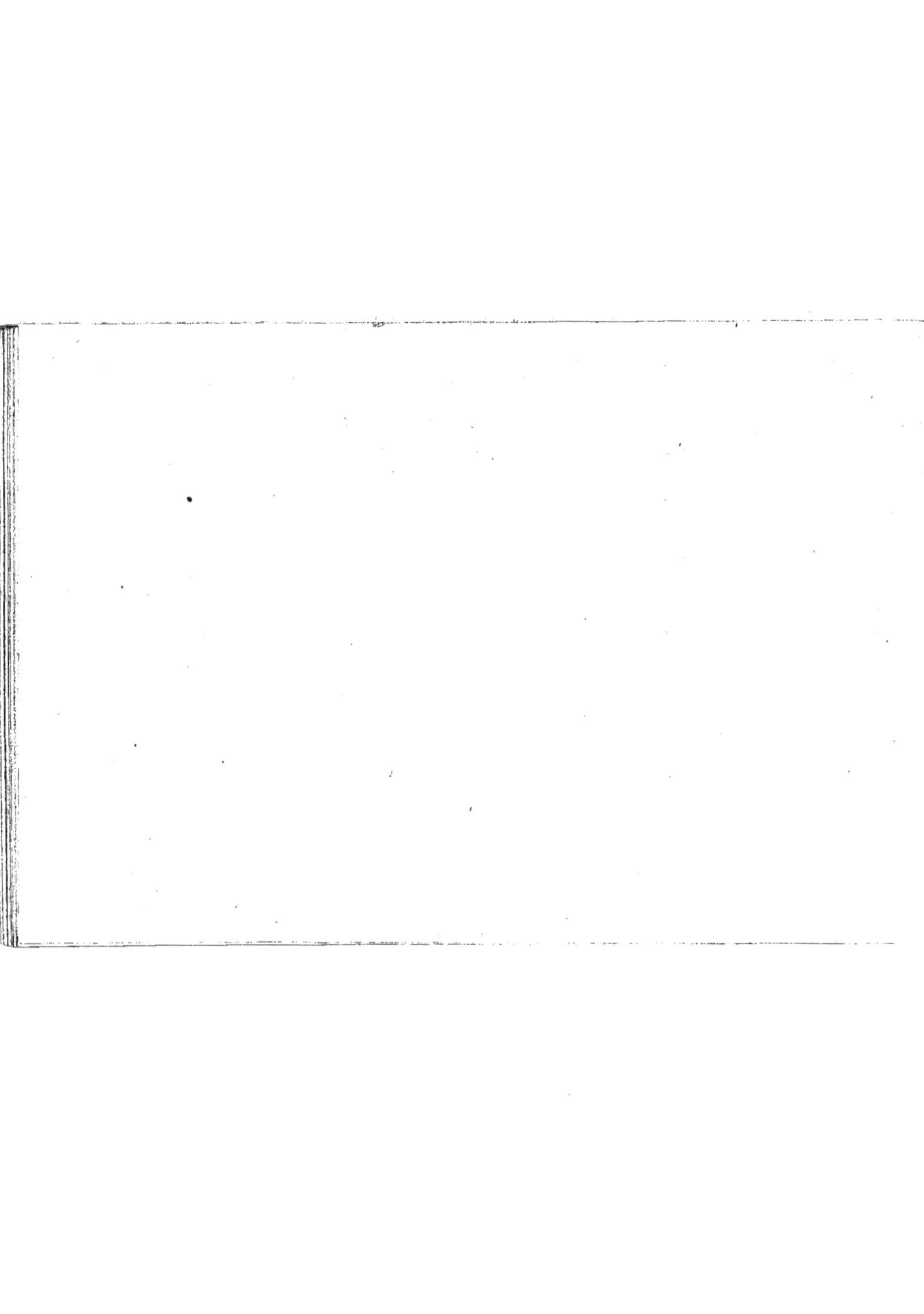

ERRATA.

Page	ligne		au lieu de	lisez
27	11,	au lieu de	*maqara*	lisez	*masqara*
38	10	après	چوروملك	ajoutez	چرملك ـ چريمك
46	9	supprimez la note.			
77	1	au lieu de	*tchāqay*	lisez	*tchāqdy*
90	15	—	*ouçoul*	—	*ouçoulou*
101	11	—	اونـتم	—	اونوتدم
123	12	—	*nezāretinden*	—	*nazāretinden*
125	11	—	ضيفلك	—	صيفلك
141	15	—	منغ	—	منع
186	9	—	مملكنتك	—	مملكتنك
187	2	après	*nèmyqdār*	ajoutez	*nufoucé*
205	18	au lieu de	بوغاريله	lisez	بوغازيله
215	18	—	*guetcherin*	—	*guetcherek*
216	5-6	—	*meçākin*	—	*meçākini*
216	7	—	ولر	—	اولر
222	6	—	ايكى	—	يكى
222	15	—	*oloundoughounou*	—	*oloundoughouna*
277	25	—	(1)	—	(4)
297	2, col. 2	—	et	—	de

www.ingramcontent.com/pod-product-compliance
Lightning Source LLC
Chambersburg PA
CBHW061300030726
47595CB00001B/144

ERRATA.

Page	xxi,	ligne	3,	au lieu de	اوّلی	lisez	اولی
—	xxi	—	5	—	متنی	—	متن
—	9	—	9	—	*hir*	—	*bir*
—	27	—	11	—	*maqara*	—	*masqara*
—	38	—	10	après	چوروملك	ajoutez	چرملك ـ چویملك
—	46	—	9	supprimez la note.			
—	57	—	18	au lieu de	*houzourmoudan*	lisez	*houzouroumdan*
—	77	—	1	—	*tchāqay*	—	*tchāqdy*
—	90	—	15	—	*ouçoul*	—	*ouçoulou*
—	101	—	11	—	اونـتم	—	اونوندم
—	123	—	12	—	*nezāretinden*	—	*nazāretinden*
—	125	—	11	—	صيفلك	—	صيغلك
—	141	—	15	—	منغ	—	منع
—	186	—	9	—	مملكننك	—	مملكتنك
—	187	—	2	après	*nèmyqdār*	ajoutez	*nufoucè*
—	205	—	18	au lieu de	بوغاريله	lisez	بوغازيله
—	215	—	18	—	*guetcherin*	—	*guetcherek*
—	216	—	5-6	—	*meçākin*	—	*meçākini*
—	216	—	7	—	ولر	—	اولر
—	222	—	6	—	ايكی	—	يكی

Page 222, ligne 13,   au lieu de *oloundoughounou* lisez   *oloundoughouna*

— 277 — 28 — (1) — (4)

— 295 — 1 — GULKBANE — GULKHÂNÈ

— 297 — 2, col. 2 — et — de

TEXTE TURC DES CAPITULATIONS, ETC.

Page	ligne		au lieu de		lisez	
٢	٣, 2ᵉ col.			مصاٯاٮیلك		مضاٯاٮیله
— ٦	— ٣, 1ʳᵉ col.	—		منٮه	—	مٮٮٮه
— ١١	— ١٥, 2ᵉ col.	—		قونسلوسلرٮٮك	—	وقونسلوسلرٮلك
— ١٣	— ١, 1ʳᵉ col.	—		دعواٮٮ	—	دعوابی
— ١۴	— ٦	—		سختٮٮ	—	وسختٮان
— ١۴	— ١٦	—		ٮٮا	—	بناء
— ١٨	— ١٧	—		ٮجق	—	انجق
— ٢٠	— ١٣, 2ᵉ col.	—		ابلحٮٮسنك	—	ابلحٮسنك
— ٢۴	— ٧	—		معون	—	معٮون
— ٢٢	— ٩	—		اصمنلك	—	ضمننك
— ٢٦	— ۴, 1ʳᵉ col.	—		طرڡنده	—	طرڡنده
— ٢٧	— ٨, 2ᵉ col.	—		ٮدایٮ	—	بدایٮ
— ٢٧	— ٩, 1ʳᵉ col.	—		کهالٮه	—	کهالٮلد
— ٢٩	— ٢	—		ٮٮٮن	—	ٮعٮن

PARIS. — TYPOGRAPHIE ORIENTALE DE Mᵐᵉ Vᵉ DONDEY-DUPRÉ, RUE SAINT-LOUIS, 46, AU MARAIS.

تاريخ فرنكينك بيك بشيوز اوتوز بشى وهجرتنك طقوز يوز قرق ايكى سنه‌سندنبرو دولت عليّه
ايله فرانسه دولتى ميانه‌سنك واقع اولان صلح وتجارت ومصافات ودوستىٔ بى حاوى
عهدنامه وشروط يعنى دولتين مشار اليهما اراسنده روابط ومناسباتك منشأ
ومبدأندن تانهايت ۱۸۳۸ سنهٔ فرنكينك تشرين ثانى يكرمى بشنه
وهجرينك ۱۲۵۴ سنه‌سى ماه ذى الحجّهٔ شريفه‌نك اواسطنك
وقوعه كلان عهدنامهٔ جاريه‌يه قدر كافه
مقاولات وعهودك بجموعهٔ مكمله‌سيدر

* *
*

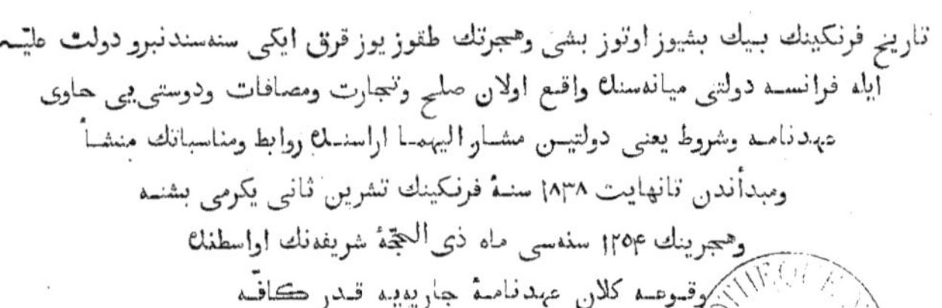

نشان شريف عاليشان سامى مكان سلطانى وطغراى غراى جهان ستان خاقانى
نفذ بالعون الربانى حكمى اولدركه

چون حضرت حق جلّ وعلانك علوّ عنايات بى غايتى وسرور انبيا
عليه وعلى آله واصحابه افضل التحياتك سموّ معجزات كثيرة البركاتيله
بنكه سلطان صناديد سلاطين خاقان اساطين خواقين تاج بخش
خسروان اورنك نشين ظلّ الله تعالى فى الارضين اولوب اشرف
البلدان والاماكن وابرك المداين والمساكن قبلهٔ جماعهٔ اسلاميان
محراب توجّه عامّهٔ ديانت عنوان اولان مكّهٔ مكرّمه ومدينهٔ منوّره نك
خادمى وقدس شريف مباركك حامى وحاكمى وبلاد ثلثهٔ معظمه كه
استانبول وادرنه و بروسه درانلرك وشام جنّت مشام وولايت طرابلس
شام ومصر نادرة العصر نزهت ارتسام وكلّيا عربستان وآفريقيّه وبرقه
وقيروان وحلب شهبا وعراق عرب وعجم وبصره ولحسا وديلم وخصوصا
بغداد دار السداد ورقه وموصل وشهرزور وديار بكر وذولقدريه وارض
روم بهجت رسوم وسيواس وادنه وقرمان وقارص وچلدر دوان وجزيرهٔ
موره وكريد وقبريس وساقز ورودوس ومغرب وحبش ودار الجهاد
جزاير وطرابلس غرب وتونس باق دكز وقره دكز جزيره لرى
وسواحللرى وديار اناطولى وممالك روم ايلى وجميعًا كردستان وروم
ونرك وتاتارستان وچراكسه وقبارطيان وكورجستان ودشت قبچاق
وايلات تاتاره دائر اول حوليلرده واقع عمومًا صغناق ومملكت كفه
واطرافنك واقع جملهٔ اويماقان ومصافاتيله عمومًا بوسنه وقلعهٔ بلغراد
دار الجهاد وصرب حكومتى وانك اولان قلاع وحصون وبلاد ارنودلق
وبالتمام افلاق وبغدان وجوانبلرنك واقع قلاع وتعريف وتوصيفدن
مستغنى نبچه بلدان وبقاعك پادشاه معدلت بناه وشهنشاه نصرت
دستكاهى السلطان ابن السلطان والخاقان ابن الخاقان السلطان
الغازى محمود خان ابن السلطان مصطفى خان ابن السلطان محمّد
خانم كه منشور سعادت نشور سلطنتم توقيع رفيع سلطان البرين
ايله موقع ومزيّن ومثال بمثال خلافتم عنوان عظمت نشان خاقان
البحرين ايله مطرّز ومعنون در حضرت وهّاب مالك الرقاب تعالى شانه
عن شوائب لارتيابك كمال فضل وعنايتى اياه ملجها سلاطين عالى
تبار وملاذ خواقين ذوى الاعتبار اولان عتبهٔ عليهٔ دولتمدارمزه افتخار
الامراء العظام العيسويّه مختار الكبراء الفخام المسيحيّه مصلح مصالح
جماهير الطائفة النصرنيّة ساحب اذيال الحشمة والوقار صاحب دلايل

الحجد والاعتبار ولايت فرانچهنك واكا تابع نيچه ممالك وسيعت
المسالكك پادشاهی حشمتلو اولو رغبتلو قديمی صادق دوستمز اون
بشنجی لويزختم الله عواقبه بالخيروالرشاد واحسن اليه سبيل الصواب
والسداد جنابلری طرفندن كمال خلوص فواد ومزيد خصوصيت
وسداد كيفيتلرينك اشعار وايرادينی حاوی درباز خلافت قرار
خسروانهمزه نامه دوستی علامهلری توارد ايلمكدن ناشی مشار اليه
جنابلرينك ذكر اولنان نامه ولانميمهلرين تبليغ وتسليم ايچون بالفعل
ارباب استشارهلرندن اولوب حالا آستانه سعادتمزده ايلچيلك
خدمتنك اولان مقبول ومعتبر ومدبر فراست كمستر قدوة امراء الملة
المسيحية عمدة كبراء الطايفة النصرانيه لويزصالوتوز ماركيز دويلنوف
ختمت عواقبه بالخيرسده سنيه موهبت عنوان شاهانهمزه عرض
واستيذان ايلدكك رسم ديرين دولت ابدقرين اوزره عوارف اذن
خاقانی وعواطف رخصت خسروانهمز موصل ومبذول قلنديغنه بناء
موبی اليه پيشكاه سرير سعادتنهصير ملوكانه وعز حضور فائض النور
شهريارانهمزده مظهر تشريفات شهنشاهانهمز اولدقدنصكره مشار اليه
جنابلرينك سالف البيان نامه ولانميمهلرينی كتوروب تسليم ايتمكله
قاعده قديمه عثمانی وديدنه مستديمه جهان بانی اوزره دستور اكرم

مشيرافخم نظام العالم ناظم مناظم الامم مكمل ناموس السلطنة العظمی
مرتب مراتب الخلافة الكبری الحفوف بصنوف عواطف الملك
الاعلی وزير اعظم ستودهشيم ووكيل مطلق فرخنك قدم الحاج محمد
پاشا ادام الله تعالی اجلاله وضاعف بالنصر والتائيد اقتداره واقباله
وساطتيله ترجمة مفهوم مودت مرسومی دخی پايه سرير اعلامزه عرض
وتلخيص اولنوب مضمون محبت مشحوننك عهد پيشين ودور
ديربندن الی هذا الحين اباء كرام واجداد عظامزا انار الله براهينهم
حضراتی ايله حشمت اكتناه فرانچه پادشاهلری مابينلرنك منعقد
اولان قديمی دوستلق اسلوب سابق اوزره مرعی اولق اقصای امال
ومنتهای ما فی البياللری اولمقدن ناشی فرانچه دولتنك ايلچيلری
وقونسلوسلری وترجمانلری وتاجرلری وسائر رعايالری آسوده حال ومرفه
البال مرعی ومحمی قلنهلر ديوبوندن اسبق كريم الحيات نعيم الممات
مرحوم ومغفورله جد امجدم سلطان محمد خان طاب ثراه ونعم مثواه
حضرتلرينك زمان ميمنت نشانلرنك بيك سكسان درت سنه هجريه
تاريخيله مورخا تجديد اولنان عهد نامه همايون ايهت نمونك اوان
بهجت اقتران شهنشاهانهمزده دخی تجديد وتاكيدی وبو دودمان
شامخ الاركانی اولان وفور اخلاص ومزيد علاقه واختصاصه بنا بعض

موادك ضمّ والحاقیله دخی تنویر وتشییدی خصوصی. یاد وتذکار وبو
کیفیاتی ایاغچی. مومی الیه دخی وکلای دولت علیّه‌مزه شفاهًا تقریر
واشعار ایلدیکی محط علم عالم آرای اسکندرانه‌مز اولمغله از قدیم
دولت علیّه روز افزونمز ایله فرانچه دولتی بیننك مرصون ومأمون
اولان بنیان حبّ وولا وبتخصیص هنگام خلافت ظفر آثار واتّام
سلطنت ابد قراریمزده دخی خاصّةً مشار الیه جنابلرینك طرفندن
ظهوره کلان خلوص وداد پیرایه وبویله قدیمی اولان مصافات
وموالاتك فیما بعد دخی یومًا فیومًا مستحکم واستوار اولمسی ماحوظاتنه
بنا انجاح ملتمساتلری حیّز قبولك جلوه کر اولوب دوستلق مراسمنك
ثمره ونتیجه‌سی اولان تجارت امورینك ترویج وتمشیتی وآمد
شدکانك ترفیه وامنیّتلری‌چون تاریخ مرقومك بعض ضمیمه ایله تجدید
اولنان عهدنامه قدیمه بتمامها طرف بساهر الشرف شهنشاهانه
مزدندخی مقرّر ومعتبر طوتلدوغندن بشقه از قدیم اداسی معتاد
ومستدیم اولان مصدریّه عفونه وتمشیت امر تجارته ورفاهیّت احوال
امدکانه دائرنیجه حالات وکیفیات دخی دولت علیّه‌مز طرفندن
بو دفعه مأمور اولنلرایله مذاکره وترتیبینه ومکالمه وتهذیبینه رخصت کامله
ومأموریّت شامله‌سی اولان ایاغچیِ مومی الیه میاندلرنك بالدفعات

بعد المذاکره انفع وانسب اولمق وجهیله تسویّه وتعدیل وقرارداده
وتکمیل اولنوب جمله‌سی ینه وزیر اعظم ووکیل مطلقم مشار الیهك
وساطتلریله رکاب کامیاب خاقانیمزه عرض وتلخیص اولندقك مجرّد
حشمت نصاب مشار الیه جنابلرینك دوستلقك اولان ثبات وخلوص
ومشاهك اولنان صدق درون ولا منصوصلرینه احترامًا جدیدًا عقد
اولنان موادك دخی اجرا وانفاذیچون خطّ عنایت نقط شاهانه‌مزه
مبتنی اذن همایون موهبتمقرون ماوکانه‌مزارزانی قلندوب بو وجهله
فرمان همایونمز شرفصدور بولغله تجدید اولنان عهدنامه سابقه لفظ
بلفظ بعینها تمامًا رتبه مقدّمه‌ده بسط وتقریر وبر وجه مشروح جدیدًا
تعدیل وتسویه قلنان موادّ لاحقه دخی درجهُ مذیله‌ده ذکر وتحریر برله
مجدّدًا اشبو عهدنامه همایون عنایتمقرونمز شرفبخش املا وایاغچی.
مومی الیهك یدینه تسلیم واعطا اولنمغله فرمان همایون واجب
الانقیادمز بو وجهله موهبت ارای اصدار وایراد اولنورکه   برنجی ١
ماده   فرانچه‌لودن قدس شریف زیارتنه کلوب کیدنلره وقماله
نام کنیسه‌ده اولان رهبانلره دخل وتعرّض اولنمیه   ایکنجی ماده ٢
وفرانچه پادشاهی اولنلر قدیمدن آستانه سعادتمز ایله دوستلق اوزره
اولوب دوستلغه خلك ویرر بر وضعلری اولمامغله مرحوم ومغفورله

سلطان سليم خان طاب ثراه زماننك ممنوع اولان متاعدن پنبه
ورشتۀ پنبه وسختيان ويريله ديو حكم همايون ويرلمش ايمش حالا
آستانۀ سعادتمزه اولان كمال اخلاص واختصاصلرينه بناء اجداد
عظاممز نوّر الله مراقدهم زماننك ممنوعاتدن آقچه‌لريله بالومى وكون
ويريلوب بر فردمانع اوليه ديو عهدنامۀ همايونك قيد اولمغين قديمدن
٣ كماكان مقرّر طوتيلوب   اوچنجى ماده   وولايتلرندن آدملرى
وتجارى كتوردكلرى غروشدن ممالك محروسه‌مك اوّلدن رسم النّمامغله
حالا دخى طلب اولنميه وغروشلرين آقچه قطع ابدرز ديو خزينه دارلر
٤ وضربخانه امينلرى دخل ايلميه‌لر   دردنجى ماده   وفرانچه
تجارندن بعض حربى كميلرينه كيروب كندو حاللرنك تجارت اوزره
ايكن حربى كميك بولنديكز ديو كندولرين اسير وائوابلرين كرفت
ايلمك شرع شريفه مخالف اولمغين مادامكه كندو حاللرنك تجارت
اوزره اولوب قورصان كميسنك فساد اوزره اوليه‌لر اول بهانه ايله
٥ ائوابلرى كرفت وكندولرى اسير اوليه   بشنجى ماده
وفرانچه‌لودن برى ملك كميسنه حربى ولايتدن ذخيره تحميل ايدوب
ينه حربى ولايتنه كيدر ايكن اهل اسلام كميلرى راست كلدكلرنك
دشمنه ذخيره ايلدرسز ديو كميسن كرفت وكندولرين اسير ايتميه‌لر

الننجى ماده   وذتيلردن برى ممالك اسلاميّه‌دن ذخيره آلوب ٦
كيدركن كرفت اولندقك فرانچه‌لولردن كميك اولان اجيرلر اسير اوليه
يدنجى ماده   فرانچه‌لولر اهل اسلام كميلرندن اختيارلريله ٧
ذخيره صاتون آلوب حربى ولايتارينه آلوب كتميوب كندو ولايتاربنه
كيدركن اهل اسلام كميلرى راست كلدكلرنك اخذدن صكره كمى‌يى
كرفت وايچنك اولانلرى اسير ايلميه‌لر وانك كبى فرانچه‌لولر اسير
بولنور ايسه اطلاق اولنوب ائوابى ويريله   سكزنجى ماده ٨
ومشار اليه فرانچه پادشاهنك رضاسى اوزره تاجيرلرى ولايتارندن
كتوردكلرى وآلوب كوتوردكلرى متاعدن قديمدن نه بهايه طوتوب
كمرك آلنه كلديسه ينه اول منوال اوزره آلنوب زياده بهايه طوتلميه
طقوزنجى ماده   وبيع ايچون اخراج اولنان متاعدن ماعدا ٩
آخر اسكله‌يه كتمك استدكلرنك متاعلرندن كمرك طلب ايلميه‌لر وآخر
اسكله‌يه ايلتمكه مانع اولميه‌لر   اوننجى ماده   وحادث اولان ١٠
قصابيّه ورفت وباج ويساق قولى واوچيوز آقچه‌دن زياده سلامتلك
رسمى طلب اولنميه   اونبرنجى ماده   جزاير غرب قورصانلرى ١١
ليماننده واردقلرنك رعايت اولنوب باروت وقورشون ويبلكن وسائر
آلات ويرياوب لكن مزبورلر فرانچه تجارينه راست كلدكلرنك اسير

وماللرين غارت ايدرلر ايمش مرحوم جدّ بزركوار بمز طاب ثراه زماننك بالدفعات تنبيه اولنوب منبّه اولميوب تعدّى اوزره ايمشلر بو خصوصه دخى رضاى همايونم يوقدر اولمقوله فرانچه لو اسير وار ايسه اطلاق اولنوب ماللرى بيقصور ويريله من بعد متنبّه اوليان قورصانارك شناعت ايلدكن مشار اليه نامه ايله اعلام ايلدكك قنغى بكلربكى زماننك اولور ايسه اول بكلربكى معزول اولوب غارت اولنان آلاتلرى تضمين ايتدوريله بو خصوص ايچون دفعاتله تنبيه اولنمشيكن مقيّد اولمدقلرى اجلدن امر شريفمه امتثال اتمزلرايسه انلر دخى فرانچه ولايتينه واردقلرنك فرانچه پادشاهى طرفندن قلعه لرينه وليمانلرينه قبول ايلميوب فسادلرين دفع ايچون تقيّد ايلدكلرنك عقد اولنان عهدك خلل ويرمز ديو اجدادمز زماننك ويريلان حكم شريفك مضمونى كماكان مقرّر اوله وبو بابك مومى اليهك شكر وشكايتى مقبول همايونم اوله

١٢ اون ايكنجى مادّه — وجزاير وتونسه تابع اوستورغه كورفزى نام محللرده اجداد عظامم طاب ثراهم زمانلرنك فرانچه لو مرجان وبالق صيد ايلملريچون حكملر ويرلمش اولدن جارى اولان عادت اوزره اولمحللرده كماكان بالق ومرجان صيد ايليه لر وخارجدن كمسنه يه

١٣ دخل ايتدرلميه — اون اوچنجى مادّه — واياچيلرى خذمتلرنك

اولان ترجمانلرى اوليكلدوكى اوزره خراجدن وقصابيّه دن وسائر نكاليف عرفيّه دن معاف اوله لر — اون درد نجى مادّه — وفرانچه ١٤ نجّارى كميلرينه تحميل ايلدكلرى مساعدن وبعض دتيلر كندو كميريله حربى ولايتنه الدّوب كتوردكلرى متاعدن اياچيلرينه وقونسلوسلرينه عائد اولان رسملرين وبايلاج حقلرين بيقصور ويروب عناد ومخالفت ايلميه لر — اون بشنجى مادّه — وفرانچه لولرك بربرى اراسنك قان ١٥ وبا خود آخر شناعت واقع اولور ايسه اياچيلرى رقونسلوسلرى آيينلرى اوزره كوروب فصل ايدوب ضابطلردن بر فرد دخل وتعرّض ايلميه لر — اون التنجى مادّه — وتاجرلرينك احوالى ايچون نصب ١٦ ايلدكلرى قونسلوسلردن بعض كمسنه لر دعوى ايتدكلرنك كندولرين حبس ايدوب اولرين مهرليوب تعدّى ايتميه لر قونسلوسلريله دعواسى اولنلرك خصوصى آستانهٔ سعادتمك استماع اولنه ذكر اولنان موادّك خلافنه مقدّم وموخّر امر شريف ابراز اولنور ايسه استماع اولنميوب عهدنامهٔ همايون موجبنجه عمل اولنه — اون يد نجى مادّه ١٧ ومشار اليهك سلسلهٔ نسلى ملّت مسيحيّه وملوك طوايق عيسويّه مياننك مشهور اولان قراللر وبانلوندن مقدّم مقاليد حكومت مفوّض ومسلّم اولديغندن ماعدا ابا واجداد عوالى نشانمزك زمانندن بوآنه

كلنجه عتبهٔ علیهٔ عدالت عنوانمزه دخی جمله قراللردن زیاده خلوص
بال ایله دوستلق ایدوب شمدیدك مابیننك نقض عهد وآمان
ونكث میثاق ایمان واقع اولیوب سدهٔ سعادتمزه كمال اخلاص ایله
اختصاصك ثابت قدم وراسخ دم اولیكدوكی اجلدن آستانهٔ سعادت
آشیانهمزده مقیم اولان فرانچه ایلچیلری دیوان بلند ایوانمزه
كلدكلرنك ووزرای عظام ومشیران ذوی الاحترامزه واردقلرنك اسپانیه
وسائر قراللرك ایلچیلرینك اوزرلرینه قدیمدن اولیكدوكی اوزره تقدّم

١٨ وتصدّر ایلیهلر اون سكزنجی ماده وهدایا ولباسلری
ومأكولات ومشروباتلری مهمّی ایچون اقچهلریله كتوردكلری نسنهلردن
كمرك وباج طلب اولنمیه وبندرلرده اولان بابلوسلری دخی اسپانیه
وسائر قراللرك بابلوسلرینه آستانهٔ سعادتمك جاری اولدیغی اوزره

١٩ تقدّم وتصدّر ایلیهلر اون طقوزنجی ماده وفرانچهلولرك كندو
ماللری وسائر اثواباولرله قلیونلاری وغیری كمیلری جمیع زمانك اسكلهلره
ولیمانلره وسائر ممالك محروسهمزه اشلیانلر امن وآمان اوزره كلوب
كیدوب انك كبی دریاده فرتنه مضایقه ویروب كمیلرینه معاونت لازم
اولدقله اولحطّك حاضر بولنان اكر خاصّه كمیلر خلقیدر واكر غیری در
معاونت ومظاهرت ایلیهلر وقالیونلرینك سرداری ورئساسنك مختاری

قپودانلرینك قایممقامی رعایتنك اهتمامی خصوصنك دقیقه فوت
اولنمیوب وآقچهلربله زاد وزوادهلری تداركنك سعی واهتمام ایلیهلر
واكر شدّت روزكار ایله دكز كمیلرین قرویه اتاریسه بكلز وقاصیلر
وغیریلر معاونت ایدوب قورتیلان اثواب واموال كیرو كندولرینه
ویریلوب دخل اولنمیه یكرمنجی ماده وبالجمله اكر قوریك واكر ٢٠
دریاده كندو حالنك یوریان فرانچه لواولوب امن وآمان اوزره كلوب
كیدن تجّار طائفهسی واول دیبار تاجرلری وترجمانلری وسائر آدملری
دریادن وقرهدن ممالك محروسهمه كلوب بیع وشرا وتجارت ایلیوب
شولكی رسوم عادیّه وقونسلوسلق حقیدر عادت وقانون اوزره
وبردكلرندن صكره كلشك وكیدشك قپودانلردن ودریاده یوریان
خاصّه وكوكللو رئیسلردن وغیریدن وعسكریدن كمسنه مانع اولیه

٢١ یكرمی برنجی ماده وتجّار طائفهسنك رضالری یوغیكن بعض
متاع جبرًا اوزرلرینه براغیلوب تعدّی اولنمیه یكرمی ایكنجی ماده
وفرانچهلودن بری مدیون اولسه بورجاودن طلب اولنوب اكر
كفیل دكل ایسه اخر كمسنه طوتیلوب طلب اولنمیه واكر مرد اولسه
اثواب واموالنه كمسنه دخل ایتمیه كیمه وصیّت ایدرایسه اكا ویریله
اكر وصیّتسز مرد اولورسه قونسلوسلری معرفتیله اول یرلو بولداشنه

٢٣ ويربله بيت آلماجيلر وقتساملر دخل ايامه   يكرمى اوچنجى ماده
فرانچه تاجرلرى وترجمانلرى وقونسلوسلرى ممالك محروسه‌مڭ
بيع وشرا وتجارت وكفالت خصوصلرنڭ وسائر امور شرعيّده‌ده قاضى يه
واروب ثبت سجلّ ايتديروب ويا حجّت آله‌رصكره نزاع اولورايسه
حجّت وسجلّه نظر اولنوب موجبيله عمل اولنه ايكيسندن برى اوليوب
مجّرد شاهد زور اقامت ايدوب خلاق شرع شريف نسنه دعوى
ايدرلرسه ماده‌كه قاضيلردن حجّتلرى اوليوب وياخود سجلّك مقيّد
بولنميه انڭ كبى تزوير ايتدرليوب خلاف شرع شريف اولان
دعوالرى استماع اولنميه وبعض كمسنه‌لر بزه شتم ايلديكز ديو مجّرد
جلب واخذ ايچون خلاف شرع شريف رنجيدك ايدرلرايسه منع
ودفع اولنه بونلردن برى دين ايدنسه وباخود بر وجهله متهّم اولوب
غيبت ايلسه انڭ ايچون كنّاهسز كفيل اوليان آخر كمسنه رنجيدك

٢٤ اولنوب طونتلميه   يكرمى دردنجى ماده   وفرانچه‌لويه متعلّق
اسير بولنورايسه ايلچيلرى وقونسلوسلرى تعيين ايليوب فرانچه‌لودر
ديرلرسه انڭ كبيلر صاحبلرى ويا وكيللربله سدّه سعادتمه كوندريله
قضيّه‌سى كوريله فرانچه‌لودن ممالك محروسه‌مله تمكّن ايدنلردن

٢٥ خراج طلب اولنميه   يكرمى بشنجى ماده   اسكندريه وطرابلس

شام وجزاير وسائر يرلرك اسكله‌لرنك نصب اولنمش قونسلوسلرينك
يرينه اول خدمت عهده‌سندن كلور بر آدملرين تعيين ايدوب
كوندردكلرنك كمسنه مانع اوليه ونكاليف عرفيّه‌دن معاف اوله
٢٦ يكرمى التنجى ماده   فرانچه تجارى ايله بركمسنه‌نك نزاعى اولسه
قاضى يه واردقل فرانچه‌لونك ترجمانلرى حاضر بولنمز ايسه قاضى
دعوالرين استماع ايتميه اكر ترجمانلرى مهّم مصالحك ايسه كلنجه
توقّف اولنه اما انلر دخى تعلّل ايدوب ترجمانمز حاضر دكلدر ديو
عوق ايتميوب ترجمانلرين احضار ايليه واكر فرانچه‌لولرك برى برى
ايله نزاعلرى اولسه ايلچيلرى وقونسلوسلرى عادتلرنجه كوروب فصل
ايلك كمسنه مانع اوليه   يكرمى يدنجى ماده   وفرانچه كميلرى
٢٧ عادت وقانون اوزره آستانبوله آرانوب كندكدنصكره قانون قديم
اوزره بردخى بوغاز حصارلرى اوكنك آرانوب اجازت ويريلورايمش
حالا قانون قديمه مخالف بردخى كليبوليك آرانورايمش من بعد
عادت قديمه موجبنجه بوغاز حصارلرى اوكنك آرانوب ككيل
٢٨ يكرمى سكزنجى ماده   وممالك محروسه‌مدن دريابوزينه چقان
كميلر وقدرغه‌لر ودوننمالر درياده فرانچه كميلرينه بولشدقلق برى برى
ايله دوستلق ايدوب ايتميوب ضرر وزيان ايتميوب ماده‌كه كندو رضالربله

هديه ويرميه‌لر جبراً آلات واثوابلرين وامرد اوغلانلرين وغير نسنه‌لرين
٢٩ آلوب تعدّى ايتمه‌له‌ر يكرمى طقوزنجى ماده وندكلويه
ويريلان عهدنامهٔ همايونده مسطور اولان خصوصلر فرانچه‌لو حقنك
دخى مقرر اولوب شرع قويم وعهدنامهٔ همايونمه مغاير كمسنه مانع
٣٠ ومزاحم ومتخاصم اولميه اوتوزنجى ماده مزبور قاليونلر وكميلر
ممالك محروسه‌مه كلدكلرنك حفظ وصيانت اولنوب آمن وسالم كيرو
كيده‌لرو اكر اثواب واموال يغما اولنمش بولنور ايسه غارت اولنان
اثواب واموالك وآدملرينك ظهوره كلمسى بابنك سعى واقدام اولنوب
اهل فساد هركيم اولور ايسه اولسون كركى كبى حقلرندن كلنه
٣١ اوتوز برنجى ماده بكلر بكيلر وسنجاق بكلرى وقپودانلر قوللرم
وقاضيار وامينلر وخاصّه وكوكلو رئيسلر وعموماً ممالك محروسه‌م اهاليسى
اشبو عهدنامهٔ همايونمك مضمون معدلت مقرونى ايله عمل ايليوب
قطعا خلافنه جواز كوسترلميه شويله‌كه فرمان قضا جريانمه مخالفت
ومعاندت اوزره اولوب ساعى بالفساد اولان طائفهٔ طاغيه‌دن اوله‌لر
اولمقوله‌لره آمان وزمان ويرلميوب حقلرندن كلنه‌كه سائرلرينه موجب
عبرت واقع اوله وبالجمله مرحوم ومغفورله سلطان سليمان خان
واجداد عظاممز انار الله تعالى براهينهم زمان شريفلرنك عنايت

اولنان عهدنامه‌لر موجبنجه عقد اولنان عهد وامانه مخالف اصلا
دخل وتعرض ايتدرلميه اوتوز ايكنجى ماده وبوندن آقدم ٣٢
آستانهٔ سعادتمك مستقل ايلچيلرى اولميان حربى طائفه فرانچه
پادشاهى بيراغى آلتنك تجارت وزيارت ايچون ممالك محروسه‌مه
كلوب كتمكه اجداد عظاممز طاب ثراهم زمانلرنك اذن همايون
ويريلوب فرانچه‌لوله‌ره ويريلان عهدنامه‌لرده دخى مسطور ايكن بعض
بعض علّت سببى ايله طائفهٔ مزبوره ممالك محروسه‌مه كليّت اوزره
كلمكدن منع وعهدنامه‌لردن اخراج اولنمشلر ايدى مقدّما مشار اليه
فرانچه پادشاهى سدّهٔ سعادتماٰبلرينه نامه كوندروب حريرلر تجارتدن
منع اولندقلرى تقديرجه قدس شريف زيارتنه اولدن واره كلدكلرى
اوزره واروب كلوب رنجيده اولنميه‌لر وبعد زمان طائفهٔ مزبوره‌يه
تجارت ايچون ممالك محروسه‌مه كلوب كتمكه رخصت ويريلور ايسه
اولزمانك كيرو فرانچه بيراغى آلتنك كلوب كيدوب تجارت ايده‌لر ديو
التماس ايتمكين مومى اليه فرانچه پادشاهنك ابّا عن جدّ اجداد
عظاممز زمانندن الى هذا الآن عتبهٔ عليّه‌مزه اولان قديمى دوستلغنه
رعايةً رجاسى مقبول همايونلرى اولوب فرمان عاليشانلرى شويله صادر
اولمشكه ملّت نصارادن مشار اليه فرانچه پادشاهى ايله دوستاق اوزره

اولان حربیلردن قدس شریف زیارتنه عزیمت ایلیانلر اولدن كله
كلدكلری اوزره كروامن وآمان ایله كندو حاللرنك كلوب كیدوب
زیارت ایتمك استدكلرنك كلشك وكیدشك رنجیدك ورمیك اولنمیدلر
وبعد زمان طائفهٔ مزبوره ممالك محروسهمه تجارت ایچون كلوب
كتمكه اذن همایون ویرلمك اقتضا ایدرایسه اول زمان اسلوب سابق
اوزره فرانچه پادشاهی بیراغی آلتنك كلوب كیدوب بیراغی
آلتنك كلوب كتمكه قطعا رضا كوسترلیه دیو وجه مشروح اوزره قدیمدن
اجداد عظام زمانلرندن بوآنه دكین اللرنك اولان مفصل ومصرح
عهدنامهٔ همایونلری تجدید وفیما بعد ذكر اولنان موادّی الحاق
اولنمغله خط همایونلد صادر اولان فرمان عالیشان موجبنجه جملهدن
بری فرانچهیه تابع اولان پستهوسلر وسائر فرنك مذهبنك اولان
رهبان طائفهسی هرنه جنسدن اولور ایسه اولسون ممالك پادشاهیك
قدیمدن اولدقلری یرلرده كندو حاللرنك اولوب آیینلریس اجرا

٣٣ ایلدكلرنك كیمسه مانع اولمیه   اوتوز اوچنجی ماده   وقدس
شریف داخلنك وخارجنك وقصهٔ نام كلیسهده قدیمدن اولیكلدوكی
اوزره تمكن ایلیان فرنك راهبلرینك حالاساكن اولوب اللرنك اولان
زیارتكاهلرینه كماكان فرنك راهبلرینك اللرنك اولوب كیمسه دخل

ایلمیه وتكالیف طلبیله رنجیدك ایلمیدلر دعوالری ظهور ایلدكك محلنك
فصل اولنماز ایسه آستانهٔ سعادتنه حواله اولنه   اوتوز دردنجی ماده ٣٤
وقدس شریفه واران فرانسز وانلره تابع اولان هرنه جنسدن
اولور ایسه وارمك وكلمك كیمسنه دخل ایلمیه   اوتوز بشنجی ماده ٣٥
غلطهده اولان یزویت وقپوچین نام ایكی فرانچه رهبان
طایفهلری قدیمدن اللرنك اولان ایكی كلیسهلری ینه اللرنك وضبط
وتصرّفلرنك اولوب اول كلیساترك بری احراق اولنمغله اذن شرعله
تعمیر اولنوب ینه كالاول قپوچین اللرنك اولوب رنجیدك اولنمیدلر
كذلك ازمیرده وصیداده واسكندریّهده وسائر اسكلهلرده اولان فرانسز
طائفهسنك كلیساسلرینه دخل ورنجیدك اولنمیه وبو بهانه ایله اقچهلرین
آلیمیدلر   اوتوز آلتنجی ماده   وغلطهده اولان بیمار خانهلرنك ٣٦
كندو حاللرنك انجیل تلاوت ایلدكلرنك رنجیدك اولنمیدلر
اوتوز یدنجی ماده   فرانچه تجاری ممالك محروسهیه كتوردكلری ٣٧
وآلوب كوتوردكلری امتعهدن قدیمدن بوآنه دكین یوزده بش ویروب
لكن دولت علیهنك قدیمی دوستلرندن اولمغله یوزده اوچ كمرك
ویرمك اوزره سنجدّدا اللرنك اولان عهدنامهٔ همایونلرنك الحاق
اولنمق بابنك استدعای عنایت ایتمكین رجالری حیّز قبوللك واقع

اولوب وجه مشروح اوزره ويروب زياده طلب اولنميه وكمركلرين ادا
ايلدكلرنك ممالك محروسهده جاری اولان نقود خزينهٔ عامرهيه آلنديغی

٣٨ منوال اوزره آلنوب نقصان وزياده طلبيله رنجيده اولنميه‌لر
سكزنجی ماده وآستانهٔ سعادتنك ايلچيلری وقونسلوسلری
وكتخدالری اولميان پورتقال وچچيليه وقاتلان ومسنه وانقونه وسائر
حربی طائفهسندن فرانچه پادشاهنك بيراغی التنك قديمدن كلدكلری
اوزره اختيارلريله كلنلركندو حاللرنك اولوب صلح وصلاحه مغاير وضع
وحركت صادر اولمدقچه سائر فرانسزلر كبی كمركلرين ويروب كمسنه

٣٩ دخل ايلميه اوتوز طقوزنجی ماده مصدريّهيی انكلتره تجاری
ويردكلری اوزره انلر دخی استانبوللك وغلطهده اولان مصدريّه جيلره
ويروب زياده طلبيله رنجيده اولنميه وامنا زياده كمرك تحصيلی ايچون
متاعلرين زياده بهايه طوتورلر ايسه اقچه يرينه متاع آلوب مخالفت
ايلميه‌لروبر كره كمركی ادا اولنمش ايپك وچتك تكرار كمركی طلب
اولنميه وكمركلرين امنا الدقارنك ادا تذكره‌لرين ويروب آخر اسكله‌يه
كوتورمكه مانع اولميوب وتكرار بر اسكله‌ده دخی كمرك طلبی ايله

٤٠ رنجيده اولنميه قرقنجی ماده وفرانچه قونسلوسلری وآنلره تابع
اولان رهبان وتجار طائفهسی وترجمانلری كندو نفسلريچون معتاد

معيّنه قدر اولرنك شيره صقوب وطشره‌دن خمر كتوروب استعمال
ايلدكلرنك رنجيده اولنميه‌لر قرق برنجی ماده ودرت بيك ٤١
آقچه‌دن زياده اولان دعوالری ديوان همايونك استماع اولنوب
غيری يرده استماع اولنميه قرق ايكنجی ماده وفراتچه‌لر ٤٢
اولديغی محللرده قان واقع اولسه اول محللرده بولنان فرانچه‌لوله
مادامكه اوزربنه بر نسنه ثابت اولمدقچه جريمه نامی ايله من بعد
رنجيده ورميه اولنميه قرق اوچنجی ماده وايلچيلری خدمتنك ٤٣
اولان ترجمانلر فرانچه‌لوله عنايت اولنان معافيت آنلرك حقنك
دخی مقرّر اوله ديو بالاده اشارت اولنديغی اوزره جدّ امجدم مرحوم
مشار اليه حضرتلرينك هنكام خلافتلرنك تجديد اولنان اشبو عهدنامهٔ
قديمه‌بی مقبول ومعتبر ومرعی ومقرّر طوتديغمدن غيری بو دفعه عقد
وتنظيم وعهدنامهٔ قديمهٔ مذكوره‌يه ضمّ والحاق ايله تسويه وتتميم
قلنان مواد ملتمسهٔ آتيه دخی بو سياق اوزره شرح وبيان اولنوركه
٤٤ قرق دردنجی ماده حشمتلو فرانچه پادشاهنك ايلچيلری
قونسلوسلرينك تقدّم وتصدّری ايچون بوندن اقدم عقد اولنان موادك
مفهومندن ماعدا طرف دولت دايم القرارمدن مشار اليهم جنابلربنه
پادشاهلق القابی از قديم اطلاق اولنمغله ايلچيلری وقونسلوسلری

دخی اشبو القابه مناسب اولان التفات ایله در دولت علیهمدن
۴۵ ملتفت ومعامله اولنهلــر   قرق بشنجی ماده   حشمتلو فرانچه
پادشاهنك ایلچیلری وقونسلوسلری دیلدكلری ترجمانلری استخدام
واستدكلری یساقچیلری اعمال ایدوب بو خصوصك كندو لره مناسب
۴۶ اولیانلری استخدام ایله دیو جبر اولنمیه لر   قرق التنجی ماده
اصل فرانچه اودن بولنان ترجمانلر ایلچیلرك وقونسلوسلرك وكیللری
اولمغله ترجمه لرینی صحت وحقیقتی اوزره ایراد ووظیفه لرینی اجرا
ایدكلرنك مواخذه وحبس اولنمه لر وبر خصوصك تقصیرانلری ظهور
ایدرایسه، ایلچیلری وقونسلوسلری طرفلرندن تأدیب اولنموب آخر
۴۷ طرفدن رنجیده اولنمیه لر   قرق یدنجی ماده   دولت علیهمك
رعایاسندن اولوب ایلچینك سراینك خدمت ایدنلردن یالكز اون
بش نفر خدمه تكالیفدن معاف اولوب رنجیده اولنمیه لــر
۴۸ قرق سكزنجی ماده   دولت علیّهمك زیرحكمنك اولان كرك اهل
اسلام وكرك رعایادن هركیم اولورایسه فرانچه وی لاصل اولان فرانچه
قونسلوسلرینی مادام ترجمانلری بوله بالنفس مرافعه یه جبر اتمیوب
قونسلوسلرینك تعبیر ایدكلری ترجمانان ایله حین اقتضاده مرافعه
۴۹ اولهلــر   قرق طقوزنجی ماده   فرانچه قونسلوسلری وفرمانی

اولان وكیللری از قدیم معتاد اوزره ساكن اوله كلدكلری یرلرده رسم
اوزره بیراقلرینی دیكمكه ولات وحكّام وسائر ضابطان طرفلرندن
ممانعت اولنمیه   اللنجی ماده   قونسلوس قپولرینك امنیّتی
ایچون قونسلوسلرك التماس ایلدكلری یساقچیلر تعیین اولنمسی جائز
اوله وبو مقوله یساقچیلر اوطه باشیلری وسائر ضابطلری طرفلرندن
صیانت وحمایت اولنوب وبو خصوص ایچون یساقچیلردن بر درلو
ویركو وعبودیّت طلب اولنمیه   اللی برنجی ماده   قونسلوس
وترجمان وسائر فرانچه لویه تابع اولنلر كندو استعمالری ایچون ساكن
اولدقلری اولرینه اوزوم كتوردوب شیره صقدقلرنك وآخر طرفدن
ذخیره لری اولق اوزره كندولره كلان خمرك نقل وادخالنده یكچری
اغاسی وبوستانجی باشی وطوپجی باشی وویودكان وسائر ضابطان
طرفلرندن بردرلو ویركو ورسم طلب اولنمیوب بو خصوصده سلاطین
ماضیهدن ویریلان والی الآن ویریله كلان اوامرك مفهوماتی اوزره
عمل اولنه   اللی ایكنجی ماده   قونسلوسلرك وتجّارك سائر
ملل نصارا قونسلوس وتجّاری ایله بینلرنده نزاع واقع اولدقده طرفنك
رضا وطلبلریله دعوالری آستانۀ سعادتمده مقیم ایلچیلرینه حواله اولنمغه
جواز ویریلوب ومادام مدّعی ومدعی علیهك رضالری اولیه بو مقوله

بينلرنده اولان دعواتي ولاة وحكّام وقضاة وضابطان وكمرك امناسى
۵۳ بزلر استماع ايدرز ديو جبر ايليمهلر   اللى اوچنجى ماده
فرانچه تجارندن وفرانچهلويه تابع اولنلردن برينك افلاسى ثابت
وظاهر اولدقده آله جقلرى اولانلره قلان اشياسندن بورجى ادا
اولنوب داينك النده مادامكه فرانچه اياچيلرى وقونسلوسلرى
وترجمانلرى وسائر فرانچهلولردن برينك معمول به تكفل سندى اوليه
اوبابده فرانچه اياچيلرى وقونسلوسلرى وترجمانلرى وسائر فرانچهلولر
۵۴ تضمين اتعاسيله مؤاخذه اولنميه لر   اللى دردنجى ماده
قورسان اشقياسنك وسائر دولت علّيهمه خصومت اوزره اولنلرك
طرفلرندن ممالك محروسهم سواحلنده برينه ايصال خسارت كورينور
ايسه او خصوصده مقدما ويريلان اوامرك مفهوملرى اوزره فرانچه
قونسلوسلرى وتجّارى رنجيده وتعدّى اولنميه لو وازبانديد تعبير
اولان اشقيادن • طرفينك صيانت وامنيتى او مقوله اشقيانك معلوم
اولملرينه دخى توقّف ايتمكله فى الجمله بلنملرى ايچون فيما بعد غرب
اوجقلرينك وسائرلرك قورسان سفينهلرى دولت علّيهنك اسكلهلربنه
كلدكلرنده حكّام وضابطان طرفلرندن يول كاغدلرينه دقت ايله نظر
اولنوب بو خصوصده مقدما ويريلان اوامركما فى الاّول مرئ طوتيله

ولكن شول شرطله كه دولت علّيهمك اسكلهلربنه فرانچه بيراغيله كلان
سفاين دخى صحيح فرانچهلو اولد قلرى فرانچه قونسلوسلرندن كذلك
دقّت ايله نظر وبيان اولنوب بروجه محرّر بعد التفتيش كلان
سفينهنك كيفيّتنى امنيّت طرفين ايچون كرك ذكر اولنان حكّام
وضابطان وكرك فرانچه قونسلوسلرى بربرلربنه لسانا وبالاقتضا
تحريرًا اخبار ايلييهلر   اللى بشنجى ماده   دولت علّيم ايله ۵۵
فرانچه دولتى ما تقدمدن مصافات وموالات اوزره اولوب وبتخصيص
بواثناده وقوع بولان مصالحهلربده فرانچه حشمتلو پادشاهنك ودولتنك
سعى بليغى دركار اولق حسبيله بعض مناسب اولان خصوصلره
مساعدت اولنهق تأكيد موالاته دلالت ويوندن بويله دخى ايفاى
مراسم مصافاته باعث وبادى اوله جق حالت اولمغله ايمدى فرانچه
اسكلهلرندن تحميل وصحيح فرانچه سفينهسى ويبراغيله وصحيح
فرانچه تجارتى دفتريله آستانهٔ سعادتمه كلوب وآستانهٔ سعادتمدن
كذلك صحيح فرانچه سفاينى ايله فرانچه مملكتنه كيدن اشيادن رسم
كمرك وسلامت اقچهسى مقدّما ويريلان عهدنامهٔ همايون موجبنجه
ادا اولندقدن صكره بو مقوله اشيا فرانچهلو ايله اخرك بيننده بيع
وشرا اولندقده بردرلو بهانه ايله رسم مصدريّه طلب اولنمامق اوزره

٥٦ يالكز مصدرته ماده‌سی معاف ومعفو اولمشـدر   اللی التسعی ماده
فرانچه تجاری واكا تابع اولنلر كندو ممالكتلرندن تجارته متعلّق
اشیا اولق اوزره ممالك محروسه‌مه كتوردكلری وبیوندن اول یره آلوب
كوتوردكلری امتعه ایچون یوزده اوچ رسم كمرك ویرملرینه مساعده
اولنمغله مقدّما ویریلان عهدنامهٔ همایون موجبنجه پنبه ورشتهٔ پنبه
سختیان وبال مومی وكون وایپك مقولهسندن بشقه اوتدن برو
سفینه‌لرینه تحصیل وممنوعاتدن ماعدا آلوب ولایتلرینه كوتورمك
اوزره كمرك امناسنك تعریفه تغییر ایلدكلری مهور دفترلرنده تصریح
اولنان اشیا وامتعه‌نك دخی رسم كمركلری عهدنامهٔ همایون موجبنجه

٥٧ ادا اولندقده وضع وتشخیص اولنمغد تعرّض اولنمیه   اللی یدنجی
ماده   فرانچه تجاری عهدنامهٔ همایون موجبنجه یوزده اوچر
كمركلرین كمرك امناسنه ادا ومعتاد اوزره ادا تذكرهسی اخذ وارأت
ایلدكلرنده معتبر اولوب تكرار رسم كمرك طلب اولنمیه وكمرك
امناسنك بعضیلری طمعلرندن ناشی صورتّا یوزده اوچ ومعنّا ازدیاده
اخذدن خالی اولمدقلری وامتعه‌نك قیمتلرنده دخی تفاوت وقوی
دركار اولدیغنا بنّا استانبول كمركنك تعریفه تغییر اولنان دفترنده چوقه
اجناسنك وكذلك بعض اسكله‌لرده وطلبده اولان تعریفه‌لرده مذكور

امتعه‌نك كمركلرین یوزده اوچری تجاوز ایلدیكی انها اولنمغله فیما   ٥٦
بعد كتوردكلری چوقدنك كمركی عهدنامهٔ همایون موجبنجه یوزده
اوچری تجاوز اتمامك اوزره قطع نزاع ایچون تعریفه‌لر تصحیح
اولنمق جایز اوله وكتوردكلری اشیا‌لرینی دخی دولت علیّم
رعایاسندن وتجارندن وتجارنك دیلدكلرینه بیع وفروخت ایلمك مراد
ایلدكلرنده بزآلورز دیو آخرلر تعرّض ونزاع ایلمیه‌لر   اللی سكزنجی   ٥٨
ماده   وفرانچه تجارینك كرك فرانچه وكرك تونس طرفلرندن
كتوردكلری فس ازمیره داخل اولدقده ازمیر‌میوه كمركی امینی فسلرك
كمركی بن آلورم دیو هر بار نزاع ایدر ایمش بو ماده برحسن قالبه
افراغ اولنمق لازم كلمكله فیما بعد فرانچه تجارینك كتوردكلری فس
مادامكه ازمیره فروخت اولنمیه امین مذكور طرفندن كمرك مطالب
اولنمیه واكر ذكر اولنان فس انده فروخت اولنور ایسه بروجه معتاد
رسم كمركی امین مذكور طرفندن آلنه واكر سالف الذكر فس آستانه‌یه
كلور ایسه بیوك كمرك امیننده معتاد اوزره رسم كمركی ادا اولنه
اللی طقوزنجی ماده   فرانچه تجاری ممنوعاتدن ماعدا تجارته   ٥٩
متعلّق اشیالری ایله ممالك محروسه‌مدن برّا وبحرا وكذلك طونه
ایله نهرا دوستلق اثناسنده مستو واورس وغیری مملكتلره كیدوب

وذكر اولنان يرلردن ممالك محروسه‌يه كتوروب بيع وشرا ايلدكلری
اثناده سائر مستأمن طائفه‌سندن ويريله كلان كمرك ورسوم هر نه
ايسه بونلرك طرفندن دخی ادا اولنندقده بيوجه مداخله اولنميه
٦٠ اللمشنجی ماده — اصحاب اغراضدن بعضيلری فرانچه تجارينه
خلاف عهدنامه تعرض مراد ايدوب واجرا ايده‌مدكلرندن ناشی تجار
مرقومه‌نك تجارتلرينه خلل ويرملريچون وقت وقت بلا صلاحيت
سمسارلرينه تعدّی ايلدكلری انها اولنمغله فرانچه تجارينك مصالحی
ايچون تجار بيننده واروپ كلان سمسارلره بر درلو تعدّی اولنميوب
استعمال ايلدكلری سمسارلرنه ملتدن اولور ايسه كمسنه جبرا مانعت
ومداخله ايلميه ويهودی طائفه‌سندن وسائرلردن بعضيلری سمسارلغه
وارث اولق اقتضاسنده اولدقلرنده فرانچه تجاری ديلدكلری كمسنه‌لری
استخدام ايدوب وخدمتنده بولنانلر طرد ويا خود مرد اولدقلرنده
يرلرينه كلانلرك خلاف معتادكدك وحصّه طلب ايلميه‌لر وخلافنده
٦١ حركت ايده‌نلرك حقلرندن كلنه — اللمش برنجی ماده — فرانچه
سفاينه تجارته متعلق تحميل اولنان اشيادن فرانچه ايلچی‌لرينه
وقونسلوسلرينه قونسلاته رسمی ويا ايلاج تعبير اولنان عوائد ادا اولنمسی
ايچون بوندن اقدم عقد اولنان موادّه اكرچه تصريح اولنمشدر

لكن بو خصوصده دولت عليّم تجارندن ورعاياسندن رسم مرقومك
اداسنده تعلّل ومعارضه اولنديغی انها اولنمغله دولت عليّم تجاری
ورعاياسی طرفلرندن فرانچه سفاينه تجارته متعلق تحميل اولنوب
كمرك آله كلان اشيادن حين مقاوله‌ده نول سفينه‌يه داخل اوليالرينك
بر موجب عهدنامه همايون قونسولاته رسمی ادا اولنمدقچه اشيای
مرقومه كمركدن اخراج اولنمامق اوزره مؤكّد امر وتنبيه اولنه
اللمش ايكنجی ماده ٦٢ — ممالك محروسه‌ده ميوه مقوله‌سنك كثرتی
اولمغله قورويمش انواعنك كثرتی سنه‌لرنده بر دفعه فرانچه دولتندن
ايكی يا اوچ قطعه سفاين كلوب ذكر اولنان ميوه‌دن يعنی انجير وقورو
اوزوم وفندوق واكا مانند ميوه انواعندن هر نه ايسه اشترا وكمركلرين
عهدنامه همايون موجبنجه ادا وبعده سفاين مذكوره‌يه تحميل ونقل
اولنمغه مانعت اولنميه فرانميه سفاينی قبريس جزيره‌سندن
ودولت عليّمه تابع اولان سائر اسكله‌لردن مسلمين آلديغی اوزره
نوز اشترا وتحميل ايلمك مراد ايلدكلرنده حكّام وولاة وقضاة وسائر
ضابطاندن مانعت اولنميوب بوندن اقدم ويريلان وبودفعه تجديد
اولنان عهدنامه همايونم موجبنجه عمجی قلنه‌لر — اللمش اوچنجی ماده ٦٣
فرانچه تجاری واكا تابع اولنلر فرانچه ايلچيلرينك وقونسلوسلرينك

اعلان كاغدلری اوزره یدلرینه آلدقلری مرور نامه‌لر ایله یوریوب وامنیّت وراحتلری ایچون قاعدهٔ مملكت اوزره كسوه كیوب ممالك محروسه‌مك كار وكسب ایلدكلرنك او مقوله كندو حاللریله كزنلر جزیّه وسائر تكالیف ایله رنجیده اولنمیوب وعهدنامهٔ همایون موجبنجه كمرك متعلّق اشیالری اولور ایسه بر وجه معتاد كمرك رسمنی دخی ویردكلرنك مرور وعبورلرینه ولاة وحكّام وضابطان مانع اولمیوب وبر وجه محرّر یدلرینه ویریلان اعلان كاغدلرینك مفهومی اوزره اقتضا ایدن یول كاغدلری كندولربنه ویریلوب وامنیّتلری خصوصنده ممكن اولان

التمش دردنجی ماده — اعانت ایله معاونت اولنه‌لر

فرانچه تجّارینك ویبراغی آلتنده اولنلرك ممالك محروسه‌مه كتوردكلری وآلوب كوتور ردكلری آلتون وكمش سكّه‌دن رسم وكمرك آلنمیوب ویدلرنده اولان سكّه‌لرینی دولت علیّه‌مك سكّه‌سیله تبدیل ایلمكه جبر اولنمیه‌لر

التمش بشنجی ماده — فرانچه‌لودن ویبراقلری آلتنده اولانلردن بری قاتل اولوب ویاخود بر غیری جرم ایدوب وشریعت شریفه طرفندن روئت اولنمق مراد اولندقده دولت علیّه‌مك قضاة وضابطانی بو كونه اولان دعاوی بولندقلری محلده ایلچیلرینك ویاخود قونسلوسلرینك ویا وكیللرینك مواجهه‌لرنده استماع وشرع

شریفه ویدلرینه ویریلان عهدنامهٔ همایونه مغایر اولمامق ایچون طرفیندن دقت ایله تفتیش وتفحّص اولنه

التمش النجی ماده — طرف میری‌دن ویاخود دولت علیّه‌مه تابع تجّار وسائره‌دن فرانسز اوزرینه تحریر اولنمش بولیچه تعبیر اولنان كاغدلر كلوب اوزرلرینه تحریر اولنمش فرانچه‌لو وآنلره تابع اولان كمسنه‌لر قبول ایلمدكلری حالده بیوجه شرعی اداسنه جبر اولنمیه‌لر وذكر اولنان پولیچه قبول اولنمدیغنی مشعر كاغد ویریلوب پولیچه كاغدینی ویرندن آقچه‌سنی طلب وتحصیلنده رعیّه مده اولان ایاسی وكذلك اولمعلده

التمش یدنجی ماده — بولنان قونسلوس ممكنی مرتبه سعی ایلیه فرانچه‌لودن ممالك محروسه‌مده متمكّن اولنلر اكر متأهّل واكر بكار

التمش سكزنجی ماده — درکیملر ایسه جزیه مطالبه‌سیله رنجیده اولنمیه‌لر

ماده فرانچه تاجرلرندن واهل حرفت وضابطلرندن وملاحلرندن بری اسلامه كلوب كندو متاعندن غیری یدنك فرانچه‌لویه تابع

ری بر طرفه عزیمت ایلمك مراد ایدوب دینی ایچون ایلچیلری
ویا قونسلوسلری اکا کفیل اولدقك اداى دین ایله دیو یولندن
آلیقونلمیه وكندولردن دورت بیك آقچهدن زیاده اولان دعواسی
معتاد اوزره وعهدنامهٔ همایون موجبنجه آستانهٔ سعادتمه حواله اولنه

یتمشنجی ماده — طرف محاكمدن ودولت علیّهم ضابطانی
جانبلرندن واهل عرف طائفهسندن فرانچهلو اولنلرك ساکن
اولدقلری خانهیه بلا موجب جبرًا دخول اولنمیوب خانهسنه دخوله
حاجت مس ایدیکی حالت ایلچی وقونسلوس بولنان یرلرده آنلره
اخبار وطرفلرندن تعیین اولنان آدملر ایله اولدیغی محله واریلوب
بو خصوصك خلافنه حركت ایدر بولنور ایسه بعد النحقق تأدیب
اولنه‌لر — یتمش برنجی ماده — فرانچه نجّاری ایله آخرك بیننك
وقوع بولوب بر دفعه شرعله فصل وحسم وحجّت اولنمش ماده‌لرینك
ولاة وقضاة وسائر ضابطان طرفلرندن تكرار استماع وفصل اولنمسی
خصوصی اراده وبالدفعات واقع اولوب بو تقدیرجه اوکونه فصل
اولنان دعوادن امنیتلری اولمدیغندن ماعدا بر محلك فصل اولنان
دعوانك ینه اولححلك خلافنه حكم اولنور ایمش دیو انها اولنمغله بروجه
معرّر فرانچه نجّاری ایله آخرك بیننك ظهور ایدوب بر دفعه شرعله

فصل وحكم وحجّت اولنمش دعوى اولححلك کورلمیوب وتكرار روئت
اولنمق استدعا اولنور ایسه فرانچه ایلچیسنه اخبار اولنمقسزین
وایلچی مومی علیهك قونسلوسدن ومدّعی علیهدن جوابی وكیفیت
احوالك صحّتی خبری کلمكسزین ادّعا ومدعی علیهی احضار ایچون
امر شریف ویرلیوب ومباشر وچاوش دخی کوندرلمیوب اوکونه
خصوصی استفهام واعلام اولنمغه وفا ایده‌جك وقت تعیین اولنمق
جائز اوله وبو کونه دعوانك تكرار استماعی فرمان اولنور ایسه در
علیه‌ملك روئت وقطع وحسم اولنمسنه دقت اولنوب وبو بابك
فرانچهلویه تابع اولانلرك بالنفس کلملری ویاخود یرلرینه وكیل
شرعی نصب ایلملری جائز اوله ودولت علیّهمه تابع اولنلر فرانچهلو
ایله دعوی صددنك اولدقلرنك مدعیارك شرعی سندات وتمسكاتلری
اولدقجه دعوالری استماع اولنمیه — یتمش ایکنجی ماده — ظهور
ایدن دعاوى ایچون وخرج وصرف اولنان احضاریه ورسم عادیّه
دعواسی مشروع ادّعایه صلاحیتی معلوم اولان کمسنه‌لردن اخذ واستیفا
اولندیغی حالك دعوابه صلاحیتی اولمیان اشخّا مقوله‌سی اویله بلا
صلاحیّت وبلا وجه شرعی دعوى ایدوب خلاف شرع حركت وتعدّی یه
جسارت ایده‌نك طرفندن آخذ واستیفا اولمغه رخصت ویرلمك جائز

اولوب ولكن فرانچه‌لو وآنلره تابع اولنلرك دولت علیّه‌مه تابع که‌سنه‌لرده
ورعایاسنك واقع اولان آله‌جقلری دعواسی اولندقلك حکم اولنوب
حاصل اولان آقچه‌لرندن خرج محکمه‌لری وکذلك مباشریه
احصاریه‌لری دخی عهدنامهٔ قدیمه موجبنجه یوز غروشده ایکیبشر
٧٣ غروش آلنوب زیاده طلبیله رنجیده اولنمیه‌لر   یتمش اوچنجی ماده
دولت علیّه‌مك معتاد اوزره اسکله‌لرینده فرانچه سفاینی
یناشدقلرنده دوستلق معامله‌سی اولنوب یالكز کفاف نفس ایچون
مأکولات ومشروباتلرینی آقچه‌لریله آلوب بو مقوله اولان مأکولات
ومطبخ ذخایرینك بیع وشراسنه وتحمیل اولنمسنده ممانعت اولنمیوب
٧٤ وبو بابده رسم ویرکو دخی طلب اولنمیه   یتمش دردنجی ماده
دولت علیّه‌مك بالجمله اسکله وایمان وسواحلنك فرانچه سفاینی
قپودانلری ورئیسلری اقتضا حسبیله سفینه‌لرینی یاغلمق وقلفات
وتعمیر ایتمك لازم کلدکده قلفات وتعمیر ایچون صرف اولنه‌جق
روغن وزفت وقطران وقلفات لازمه‌سنی وعمله‌یی آقچه‌لریله آلمه‌رینه
وطرتملرینه ضابطان طرفلرندن ممانعت اولنمیه وممالك محروسه‌ده
کلان فرانچه سفاینندن برینك اداراتنه آفت اصابت ایدرایسه
نجق او سفینه ایچون دیرك وسرن ولنکرو خلط ویلکن بزی ودرك

کراسته‌سنی دخی آقچه‌لریله آلغه رخصت ویریلوب بو خصوصلر
ایچون ویرکو طلب اولنمیه وفرانچه سفاینی وارد قلری اسکله‌لرده ملتزم
ومتسلّم وسائر ضابطان وجزیّه دارلری طرفندن جزیّه بهانه‌سیله
آلیقونمیوب یولجیلرینی تعیین اولنان محلّه کوتوره‌لر لکن درونلرنده
جزیّه کذار رعایا بولنور ایسه آنلر دخی اداسی لازم کلان جزیّه‌لرین
شروطی اوزره محلّه ویرویب بو وسیله ایله جانب میری‌یه غدر اولنمیه
٧٥ یتمش بشنجی ماده   دولت علیّه‌مك اهل اسلام ورعایاسی
ممالك محروسه‌م اسکله‌لرینك بریسندن آخر اسکله‌یه نقل ایلمك
ایچون فرانچه سفاینده تجارته متعلّق اشیا وضع ایلدکده ممانعت
اولنمیه لکن دولت علیّه‌مه تابع اولنلر بعضی فرانچه سفاینی استیجار
ایلدکلرنده وقت وشرط انتهای راهده ذکر اولنان سفینه‌یی ترك ایدوب
قول وشرط اولنان اجرتنی ویرمکده تعلّل ایتدکلری دخی اولنغله
او مقوله استیجار اولنان سفاینی بلا عذر اثنای راهده متأجرلری
ترك ایدرلر ایسه سفاینك قپودانلری ایله اجاره صحیحدن باتمسك
تسمیه اولنوب نول سفینه تعبیر اولنان اجرت مستمانك بالتمام ادا
اولنمسنی قضاة وسائر ضابطان طرفلرنده امرو تنبیه اولنه
٧٦ یتمش التنجی ماده   ولاة وحکّام وقضاة وکمرك امناسی ووریدکان

وتسلملروصابطان واعيان ولايت وايش ارلرى وسائرلردن عهدنامهٔ همايونه مغاير حركت اولنميوب وطرفندن خلاف عهدنامهٔ همايون قولاً وفعلاً تعدّى اولور ايسه فرانچهلو اولنلرك قونسلوسلرى وصابطلرى عهدنامهٔ همايون موجبنجه حقلرندن كلدكلرى كبى دولت علیّمه تابع اولنلردن ظهور ايدن تعدّيات دخى فرانچه ايچيلرى وقونسلوسلرى جانبندن عرض اولندقلٔ حقيقتنه بعد تحصيل لاطّلاع اقتضاسنه كوره او مقولهلرك حقلرندن كلنمك اوزره امـر وفرمان صدورى جائز اولسه

یتمش يدنجى ماده — و دولت علیّهمك سواحلنه فرانچه سفاينندن بـرى واروب قضارا قرهيه دوشر ايسه اشياسنى تخليص ايچون هروجهله معاونت اولنه وقرهيه دوش سفينه تعمير اولنمسى ممكن اولدقلٔ ياخود بـرآخر سفینهيه تخليص اولنان اشياسنى تعيين اولنان محلّه كوتورمك ايچون تحصيل ايلدكلٔ مادامكه اول محلّٔ بيع وشرا ايتميه كمرك وبردرلو رسم طلب اولنميه

یتمش سكزنجى ماده — قبودان پاشا وميرى قاليونلر قبوداناولرى وچكدرى بكلرى وفرقته قبوداناورى وسائر دولت علیّهمك سفاينى وباخصوص مصر اسكندريّهسنه تجارت ايدن سفاين فرانچه سفايننى خلاف عهدنامهٔ همايون يولرلرندن اليقونميوب ودخل وتعرض ايتميوب

وبردرلو بهانه ايله جبراً هديّه طلب اولنميهجغندن بشقه فرانچهلونك ككرك جنك وكرك تجار سفاينه روى درياده راست كلدكلرنك بر معتاد قديم طرفيندن دوستلق معاملهسى اظهار اولنسه

یتمش طقوزنجى ماده — ميرى قاليونلرو چكدرىلرو سائر سفاين سلطانيّهبى فرانچهلونك تجار سفينهلرى كوردكلٔ اوتهدنبر ومعتاد اولان اكراملرينى ايلمك نيتنلٔ ايكن بحسب لاقتضا فلقدلرينى عجالةً ايتدرهميوب وسفاين مرقومهيه در حال وارهمدقلرى حسبيله تعدّى اولنورلر ايمش مادامكه معتاد اوزره حركه عزيمتارى متعيّن اوله كج كلديكزديو تعدّى اولنميه وفرانچه سفاينى ليمانده بيوجه آليقونلميوب وجبراً فلقدلرينى وكميچيلربنى آلميوب خصوصا اشيا مماو اولان سفينهلرى آليقونلدى يغى حالك عظيم صرّترتّب ايتمكدن ناشى من بعد بو مقوله حركته جواز ويرليه وذكر اولنان ميرى سفاين صابطانى فرانچهلوساكن اولدكلرى اسكلهلره واردقلرنده لوندات ونفرانى مرقومهره ضرر وتعدّى ايلمك ايچون اولمغلٔدله كفايت مقدارى نفر صابطلر ايله اخراج وفرانچهلونك محافظهسى وتجارتلرينك امنيتى ايچون قوللق بكلمكه تعيين اولنوب وفرانچهلولر قرهيه چقدقلرنده دخى قلاع واسكله وسائر قـره صابطانى طرفلرندن خلاف شرع

وقانون بر درلو تعدّی اولنمیه‌لر وبو خصوصلرده خلاف عهدنامهٔ همایون حرکت وقوع بولوب تشکّی اولنور ایسه اولقولده تعدّی ایدنلرك بعد التحقّق محکم حقلرندن كلنه وفرانچه‌لو طرفلرندن دخی دوستلغه منافی ناملایم حرکته بر درلو رخصت كوسترلمیه

۸۰ سكساننجی ماده — میری طرفندن بحسب‌الاقتضا فرانچه سفاینندن بعضیلری استیجار اولنمسنه حاجت مس ایلدكده بو خصوصده مأمور اولان حكّام وسائر ضابطان ایلچی وقونسلوس بولنان محلّلرده آناره خبر ویروب آنلر دخی مناسب كوردكلری سفاینی تعیین وبولنمیان محلّده رضالریله استیجار ایدوب بو بهانه ایله بالجمله فرانچه سفاینی آلتورنمیوب ویوكلو اولان سفاینك یوكنی اخراج ایلمكه جبر وتعدّی اولنمیه

۸۱ اولنمیه — سكسان برنجی ماده — غرب اوجاقلربدك قورسانلری خصوصنده عهدنامهٔ همایونده مذكور اولان مواد مرعی ومعتبر طونیلوب بالدفعات مساعده اولنمشكن مرقوم قورسانلر فرانچه‌لونك تجار سفایننه روی دریاده راست كلدكلرنده تعدّی ایدلكرندن ماعدا اوغرادقلری اسكله‌لرده بولنان فرانچه قونسلوسنه وتجاربنه دشنام وتعدّی ایدرلر دیو انهبا اولنمغله بوندن صكره بو مقوله اوضاع باهمه‌واره‌لری واقع اولور ایسه دولت علیّه‌مك ولاة وحكّامی وسائر

ضابطانی طرفلرندن فرانچه قونسلوسی وتجاری حمایت وصیانت اولنوب وفرانچه ایلچیسنك وقونسلوسنك صحیح فرانچه سفینه‌سیدر دیو شهادت ایلدكلری سفینه‌لری دولت علیّه‌مك قلاع واسكله‌لری آلتنده واردقلرنده ذكر اولنان قورسانلر طرفلرندن اخذ واسترقاق اولنمسی هر وجهله منع ودفع اولنوب وطوب آلتنده سفینه آلنمیه ودولت علیّه‌مك ولاة وحكّامی اولدقلری یرلرده ذكر اولنان قورسانلردن فرانچه‌لویه ایصال خسارت اولنور ایسه وقوع بولان ضرر وزیان كندولردن تضمین اولنور دیبو ترهیب ایچون مؤكّد امر وفرمان صدوری جائز اوله — سكسان ایكنجی ماده — بوندن اقدم عقد ۸۲

وحالا تجدید اولنان مواددە مذكور اولدیغی اوزره فرانچه‌لویه تابع اولان راهبلرك قدس شریفك واقع ضبط وتصوفلرنك بولنان محلّلر مرور ازمان ایله خرابد مشرف اولامسق احتیاطی ایچون معتاج اولدقله آستانهٔ سعادتمده مقیم فرانچه ایلچیسنك التماسله مساغ شرع اوزره تعمیر اولنسی بابنك اقتضا ایلیان اوامرك صدوری جائز اولوب وفرمانی اولان خصوصده ولاة وقضاة وحكّام وسائر ضابطان طرفلرندن بر درلو ممانعت اولنمیه وذكر اولنان محلّلر ایچون ضابطاندن مخفی تعمیر اولنمش دیوسنده برقاج دفعه برقلمه اولنوب

راهبلری تجربه اولنور ایمش بناءً علیه اولطرفك بولنان ولاة وحكام
وقضاة وسائر ضابطان جانبلرندن قبر عیسی تعبیر ایدلكلری ممالك
كلیساسنی وسائر كلیسا وزیارتكاهلری سنده فقط بر دفعه یوقلمه اولنه
وممالك محروسه مك بولنوب فرانچه پادشاهنه تابع اولان پسقوپوسلری
وراهبلری كنده وحاللرنك اولدقچه محی قلنوب ویدلرنك اولان كلیسالر
وسائر ساكن اولدقلری محللرده معتادلری اوزره ایینلرینك اجراسنه
ممانعت اولنمیه اهل ذمت رعایا فرانچه لو ایله بیع وشرا ومصالح آخری
ایچون بربرلرینه آمدشد ایلدكلرنك اولمقوله آمدشد ایچون خلاف
شرع شریف رنجیده وتعدّی اولنمیه لر وبوندن اقدم عقد اولنان
مواددہ غلطه ده اولان بیمارخانه لرنك كندو حاللرنك انجیل تلاوت
ایلدكلرنك رنجیده اولنمیه لر دیو تصریح اولنوب ولكن اجرا اولنمامغله
ذكر اولنان بیمارخانه بوندن صكره وجه شرعی اوزره نه معلك اولور
ایسه عهدنامهٔ قدیمه موجبنجه كندو حاللرنك انجیل تلاوه ایلدكلرنك
رمیك اولنمیه لر   سكسان اوچنجی ماده   دولت علیه مك فرانچه   ٨٣
دولتی سائرلردن زیاده قدیمی دوستی اولوب وجه لایقی اوزره
كندوسنه معامله اولنمق ایچون سائر مستأمنلره اولان مساعك ورعایتك
فرانچه پادشاهنك رعایاسی حقنك دخی مرعی ومعتبر طوتیله

سكسان دردنجی ماده   فرانچه لونك كرك ایلنچی وكرك قونسلوس   ٨٤
ترجمانلری وكرك آنلره تابع اولان تجار واهل كارلری وكرك فرانچه لو
سفایننی اعمال ایلیان قپودان وملاحلری وكرك رهبان ویسقپوسلری
ادامكه كندو حاللرنك یوریپوب دوستلق مراسمنه وصداقت لوازمنه
خلل كتوره جك حركتدن مجانبت اوزره اولهلر اشبو عتیق وجدید
عقد اولنان مواد فیما بعد طوائف اربعهٔ مذكوره نك حقلرنك مرعی
ومعتبر طوتیلوب مواد مرقومه نك مفهوماتنه مغایر مقدم ومؤخر تواریخ
ایله امر دخی ابراز اولنور ایسه عهدنامهٔ همایون موجبنجه بلا عمل
محللری رفع وترقین اولنه   سكسان بشنجی ماده   دولت علیه   ٨٥
وهبت نمونم فرانچه لو ایله مقدما معقود اولان مواد مسالمه یی حالا
تجدید وبوندن بویله دخی ایفای مراسم خلوص ایچون بعضی اقتضا
ایلیان مناسب مادہ لری ضم وتأكید ایتمكله فیما بعد عهدنامهٔ
همایونمك شروط وقیودینه رعایت وخلافنه حركتدن مجانبت اولنهق
اوزره دولت علیه مك معیین اولان اسكله لرنك وسائر اقتضا ایدن
محللرنك واقع بالجمله حكام وضابطانه تنبیهات اكیده یی حاوی
واوامر علیه اصدار وارسال ومحاكملك سجلاتنه قید واثبات اولنمغه مساعده
علیه ارزانی قلنه   ایمدی دولت علیه روز افزون خلافت دستكاه

وسلطنت موهبت نمــون شوكت پناهمزه حشمت مآب مشار اليـه
فوانچه پادشاهی جنابلری واعقاب خصوصیّت انتسابلری طرفلرندن
مادامكه اظهار مراسم صدق وولا وابراز لوازم عهد ووفا حلائنه مداومت
ومواطبت اولنه جانب همايون شهنشاهانه‌مزدن دخی عهد وميثاق
وپیوند سوكند خروانه‌مز ایله تأیید روابط وثاق ایدرمكه من بعـد
طرف كامل الشرف پادشاهانه وكذالك اخلاق نصفت انتصاف
ملوكانه‌مزدن ووزرای عالیمقـام ومیرمیران كـرام وبالجمله شرف

عبودیّتمز ایله مستسعد ومشرّف اولان خدّام ولامقامهمزدن سرمو خلافته
بردراو جواز ورخصت ویرلیوب طرفیندن دائما تأكید اساس موالات
وتشیید بنیان خلوص مصافات ایچون اشبو عهدنامهٔ همايون عنایت
مشحونمزك مضمون منیف اطاعت ردیفی موجبنجه عمل وحركت
اولـنـــــــــ

تحریرًا فی الیوم الرابع من شهرربیع‌الاوّل سنه ثلثه وخمسین ومأیة
والف من هجرة مـن لیس لـه خاف

بمقــام دار السلطنه العلیّه
قسطنطنیه الحمیّه
الحرروسم
*

پارس شهرنك بیك سكز یوز ایكی سنهٔ فرنكی حزیرانك یكرمی بشی
یعنی هجرینك بیك ایكییوز اون یدی سنهسی ماه ربیع اولك یكرمی
بشنك دولت علیّه ایله فرانسه جمهوری دولتی بیننك عقد
اولنان معاهدهنك صورتیدر

* *
*

موجبنجه طرف شاهانه‌دن تصديق اولنمشدر

محل طغراى سلطان سليم

بنكه اشرف البلدان والاماكن وابراق المداين والمساكن قبلهٔ جملهٔ عالم ومحراب توجّه عامّه امّ اولان مكّه مكرّمه ومدينهٔ منوّره وقدس شريف مباركك خادمى وحاكمى واشرف البلدان اولان بلاد ثلثهٔ معظمه كه استانبول وادرنه وبروسه‌در انلرك وشام جتّمشام ومصر نادرة العصر بيهمتا وكلّيّا عربستان وأفريقا وبرقه وقيروان وحلب شهبا وعراق عرب وعجم وبصره ولحسا وديلم ورقّه وموصل وشهرزور وديار بكر وذولقدريه وولايت ارضروم وسيواس وادنه وقرمان ووان ومغرب وحبش وتونس وطرابلس شام وقبرس وردوس وكربد وموره واق دكز وقره دكز وجزاير وسواحلى وديار اناطولى وممالك زوم ايلى وخصوصا بغداد دار السلام وجميعًا كردستان وروم وترك وتاتارستان وقبارطيان ودشت قبچاق وايالات تاتاره دائر الاحواليلرده واقع عمومًا صغناق وبالجمله طوائف تاتارك خليفهٔ اعظم وشهريار سعادت دثار معظمى وكذلك الطرافنك واقع بالجمله اويماقان ومصافاتيله عمومًا بوسنه وقلعهٔ بلغراد دار الجهاد وصرب حكومتى وانكا اولان قلاع وحصون وبلاد ارنودلق بالتمام افلاق وبغدان واطراف اطرافلرنك واقع قلاع وحصون وتعريف وتوصيفدن مستغنى نيجه بقاع وبلدانك پادشاه معدلت شيم وشهنشاه شوكت علمى السلطان ابن السلطان والخاقان ابن الخاقان الغازى سليم خان ابن السلطان الغازى مصطفى خان ابن السلطان الغازى احمد خانم كه منشور سعادت نشور سلطنتم توقيع رفيع سلطان البرين اياه مزيّن وبرزيور وبرليغ خلافتم نقش ونكار عظمت اظهار خاقان البحرين اياه معين وآرايش كستردر لاجرم برمقتضاى كلام درر النظام السلطان ظلّ الله فى ارضه ذات ابهت نصاب خسروانه‌مه عطيهٔ بهيهٔ الهيهٔ اولان تشريف خلافتم موهبد وجامهٔ لطيف سلطنت مرغوبه‌نك وبالشكر تدوم النعم كلها مقتضاسنجه ايفاى تشكربغه قيام ايله تعظيم لامر الله وشفقت على خلق الله لوازمنى اجرا اقصاى مقاصد شهنشاهانه‌م اولوب چونكه استحصال آسايش رعيت واستكساب مأثر انصاف وعدالت لازمهٔ ذمّت همّت تاجداراند وراتبد عهدهٔ عطوفت خسروانه‌م اولمشدر بناءً على ذلك

دولت علیّه ابدی الاستمرارمز وسلطنت سنیّهٔ سرمدی الاستقرارمز ایله
فرانچه جمهوری بیننك مدّت مدیده دنبرو درکار اولان روابط اصلیّهٔ
دوستی ومصالحه یی تأییلك فرانچه ملّتی طرفندن افتخار امراء العظام
العسویه مختار کبراء الفخام المسیحیّه مصلح مصالح جماهیر الطائفة
النصرانیّه ساحب اذیال الحشمة والوقار صاحب دلایل المجد والاعتبار
حشمتلو فرانچه جمهوری دولتی باش قونسلوسی ختمت عواقبه بالخیر
والرشاد ایله اظهار خواهش ونیّت اولدیغنه بناءً طرفِ واضح الشرف
شاهانه مدن حالا دیوان همایون آمدجیلك ورِیاست أموریمنك
مدتبیری اولوب رخصت کامله ایله مرخّص تعیین اولنان افتخار
الاماجد والاکارم سید محمّد سعید غالب دام مجدك وباش قونسلوس
مشار الیه جانبندن حالا فرانچه جمهورنك امور خارجیّه وکیلی قدوة
امراء الملّة المسیحیّه عمّدة کبراء الطائفة العیسویّه منسترو شارل مورس
طلیران ختمت عواقبه بالخیر مرخّص تعیین اولنمق حسبیله هجریّهٔ
نبویّه علی صاحبها افضل التحیّهنك بیك ایکییوز اون یدی سنه سی
صفر الخیرینك یکرمی دوردنجی وفرانچه جمهورینی تاریخینك
اوننجی سنه سی مسیدور آینك التغجی کونی پارس شهرنك سالف
الذکر طرفین مرخّصلری بربرلریله ملاقات وکندولره ویریلان رخصت

نامه لرینی بعد المبادله مواد مصالحه یی بالدفعات مذاکره ایلیوب
تراضیِ طرفین ایله اون ماده اوزرینه عقد وربط وتأسیس وتنظیم
ایتملریله ذکرآتی اون ماده یی حاوی تمهیر ومبادله ایلدکلری عهدنامه
تمستكلری دأب دیرین سلطنت وقاعدهٔ مستدیمهٔ دولت علیّهم اوزره
درکاه فلك بارکاه پادشاهانه مد بعد العرض رفاهیت وراحت برایای
ملك وملّت ایچون مواد مرقومه اوزره عقد وتمهیر اولنان صلح وصلاح
مستوجب الفلاح طرف همایونمزدن دخی مقبول ومعتبر طوتیلوب خطِ
همایون شوکتمقرونمز ایله موشّح وطغرای غرّای جهان آرامز ایله
مشرّف وعهدنامهٔ همایون سعادتمقرونمز شرفیافتهٔ صدور اولمسی لازم
کلمکین لفظاً بلفظِ مواد صلح وصلاح مقبول همایونمز اولوب یرلوبرنك
رعایت وصیانت اولنمسیچون ذکر اولنان ماده لردر که عینیله اشبو
عهدنامهٔ همایونمك ذکر وبیان وشرح وعیان قلنور   اوّلكی ماده ١
دولت علیّه ایله فرانچه جمهوری بیننك دائمی صلح وصلاح
کاملاً جاری اولوب بعد ازین عداوت وخصومت کلّیا مندفع اوله
ایکنجی ماده   دولت علیه وفرانچه جمهوری بیننك قبل السفر ٢
متداول اولوب طرفینك هر درلو روابطنی تصریح وتأکید ایدن عهود
وشروط بو دفعه دخی بتمامها تجدید اولندی بنابراین اشبو تجدید

واجرا اولنان عهود قديمهده مندرج منافع مقتضاسنجه دول سائرهيه اولان رعايت فرانچهلو حقنك دخی مرعی ومعتبر طوتلمسی مسرح ومذكور اولمقدن ناشی فيما بعد قره دكزه دخی فرانچه بيراغيله فرانچه تجّار كميلرينك بلا ممانعة آمد شدی جائز اوله شويله كه دولت عليّه ذكر اولنان فرانچه تجّار سفايننك بحر مذكوره كيروب چقملرينی تجويز ايدوب بحر مذكوره آمدشدلرينی تسهيل ايچون قره دكزه آمدشد استحقاقنه نائل اولان ملل سائرهنك تجّار سفاينه هر وجهله

[٩] تطبيق اولنه‌لر ودولت عليّه وفرانچه جمهوری ممالكنك تجّار سفينه‌لرينك آمدشد ايلدكلری بحرلردن ازبانديدلری دفع ضمننك اسباب وتدابير لازمه‌يه برابرجه تشبّث ايده‌لر وقره دكزه دخی آمدشد ايدن فرانچهلو تجّارينی دولت عليّه ازبانديدلردن حمايه‌يه تعهّد ايليه قالديكه شرط مذكور منطوقنجه طرف دولت عليّه‌دن فرانچهلو حقنك جاری اولان منافع دولت عليّه‌نك تبعه وبيراقلری حقنك دخی فرانچه جمهورينك بر وبحرلرنك جاری اوله

[٣] اوچنجی ماده سالف الذكر عهود قديمهيه بناء فرانچه اونك قبل السفر دولت عليّه‌نك ممالك سائرهسنك نائل اولدقلری استحقاق وامتيازات ومنافع قره دكز سواحلنه ملاصق وقريب اولان ممالك دولت عليّهده دخی جاری اولوب كرك تجارتنك وكرك ممالك مذكورهده قونسلوس ويا امور تجارتنی رؤيتنه مأمور اقامهسی فرانچه تجارتنه اقتضا ايدر ايسه او مقوله مأمور حقنك اجرا اولنسه

[٤] دردنجی ماده فرانچه وانكلتره دولتلری بيننك تاريخ هجرينك بيك ايكيوز اون التی سنهسی ذی القعده‌سنك يكرمی ايكنجی وفرانچه جمهورينی تاريخنك اونجی سنهسی ژرمينال آينك دوردنجی كونی عامين شهرنك منعقد معاهده‌ده دولت عليّهيه متعلق مندرج اولان مواد معلومه‌يی دولت عليّه دخی قبول ايليوب اول مواد تمامًا اشبو عهدنامه‌ده رسمًا تجديد اولنور

[٥] بشنجی ماده دولت عليّه وفرانچه جمهوری بربرينك تماميّت اراضيسنه دخی تكفّل ايدرلر

[٦] التنجی ماده طرفيندن اثنای سفرده سفرای جانبين واهالی وتوابع طرفينه عائد اموال اوله‌رق اخذ وضبط اولنمش اموال واشيانك عينًا يائنمذا استردادی ماده‌سی آستانهده دولتين طرفندن حق وعدل اوزره روئت وتنظيم اولنسه

[٧] يدنجی ماده رسم كمرك ماده‌سنه دائر نظامات جديده‌نك طرفينك رأيله ربطنه قدر باعث منازعه اولهجق حالاتنی دفع ايچون بر بابك جانبين ممالكنك عهود قديمه‌يه تطبيق حركات ايده‌لر

[٨] سكزنجی ماده طرفين ممالكنك دولتين

معاهدتينه متعلّق اسراواريسه مجموعنك سپبارى بلا بدل تخليه اولنه

٩ ـ طقوزنجى مادّه دولت علیّه وفرانچه جمهورى اشبو عهدنامه ایله بربرینك ممالكنك اجب اولان دولت كبى اولمغى مراد ایتملریله دول سائرهیه تجویز اولنان واولهجق منافع اشبو عهدنامهده مخصوصاً شرط اولنمش كبى بربرلرینه تجویز ایلدكلرى ظاهر اولـور

١٠ اوننجى مادّه اشبو عهدنامهنك جانبین مصالحیندن اقتضا ایدن تصدیقنامهلرى تاریخ تمسكدن سكسان كون ظرفنك وممكن اولور ایسه اندن اقل مدّتنك پاریسك مبادله اولنه خاتمه اشبواون مادّهیى شامل عهدنامه تمسكى مقتضاى رخصتمز اوزره عقد واملا وكندو امضا ومهرمز ایله ختم وممضى قلنوب بر معتاد مبادله واعطا اولندى دیو تمسك مذكورده مسطور اولغین امدى اشبو مواد مصافات

وشرایط موالات مادامكه فرانچه جمهورى باش قونسلوس مشار الیه جانبدن واخلافى طرفلرندن مرعى ومعتبر وضوابط وروابطى تطرّق خللدن حمایت وصیانت اولنهرق مستحكم ومقرّر اوله طرف همایونمدن دخى ذات معالى سمات شاهانه وجناب شوكتنصاب ملوكانهمه سزاوار وشایان اولدیغى وجهله تعهّد اولنور كه شروط وقیود ومصافات طرف باهرالشرف ملوكانهمدن واخلافى سعادت اتّصافمز ووكلاى عالیمقام ووزراى عظام، ومیرمیران كرام وامـراء وضابطان وعموماً عساكر نصرت ارتسامهزدن وبالجمله عبودیتمزله كامیاب اولان طوائف وخدّاممز طرفلرندن رعایت اولنوب بر فرد خلافنه وضع وحركت ایلمیه تحریراً فى الیوم الخامس والعشرین من شهر ربیع الاوّل سنه سبع عشر ومائتین والـف

بمقـام قسطنطنیـه
الحـروسـم

*

در سعادتلك بيك سكز يوز اوتوز سكز سنهٔ فرنكى تشرين ثانيسنك يكرمى بشى
يعنى هجرينك ١٢٥٤ سنه‌سى ماه ذى الحجهٔ شريفه اواسطنك دولت عليّه
ايله فرانسه دولتى بيننك عقد اولنان مقاوله‌نك صورتيدر

**
*

حضرت خداوند مالك الملك لا يزال ومفيض الجود والنوال تنزهت ذاته عن الشبيه والمثال وتقدست
صفاته عن تطرق الزوال ولا‌انتقالك ارادت عليّهٔ ازليّه وعنايت بيغايت لم يزليه‌سى وجناب
سلطان انبيا وسپهسالار كتائب اصفيا عليه وعلى آله افضل الصلوة واكمال التحايانك
دستيارى. معجزات كثيرهٔ البركانى وخلفاء راشدين واصحاب كزين عليهم
رضوان الملك المعين وجملهٔ اولياى هدايت قرين واصفياى نباهت
رهين قدست اسرارهم فى كلّ وقت وحين حضراتنك
مرافقت ارواح طيّبهٔ جنّت مأوالريله

**
*

موجبنجه طرف شاهانه‌مزدن تصدیق اولنمشدر

محلّ طغرای سلطان سلیـــم

بنكه اشرف البلدان ولامصار واسعد الاماكن ولاقطار قبلهٔ مساجد عالم
ومحراب توجهات عامهٔ امم اولان مكّهٔ مكرّمه ومدینهٔ منوّره وحرم
مسجد اقصی وقدس شریف مباركك خادم وحاكمی وبلاد ثلثهٔ
معظمه كه استانبول وبروسه وادرنه‌در انلرك وشام جنّتمشام ومصر نادرة
العصر وكلّیًا عربستان وجزیرة العرب وافریقا وبرقه وقیروان وحلب
الشهبا وعراق عرب وعجم وبصره ولحسا ودیلم ورقه وموصل وشهرزور
ودیاربكر وذو القدریه وولایت ارضروم وسیواس وادنه وقرمان ووان
وقارص وتوابعیله چلدر ومغرب وحبش وجزایر غرب وتونس وطرابلس
شام وطرابلس غرب وقبریس وردوس وكرید وازمیر واقدكز وقره
دكز وجزایر وسواحلیله دیار اناطولی وممالك روم ایلی وخصوصًا بغداد
دار السلام وروم وترك وجمیعًا كردستان ومضافاتیله عمومًا بوسنه وقلعهٔ
بلغراد دار الجهاد وصرب حكومتی وانك اولان قلاع وبقاع وحصون
وبلاد ارنودلق وافلاق وبغدان مملكتلری وتعریف وتوصیفدن مستغنی
نیجه بلدان وبقاع وامصار وقلاعك پادشاه معدلتپناه وشهریار مرحمت

دستگاهی السلطان ابن السلطان والخاقان ابن الخاقان السلطان
الغازی محمود خان ابن السلطان الغازی عبد الحمید خان ابن
السلطان الغازی احمد خان طرف اشرف همایون خلافتمقرونمزدن
افتخار امراء العظام العیسویه مختار كبراء الفخام الملّة المسیحیّة
مصالح مصالح جماهیر الطائفة النصرانیّه صاحب اذیال الحشمة والوقار
صاحب دلائل المجد والاعتبار حالا فرانسه قرالی وپادشاهی حشمتلو
مكنتلو دوست احب واصدق قمز لوئی فیلیب وفقه الله لمرضاه وجعل
مقارنا بالخیر عقباه جنابلرینك توقیع رفیع همایونمز دركه سلطنت
سنیهٔ سرمدی القیامزاده دولتی بیننده مدّت مدیده دنبرو
نتیجهًا جاری اولان معاهدات ممالك محروسهٔ شاهانه‌مدن اخراج
اولنان وبالمقابله زیر حكومت سنیهٔ پادشاهانه‌مده بولنان ممالك
وایالاته ادخال قلنان امتعه واشیا ایچون لازم لادا اولان رسوماتك
فیئَتنی تنظیم وتسویه واخذ واعطا اوزره بولنان وبابهود ممالك
محروسه‌ملك ممتد اولدیغی محلّ ومواقعك اقامت اوزره اولان فرانسه

تجاربنك حقوق وامتيازات ومعافيات ومترتباتنى وضع واقامه ايلمش اولوب انجق عهود عتيقهٔ مذكوره دفعهٔ اخيرهده على التكرار رؤيت اولنديغى تاريخدنبرو دولت عليّهمك ككرك ادارهٔ امور داخليهسنك وككرك دول سائره ايله اولان مناسبات خارجيهسنك تبدّلات مختلفه ظهوره كلمش اولديغنه مبنى ممالك جانبين مياننك تكثير معاملات تجارت وممالكتيندن يكديكرك مبادلهٔ محصولاتنك دها زياده تسهيلى ضمننك برسند مخصوص وملحق ايله تبعهٔ طرفينك مناسبات تجارتنى يكيدن تنظيم قلنمق اوزره ذات شوكتسمات شاهانهم ايله قرال مشار اليه جنابلرى بيننك بالمقاوله خصوص مذكورك بر منوال محرر مذاكره وحسن تسويهسنه قرال مشار اليه طرفندن امرال وكيلى وبپردوفرانسى وعلوم ومعارف اقادمياسى اعضاسى وفرانسه پادشاهنك لزيون دونور نشاننك غران قرواسى وبيوك نشان افتخارك حاملى وسرووينام يونان حكومتى نشاننك غران قرواسى وبروزيليـه جنـوبى حكومتى نشاننك قوماندورى وكندوسنلك نزد سلطنت سنيّهمزده مقيم بيوك ايلجيسى قدوة امراء الملّة المسيحيّه امرال بـارون روسن خنّمت عواقبه بالخير دولتى طرفندن ممضى وممهـور رخصتنامه ايله مأمور وترخيص قلنمش واولوجهله تنظيمنه

مساعدهٔ مكار معادهٔ شهنشاهانهم رهين حيّز تسويغ اولدرق شرايط معاهدهٔ مذكورهيى مذاكره وتنظيم ضمننك منحيزان رجال دولت عليّهمدن ومجلس والاى احكام العدليّه اعضاسندن حالا باش وكالت معاونى اولوب رتبهٔ اولى وسالف الذكر مجلس والايه مخصوص ايكى قطعه نشان ذيشان ايله مفتخر اولان افتخارلاعالى ولاعاظم مستجمع جميع المعالى والمفاخم المختص بمزيد عناية الملك الدائم مصطفى كانى بك دام علوه وكذلك منحيزان رجال دولت عليّهمدن حالا امور خارجيهٔ سلطنت سنيّهم ناظرى وكيلى ومستشارى اولوب رتبهٔ اولى نشان ذيشانيله مغبوط لامائل وباجيقا قرالنك لنويل غران قـروا نشاننى حامل اولان افتخارلاعالى ولاعاظم مستجمع جميع المعالى والمفاخم المختص بمزيد عناية الملك الدائم محمّد نورى دام علوه جانب معاليهمناقب ملوكانهمزدن رخصت كامله ايله مأمور اولمش اولدقلرينه مبنى معاهدهٔ مذكوره ايلجى موسى اليه بالمذاكره تنظيم وتسويه واون ماده اوزرينه طرفندن قرارداده اولدرق ايلجى موسى اليهك اوليكلادوكى وجه اوزره فرنكى العباره ويرديكى تمسّك پايهٔ سرير شوكتهٔ مصير ملوكانهمزه تقديم واستيذان ومواد مذكوره نزد مكار موفد شهرياراندهمزده تصويب واستحسان ايله مبادله اولنمش وذكر اولنان

تمسّكك قرال مشار اليه طرفندن قبول وتأييدينى مشعر بو دفعه تصديقنامه‌سى بالورود طرف همايون شوكتمقرون ملوكانه‌مزدن دخى خطّ شريف موهبترديف شاهانه‌مله موشّح ومزيّن وطغرای غرای جهان آرای شهنشاهانه‌مله معنون تصديقنامهٔ مخادنت علامهٔ پادشاهانه‌مزك شرفصدور اولمسى لازم كلمش اولقدن ناشى معاهدهٔ مذكوره الى ما شاء الله تعالى لفظًا بلفظ مقرّر ومعتبر طوتيله‌رق برلوبرنك رعايت ووقايت اولنمق اوزره تمسّك مذكورك حاوى اولديغى

۱ مواد بروجه آتى عينيله ذكروبيان قلنور   برنجى ماده قديمدنبرو معاهدات جاريه موجبنجه فرانسه سفاينى ونبعه‌سنه اعطا اولنان كافهٔ حقوق وامتيازات ومعافيات اشبو مقاوله‌سنديله مخصوصا تعديل اولنه‌جق اولنلرى بالاستثنا حالًا واستقبالًا ابقا وتقرير قلنمش وبوندن بشقه طرف دولت عليه‌دن بالجمله دول سائره سفاينى وتجارينه الحالة هذه اعطا اولنان ومستقبلنك اعطا اولنه‌جك كافهٔ حقوق وامتيازات ومعافياتك فرانسه سفاينى ونجارينه دخى اعطا اولنه‌جغى مخصوصا مقاوله اولنمشدر   ايكنجى ماده فرانسه دولتى تبعه‌سى وياخود شريك وآدملرى ممالك محروسهٔ شاهانه‌نك هر بر طرفنك كرك داخلًا تجارت ايتمك مراد ايلسونلر كرك خارجًا

تجارت ايتمك ارزوسنك اولسونلر مملكتنك حاصلات ارضيه وصناعيه‌سندن اولان كافهٔ امتعه واشيايى بلا استثنا مبايعه واشترا ايله بيله‌جكلردر ودولت عليه دخى محصولات زراعت وسائر هر بر درلو محصولاتنك امر مبايعه‌سنى منع ايدن يدواحد اصولنك الغا وابطالنى وكذلك اشترای امتعه واشيا ايچون وياخود اشيای مرقومه‌نك بعد المبايعه بر محلّدن ديكر بر محلّه نقليچون ضابطان مملكتدن طلب ايله مألوف اوله كلدكلرى تذكره‌لرك رفع والغاسنى رسمًا تعهد ايدر وقتيجى ضابط طرفندن اولور ايسه اولسون فرانسه دولتى تبعه‌سنى بو مثللو اذن تذكره‌سى تدارك واستحصالنه اجبار اضمننك وقوعه كله‌جك هر كونه ادعا نقص عهود مثللو نظر اولنده‌رق دولت عليه دخى بو كونه بر ادعايه‌سند عليه اوله‌جق هر وزير وضابطانى درحال شدّتله تأديب برله ادعای مذكوردن طولانئ فرانسه دولتى تبعه‌سنك دوچار اوله جقلرينى انجق اثبات ايلك بيله‌جكلرى تعديات وخساراتى تضمين ايتنديره‌جكدر   اوچنجى ماده فرانسه دولتى تجارلرى يا‌خود شريك وآدملرى ممالك محروسه‌نك محصولات صناعيه وارضيه‌سندن اولوب درون ممالك عثمانيه‌ده صرف واستهلاك ايچون ينه ممالك عثمانيه‌ده بيع وفروخت ايلمك نيتيله اشيا وامتعه

مبايعه واشترا ايلدكلري حالك اثناى بيع واشتراده تجارت داخليه‌ده زياده مساعده‌يه مظهر اولان اسلام ورعايا تجارلرينك قضاياى معاملهده تأديه ايلدكلري رسوماتى تأديه ايده‌جكلردر

دردنجى ماده

ممالك محروسهٔ عثمانيه نك محصولات ارضيه وصناعيه‌سندن اولوب طشره اخراج اولنمق اوزره اشترا اولنان هر بر اشيا فرانسه تجارى وياخود شريك وآدملرى طرفندن سفينه‌يه تحميل اولنمق اوزره هر بر نوع تكليف رسوماتدن سالم وبرى اوله‌رق بر مناسب اسكله‌يه نقل ايله اسكلهٔ مذكوره حين وصولنك اشبو معاهك ايله الغا اولنان تجارت داخليه رسومات قديمه‌سنك يرينه قيمتى موجبنجه يوزده طقوز رسم مقررينى تأديه ايده‌جكدر وبعك اسكله‌دن اخراجنك اوته دنبرو موضوع اولوب والحالة هذه جارى وباقى اولان يوزده اوچ رسمنى ادا ايده‌جكدر بشرط انكه طشره اخراج اولنمق اوزره اسكله‌لرده اشترا اولنوب ادخالنك رسومات داخليه‌سى تأديه اولنمش اولان كافهٔ امتعه واشيانك اولوقت انجق يوزده اوچ رسومات قديمهٔ اخراجيه‌سنك تأديه‌سنه تابع اوله‌جقدر

بشنجى ماده

واكا تابع اولان محللرك محصولات ارضيه وصناعيه‌سندن اولان وفرانسه سفايننه تحميل اولنمش بولنوب فرانسه دولتى تبعه‌سنك مالى

اولان وياخود فرانسه دولتى تبعه‌سى طرفلرندن بَرّا وبحرًا ممالك سائره‌دن نقل اولنان كافهٔ امتعه واشيا كما فى السابق اشياى مرقومه‌نك قيمتى اوزرينه حساب اولنان يوزده اوچ رسمى تأديه ايله هيچ بر كونه استثنا وقوعه كلمكسزين دولت عليه‌نك هر بر طرفنك قبول اولنه‌جقدر واشياى مرقومه اوزرنك الحالة هذه تحصيل اولنمقك اولان بالجمله سائر رسومات داخليه يرينه اشياى مزبوره‌يى كتورن فرانسه تجارى كرك محلّ وصولنك بيع وفروخت ايلسون وكرك بيع اولنمق اوزره داخل مملكته ارسال ايلسون انجق يوزده ايكى اوله‌رق بزرسم منضمّ دخى تأديه ايده‌جكدر وبعك اشياى مرقومه داخل مملكتنك تكرارًا بيع وفروخت اولنديغى وياخود بايع اشياى مرقومه‌يى ديكر بر مملكته كتورمك استديكى حالك اشياى مزبوره‌يه دائر نه بايعدن ونه مشتريدن ونه اشياى مرقومه‌يى بالاشترا خارجه كوندره‌جك كمسنه‌دن هيچ بر نوع رسومات مطالبه اولنميه‌جقدر وبر اسكله دروننك اوله‌رق يوزده اوچ رسم آمديه‌سى تأديه اولنان امتعه واشيا بالجمله رسومات جديده‌دن برى اوله‌رق ديكر بر اسكله‌يه كوندريله بيله‌جكدر واشياى مرقومه ليمان مذكورده بيع وفروخت اولنديغى وياخود ليمان مذكوردن مملكتك داخلنه نقل اولنديغى حالك اشياى

مرقومه ایچون یوزده ایكی رسم منضمّ تأدیه اولنهجقدر وفرانسه دولتی
كرك بو ماده ایله وباخود اشبو عهدنامهنك دیكر ماده لریله دولت
علّیهی كندو دائرهٔ داخلیهسنك اجرای حقوق داخلیه وملكیهسندن
هیچ برطریق ایله محروم ایتمامك وعلی الخصوص حقوق مذكوره
ملكیهسنك اجراسی فرانسه تبعهسنه واموالنه كرك معاهدات عتیقه
موجبنجه وكرك اشبو مقاوله اقتصاصنجه اعطا اولنان امتیازاته علنًا بر
مكته ایراث ایتمدكجه بو الفاظ مستعملهنك معنای طبیعیو ومعنیهسی
مقتضاسندن زیاده برشی. وشرط ادعا ایتمامك اوزره بین الدولتین

قول وقرار اولنمشـدر   النتیجی ماده   فرانسه دولتی تبعهسی
وباخود شریك وآدملری ممالك اجنبیهدن كتوریلان امتعهیی ممالك
عثمانیّهنك هر برطرفنك سربستیتله تعاطیو وتجارت ایدهبیلورلر واكر
بواسطه ایچون ادخال اولندیغنله یوزده اوجدن بشقه رسم ویرلمامش
اولدیغی حالك اولوقت فرانسه تجاری وباخود شریك وآدملری منضمّ
اولان یوزده ایكی رسمی دخی ادا ایدرك وادخال ایلمش اولدیغی
كندو امتعهسنك فروختی ایچون وباخود فروخت ایتمك نیتیله
درون ممالك محروسهیه نقلجون كذلك رسم منضمّ مذكوری تأدیه
ایلیهرك تعاطی. تجارته رخصتیاب اولهجدر وبو تأدیه رسم بر كرّه

اجرا اولندقله امتعهٔ مذكوره اندنصكره هر نه محله نقل اولنور ایسه
رسومات سائرهدن سالم اولهجقدر   یدنجی ماده   فرانسه واكا
تابع مملكتلرك وبالجمله ممالك سائرهٔ اجنبیهنك محصولات ارضیه
وصناعیهسندن اولان بو ایكی نوع امتعه واشیا فرانسه دولتی تبعهسنك
مالی اولهرق فرانسه سفاینه تحمیل اولنهرق بحر سفید بوغازندن
وخلیج قسطنطنیهدن وقره دكز بوغازندن كچدیكی حالك كرك اشیای
مرقومه فرانسه سفینهسنه محمول اولهرق اشبو بوغازلردن كچمش
اولسون وكرك اشیای مرقومه اوراده دیكر سفینهیه اقداریلوپ بشقه
محللرده صاتلمق اوزره بولنسون ویاخود اخر محلله صاتلمق اوزره
بر وقت محدود ایچون دیكر سفینهیه وضع اولنمق ویولنه كتمك
اوزره قرهیه چیقارلسون اشیای مرقومه ایچون نه كونه اولور ایسه
اولسون هیچ بر رسم وعوائد مطالبه اولنمهجقدر وممالك سائره نقل
اولنمق غرضیله ممالك محروسهٔ عثمانیّهیه ادخال اولنان ویاخود
كتورن كمسنهنك النك قالمش اولان كافّهٔ امتعه واشیا اول كمسهنك
طرفندن سائر مملكته بیع وفروخت اولنمق اوزره ارسال اولندیغی
حالك انجق ادخالات ایچون لازم كلان یوزده اوج رسم كمركنی
تأدیه ایدرك هیچ بروسیله ایله اشیای مرقومه ایچون رسومات سائرهیه

سكزنجی ماده   فرانسه تجار سفاینك بحر
سفید وسیاه بوغازلرندن مرورلری ایچون برمعتاد لازم كلان اذن سفینه
فرمانلری دائما سفاین مرقومه نك ممكن مرتبه سوق وتأخیرینی موجب
٨ تبعیت ایتدرلیسه

طقوزنجی ماده   دولت علیه   ٩ اولیه جق صورتله اعطا اولنه جقدر
اشبو معاهده ایله قراركیر اولان اصول تجارت ممالك محروسه
عثمانیه نك هر طرفنك یعنی اوروپا واسیا قطعه لرنك والكات مصرده
وسائر افریقه ده كائن ممالك شاهانه ده وهر قنغی طبقات اولور ایسه
اولسون دولت علیه نك كافه طبقه سی حقنك مرعی الاجرا اولمق وینه
دولت علیه سائر دول اجنبیه نك كندو تبعه لرینی اشبو معاهده
حالیه نك اساسنی تشكیل ایدن شروطدن تمتع تجارتلری ضمننك
اوله جق مطالبه لرینه مخالفت ایتمامك خصوصلرینه راضی اولور

١٠ اونجی ماده   فرانسه تبعه سنك ممالك محروسه یه ادخال ایلدكلری
ویاخود ممالك عثمانیه دن اخراج ایتدكلری امتعه واشیانك تقدیر
قیمت وبهاسنك ظهوره كلان تأخرات ومشكلاتك دفع ورفعی ضمننك
فرانسه دولتیله سلطنت سنیه بیننك جاری اولان عادت موجبنجه هر
بر اشیا اوزرینه تأدیه اوله جق مبالغك بر تعرفه ایله سكه عثمانی
حسابی اوزره تعیین وتخصیصی ضمننك مملكتنك معاملات تجارتنك

وقوف ناحه سی اولان مأمورلرك هراوین درت سنده بر كره نصب
وتعیینی قراركیر اولمشدر وصكره كی تعرفه نك اعتباری لازم كلان اون
درت سنه وعله انقضا پذیر اولدیغندن طرفین فخیمین متعاهدین
فرانسه تبعه سی طرفندن ادخال واخراج اوله جق بالجمله مواد
تجارت قیمتی اوزرینه یوزده اوج رسمنك تأدیه سیچون فرانسه
تبعه سی طرفندن ویرلمسی لازم كلان مبالغك عن نقد مقداری نی تعیین
وتخصیص ایچون برابرجه یكیدن مأمورلر نصب وتعیینی مقاوله
ایتمشلردر اشبو مأمورلر دخی اخراج اوله جق محصولات ممالك
عثمانیه دن اشبو مقاوله سندی موجبنجه وبریله جك رسومات جدیده نك
صورت تأدیه سنی منصفانه تسویه وتنظیم وبورسوماتك تأدیه سی اسهل
وجهله اوله جق اسكله لری تعیین ایتمك اوزره مشغول اوله جقلردر
وتعرفه جدیك وضع وتعیین قلندیغی تاریخدن اعتبارا یدی سنه مرعی
الاجرا اولرق مدت مذكوره دنصكره جانین متعاهدین یكدیكری
تعرفه مذكوره نك رؤیت وتسویه سنی طلب واقعایه استحقاقی
اوله جقدر لكن اشبو اوزلكی یدی سندك انقضاسنی تعاقب ایده جك
التی ای ظرفنده دولتین متعاهدیندن نه بری ونه دیكری اشبو رخصت
بالقوه یی فعله كتورمز ایسه اول تقدیرده تعرفه اوزلكی یدی سنه نك

انقضاسی کوننده ن اعتبارًا دیکری دی سنه ایچون مرعی لاجرا حکمنك
مستعمل اوله جقدر و هر بر یدی سنه دورینك تکمیلنك بعینه عمل
اولنه جقــدر   خاتمه   اشبو معاهد سندی تصدیق اولنه رق
تصدیقنامه لری دخی در سعادتنك اوج ماه مدّت طرفنك ویاخود ممکن
اولدیغی حالك دها اولجه مبادله قلنــوب صورت اجراسنه بیك
سکزیوز اوتوز طقوز سنه عیسویّه سی مارتندن تشبّث وابتدا اولنه
ایمدی بالاده مذکور اون مادّه شرط وربط اولندیغی اوزره قرارداده
اولغیـن ان شاء الله الملك العلّام مدّت مرقومه ده تصدیقنامه لرك
مبادله سیله پذیرای حسن ختام اولق اوزره اشبو تمسّك ترقیم واملا
ومهـر وامضامز ایلـه مختوم وممضی قلنــوب دولت مشار الیهانك
مرخصی اولان ایلچی · مومی الیهك ویردیكی تمسكله مبادلة یدینه

تسلیم واعطا اولندی دیو بیك ایکیوز اللی درت سنهسی رمضان
المبارکنك طقوزنجی کونی تاریخیله مورخ طرفین مرخصلری بیننه
مبادله اولنان تمسکلرده مسطور اولوب مواد مذکوره طرف واضح
الشرف شهریارانه مزدن اشبو تصدیقنامه پادشاهانه مله تائید وتصدیق
وقبول اولنمغین بوندن بویله دولت مشار الیها طرفندن واعقاب
خصوصیّت نصابلری جانبلرندن خلافنه جواز کوسترلمیه جکی مثللو
جانب معالیمناقب شهریارانه مدن واخلاف سعادت اتصاف
طرفلرندن دخی مغایری حالت وقوی تجویز اولنمیوب طرفیندن
دائما تمهید اساس موالات وتشیید مبانی ، ودّ ومصافاته دقت
اولنه جغی مقرردر تحریرًا فی اواسط شهـر ذی الحجّة الشریفه سنه
اربع وخمسین ومائتین والــف

تمّ

بمقـام
دار السلطنه العلیّه
القسطنطینیذه
المحروسه م

كل خانه‌ده هجرتك بيك ايكيوز اللى بش سنه‌سى ماه شعبان المعظمك يكرمى التيسنه

طرف حضرت پادشاهيدن انعام ومساعد قلنان تنظيمات خيريه‌يه دائر

خط همايون سعادتمقرونلك صورتيدر

**
*

ذات شوكتنسمات حضرت خلافتپناهينك متعلّق اولدقلرى اخلاق حسنهٔ مرحمت ومعدلت سنيهٔ ملكدارى واهالى پرورى اقتضاسندن ناشى بو دفعه محضا تأييد دين ودولت واحياى اركان ملك وملت نيت خيريه وارادهٔ خالصه‌سيله مجدّدا وضع وتأسيس قوانين شرعيه ضمننك متعلّق اولان ارادهٔ عليهٔ ميمندلرينى حاوى عدالت افزاى سنوح وصدور بيوريلان خط همايون شوكتمقرون شاهانه‌لرينك صورتيدر

جمله‌يه معلوم اولديغى اوزره دولت عليّه‌مزك يدايت ظهورندنبرو احكام جليلهٔ قرآنيه وقوانين شرعيه‌يه كماليه رعايت اولنديغندن سلطنت سنيّه‌مزك قوّت ومكنت وبالجمله تبعه‌سنك رفاه ومعموريتى رتبهٔ غايته واصل اولمشيكن يوزاللى سنه واردركه غوائل متعاقبه واسباب متنوعه‌يه مبنى نه شرع شريفه ونه قوانين منيفه‌يه انقياد وامتثال اولنه‌ماق حسبيله اوّلكى قوّت ومعموريت بالعكس ضعف وفقره مبدل اولمش وحالبو كه قوانين شرعيه تحتنك اداره اولنميان ممالك پايدار اوله‌مه‌يه‌جغى واصحائندن بولنمش اولوب جلوس همايونمز روز فيروزندنبرو

افكار خيريت آثار ملوكانه‌مز دخى مجرّد اعمار ممالك وانجا وترفيه
اهالى وفقرا قضيهٔ نافعهٔ سنه منحصر وممالك دولت عليّه‌مزك موقع
جغرافيه‌سنه واراضى‌ منبته سنه وخلقك قابليت واستعدادلرينه نظرًا
اسباب لازمه سنه تشبّث اولنديغى حالك بش اون سنه ظرفنك بتوفيق
تعالى صور مطلوبه حاصل اوله‌جغى ظاهر اولمغله عون وعنايت حضرت
بارى‌يه اعتماد وامداد روحانيت جناب پيغمبرى‌يه توسّل واستناد
بر له بوندن بويله دولت عليّه وممالك محروسه‌مزك حسن اداره‌سى
ضمننك بعض قوانين جديدك وضع وتأسيسى لازم ومهم كورينه‌رك اشبو
قوانين مقتضيه‌نك موادّ اساسيه‌سى دخى امنيت جان ومحفوظيت
عرض وناموس ومال وتعيين ويركو وعساكر مقتضيه‌نك صورت جلب
ومدّت استخدامى قضيه‌لرندن عبارت اولوب شويله كه دنيا
جاندن وعرض وناموسدن اعز برشى، اولديغندن برادم انلرى تهلكه‌ده
كوردكجه خلقت ذاتيه وجبلّت فطريه‌سنك خيانته ميل اولسه به‌له
محافظهٔ جان وناموسيچون البتّه بعض صورتلره تشبّث ايده‌جكى
دخى دولت ومملكته مضرّ اوله‌كلديكى مسلّم اولديغى مثللو بالعكس
جان وناموسندن امين اولديغى حالك دخى صدق واستقامتدن
ايرلمه‌جغى وايشى وكوجى همان دولت وملّتنه حسن خدمتدن عبارت

اوله‌جغى دخى يديهى وظاهر در وامنيت مال قصبه‌سنك فقدانى
حالنك ايسه هر كس نه دولت ونه ملّتنه اصنه‌ميوب ونه اعمار ملكه
باقه‌ميوب دائما انديشه واضطرابدن خالى اوله‌مديغى مثللو عكسى
تقديرنك يعنى اموال واملاكندن امنيت كامله‌سى اولديغى حالك
دخى همان كندو ايشيله وتوسيع دائرهٔ تعيّشيله اوغراشوب وكندوسنك
كون بكون دولت وملّت غيرتى ووطن محبّتى ارتوب اكا كوره حسن
حركته چاليشه‌جغى شبهه‌دن ازاده در وتعيين ويركو مادّه‌سى دخى
چونكه بر دولت محافظهٔ ممالكى ايچون البتّه عسكر ولشكره وسائر
مصارف مقتضيه‌يه محتاج اوله‌رق بو ايسه اقچه ايله اداره اولنه‌جغنه
واقچه دخى تبعه‌نك ويركوسيله حاصل اوله‌جغنه بنّا بونك دخى
بر حسن صورتنه باقلمق اهم اولوب اكرچه مقدملرده واردات طن
اولنمش اولان يد واحد بليه‌سندن له الحمد ممالك محروسه‌مز اهاليسى
بوندن اولجه قورتلمش ايسه‌ده الات تخريبيه‌دن اولوب هيچ بر وقتله
ثمرهٔ نافعه‌سى كوربله ميان التزامات اصول مصوّه‌سى اليوم جارى
اوله‌رق بو ايسه بر مملكتك مصالح سياسيه وامور ماليه‌سنى بر ادمك
يد اختيارينه وبلكه پنجهٔ جبر وقهرينه تسليم ديمك اوله‌رق اولدخى
اكر ذاتا بر ايوجه ادم دكل ايسه همان كندو چيقارينه باقوب جميع

حركات وسكناتى غدر وظلمدن عبارت اولمسيله بعدازين اهالى.
مماكتدن فرفردك املاك وقدرتنه كوره بر ويركوى مناسب تعيين
اولهرق كيمسدن زياده شىء النفسامسى ودولت عليهمزك برّا وبحرًا
مصارف عسكريه وسائره سى دخى قوانين ايجاديه ايله تحديد وتعيين
اولنوب اكا كوره اجرا اولنمسى لازمه ندندر وعسكر ماده سى دخى بر
منوال محرّر مواد مهدّدن اولهرق اكرچه محافظهٔ وطن ايچون عسكر
ويرمك اهاليذك فريضهٔ ذمتى ايسده شمديه قدر جارى اولديغى وجهله
برمملكتك عدد نفوس موجوده سنه باقلميورق رتبهٔ تحمّلندن
زياده وكيمندن نقصان عسكر استنلمك هم نظامسزلغى وهم زراعت
وتجارت مواد نافعه سنك اخلالنى موجب اولديغى مثللو عسكرلكه
كنلرك الى نهايةالعمر استخداملرى دخى فتورى وقطع تناسلى مستلزم
اولغك اولمسيله هرمملكتدن لزومى تقديرنك طلب اولنه جق نفرات
عسكريه ايچون بعض اصول حسنه ودرت وياخود بش سنه مدّت
استخدام صمننك دخى بر طريق مناوبه وضع وتأسيس اولنمسى
ايجاب حالدندر والحاصل بوقوانين نظاميه حاصل اولدقجه تحصيل
قتوت ومعموريت واسايش واستراحت ممكن اوليبوب جمله سنك
اساسى دخى مواد مشروحه دن عبارت اولديغندن فيما بعد اصحاب

جنحه نك دعاولرى قوانين شرعيه اقتضاسنجه علنا بر وجه تدقيق
كوريلوب حكم اولنه دقجه هيچ كيمسه حقّنده خفى وجلى اعدام
وتسميم معامله سى اجراسى جائز اولمامق وهيچ كيمسه طرفندن ديكرينك
عرض وناموسنه تسلّط وقوعبولهامق وهركس اموال واملاكنه كمال
سربستيتله مالك ومتصرّف اولهرق اكا بر طرفدن مداخله اولنمامق
وفرضا بربرينك تهمت وقباحتى وقوعنك انك ورثه سى اول تهمت
وقباحتدن برى الذمه اولهجقلرندن انك مالى مصادره ايله ورثه سى
حقوق ارثيه لرندن محروم قلنمامق وتبعهٔ سلطنت سنيه مزدن اولان
اهل اسلام وملل سائره بو مساعدات شاهانه مزه بلا استثنا مظهر اولوق
اوزره جان وعرض وناموس ومال ماده لرندن حكم شرعى اقتضاسنجه
كافّهٔ مماك محروسه مز اهاليسنده طرف شاهانه مزدن امنيت كامله ويرلش
وديكر خصوصلره دخى اتفاق آرا ايله قرار ويرلمسى لازم كلمش اولمغله
مجلس احكام العدليه اعضاسى دها لزومى مرتبه تكثير اولنلرق ووكلا
ورجال دولت عليّه مزدخى بعض تعيين اولنه جق ايتامك اوراده
اجتماع ايدرك وجمله سى افكار ومطالعاتنى هيچ چكنميوب سربسنجه
سويله يرك اشبو امنيت جان ومال وتعيين ويركو خصوصلرينه دائر
قوانين مقتضيه بر طرفدن قرار لشديريلوب ونظيمات عسكريه ماده سى

دخی باب سرعسکری دار شوراسنك سویله شیلوب هر بر قانون قرار
کیر اولدقجه الی ما شاء اه تعالی دستور العمل طوتلمق اوزره بالاسی
خط همایونمز ایله تصدیق وتوشیح اولنمق ایچون طرف همایونمزه
عرض اولنسون واشبو قوانین شرعیه مجرد دین ودولت وملك وملتی
احیا ایچون وضع اولنه جق اولدیغندن جانب همایونمزدن خلافنه
حرکت وقوعبولمیه جغنه عهـد ومیثاق اولنوب خرقۀ شریفه اوطه سنك
جمیع علما ووکلا حاضر اولدقلری حالۀ قسم بالله دخی اولنه رق علما
ووکلا دخی تحلیف اولنه جغندن اكا کوره علما ووزرادن والحاصل
هر کیم اولور ایسه اولسون قوانین شرعیه یه مخالف حرکت ایدنلرك
قباحت ثابتلرینه کوره تأدیبات لایقلرینك هیچ رتبه یه وخاطر
وکوکله باقلمیه رق اجراسی ضمننك مخصوصا جزا قانوننامه سی دخی
تنظیم ایتدرلسون وجمله مأمورینك الحالة هذه مقدار وافی معاشلری

اوله رق شاید هنوز اولیانلری وار ایسه انلر دخی تنظیم اولنه جغندن
شرعًا منفور اولوب خرابیت ملكك سبب اعظمی اولان رشوت مادّۀ
کریهه سنك فیما بعد عدم وقوع ماده سنك دخی بر قانون قوی ایله
تأکیدینه باقلسون وکیفیات مشروحه اصول عتیقه یی بتون بتون تغییر
وتجدید دیمك اوله جغندن اشبو ارادۀ شاهانه مز در سعادت وبالجمله
ممالك محروسه مزاهالیسنه اعلان واشاعه اولنه جغی مثللو دول متحابه
دخی بو اصولك ان شاء اه تعالی الی لابد بقاسنه شاهد اولمق اوزره
در سعادتمزده مقیم بالجمله سفرایه دخی رسمًا بیلدرلسون همان رتبز
تعالی حضرتلری جمله مزی موفق ببورسون وبو قوانین موسسه دنك
خلافنه حرکت ایدنلر الله تعالی حضرتلرینك لعنتنه مظهر
اولسونلر والی الابد فلاح بولسونلر
آمـیــن

تمت

—

Page	٢	ligne	٣, 2ᵉ col.	au lieu de	مصافاتيله	lisez	مضافاتيله
—	٦	—	٢, 1ʳᵉ col.	—	مثبه	—	مثتبه
—	١١	—	١٥, 2ᵉ col.	—	قونسلوسارينك	—	وقونسلوسارينك
—	١٣	—	١, 1ʳᵉ col.	—	دعواتى	—	دعوايى
—	١۴	—	٦	—	سختيان	—	وسختيان
—	١٨	—	١٧	—	نجق	—	انجق
—	٢٠	—	١٣, 2ᵉ col.	—	ايلجيسنك	—	اياجيسنك
—	٢۴	—	٧	—	معون	—	معنون
—	٣٢	—	٩	—	اصمننك	—	ضمننك
—	٣٩	—	٢, 1ʳᵉ col.	—	تبين	—	تعيين

PARIS. — TYPOGRAPHIE ORIENTALE DE Mᵐᵉ Vᵉ DONDEY-DUPRÉ, RUE SAINT-LOUIS, 46, AU MARAIS.